上海交通大学远东书院书系

传媒领袖大讲堂

（第二辑）

谢耘耕 徐浩然 主编

上海交通大学出版社
SHANGHAI JIAO TONG UNIVERSITY PRESS

内 容 提 要

本书收录了上海交通大学和远东控股集团联合举办的“中国传媒领袖大讲堂”各位嘉宾的精彩演讲。新媒体背景下中国传媒业面临着怎样的机遇和挑战？传统媒体怎样顺应时代的变革，在新媒体的层层进逼中突围？新兴媒体如何一步步化茧成蝶，成为传媒业的开路先锋？当今中国的名报刊、名栏目经历了怎样的艰难洗礼才走到今天？本书将为您带来来自中国传媒领军人物和著名专家学者的亲口讲述。本书内容独特，切中时务，既可作为新闻传播业界、学界的参考学习资料，又可作为普通大众了解传媒业发展态势、提高媒介素养的必备读物。

图书在版编目（CIP）数据

传媒领袖大讲堂. 第2辑 / 谢耘耕，徐浩然主编. —
上海：上海交通大学出版社，2012
ISBN 978-7-313-06979-5

Ⅰ. ①传… Ⅱ. ①谢… ②徐… Ⅲ. ①传播媒介－研究－中国 Ⅳ. ①G219.2

中国版本图书馆CIP数据核字（2012）第102290号

传媒领袖大讲堂
（第二辑）
谢耘耕 徐浩然 **主编**
上海交通大学 出版社出版发行
（上海市番禺路951号 邮政编码200030）
电话：64071208 出版人：韩建民
上海交大印务有限公司印刷 全国新华书店经销
开本：787 mm × 1092 mm 1/16 印张：30.25 字数：456千字
2011年4月第1版 2012年6月第2版 2012年6月第2次印刷
ISBN978-7- 313-06979-5/G 定价：68.00元

目录

对外传播 · 品牌形象

新兴媒体 · 传播变局

传统媒体 · 改革突围

传媒经历 · 个案解读

学术前沿 · 智慧火光

大講堂

MEDIA

传媒领袖大讲堂

对外传播 · 品牌形象

开拓公共外交的重要意义

时　间：2011年7月18日

地　点：上海交通大学闵行校区陈瑞球楼一楼学术报告厅

主讲人：赵启正

赵启正

全国政协外事委员会主任，国务院新闻办公室原主任。历任上海市工业工作委员会党委副书记、中共上海市委常委、组织部部长，上海市副市长兼上海浦东新区党工委书记及管委会主任。1998年调任中共中央对外宣传办公室主任、国务院新闻办公室主任。2002年当选中国共产党第十六届中央委员会委员。2005年3月任中国人民政治协商会议外事委员会副主任，2008年3月任主任。2005年11月被聘任为中国人民大学新闻学院院长。赵启正被外国媒体誉为“中国政府的公关总领”、“中国屈指论客”、“中国的形象大师”。

主持人： 我们今天非常荣幸地请到全国政协外事委员会主任、国务院新闻办公室原主任赵启正先生作为中国传媒领袖大讲堂的开讲嘉宾。提起赵启正先生，他在我们中国的外交舞台上，可谓是声名远播，国外媒体称他为“中国政府的公关总理”、“中国的形象大使”。他曾经担任过上海市副市长和浦东新区管委会的首位主任，在他任职期间，中国浦东创造了令世界震惊的发展奇迹，他也因此获得了“浦东赵”的称号。1998年，赵启正先生出任国务院新闻办公室主任，在国新办工作期间，他的亲切热情、智慧幽默的风采更加为世界所熟悉。在他的领导下，我国国务院新闻发布会的制度化建设迈上了一个新的台阶。现在赵启正先生又转到了全国政协外事委员会主任的位置，开拓中国公共外交的崭新领域。同时他还担任了中国人民大学新闻学院的院长，身兼官员、新闻发言人、学者几重角色。为此，又有新闻媒体称他为“微笑的公关大使”、“爱挑战的新闻官”、“诲人不倦的学者”与“善解人意的长者”。我们相信赵启正先生的到来将为我们交大奉上一道道的精彩。

赵启正： 同学们好，很高兴来到交大和大家见面，做关于公共外交这个题目的交流。公共外交这个词汇流入中国，在中国普遍使用是在最近两三年的事情，这个词已经进入了我们领袖的讲话、我们政府的文件。我这个报告是为哪些人准备的呢？是为那些有机会，现在有机会，或者以后有机会，和外国人接触的那些人准备的。那么和传媒有什么关系呢？传媒是公共外交中的一个重要角色，传媒和我们生活的密切联系是空前的。今天这个题目是很大的，我压缩一下，今天就讲三个问题，一是什么是公共外交，二是开拓公共外交是建设良好国际环境的必然选择，三是培养自觉的公共外交意识。

第一，什么是公共外交。公共外交这个词出现得很早，有人说是美国某个大学给的定义，其实最初并不是一个学术名词，它是一种政府的操作，在第一次世界大战的时候公共外交这个词已经出现，但是没有作为一个政府的正式内容。二次大战以后，在杜鲁门时代，以后的肯尼迪时代，得到了很大的发展。这个定义各国也不相同，就是有一些共通的，也有掺杂的方面。

我们看看美国的定义，1987年美国政府对公共外交的界定是“由政府发起交流项目，利用电台等信息传播手段，了解、获悉和影响其他国家的舆论，减少其他国家的政府和公众对美国产生的错误观念，提高美国在国外公众中的形象和影响，进而增加美国国家利益的活动。”美国的定义非常直率，就是增加美国的利益，记住它的几个要点：政府发动，影响外国，让他们减少对美国的错误观念，增加美国的利益。

公共外交早期的确就是像美国之音这样的对外宣传，比较简单，是结合时政的、对国际的或对象国的事情不断做分析和传达美国的观点，这是比较短期的、临时的、应急的做法。还有一种就是比较长期的做法，如富布赖特计划，这是交换留学生的计划，短期的、长期的，由美国出钱，特别欢迎外国年轻的知识分子到美国做短期进修，从而了解美国和形成亲美的一种态度。还有，他们派和平队，就是大学生做志愿者，由美国政府出钱到外国去，帮助一些国家发展公共卫生，教授英语，甚至布道等等。所以，公共外交的确有战术性的和战略性的，短期的长期的，是相结合的。

我们看看日本的定义，是《公共外交——“舆论时代”的外交战略》这本书中界定的。“公共外交是在国际社会提高本国的存在感，为提升本国形象，加深外界对本国的理解，以对象国的国民而非政府为对象，去做工作的外交活动，包括政策的发布、文化交流、对外广播等活动。”跟美国的说法略有不同，但实质上这是为了日本的利益，和美国没什么区别，但是用的词比较婉转。“提高本国的存在感”，什么意思？日本是一个经济大国，但是从政治上讲，影响力是不够的，很多重要场合好像日本不存在。它觉得日本应当在国际政治活动中有一个份额,有它发言的机会,有它发挥影响力的地方,这是日本人心里的纠结。日本人就希望处处都有日本,它是这样想的。

那么各国公共外交的定义不太一样,并且在不同的国家中,它在公共外交中的任务也有侧重。美国不但宣扬美国精神和美国价值观,它往往还贬低或打击它觉得不舒服的国家,它可以干涉那个国家内政。而日本呢,大使馆中的第二把手叫公使,他的任务明确就是公共外交。我们问他,你的公共外交在中国有什么具体的目标吗?他说有,他说我们想改善中国人对日本的观念,降低对日本的不友好感,希望中国人能够认为日本人是爱好和平的,是绝不想再打仗的,今天的日本不是"二战"时的日本就够了。日本还说,中国对日本来说是相当重要的国家之一,从经济上来说,已经是日本的第一贸易伙伴,这是不言而喻的。但是从安全保障方面来说,日本要注意,中国也是非常重要的国家。这里它是含蓄的。它的意思就是中国的军力强大,对它是有威胁的。大家在和日本人交往时,听话要听出它的婉转。那么我们如何定义呢?

两个国家,A国和B国,政府和政府之间的交往,一般说呢,是一种交涉,一种谈判,一种会谈,是代表政府利益的,这叫政府外交。它的结果可能是达成一种谅解,一种共识,也可能各自发表一份声明,也可能联合发表一个公告。领袖的出访当然是政府外交,代表国家。传统的公共外交,就是政府的规划,政府的钱,政府的安排。那么随着经济的全球化、政治的国际化,国际的政治经济形势会影响我们的生活,所以公众对国际形势愿意说话了。特别是网络出现以后,每人都是一个通讯社,都在评价议论国际形势,那么出国访问的也多了,比如大学的代表团出国访问,不止是访问美国大学或欧洲的大学,也可以访问对方的内阁和对方的官员。所以公众外交在今天不是单向的,是双向的。这是一个变化。那么,公众对公众之间的公共外交呢,本来就有,在中国是以友城的方式,上海市和谁是友城呢?和外国的大城市。在日本就是大阪市、大阪州和横滨,在日本就有三个。以前这种交往呢,多数过于文化,我们可能带一个茶道,表演一个歌舞,来个书画展,和政治的联系就相对较少。政治内涵比较间接,但是这是重要的,因为文化的交往是了解国民性和了解这个国家基本特色的一个重要途径。

这几年以来，我们在公共外交方面做了很多推动的工作、普及的工作。这里面并没有太深的理论，大家有一种公共外交意识就够了，但是对于传媒人，当然要掌握得更深一点。今年法新社有一条新闻说，明年美国参议院外事委员会将要发表一个报告，报告的题目叫做美国的又一种新的逆差（或者说赤字）。美国和中国的贸易是逆差，在网络时代的公共外交也是逆差。美国的报告说，过去50年是美苏的对立和斗争，今后50年将是美中的对立和斗争。为什么美国对中国的公共外交是逆差？它举个例子，中国在三四年内在美国国内建立了70多所孔子学院。那么美国在中国从1975年建交以来，只有5所美国的文化交流中心。这不是逆差吗？第二个，美国在中国的留学生是中国在美国留学生的十分之一。因为留学生到外国就是去传递本国的文化和政治信息，不知不觉这群人在表达中国，就是中国公共外交的一个渠道，这个，差十倍。最后一个就是世博会。世博会本质是公共外交的大舞台，各国都利用世博会表达本国。美国的这篇报告，这报告的负责人叫做卢格，是美国参议院中年龄最大、政龄最长、影响力了不得的参议员。我到美国去和他见面，就跟他讨论这个报告。他说，美国大大的失败，美国居然就建了3个电影馆，放了3部电影就完了？他说是否知道7 000万的人参加世博会，十分之一的人进美国馆就有700万？美国太自以为是了，美国不善于做公共外交，这是卢格说的。我见到卢格之后，说有些观点说的是事实，但是你也有片面性。中国在美国建立了70多个孔子学院的影响并不大，而中国是两亿中学和小学的学生绝大多数在学英文，中国的大学里大约在读的是6 000万，绝大多数在学英文。而我们孔子学院，一个县两个中国老师，75个县就150个老师，我们请的外教1 500个也不止，我说你担心什么。第二，你说过去是美苏对立，今后是美中对立，这不是冷战思维吗？他们愕然，答不上来了。

卢格报告序言里还有一条，中国人近几年来特别重视公共外交，他们的公共外交含有中国制造的标记，他们有另外的定义。他们有参考文献，我一看，是我去年“两会”上对《中国日报》记者讲的话，基本意思就是，公共外交不仅是政府的行为，也是民众的自觉，这是第一条。第二条，美国的公共外交是霸道的，中国的公共外交是求同存异的。他说，这是中国的新定义。所以，我们公共外交刚刚开始，就已经被人家重视。

那么公共外交到底是谁主导？政府主导，政府出了大量的钱，活动者是谁，承担者是谁？是社会团体、社会机构、有机会与外国人接触的人。即使是政府花钱的项目，实际做呢？你是媒体，你是社会上有影响力的舆论领袖、大学教授、研究者、大学校长、大企业家、跨国公司，大企业家也是很重要的。所以公共外交是政府主导，骨干是社会团体、非政府组织、社会精英。那么群众、一般人在公共外交中有没有作用？我们想想，公共外交的任务就是让外国对中国有个正确的认识。我们并不要求夸大，说中国百分之百好，不是，认识真实的中国就行，因为今天我们中国在国外舆论中的实际地位比我们真实的地位要低。所以群众在出国访问中，或外国人到中国来，你的表现就是展现中国的水平、中国的形象。因此我要说句话，普通公众是公共外交的一个基础，不是不靠谱的。中国公共外交的基本任务就是向世界宣传中国，帮助外国人理解了解中国，中国的历史、中国的文化、中国的现在，回答关于中国的问题。

公共外交并不是现在有了这个词，才有公共外交，早就有。我们党公共外交做得最好的带头人是谁，大家可能很奇怪，是毛主席。毛主席在长征之后，到了陕北，1936年他说中国有个共产党，世界上并不都知道。这就说明对共产党代表工农群众也不知道，在这儿抗日也不知道，受国民党围剿也不知道，因为我们没有一个有力的通行证，没有外交部。因此请宋庆龄介绍两位外国人，一是斯诺，一是马海德。斯诺写了一本书《西行漫记》，这样才使外国第一次知道中国有这样一回事。那么斯诺后来呢，就多次被罗斯福请去探讨中国问题。杜鲁门也跟他讨论过中国，斯诺告诉他，国民党不行，国民党是一定要垮的，共产党是一定有希望的，这对弱化美国政府后来对国民党的支持态度有很大影响。

开展公共外交是建立良好的国际环境的必然选择，这是第二个问题。大家读书看报呢，老看到一个词，叫话语权。什么叫话语权，这也是外国进口货，原文是power of discourse，中国一翻译“权”，就麻烦了，是话语权力，是力量的力。权利、权力，这两个是不同的意思，如果说发言权，那当然是right，都有发言权。在联合国190多个成员国都有发言权，但是你有发言权未必有话语力，未必有影响力。你有right未必有power。什么是话语影响力呢？它是一个声音，你得说，第二得能够被听，被听进去，这就有点误解。所以我们要增加中国的这个

power。那么提升话语权，第一，是增加我们国家话语影响力的需要，第二是克服冷战思维的需要。刚才我们举的是美国的例子，不止美国，撒切尔是著名的人物了，她有一本书，其中谈到中国，很长很长的篇幅。第一句话是什么呢，“冷战结束了，最获利的是两个国家——美国和中国，因为他们失去了强大的敌人。但是我们不要完全高兴，我们还有所忧虑，因为中国是共产党国家，中国显然不可阻挡地崛起，使我们想到不管冷战带来什么收获，共产主义没有结束，我们不能让中国在亚洲占领统治地位，要支持日本和印度。台湾问题不是中国内政问题，我们一定要管。这是治中国的一张牌。”所以我希望，同学们要是有机会，这样的书是可以读一读的，可以看看他们的外交政策是多么维护他们的利益，多么有冷战思维的继续。第三，中国需要有良好的国际环境，没有一个良好的国际环境，我们任何的主张和做法，成本就很高。就好像一个银行，它的口碑好、信用度高，它容易成事。如果一个国家永远说话不算数的话，它就不容易成事。那么人呢，有口碑、有人缘，国家也有口碑，那叫国缘。国缘好，大家喜欢这个国家，你做事情就比较方便，就比较容易得到信任。那么这个国缘呢，并不是虚伪的，不是说得好，而是做得好。如果你做得不好，你怎么表达、怎么宣传也是不行的。你本身做得好，再加上你的公共外交，加上你的传播，这才是最好。那么对中国的不解、偏见、误会，不利于我们，也不利于他们，因为他们会制定错误的政策，这政策对他们也是不利的。

那么我们对外表达，表达什么，我们有没有一个文化的内涵？任何一个国家的公共外交都有一个文化的支撑。刚才说世博会美国只放了3部电影，但是大家细看，电影也是有深意的。他说，美国的价值观是什么？是多元，是创新，第三个是乐观。三个单词，就那么简单，就容易传播。我们对外传播，我们传播什么，我们有很多描述，那么哪个最有效，哪个最容易被外国人理解？我个人觉得还是奥运会那个“和”字。我们提出和谐社会后，还没有哪个国家、哪个报纸，直率地、直接地反对“和谐”俩字。和谐社会是我们自己追求的目标，和谐世界是我们希望世界和谐。这事我跟布热津斯基讨论过，他是美国健在的最有名的地缘经济的权威，做过美国的国家安全顾问。他说和谐社会当然是很好了，和谐世界不太可能，因为各国都奔着自己的利益。但是他也不能反对我们建立和谐社会，以“和”的态度对人，以求同存异的态度对人。所以我们对外传播，也有一个中国文化精神。

那么下面就转入到公共外交人人有责，建立公共外交的高度责任感。除了政府和官员应该承担的公共外交的责任之外，凡有机会和有能力的民间人士，应该有参与公共外交的自觉，这也是一种广泛的爱国主义情怀。自觉的公共外交意识包括这几个内容：一是有比较的眼光，要内知国情外知世界；要有跨文化交流的本领；不但会说而且会听；要善待媒体，有一定的新闻素养。还有很多，我就归纳这4条。我稍微做点解释，重点解释跨文化的交流。

那么内知国情外知世界有的时候比较难，内知国情还可以，外知世界，那么大的世界，怎么了解？要知道世界也在进步中，世界在发展中，要知道世界的复杂性，这样才能够正确地理解自己的国家、我们的伟大之处、我们的进步之处以及我们的不足。我们中国在30年内有这样巨大的发展，的确是走了外国上百年的道路。取得这么好的成就会有代价，会出现很多社会问题，所以在我们的对外表达中，一方面要表达我们的成绩，一方面要表达我们克服困难的信心，同时避免轻易地说中国第一。有些时候说第一是没有意义的，中国人口多，自然我们的粮食消费多，那是个问题。我们GDP是第二，我们不认为是一个不得了的事情，我们还谦虚地说我们人均GDP在一百名左右，甚至于，不是谦虚地说，而是实际地说，这样我们才能更好地前进。中国模式，首先是外国人说的，我曾经说过，不妨说对三十年的改革开放的理念、政策、实施过程、成就和不足，这个轨迹、这个案例，是研究中国模式最好的着眼点。研究中国案例比研究中国模式更具体。当然，这个中国模式不能只说经济，还得说中国共产党领导下，中国共产党领导的多党合作制、人民代表大会、中国人民政协会议制度下的市场经济。因此我们往往加中国特色。中国特色，就表明是和他们的区别。

不但会说而且会听极为重要。公共外交不是你光说，你还得听。人家对中国对哪些问题有兴趣，哪些问题有误会，哪些问题想知道，我们要明白，所以听是说的基础，如果你不听光说是不行的。善待媒体，要有一定的新闻素养。媒体是传播我们公共外交的，我们希望中外媒体帮着我们表达公共外交。

我下面就讲讲跨文化交流的问题。跨文化交流里面有几个小题目，这里包括什么呢？当然首先是跨语言的交流。跨语言不等于跨文化。跨语言其中会出现很多错误，举个例子，“龙”在字典上和英文对应，你可以查英文大字典，龙是传说中的怪物，有狮子爪、蛇尾、翅膀、带鳞的皮肤，是可怕的东西，是巨蟒。如果把龙杀了，是屠龙英雄。而龙在中国是权威，皇帝是龙子，也就是说龙和dragon在字典上是两个事情，但是在字典里好像是一个事情。因此，对龙，比如说不妨叫long就行了，dragon也不要翻译成龙，叫dragon就好了。现在不，已经错了，这给我们带来些麻烦。凡谈到中国威胁论的时候他就说龙，正好和西方的龙的定义一样，龙就是威胁人的力量嘛。那么这就是说，跨了语言未必在文化上是正确的。这种例子很多很多，今天只举一个例子。意大利有一句名言：翻译即是背叛。《道德经》十个人翻译就有十本《道德经》。翻译就跟原意不太一样。还有一句话有些麻烦的，小平说过冷静观察、沉着应对、稳住阵脚、韬光养晦、绝不当头、有所作为，是指我们在国际斗争中不要当头，要低调。那么韬光养晦呢，标准的翻译是keep a low profile，保持一个低的姿态，不要过于声张、过于显耀。但是，在很多场合就翻译成了“隐藏野心，藏起爪子”，这就很麻烦。实际上“韬光养晦”这个词汇来源于清朝末年，一个老学究他说我年纪大了，韬光养晦，好好读书。所以韬光养晦是一种修养、一种品质，用在政治上并不表明一种阴谋。

还有一种跨文化交流是跨生活方式交流。最常见的就是喝酒。法国国防部长跟我说，到中国真不敢来了，强迫喝酒，不喝就是瞧不起他。这是对朋友吗？我说你误会了，中国是这样说的，酒逢知己千杯少，阁下是知己；李白斗酒诗百千，阁下是才子；武松三碗才过岗，你看你是壮士；英雄海量，你是英雄。他说我听不懂，我先说清楚，你强迫我喝酒，我不来。到这么尖锐的程度，但也不都这样，俄国人就爱喝酒。当年叶利钦到上海后，那时我还在上海，说给不给喝茅台？我说他不是有心脏病吗？不给。他不干，一直问茅台好不好？茅台上海有没有？给了。葡萄酒杯喝茅台，七杯。啊，不行了，烂醉如泥，趴桌上了。晚上的节目是我陪他们看外滩，等来等去他上不了车。所以各国也不一样。

最复杂的就是宗教信仰，同学们记住，和外国人交往的时候，千万不要问宗教信仰，就如同不能问女孩子多大年龄一样，千万不要问。因为有些宗教是一神论，只要不信我的宗教就是异教徒，那再聊可就大有区别，立刻就不自然。我和一个美国宗教领袖讨论上帝、圣经、宗教和科学、宗教和宗教、宗教和社会。我们俩谈了三天，其中三个半天是录像的，然后把录像编成书，出版之后有一些影响。季羡林先生说这是从来没有过的，有神论、无神论这么直率的对话。新书发行仪式，俩人热烈拥抱，《南华早报》是英文报纸，说为什么中国的无神论者可以和美国的布道师、美国的宗教领袖拥抱？不可以啊！而中国的对外表达，我们容忍或接受各种宗教。中国很多地方几个宗教的教堂放在一起，一个教堂内又供这个又供那个，宽容。有人说了，中国人没有宗教信仰还行？他又不想进天堂，又不怕进地狱。我和美国宗教领袖路易斯·帕罗谈话，他说，旧约有一句话，你要想别人如何对待你，你就如何对待别人，这叫黄金定律。我说中国有一句，已所不欲，勿施于人。他说这句话好，和我们黄金定律差不多。我说比你的还好。他说为什么？我说，你是说要让别人对你好，你就对别人好。我反过来说，我所不愿意的，我就对别人不要去做。角度不同，理解得更好一点。他说好，赞成，谁说的，我说孔夫子。孔夫子？他说我不知道。我们对外表达比较弱。孔夫子到现在2 700年，孔夫子的事，像他这样一个国外有名的神学家、神学教授，很多博士不知道。

关于对待记者问题，我简单说一下，我对于很多接待记者的人有一个忠告，同时我的忠告也被记者误会。但我说清楚就不误会了。“记者不是你的部下，不是你的学生，不是你的敌人，不是你的朋友。”我们新闻发布会的时候，绝对不能拿记者当部下，你指挥不了他，记者有他的独立性；不是你的朋友，你说私房话，说完不让他报道，这正提醒了他，这句话一定重要，非报道不可；记者不是你的敌人，特别是外国记者，他的职业需要说话很尖锐，刺你一下，你生气说错话，那就是好新闻。你要警惕，理直气壮在心，心平气和在表，有理不在声高；记者不是你的朋友，我不告诉别人，就告诉你一人。不行，告诉他就是告诉全体。

有一天我到美国华盛顿新闻记者俱乐部，去演说“中国人眼中的美国人”，哈佛大学肯尼迪学院的英文教授给我来了一封信说，“我很吃惊，你竟然敢去这个新闻记者俱乐部去演说，那里的记者是瞄准你的，你是很难应付的。”我有三点建议：一是，美国人喜欢幽默，但不可过多，因为幽默中常常出错。幽默生动但不准确，老是用幽默一定出事情。但美国人喜欢幽默，一点幽默没有，大家不笑，不欢迎你。二是，不要意识形态用事，因为它是资本主义，你是共产主义，他认为资本主义是好的，我认为资本主义是受批判的，它很容易出现一种感情上的争执。他说这个问题你不要生气，你一生气会说错话。三是，你不要表现得过于聪明，某些问题适当让步。如果你过于聪明，那么多记者团结起来，决定打倒你，你是别想胜利出去。所以善待记者很重要，要实事求是，千万不能说假话，说假话你今后断然无信可言。国家机密我可以不说，但某些东西绝对不能够说假话，甚至说不准确的东西。

每年我作为政协的新闻发言人，准备这个答题需要两个月，就像高考一样，我要知道所有可能问的问题。一道题一道题地准备，但还有没准备到的。今年美国之音记者问，请问每年开的"两会"都花多少钱？我说你真把我问住了，我不知道具体数字，我相信还是不少的，如何节约又足够满足会议需求，我们有一位专门的秘书长管理，我了解后用email或手机短信告诉你。开完后记者就评论说他答得非常严密，他承认了不知道，第二他先说了一句我想还是不少的，跟着又说既要节约又要办事，最后一句还要告诉你。我回来后我说怎么办，我还真不知道，请财政部算了两三天，算出了，5 900万。有一位青年说，数太大了，就说吃多少住多少得了。我说那不行，就5 900万。最后，这个数字先上政协网，上去之后两小时，给美国人email或短信，就这么处理的。最后国内外记者反映较好。结论是不能瞎说，不知道就是不知道，你说无可奉告不好，政协发言人怎么能无可奉告呢？你大体猜个数，那后来怎么收场呢？我说个错的，我说590万，人家一算不对，伙食费都不够。所以无论如何要善待记者，要诚实。

公共外交是一种实践，是一种广泛的、长期的、基础性的国际工作，是一种软力量的表达。这种表达一般说来比较友好、比较直率、比较深刻，不一定都用外交辞令，也并不要求大家都去讲全面的政策。你是个教育家、教授，就介绍你交大或复旦或同济或上海大学，你怎么做教学改革的，你们怎么要求学生的。人家说，原来中国的教育是这样的，这也有可取之处，也有与我们不同的地方，就够了。如果你是企业家，你讲讲企业怎么管理的，讲讲中国的企业政策、经济政策。公共外交是从多个角度，有人讲叶子、有人讲花蕾、有人讲花蕊，下面还有花瓶。大家讲，并不是要求你像一个政府发言人那样全面去回答，并没这样要求，只是要求对你那个部门的情况有一个比较生动和比较深刻的表达，同时要倾听对方的意见。这样才能增进外国世界对我国的基本国情、价值观念、发展道路、内外政策的了解和认识，树立一个负责任大国的形象。

这里我用胡锦涛总书记的一句话做个总结。“开展好公共外交是新形势下完善我国外交布局的客观要求，也是我国外交工作的重要开拓方向，努力引导国际舆论客观地看待我国发展，增进外部世界对我国基本国情、价值观念、发展道路、内外政策的了解和认识，树立我国负责任大国的形象。简单地说，公共外交的任务就是把一个真实的中国表达出去，去克服那些对中国的误会。”国家的形象不是宣传出来的，宣传只是一种表达，国家好、传播好，你的形象才好。国家好、不传播，这叫做衣锦夜行，穿上好衣服怕人笑话在夜里穿，过过瘾，白天又脱了，不行。表达的基础是你行，比如交大是个好学校，你才能表达它为一个好学校，如交大不是好学校，你把它表达成一个好学校，没用，表达不出来的。所以更重要的公共外交最大的基础是国家不停发展，这样我们的公共外交才能获得最后的成功。

嘉宾：赵部长你好，我想问，您对过去几年中国对越南、菲律宾开展的公共外交工作做何评价？我们当前应该如何对这些南海国家开展公共外交工作？因为我有一种感觉，中国公共外交在民族主义者面前都成浮云一样了。

赵启正：我们对外的公共外交有两种，我们的大使馆、领事馆，除了政府交涉外，他们也主动地接触当地的社会精英、当地的大学、当地的电视台去演说和解释说明问题。公共外交并不是万能的，目的就是使对方对我们有正确的认识，现在出现的这些问题，不能说我们的公共外交就是失败的，但可以说我们的公共外交要加强。当然和越南的问题就比较复杂，当年援越抗美，我们是有很大牺牲的，但后来自卫反击战也有一些后遗症。因为作为越南，他跟我们对这场战争的看法是相反的，我们说自卫反击战，他说你是侵略战。这些都有若干后遗症。所以利益的程度是很重要的，因此越南赫然和美国——当年的敌人联合起来演习了，这个我们也是很遗憾的。可是我们再说搁置争议、共同开发，前面还有一句话不能忘了，主权在握。南海问题和钓鱼岛问题都有些历史上的过程等等，不是太一样的，这个要根据《国际海洋法》，根据历史。所以我们有一个南海共同行动宣言，也就是说我们愿意谈判，而钓鱼岛是完全不能谈判的。我们清楚那是中国所有，非常清楚，包括日本早期的外交工作文献中都很清楚，所以不同的问题要有不同的处理。公共外交必须加强，但不是公共外交能解决所有的问题。公共外交主要是解决大众的认识问题，由大众的认识而影响政府，并不是直接能够促进政府立刻改进什么。公众的发言对外国也是一种压力，公众说我们的南海不能放弃，是我们的主权，这种声音是有用的。

嘉宾：我有一个内政问题，目前两岸不管是个人行还是过路性赴台都意味着公共交流可能已经达到了一个适度管制下的相对自由的状况，那么随着人们之间的交往和互动更加地深入，相应就有一种说法，说对岸的社会形态和发展道路会对我们形成一种冲击和吸力，我想知道您怎么评价这种说法？

赵启正：首先我要把一个概念说清楚，两岸的交往不属于公共外交，这是我国一国之内的民众的交流。公共交流一般是指国与国之间的，大多数定义是这样。国内不同部分的交流，一般是民间往来。我相信彼此都有影响。我去年到台湾去了一次，正赶上台风暴雨，那个导游会日文，会英文，是一个导游大学毕业的。她跟人说这么大的灾难，国军是不行了，还得解放军来，所以我们部队的影响对他们也有。日本海啸之后，日本政要专门到中国来，私下就说，这次救灾日本实在不行，这么长时间连废墟都解决不了。说句不太合适的话，就是没有办法请解放军去，甚至于我们想能不能省际交流，以地方名义去，外交上过不了，日本人救不了自己。所以你注意，解放军的救灾在世界上的影响是极为良好的。那么台湾对我们有没有影响呢？有，改革开放初期，我们的出口加工，来料加工再出口，两头在外，这就是台湾经验，但后来我们超越了。所以两岸的影响最好是互利的，互有影响。

嘉宾：我非常赞同您刚才讲的一句话，就是要做国家的公共外交，必须先要这个国家好。我本人也非常关注国家的发展，有一点民族主义，我觉得中国的未来确实是和谐社会的目标，我非常认同。但是我个人理解中国的改革开放前30年可能是在和谐这两个字中解决了一个“和”字。这个“和”字从中国古文里面有一个很好的解读，就是人人有饭吃，在未来的时间里可能中国有一个很需要解决的问题，就是进一步扩大的“谐”字，人人均有话语权。您如何理解这个问题？

赵启正：我觉得你的看法是可以的。首先，咱们得消灭贫困，的确是有一个解决大家温饱的问题。我们《宪法》上是保证了言论自由和出版自由的，但要一步一步做，同时不能被别人所利用。奥布莱特，美国很早前的国务卿，她当时说，中国人不拒绝高科技，因此不拒绝互联网，有了互联网美国就有办法。什么意思呢，就是用互联网来批判中国，来中国挑拨。在这点上我们是没有给他们自由的。另外，直接反对《宪法》的、闹事的，我们也没给自由。大家可以想想，如果这样闹起来，大家也不用选择读研究生，也不用选择出国留学了，那是一片混乱，经济立刻倒退多少年。我们不能允许这样做。从这个角度说，我们要强调新闻秩序。可以这样理解。所以你说的前30年的确是我们把大的力量用在衣食住行上了，那么今后在“谐”字上下大工夫，这不错，可以这么说。

中国国家形象和软实力

时　间：2011年7月19日

地　点：上海交通大学闵行校区新图图书信息大楼8楼

主讲人：刘康

刘康

上海交通大学人文艺术研究院院长，美国杜克大学亚洲与中东研究系教授、杜克大学中国传媒研究中心主任。主要研究范围包括：传播与大众媒体、全球化与文化研究、当代中国综合研究、马克思主义文化理论与美学等。出版英文著作《中国现代文学与政治和意识形态》、《美学与马克思主义》、《全球化与中国当代文化变迁》，中文著作《对话诗学：巴赫金文化理论》、《全球化·民族化》；《文化·传媒·全球化》，以及和李希光等合著《妖魔化中国的背后》、《妖魔化与媒体轰炸》等。

主持人：自己给自己主持这是一个麻烦，我要给别人主持，我可以说“大家就座，我们请嘉宾”。现在我不能把我自己请来，我自己就是嘉宾。这边有个很有意思的微博在这儿。大家有什么问题可以及时发布。我刚瞄了一眼，还有人写了一个：“刘康的头发怎么变成长头发了？”我觉得蛮奇怪的，我的头发老是被人议论。我们交大的校长一见到我就说：“你这个头发怎么乱蓬蓬的？”我到美国上课，然后美国的学生很厉害。很早以前还没有微博呢，但是到课程结束的时候给老师打分，他们会写很多的意见。我后来发现好几个学生写的意见说，这个老师头发不用梳子梳一梳？这个都跟形象有关，我今天要给大家讲形象的问题。自己的形象不佳，大家觉得你这个“形象”肯定搞不好。大家只好担待一点。

刘康：我今天给大家讲一个关于中国形象的话题。我给大家打一个比方，中国到底是什么样的形象？两年前《纽约时报》记者来采访我，我跟他们说了这么一段话，最后变成了《纽约时报》语录之一，被它们反复引用，他们觉得这话比较俏皮：“China is like a adolescent who took too many steroids. It has suddenly become big, but it finds it hard to coordinate and control its body. To the West, it can look like a monster.” 中国像一个青春期的少年，吃了太多的激素长得很快。它突然变得非常大，所以它控制四肢有些困难，因而西方看到中国有点四肢不平衡的样子，类似于魔鬼。大家可能知道，很多年以前我和我的同学写过一本书，叫《妖魔化中国》，离现在十五六年，你们有些同学可能听说过这本书。为什么要妖魔化中国？我试图做一个解释。中国发展太快，有点头重脚轻的感觉、有点不能控制自己的感觉。当然这只是我的一个比方，不一定对。

（展示图片）这个是2003年的时候，我在Duke大学开了一个关于中国电视的研讨会，离现在将近十年的时间。BBC的新闻总监，他在我的会上做了一个主题发言，他说："在十年之内，中国可能就会成为世界媒体的Headline。"现在基本上被他言中了。我去美国的时候很早，可能那时在座绝大部分同学还没有出世，我1983年去美国，那时美国的媒体还基本没有中国的消息。即使有，也可能是讲关于China Town或者Chinese Restaurant的东西。美国人什么时候开始关注中国？我去了美国不少年以后，忽然发现全美国、全世界的媒体都聚焦中国——很负面的，媒体上一片骂声，说中国怎么怎么恐怖，那是1989年，世界媒体聚焦中国的很短暂的一段时间。然后中国在西方媒体上基本又消失了。又过了将近三十年的时间下来，中国现在基本上是世界媒体的Headline。你打开*Times*、*Washington Post*，差不多都可以看见，未必头版头条但是首页都有中国的消息。BBC新闻总监那句话现在基本已经变成事实了。

那么，中国怎么样在世界媒体出现？这是我们下面探讨的问题。我们自己给自己描绘的形象，中国是"和平崛起"、"推进世界和平的主要力量"。中国现在虽然在世界上GDP已经排名第二，但还是一个发展中国家。老外一听中国是发展中国家，就问"你们怎么解释发展中国家这个概念？"当然这些都是中国给自己推出的形象。那么西方是否认为中国是和平崛起的？很可能还觉得中国是一个威胁，尤其现在美国对中国比较担心。所以China Threat是一个很真实的、媒体推出来的形象。China in the eyes of global communities，全世界的人怎么看中国？他并不是都来自己观察中国，他们基本上是通过媒体，那么通过哪家媒体？通过英美的媒体，这个很重要。英语在世界上是有支配地位的，是一个国际语言，因而英美媒体也是占支配地位的媒体。现在我们大家共同来思考，是中国的媒体更有力量、更有可信度呢，还是西方的、英美的媒体呢？这实际上是个很严重的问题，尽管我们今天尽量把话说得轻松一点。

其实我们也不是不考虑这些问题，但是这个问题有几个方面、有几个掣肘的地方值得我们去了解。那么我举了这么四个例子。这个说法我说了有很多年了，现在看来基本上的改变并不是太大。第一个说法就是，Incompatibility of China’s global presence and media representation。这句话什么意思？就是中国它在世界上的一个表现，世界上处处都有中国，与媒体对它的报道这两个之间是很不吻合的，就是说这两个之间还是有很大的距离。比如你在美国，就会知道中国无处不在。美国人天天看到中国的很多东西，在美国每天用的东西都是中国的。但是你打开电视，讲到中国时，经常就是讲中国的食品有多么多么的可怕、加了多少多少的三聚氰胺、膨化剂，诸如此类的东西。然后，美国人天天买那个DVD player回家去看或者怎么样，那都是中国制造的。但是打开电视、打开媒体，讲中国是一个世界上最大的盗版王国，Kingdom of Pirates。举个例子，就是一个非常的incompatible，西方的媒体对中国的报道和中国的现实是有很大差距的，它是有选择地报道。这个真相出现在我们的面前，它肯定是有选择的，其实还需要我们去了解。我们当年写“妖魔化”这本书也就是让大家知道，我们中国这个媒体的形象在世界上是怎样呈现的？我们经常有一个思维定式：我们认为中国是怎么样的，那么老外就应该认为我们中国是怎么样的。事实上我们还有一个更强的思维定式，老外也应该像我们中国人一样，虽然他说话洋腔洋调的，但是他说话还是得说中国话对不对？我们以前看的外国电影都是有配音的，那配音的电影里面老外说出来的都是中国话，当然都是洋腔洋调的中国话。我们假设那些老外都应该是像那些配音电影一样，说的都是中国话，其实不是这样。实际上的情况是，老外真的是在说英文、说法文、说德语，他的想法跟他的语言是有密切关系的。那么他给我们呈现出来的世界，跟我们中国人呈现出来的世界也是不太一样的。

现在的问题就是，刚才我已经开始讲了，现在中国在国际上的话语权还没那么强。媒体呈现出来的形象不完全是中国的。中国在一个全球的媒体的环境中间，global media，它是一个另类的他者的形象，它并不是一个大家都能接受的形象。我们经常讲的一个所谓的普世价值问题，其实是西方的普世价值，我们说的国际性的语言就是英文。在它的语言世界，在它的一个思维的价值观体系里，中国就是一个另类的东西，就是一个他者，是一个the other，而不是我们自己的。

这个问题其实作为一个比较就是，比如说像印度。印度这个国家我们觉得它不怎么样，但是印度人都会说英文，The Indian people speak English。印度人说的英文都还不错的，虽然我们听不太懂，但语法都很正确。所以印度人他就不是另类，他就不是他者，他就是属于这个体系。奥巴马到印度访问，他说印度不是即将成为一个世界的大国，印度已经是一个世界大国。他另外又讲，中国还谈不上是一个世界大国，因为中国没有Democracy，中国没有民主。

那么，中国人怎么看自己、西方人怎么看中国，我给大家放一个小小的片段，也许你们看过。（播放中国国家宣传片片段）感想如何？我把这个片子放给Duke的学生看了很多遍。实际上我们现在在做一个实验，在全美采样大概达到五千个样本。我们做一个媒体的实验，把这个片了用各种各样的形式放给美国人看，然后给他们做一个问卷调查、心理测试，看他们怎么反应。我放给我的美国学生看，我就问他们What's your first impression?第一印象是什么？然后我的美国学生就说："We saw a bunch of rich adult and some beautiful super models. Yeah, we saw Yao Ming." 哈哈，我认得一个姚明。"We really don't know what they are doing, stand still." 不过我还是客观地说了它不少好话。（展示图片）这是我在CNN网站上发的一个Opinion，一个评论吧。这就是我讲一个Highlight：China is as adept and media-savvy as Obama generation when they come to soft warfare. 中国啊，实际上跟奥巴马这代人有点像的，在发动软实力战争上他们还是蛮聪明的，对媒体还是比较了解的。这个事情不管怎么说，中国国家宣传片每天在时代广场放三百次，从头到尾放了八千四百次，还是有点用。我为什么在CNN网上做这个评论，因为它是在CNN网上不断播放的。但是它也有它的问题。（播放另外一个中国宣传片）我觉得这个拍得比较好，可惜它不是在媒体上放的，是在大使馆里放的。可是你说老外有几个人到中国大使馆去呢？（换了部片子）这个就更有趣了，BBC拍了一个电影叫*The Chinese are coming*，就有点儿像*the big bad wolves are coming*，狼来了的意思。它就讲中国现在想要控制非洲；BBC拍的这个*the Chinese are coming*其实影响还是很大的，这个纪录片在BBC的电视台上放，美国的CNN也把它拿去放，很多地方转着放。应该说拍的技巧还是很高明的。大家看了以后觉得这是一部很引人入胜的电影，但是它强化的一个观念就是：你看我们英国人走了，英国人、法国人、德国人走了，现在中国人来了。说来说去就是这句话。中国人肯定不如我们英国人、法国人、德国人干得好。我们知道，英国人、法国人、德国人在非洲都干了些什么事儿？推行殖民主义。所以现在的媒体都说New Colonialism is coming，Chinese's new colonialism.

我们现在正在研究的一个话题就是，非洲人究竟怎么看中国？BBC做的这个片子有多大的影响？我们下个月到南非去，开一个大规模的研讨会，请了很多非洲的专家、中国的专家，还有世界各国研究中非问题的专家。然后我们推行一项调查项目：中国的形象还有中国企业的形象究竟在非洲是个什么样的状况？因为你不能在这儿光空着说，你要让大家实实在在地了解一下。我可以展示一下我们现在设计的一些问卷。别看这个题目好像很简单，含金量很高。如果我们把它问出来以后，还是应该蛮有分量的。我们问到的是：Which country should be the model of all countries' future development?是中国呢？是美国呢？是法国呢？还是怎么样。然后就讲面向非洲国家的问题，"中国的经济对我们国家的影响是多大"？第三个问题是，中国的经济给我们国家带来更多的利益还是更多的麻烦？下面呢，我们中国其实在非洲有很多很多的企业，各行各业。那我们就问下你们对这些企业的印象如何？因为中国的企业遇到很多麻烦，我们需要了解一下具体的状况和他们的看法。你们的天然气、采矿、telecommunication、agriculture、manufacturer这些各行各业，以及service什么的我们都想问下。

我给大家展示一下我们现在做的事，我非常希望我们的模式是一个怎么样的模式？是一个参与性的模式。我把我们做的事——都是incomplete project，正在完成的、或者正在实施的、没有什么结论的——给你们看。我发的微博上面，最后都是打一个问号，你们可以看到我在微博上问了很多的问题。

我当时是聚焦2008，2008其实对中国有重要的意义。我们都知道2008有一个奥运，当然2008有更多的事情，不能从我们记忆中淡出。因为对我们的中国传媒来说，2008是经受考验的一年。David Barboza是《纽约时报》驻华的首席记者，我和他在上海电视台外面一个酒吧搞了一次对话，就是讲《纽约时报》、西方媒体怎么报道中国。我们那天讲到2008年，David Barboza就跟我说You know China, 2008 is just like a roller coaster。2008,就好像过山车一样,一开始就遇到很大的麻烦,就是雪灾,那雪灾把广州火车站都堵了,全世界媒体都在报道。然后三月份西藏的暴乱,紧接着就是奥运火炬的传递,火炬传递使我们的"奥运大业"跌入一个低谷。当时我们也没有很好的预警,现在我们开始有点危机预警的措施了。实际上,我们现在所谓的预警措施还只是在国内打转转,在国际上的公关危机我们应该怎么处理?我发现我们还是非常欠缺。因为有了一个2008的"3·14事件",我们应该避免2009年的"7·5事件",结果我们没有避免。新疆的暴乱仍然规模很大,也引起了媒体的一片哗然。这说明我们应付国际性公关事件的能力还是很差。新疆也好,西藏也好,甚至中国的每一个事件,我们都要把它定位为不仅仅是国内的一个事件,它实际上就是一个国际的事件。它的位置、理念都是一个国际事件。那么按照David Barboza的说法,我们中国在"5·12"汶川地震时的媒体表现确实是可圈可点:一个是面对自然灾害,人类的同情心得以唤起;另外一个就是我们的政府、我们的媒体都更加人性化。在某种程度上,这使中国从一个roller coaster的巅峰跌下来的时候开始又上升了,上到2008年的8月8号晚上8点钟达到一个高潮。所以这是中国公关的一个年份。好像"8"字给我们带来很多福气。其实仔细想一想,2008带来的麻烦还挺多的。

我们现在反思一下2008。BBC做了一个调查,"2008年以后,中国的形象是改善了呢?还是下降了呢?"2008年的时候,说中国好的有45%;到了2009年说中国好的只有39%。这是BBC做的调查,中国的形象反而下降了。BBC做的调查影响很大,所以后来我们做我们自己的调查。我们也不是真的要对着干,其实我们的调查发现这些结果都差不多。我们在美国做了一个调查,发现美国人对中国看法好的也就在40%这里徘徊,差不多45%,基本上是这么一个情况。但是,让我们有点百思不得其解的是,2008年我们花了这么多钱,可以说是举国之力,但总体上看效果并不是太好,国际社会的评价不是太高。当然这只是一个数据,但是就整个舆论来看,也不是很好。当然还有很多的因素,2008年世界陷入一个金融危机,那个时候大家心情都不太好,心里酸酸的感觉油然而生,觉得你中国现在这么牛气,我们这么倒霉。他们总的来说心里是有点儿不爽的,当然也是可以理解的。并不一定是我们做错了什么事。但是不管怎么说,他不爽,你这个效果基本上就没有达到。

(展示图片)这个是PEW做的调查。它对中国的这个调查其实也很有意思,它有意思在“中国怎么看自己?世界怎么看中国?”中国认为自己是一个很负责任的大国,中国的外交政策是很关心别人的,中国83%的人认为“我们是很关心别人的”。但实际上,同样的调查,老外只有30%的人认为中国是一个很关心别人的国家。那么,“中国和美国势力均等,将来会强大”这个问题上的调查结果差不多。在这个点上中国人还比较实在,没有80%的人认为我们中国会很快取代美国,没有这么想。其他的数字都差不多。

我们讲防火墙是一个很大的问题。我让美国的学生做了一个关于中国互联网的报告研究,他们都没讲中国互联网怎么怎么发达、有多少多少网民、有多少微博、多少博客、多少QQ。他们只对一件事情感兴趣,great firewall of China。这是个谐音,Great Wall of China是中国的长城,Great Firewall of China是伟大的中国防火长城。老美只对这个事感兴趣。因为老美的信念跟中国很不一样,他们跟中国人的价值观是很不一样的。这个牵涉到我们价值观的战争,是一个文化软实力的问题。

(ppt)这是个政客Joseph S. Nye,后来去当学者了,他提出来soft power软实力的说法。然后我们胡锦涛总书记也觉得这个事情重要,就把soft power变成中国的说法,即我们也需要发展我们的软实力。我们中国软实力还没怎么样呢,老美就开始着急了。他们做很多很多报告、很多很多研究,关于中国的soft power做得很仔细,中国在非洲、在中东、在南美洲究竟干些什么,孔子学院干些什么……他们对孔子学院干什么做了非常详尽的调查。关于孔子学院,他就让美国政府采取“不管方针”,根据利益来跟孔子学院交易。孔子学院在美国也是五花八门,有的地方还蛮喜欢孔子学院,有的地方就拒之门外,毫不客气。孔子学院在美国总体上是一个不成功的东西。我可以实事求是地跟你讲,我给中央写过一个报告,举了很多的例子,讲孔子学院为什么不成功。因为中国想要影响美国,最重要的是影响美国的精英,你不影响美国的精英你影响美国的老百姓,可他们对中国是没有任何兴趣的。你只要不断供应廉价的商品,美国人就满意了，根本不在乎你中国到底怎么样。而精英最能兴风作浪，精英最能引导民众，尤其是在美国，精英是决定决策的社会基础。这个在全世界没有一个例外。我再次跟大家强调，大家应该有一个很强烈的责任感，我们在座的都是精英。如果我们不把我们自己的事儿办好，中国的事就真的很难办好。

（展示图片）你看这个美国人Charm Offensives写的这本书*How China's soft power is transforming the world*（中国的软实力怎样正在改变世界）。这个非常耸人听闻，老外经常写这样的书。*When China rule the world*（《当中国统治世界的时候》），此类的书现在非常多，都是要给大家一个警醒：我们现在不要在那儿掉以轻心，中国人来了，Chinese are coming。中国人来了，我们该怎么办？

（展示图片）像这个new colonialist现在也骑着骆驼到中东去了，新的丝绸之路。（展示图片）看，这是中国，这是美国。The oiloholics，现在的中国也在吸油。（展示图片）American jobs, Asian shops。这个也是酸酸的。穿着旗袍的中国阔太太到处shopping，中国现在这个采购让美国人刮目相看。中国人在西方狂购物，现在巴黎香榭丽舍大街的所有售货员都要经过汉语的训练。不会说中文的话，那就不合格，就不能上岗，所以这是现在的一个世界潮流。那你说他们是不是心里很酸酸的？这个给中国塑造了怎样的一个整体形象呢，我们有朋友说，中国人在西方人眼里基本上是一个山西煤老板的形象，比较准确。

其实我们形象不是这样，我们自己也觉得我们形象挺好的。那我们要打造一个什么样的形象呢？有几个形象。我们可以选择比较古典的：我们祭孔，建立孔子学院，推动儒家复兴。这是一种说法。当然我们也有刘翔、章子怡。哪些东西更有吸引力呢？一般来说，还是章子怡、刘翔、姚明更有吸引力。今天世界聚焦中国，因为姚明“退休”了，所以大家都要么惋惜、要么叹惜，要么觉得是不是有新的八卦可以在里面找一找。姚明好像比较好，没什么八卦，要不然这个事也要吵翻天了。这是中国的一个软实力。

我们在美国人中做了一个调查，发现美国人认为中国的古典文化对西方的影响力更大，大概40%的人认为中国比较有影响力的是古典文化、儒家。这个也是个比较让我们不爽的结果。大概只有20%左右的美国老百姓认为，中国有一个比较有影响力的流行文化，这个数字非常低，大部分的人认为中国没有流行文化。这个可以理解，我们把中国形象片放给老外看，他们都看不懂。不知道宣传片是干什么的。当时我给他们提了个建议，我说你们弄了一个李安一个吴宇森，这两人确实很了不起，大家没人不认识李安，不认识吴宇森，但是很难把这两个人的名字和他们的形象挂钩，他们都是幕后的。你为什么不弄一个Jackie Chan成龙在这上面呢？还有李连杰，或者你弄个女性在那儿，比如Joan Chen就是陈冲，他们知名度也比较高的。关键的问题，我们中国的形象太多，比较复杂，到底哪个是中国的形象？所以我讲，我们怎么表达中国的一个复杂的形象很重要。我们有主旋律的、唱红歌的；我们也有反传统的、反偶像的，这东西都很火。（展示图片）这个小小的一幅画，张晓刚画的一幅不起眼的画，你们知道现在多少钱啊？这幅画现在卖了九百万美元。张晓刚的行情还要涨，很多张晓刚的作品现在已经突破一千万美元大关了，这个很可怕，说明老外眼里的中国形象和中国人眼里的中国形象还是很不一样的。这个价值观的问题很值得我们深思。

那我们中国人自己是不是对价值观、对中国的形象有个统一的看法呢，对我们流行文化有没有统一的看法呢？应该也没有统一的共识。现在是一个缺少共识的时代，我个人感觉。在这样一个缺少共识的时代，我们怎样来找寻共识呢？没有共识，我们需要找寻共识，否则给人一个什么样的形象呢？我觉得这个事情是一个很大的问题。我觉得韩寒他提供给我们一个线索，他有些公共的、比较宏大的关怀，不像跟他PK的郭敬明那样缺少一个公共关怀。我相信我们在座的80后、90后，应该还是比较有公共关怀的。公共关怀很重要，就像百分之八十的中国人认为我们是个负责任的国家，我们关心别人，但世界上只有30%的人认为中国是个关心别人的国家。这个事情很麻烦。

昨天印度尼西亚雅加达大学的专家发表文章说：*China will become a ruthless monster*，中国变成一个很可怕的魔鬼。这种东西现在非常多，我们不能避而不见、充耳不闻。我们还是需要一个很认真、很清醒的反思。

嘉宾：我想问您一个问题，关于民族主义和民粹主义您怎么看？第二个问题，您和李希光教授共同写过一个《妖魔化中国》，我们知道外国妖魔化中国很大程度上是由于意识形态上有很多不同，您认为有西方的普世价值适合中国吗？

刘康：你的问题问得很好。民族主义，它有两个方面。一个方面是比较积极的，在国家比较危难的时候，比如说中国的鸦片战争以后以及抗日战争时期，民族主义就是凝聚民族精神、恢复民族自信、建立民族国家的一个很重要的精神力量。另一方面，民族主义也有反面的、非理性的层面，就是你讲的民粹主义。民粹主义实际上是一个非理性的东西，很情绪化的东西，里面带有很多的偏见、误解或者是唯我独尊的一个情绪。种族主义色彩、自大自傲的情绪都和民粹主义有关。但是这两个方面往往是不能分开的。我们现在在这儿谈学术侃侃而谈的，什么理性的民族主义、非理性的民族主义、消极的、积极的，实际上它们是搅和在一块儿的。你怎么办？你只能自己判断。

究竟有没有人类的普世价值？我个人认为，普世价值是个有问题的说法。普世价值完全是基于西方的经验，并没有考虑非西方国家对世界的判断。但是我们不能否认人类有共同的价值。我们应该都去努力，去追寻人类的共同价值，这个也是从更深意的地方来讲。现在中国加入了WTO，在联合国起到一个主导的作用，我们要慢慢变成一个世界游戏规则的制定者。你要制定一个游戏规则，而游戏规则背后有很深的价值观的东西，你怎么样让你的价值观被大家所接受？这个价值观就不能和普世价值发生明显的冲突。

嘉宾：国家就像人一样，形象是由内而外的。一个体内紊乱的人自然面色无华。中国现在显然太在乎自己在别人眼中的形象了，有点患得患失。细心的装扮是做给别人看的。从这种角度上讲，中国为什么不先强身健体，面色红润还怕别人不赞你倾城倾国？

刘康：很好，要符合中医的观念。我们要内调外顺，先把自己的身体调好了，我很赞成这个想法。我刚才说的，不知道大家明白我的意思没有，我觉得这是我们的一个机会。为什么我们要在乎外面的形象呢？因为我们中国忽然一夜之间走到了国际舞台。我说的这个一夜之间，是指十年二十年前没有人把中国放在眼里，现在所有人都把中国放在眼里。但是你说话要得体，做事要得体，要让大家觉得中国人不是一个monster，这一点很不容易。就像这个同学说得很好，自己不要内乱，自己身体要很健康。

华文报刊的世界影响力

时　间：2011年7月29日

地　点：上海交通大学闵行校区新图图书信息大楼8楼

主讲人：江作苏

江作苏

湖北日报传媒集团董事长、社长、党委书记、总编辑，高级记者。湖北省有突出贡献中青年专家，国务院特殊津贴获得者。武汉大学特聘客座教授、博士生导师。第七届长江韬奋奖获得者。3次获中国新闻奖一等奖。首届全国百佳新闻工作者获得者。

主持人：我们今天请到的嘉宾是湖北日报传媒集团董事长、社长、党委书记、总编辑江作苏先生。大家知道，中国新闻奖在中国是一个新闻工作者最高的荣誉，而江作苏先生曾经三获中国新闻奖一等奖。同时，他还是第七届长江韬奋奖获得者、首届全国百佳新闻工作者获得者。我们以热烈的掌声欢迎江作苏先生演讲！

江作苏：我这次演讲的题目是"华文报刊的世界影响力"，选择这样一个题目，也是基于几方面的考虑。第一，虽然我作为一个年纪比在座各位大得多的人，但是我也非常了解新媒体的影响力。世界报业大会早在2008年，大会的主题就已经是"报业——一个多媒体的产业"。把这样一个主题定为世界报业大会的主题，有着非常深刻的涵义。我们对媒介形态当然应该高度关注，但是媒介形态和产业形态并不完全同步，而且不具有完全的排他性。在充分重视新媒体、新技术进步的同时，一定要有这种关联的意识和产业递进发展的历史唯物主义和现实主义态度。大家知道，最近世界上最轰动的行为是英国《世界新闻报》事件。可以说由于一张报纸引起一个国家事件，甚至引起整个西方伦理社会和传媒以及传媒相关产业这样深刻的触动。由一张纸媒来触动，这就足以证明纸媒在当代传播界仍然有不可替代的、深刻的、巨大的、全面的、复合的影响力。

第二，根据世界报业大会的粗略统计，全世界现在报纸的价值大约是2 000

多亿美金，相当于一个中等国家的GDP，也相当于中国一个中等偏上省的GDP。换句话来说，报纸产业的价值在世界经济上占有的地位是不容忽视的。这就是现实，不是谈到互联网、谈到新媒体就可以忽视这样一个巨大的存在，忽视它的影响力和产业价值存在，这是两个前提。否则今天在新媒体巨大影响力下谈论这个似乎不合潮流，实际上是和现实紧密相关，而且是世界传媒业在相当长时间内很难根本改变的格局。

大家知道，2011年是中国"十二五"规划的开局之年，在过去的"十一五"期间，中国的报纸得到了相当成功的发展，增长了八十亿份。在2011年开始的"十二五"规划中，新闻出版的产业规划制定的增长率是百分之二，相比经济增长率而言是个不值得夸耀的数字。但是大家都非常清楚，发展背景是在新媒体跳跃式发展以及成熟的西方国家报业递减趋势下，中国仍然制定了百分之二的增长率，这是一个相当不容易的增长，也是中国国情、中国传媒需求的一种反应。

中国报纸和华文报纸这两个概念既有联系又有区别。中国人口官方统计数字是十几亿人，但是散居世界各地至少还有4千万到5千万华人、华裔或者是具有双重国籍的华裔血统的人民。另外，由于中国文化的历史性影响，还存在着一个事实上的华文文化圈，除了在体制上与我们不一样的台湾、澳门、香港以外，在东南亚还存在着马来西亚、新加坡等国家。

总体上来讲，是否拥有报纸是一个家庭是否具有中产地位的标志。这一点西方的新闻媒体研究早已得出结论。例如日本的报业普及率是全世界第二，日本的千人占有率大概是570份左右；第一位是挪威，挪威的千人占有率将近600。日本对报纸的户占有率超过1，也就是说在日本每一户平均订一点几份报纸。大家都知道，挪威也好、日本也好，都是中产阶级占社会主体的纺锤形社会。中国一千人中不超过一百个人有报纸，在农村，占有率只有千分之七；西部地区可能连千分之七也不到，只有千分之二三。

尽管报纸是不是必需品仍然有争论，但是从世界发展的格局来看，凡是进入中产阶级、成为社会主体以后，报纸进入家庭，这是一个客观的事实。哪怕是在经济危机和新媒体的冲击下，报纸的入户率与这个国家的中产阶级比例紧密正相关，这是到目前没有改变的现实。做得最好的是日本，日本报纸的入户率非常高。换句话说，在日本报纸的不确定因素很少，它可以以销定产，订多少印多少。在中国，报纸很大程度上靠零售业，这就带来了很大的风险。一旦形成这种销售不出去的情况，损失就非常惨重。

中产阶级订报，这是中国目前富裕小康社会的标志。中国正进入富裕小康阶段，所以报纸的发展和经济的增长也是同步的。当一个城市达到40万规模的时候，如果这个城市没有一份报纸，那么这个城市不仅在经济交流上会产生一些困难，而且对于城市意志的形成，对于城市文化的传递和积累，都是极为不利的。但是在中国目前的准入制度下在已经有的两千种报纸之外，不再准办新报纸。新报纸的刊号之珍贵，是赛过黄金的。今天如果有一个刊号就会有一堆人来谈判，刊号实际上是一种无价的资源。城市化的进展必然会带来对报纸的需求，这是一个客观的事实，也是世界报纸发展的规律。

大家都知道“金砖五国”，“金砖五国”中和我们匹敌的印度2011年新闻纸的用纸量已经接近或者超过了中国。印度的报纸之所以可以快速增长，有两个原因：第一是印度的迅速现代化；第二是印度的中产阶级大量增加；第三是由于印度英语的普及，使得印度报纸的编辑成本相对便宜，它可以直接采用世界主流语言英语的很多新闻信息，而这一点是我们很难相比的。

在世界其他的发展中地区，中产阶级的增加也使报纸的增加成为了必然。话说回来在华文文化圈，这次我去马来西亚，去之前我以为它是非常穷的国家，去了以后我才发现马来西亚的人均GDP已经达到8 000美金。他们总理提出的发展目标是进入世界高收入国家行列，而不说小康。连片的两层楼、三层楼的民居使人感慨“居者有其屋，行者有其车”在很大程度上的实现。马来西亚报纸的兴盛是非常让我吃惊的。马来西亚由于其独特的教育制度，使得华文报纸有着非常大的生存空间。马来西亚的学校分为三个体系：第一是国民教育体系，就是马来文。第二是华文教学，编写华文课本，小孩子从小养成读华文、看华文、听华文，向往中华文化。第三是英文学校。今天的马来西亚还存在着18种华文报纸，在马来西亚的政治生活中发挥着重要的作用。

新加坡有所不同。从马来西亚过个边界就马上感觉新加坡完全是英文的天下。因为李光耀从63年开始就禁止学校教育使用华文，完全应用英语教学。但是新加坡居民中华人后裔所占的比例非常大，这就使得新加坡的中文报纸仍然发挥着重要的作用。而且它的所有官员没有不会讲华文的，所以形成华文与官方语言和谐共存、相生相克的现象。但是不管怎么说，由于经济的发达，由于人们文化需求的增长，所以他们对报纸的需求始终处于高位的情况。

下面主要分析华文报纸的发展格局及特点。第一是在竞争格局中，报纸普遍把公信力作为自己竞争的底线和核心利器。关于公信力有各种各样的解释，我曾经编写的《媒介公信论》也对此进行过论述。公信力通常的理解就是道德伦理的底线，公信力就是要守住这个底线。网络媒体，特别是自媒体的混沌信息世界中，存在着丰富的信息需求，对于信息的有效、可信，以及携带价值公信有着普遍的追求。在这种情况下，华文报纸也把公信力作为自己办报的底线，或者核心的竞争力。比如马来西亚的《光华日报》，是孙中山先生在马来西亚为了推翻中国封建统治而创办的一份报纸。《明报》是香港的一份免费的报纸，它的报头上特别标注了"公信第一"四个字。我可以断定它的办报宗旨是近十年里提出的，因为十年之前还没有网络媒体，是不可能把网络作用和报纸作用抬高到一个标准的。可见公信力对于报业发展，对于争取受众市场、争取广告有着多么大的作用。《大公报》虽然有着内地背景，但是它的办报规律全部按照香港的行规来进行，它的刊头下都写着责任编辑的名字，体现了公信力的作用。如果改版出来了有违事实及伦理的报道，责任编辑将受到受众的直接质疑。随手抄起一份《大公报》，我们会发现上面的图表全部标注了来源，以此来体现它的公信力和信服度。可见现代报业都非常重视对信息来源的交代，对信道的可信度的交代，正视对公信力基础手段的作用。我们曾经和清华大学做过一个研究，即一份具有公信度的报纸信息往往具有两条信道，所谓"孤证难立"往往是一条规律。如果一份报纸养成任何一条短短的信息都具有"双信道来源"的习惯，长期坚持势必在媒体界享有良好的影响力。《光华日报》尽管是一份华人和华人社团企业合资的私营报纸，但100多年来每天都强调"天下为公"，始终把公信力、公众利益放在首位，始终把公信力作为办报的立场和昭示。

除了公信力为本，强调道德底线、责任底线以外，东南亚各国在经历了金融危机、世界金融风暴以后，在最近两三年，报业的普遍现象是提稳。我作为一个拥有7 000多员工的报业集团的主要负责人之一，深刻地领会了经济危机对报业的多重影响。除了成本上升、社会经济的不活跃带来了广告量的下降，希望指数的不稳定也带来了文化需求的不确定性。我们作为文化企业需要简单再生产和扩大再生产的资金来源非常困难，幸好最近几年中国报业普遍取得了较好的经济收益。据我们了解，东南亚各国的报纸，包括华文报纸也躲过了金融风暴的巨大冲击，经济效益普遍回稳，有些还达到了过去没有达到的高度，这就是一个客观现象。新媒体的冲击人人皆知，但是这种冲击不见得是排他性的，或者毁灭性的，伴生现象是经济的普遍规律。"竞合规律"和"竞争规律"一字之差，有着巨大的区别。我们通过对报业竞争形态的考察发现，报业的竞争没有统一的模式，没有一个世界通行的报业经营的最佳方式。从我这次考察东南亚的报纸情况来看，有几种基本形态。比如马来西亚的《光华日报》是完全私有制的，但是它是公众公司合股的，非个人资本，没有独一无二的大老板，董事是由董事会来代表。日本报业是财团所有制，不是个人所有制。台湾除了党报以外，也有民营和社团的。新加坡的《联合报》在世界上是一种比较独特的资本形态，联合报业控股公司在新加坡控制了18种报纸，18种报纸中既有中文、英文报纸也有马来文报纸，还有广播电视台。新加坡的法律规定任何个人和团体不准持有新加坡报业百分之五以上的股份，换句话来说，谁都没有控股权，股权高度分散，都在百分之五以下。在这种情况下，新加坡报业控股的控制力显而易见，控制力就是许可证。所有运行的报纸每年登记一次，政府虽然不是资方代表，但是有控股的权利。在这种民营形态下，能够反映政府意志和主流文化，这是它的一种经营方式。香港的报纸就更不一样了，香港的报纸是完全私有，有上市公司的，也有一些不明背景，搞不清它的资本形态是谁。但据我观察很可能是某种势力所有的，这种势力办报不讲成本，这种亏得起的背后，是有某些背后的资本支撑。报纸的物质形态是要消耗各种资源的，这些资源配置总是有某种支撑平台。中国内地报纸经营基本形式虽然都是公有、国有，但是有多种多样的运作方式，像我们湖北日报传媒集团是采取三级所有的，就是集团下面有主体公司、孙子公司，孙子公司再去办媒体，上海、北京的公司都有多种经营形态。美国以及其他各国的报纸经营形态更不一样。总体来讲，多种形式、一种表达，就是最终要获得传媒市场和广告市场，这个是必须获得的。从经营形态来看，现代报业已经完全摆脱了靠报纸获得收入的这种单一形态。特别是随着经济的多元化发展，这种形态发展得更为明显，中国由于制度的优势，各个报业集团正在走多元化的经营道路。多元经营的格局、多种形态的组织架构、多种方式的竞争是今后多元媒介的必然选择。

第三，竞合形态长存。在中国，新媒体增长的这种爆发的格局不是孤立的，在世界各地都是这样。电子媒体覆盖了世界的各个角落。在香港地铁，地铁顶上布满了各种活动广告，金钟站还摆着电脑可供上网，可以说覆盖在一切角落是不争的事实。而且作为报纸来讲，也有免费报纸、收费报纸共存的现象。我们去香港，每天早上都有穿着马褂的人向你手里递免费报纸。7月5号，香港的第五份免费报纸产生了，这个报纸叫《晴报》。香港只有五六百万人口，但是我们可见收费报纸还是卖得很好，香港的收费报纸是独特的文化现象。在欧洲，特别是地铁，报纸看完了扔到回收箱，但是收费报纸还是有自己的市场。至于说新媒体相互搏杀也很多，特别是在新加坡，我们和主要负责人座谈，他们告诉我新加坡的ipad普及率是最高的，但是很少有人用ipad看深度报道，更少有人用那个看教科书。所以他们非常有把握地讲，现在移动媒体不可替代，但也不是说报纸就没有发展空间，它有独有的价值。

第四，分析华文报纸，娱乐倾向明显。新闻的娱乐化是我们长久研究的一个课题。我认为不见得是贬义词，从广义上来看，人除了工作就是娱乐。第二，互联网的高度普及使得人们在文字信息的追求上也有多媒体、流媒体和色彩化的偏好，这是正常现象，也使报纸在娱乐方面有各种偏好。从经营者角度看可以减少成本。我们随机在街头买个报纸，一个大标题、一张大照片、一点点文字，几乎所有报纸都是这样，它要满足读者的娱乐偏好和色彩追求。从板报的字数统计，一个版面排满的话需要一万多字，一个版面扣掉标题大约还需要7 000字，一个记者是写不出来的。但是像这样处理，可能只需要300字，从成本角度也可以压到很低。海外华文报纸有个行话，叫“只有将军，没有士兵”。我们到台湾《联合报》考察，他们居然把校对和唱校撤了。根据经验，只有唱校是最为保险的。那他们怎么来校对呢？只要两个途径，一个是黑马软件，但是软件一定会犯硬件错误的。第二个就是加大编辑的劳动量，就是谁编版、谁校对。

第五，栏目设置越来越精细，专业化程度越来越高。新闻界有个流行的话，叫自从出了新媒体，全世界再没有名记者。但是自从出了新媒体，催生了新闻界大量的名评论员。前面一个很好理解，现在没有独家新闻，瞬间传遍全世界。按照正规手段，名记者很难产生。中国新闻奖每年评的时候我们发现，好新闻中的好消息是越来越难评了，因为在时效上很难说谁是最快的，快毕竟是新闻的第一要素。但是名评论员就多了。围观就是力量，谁的势力大，一插嘴就成势力了。但是话说回来，在当代传播格局里，有影响力的评论有很多还是由平面媒体产生的。因为按照马克思的观点，社会分工是人类进步的表现，分工的细致说明产业高端化的进程。在传播格局中也是一样，自媒体的出现，海量的信息增加，但是在信息中，意见领袖和有价值的、有深度的信息管家往往身居传统媒体。大家知道《人民日报》的评论有了脱胎换骨的改变，包括对新闻执政和领导干部的执政，《人民日报》都做出了很多有分量的评论。海外报纸的评论也是一样，除了做好新闻以外，在其他的专栏方面也给予了精细化和高端化的处理。随机抽样几张报纸，除了署名以外，还有身份调查，以增加它的可信度和权威性。比如这位是食品研究员，这位是新闻从业员，这位是自由撰稿人，这个是时政评论员。所以在评论栏目里，过去那种粗放的万能评论员越来越少，当然台湾是个例外。有趣的媒介形态下，这种专业化、深度化、连续化和人本化，是华文报刊生存发展的理由和生存秘密之一。通过考察，从薪酬待遇来看，粗略地讲，如果在新加坡，一个年轻人进入报业，他的薪酬水平是处于中端的。在香港，有个不成文的联盟，新人8 000港币，在香港来讲这个薪酬是不高的，但对于初入行来说，经过努力可以进入中等。在马来西亚、欧洲、美国，新人进入这个领域的初期待遇都是处于中等的，这是个价值形态的问题。新人进入这个领域，把能否继续教育、能否扩大眼界、能否对社会公益产生作用作为条件进行考虑，这就使得这个行业能够保持比较高的竞争力。在新加坡，对新人的选择有三种渠道：第一是正常的校园招聘。第二，定向设立奖学金，要求毕业就到媒体工作4~6年，然后才能更换岗位。第三，跳槽。一个中国福建到新加坡读书的学生，他在读书期间申请了报业控股的奖学金，这是个很好的选择，不是被迫的选择。他去了以后，

6年时间已经是网站负责人。总体来讲，媒体还是一个具有吸引力的行业，哪怕是报纸这样的传统媒体。

培育大家认同的媒体文化，使他产生一种无形的凝集力，对于新媒体更重要。因为新媒体缺乏历史，新媒体所占的技术形态更高，那么新媒体要员工产生认同感，特别是产生价值、道德、伦理认同感是不容易的。我认识一些老总，他们最害怕的是关键岗位集体跳槽，但是这种现象屡屡发生。这种现象对社会也是损害，应该避免这种情况的产生，所以要培育媒体独有的文化。海外的华文媒体比较重视这一点，他们把自己创办的历史照片展示在编辑部，产生认同感、归属感和奉献感。他们还有消费合作社，比如团购、住宅基金、集体婚礼、家庭大事。另外他们有普遍超大型的办公平台，个人意念不至于膨胀，要使你产生一种庞大零件中的零件感，搭建合作沟通中最简易的平台。我去过新加坡报业控股，他们收购的是一个日本富士的厂房，简单改造成了编辑部。我刚说的香港《大公报》，也是买的柯达公司一个不要的厂房。《纽约时报》的门厅一点都不豪华，海外华人报纸的编辑部就更简陋。海外由于成本历史以及媒介在社会的风险，使得他们没必要搞那么好的平台。但是他们的通信都是很好的，另外还有外派到世界各地的丰富经历都是对员工很强的吸引力。像《光华日报》组织员工穿越南亚半岛来到内地，2011年组织远征团到武汉。我们问为什么，现在资讯很容易，通过记者发稿不就好了，或者是坐飞机过来，网上下载也可以。他们的媒体负责人非常坚定地说，实实在在地和社会读者接触是网络不可取代的，一定要派传统的采访团。用这种很吃亏的采访方式来获得本来不难取得的素材，这种深刻的人文道理也是华人社会推崇的。他们也非常重视荣誉。我在《海峡早报》编辑部看到墙上贴着“总编辑表扬奖”。新加坡只有十几份报纸，总编辑表扬奖就等于是国家奖，得到的人认为是自己职业生涯中重要的荣耀。

最后我讲结论。第一，根据我对世界报业的考察，我认为在多媒体的格局下，报纸的作用仍然不可替代。第二，中产阶级和富裕小康阶层的大量增加，成为报业生存和成长的土壤。第三，报业已经摆脱了这种单纯的印刷产品的简单形态，朝着多元的服务业方向不断地渗透扩张，包括它的媒介形态，不排斥技术手段。第四，人力、人才更加成为竞争的核心要素。第五，突出特色成为报业和报业附着媒体群深层的、重要的内涵。第六，报业经营各展其长，世界各国没有一个通行的定式，鼓励创新、勇于尝试是我们今后永远要面对的课题。我们不可能照搬成功的范式、经营的模式，每一个报纸都是一个自我，都必须要选择自我的独特道路。第七，中国报业仍然是世界报业的希望，这是由中国的经济地位、世界影响以及我们独特的方块字、文化、历史决定的。

传媒如何与资本共舞

时　间：2011年7月30日

地　点：上海交通大学闵行校区新图图书信息大楼8楼

主讲人：谢耘耕

谢耘耕

上海交通大学人文艺术研究院副院长、远东书院院长、教授、博士生导师、国家社科基金重大项目首席专家、教育部"新世纪优秀人才"支持计划获得者。曾先后在湖北人民广播电台、上海东方卫视工作，有二十年的新闻采编和媒体经营管理经验，先后有三十多篇新闻作品和论文获中国新闻奖、中国广播电视新闻奖等奖项。2010年11月，经上海市人民政府发展研究中心批准，上海发展战略研究所谢耘耕工作室挂牌成立。

主持人：谢耘耕老师是上海交通大学人文艺术研究院副院长、远东书院院长。曾先后在湖北人民广播电台、上海东方卫视工作，有二十年的新闻采编和媒体经营管理经验，先后有三十多篇新闻作品和论文获中国新闻奖、中国广播电视新闻奖等奖项。今天谢老师将结合多年的传媒工作经历来为我们讲述传媒资本的运营。下面让我们大家以热烈的掌声欢迎谢耘耕教授为我们演讲。

谢耘耕：我今天下午给大家演讲的题目是"传媒如何与资本共舞"。如果说传媒是一种梦想，那么梦想的背后就是资本。2006年的时候我出过一本书叫《传媒资本运营》，当时请世界传媒经济大会的主席罗伯特 · 皮卡特先生作序，他的开场白是，传媒资本是所有传媒经营管理的核心话题。实际上，对于一个传媒来讲，它要做大做强，仅仅靠做一些基础的业务工作，比如说日常的一些积累，今天挣了一千万，拿出一百万去扩大再生产；或者是去银行贷款，都不可能造就一个大的传媒集团。中国所有大的传媒集团有一个共同的发展规律，都是靠上市、融资、兼并、重组，造就了今天一个又一个世界级的巨无霸。马克思曾经说过，如果没有股份制，到现在我们还没有铁路，他是18世纪说的。到今天为止，中国经济的发展，在GDP方面已经成为世界的强国。然而中国到目前为止，在世界基本上还没有话语权。但是随着经济剧烈地发展，以及华语圈巨大的影响力，中国必将产生世界级的传媒。因为任何一个国家的发展，软实力和硬实力是紧密联系在一起的。到目前为止，中国经济已经在世界产生了巨大的影响力。今天中国经济和世界经济紧密连为一体，随着中国经济的腾飞，世界级的传媒也会呼之欲出。但是中国的传媒仅仅靠做传统的采编和传统业务的经营是不可能造就世界传媒的。所以今天我想跟大家分享的话题就是传媒如何与资本共舞，如何在传媒的梦想背后寻求资本的支持。今天我的演讲内容主要有六个方面：第一，传媒上市热潮；第二，传媒发展和资本运营；第三，传媒类上市历程的四个阶段；第四，传媒上市的方式；第五，中国传媒企业上市的难点；第六，传媒如何与资本共舞。

一、传媒上市热潮

大家现在看报纸的话，不难发现传媒企业进入了一个新的上市热潮。在2010年以前，A股上市的传媒业仅为18家，而仅在2010年就增了12家，数量同比大增60%。据不完全统计，2011年年内前4个月，传言筹划上市的传媒企业多达27家，包括准备上市的人民网、新华网，一系列的大的报纸、网站和电视媒体等。这是传媒企业上市的基本情况。浙江日报报业集团2010年年底借壳上海的白猫上市；广州日报集团2010年年底上市，向粤传媒注入核心资产；解放日报报业集团通过资产注入的方式进入了新华传媒；南方报业借壳ST炎黄；东方传媒借壳广电信息，等等。中国传媒现在涌入了一种上市的热潮。

二、传媒发展和资本运营

为什么一系列传统的媒体争相成为上市公司，仅仅只是一个时髦吗？不是。任何传媒企业的发展，都需要强大的资本做支撑。中国传媒发展到今天，必须跟资本市场结合。两年前，我在北京参加一个论坛的时候，浙报集团的一个老总说，我们浙报不缺钱，不缺人。当时我就极为不赞同他这个观点。我说："你缺钱也缺人。如果说你安心在浙江做一个地域媒体，你的钱是足够了。但如果想做全国性的媒体，乃至国际性的媒体，你太缺钱了，而且缺人。因为你的人才只是一个地域媒体的人才，当你走向全国性媒体和全球性媒体的时候，你肯定缺人，缺少一流的经营管理人才。"中国传媒发展到今天，缺太多东西，媒体很多，但有全国性、乃至全球性影响力的太少。当中国经济已经走向世界各地，中国传媒仍然缩在这个古老的国度里面，在世界上没有太大的影响。我到纽约去的时候，见到了很多华文传媒的老总，但是他们没有一家是主流媒体。当时我参观纽约几家华文电视台，规模太小了。这些年侨办拿了很多钱，到国外办了很多的媒体，但是哪一家又在世界上能够掀起一点点的波澜？很多电视台宣称已经在北美落地，在东南亚国家落地，但有几家电视台的用户超过了几万人呢？所谓的进入了北美，进入了欧洲，只是个概念，只是一个向上汇报的材料。中国经济的发展太需要国际性的媒体，因为没有话语权，在所有重大事件里不少是失语的；中国目前的传媒产业发展的确需要国际化，也的确要做大做强。如果传媒产业改造的话，需要转型，需要太多的钱。比如传统媒体的国际化路线，需要花钱；传统媒体自身面临着众多新媒体的挑战，需要转型，转为一个全媒体的集团，需要很多钱；广电数字化改造，也需要很多钱。传统的道路是，自我积累、银行贷款等等。但这些模式太单一了。中国传媒发展速度很快，呈现碎片化，要在短时间内有足够的实力去做大做强，它就必须打通资本市场的通道，借鉴西方传媒的发展路径去走上市、融资和资本市场对接的道路。

从西方传媒发展史来看，当市场的主体发展到一定阶段时，进入资本市场是必然的选择。在美国，几乎没有一家大媒介集团不是上市公司或与资本市场密切联系的。今天叱咤风云的世界级传媒，哪一家不是在资本市场里面运作得风生水起呢？如默多克从边远的澳大利亚起步，进入英国的报业，后来进入美国电视市场。08年，我参观美国新闻集团，他们告诉我，默多克只关心两件事情，第一个是推广和落地，第二个是财务报表，就是上市、融资、并购、整合、创造辉煌。

在中国，一些成功的传媒企业也都是在资本市场运作得风生水起的。比如凤凰卫视，1996年3月31日才启播，2000年6月30日就上市，获得巨大的资金资源。还有我们国内的传媒湖南卫视。谈到湖南卫视，尤其80后、90后都会惊讶于它创新的成功。大部分人看湖南卫视，觉得湖南卫视有靓丽的主持人，有源源不断创新的节目，但是湖南是怎么起家的？ 1996年、1997年的时候，它跟湖北电视台、河南电视台、安徽电视台，基本上是一个水准。1998年，它以湖南广播电视发展中心作为主要发起人，联合湖南金帆经济发展总公司等四家公司，成立湖南电广实业股份有限公司。1998年12月23日发行5 000万A股，募集资金4.59

亿元，并在深圳挂牌上市。两年后他们再次增发，发行5 300万A股，在资本市场打了一场漂亮的胜仗，公司总资产从14. 6个亿增长到30个亿。从资本市场募集资金后，他们的债权融资能力大大提高，在上市之后的三年时间里通过股权融资、债权融资，共为湖南广电集团募集了近40亿元。2007年的时候我做过调研，想解读一下上海和湖南电视不一样的地方。调研发现了一个惊人的数字，2000年上海电视综艺节目的制作成本是1万，而湖南电视《快乐大本营》的制作成本是90万。正是如此巨大的资金造就了今天湖南卫视的辉煌。因为他们有了钱，可以到台湾地区、英国、美国去学习进修，跟国际的一流媒体对接。当时湖南电广传媒股份有限公司（简称“电广传媒”）总共募集资金40个亿后，投资到影视制作和设备改造5 250万、湖南电视节目中心4 800万、综艺节目4 400万。2003年有篇报道，湖南广电的年收入，节目制作费是2.2个亿，广告收入1亿8 000万。那就有4 000万的亏空，这部分上市公司补了。这造就了湖南卫视一系列强势节目的推出，造就了一个个影响中国的电视节目，包括后来的超女。但是很多广电没有意识到这一点。可以说，湖南广电比别人看得远一点，把握了上市的机会，成功与资本市场对接，不断推陈出新，造就了今天湖南的辉煌。实际上，大部分在中国叱咤风云的电视台背后都有资本。比如说上海的东方明珠、北京的歌华有线、深圳的天威视讯和中央电视台的中视股份。中国传媒仅仅靠员工辛勤工作，靠员工每年去不断地拉广告，是不可能做大的。所以中国传媒一直有一种梦，有一种上市的冲动。因为如果赶不上这一轮，永远是一个被动的、挨打的状态，有可能被其他媒体整合。所以中国传媒要做大做强，上市一直是他们的原始的冲动。

三、传媒类上市历程的4个阶段

第一个阶段：以“东方明珠”、“中视传媒”为代表的境内直接上市。1994年，东方明珠在上海证券交易所上市；1997年，有中央电视台背景的中视传媒在上交所（即上海证券交易所）上市；2001年，北京电视台背景的歌华有线在上交所上市。这些上市公司大都是国有电视台背景的上市公司，是股票发行“核准制”以前的第一批传媒类上市公司。

第二阶段：以“赛迪传媒”、“博瑞传媒”为代表的境内借壳上市。这一阶段比较典型的是《成都商报》，它原是成都市场的一家小报，后来借壳四川电器实现了上市，之后成功并购了《成都日报》、成都电视台，是国内唯一的报纸能够成功“吃掉”广电的案例。这一阶段的融资都是借壳上市，比如上海新华书店借壳华联超市实现上市，之后《解放日报》注入20多亿的资产实现上市。

第三阶段：以“北青传媒”为代表的境外直接上市。2004年12月22日，北青传媒在香港上市，成为中国内地传媒企业境外上市第一股。2007年5月30日，新华文轩也在香港联交所主板挂牌上市。这一阶段之所以流行境外直接上市，主要是因为当时国内市场不太景气，或者上市条件比较苛刻，而境外上市成本比较低，所以这些企业不得不转而去海外上市。

第四阶段：以“粤传媒”为代表的境内直接上市。2010年12月，粤传媒公告重组草案，拟向实际控制人广州日报社的全资子公司广州传媒购买其持有的广州日报报业经营有限公司、广州大洋传媒有限公司以及广州日报新媒体有限公司100%股权，广州日报变相上市。

在这四个阶段，也有很多立体传媒的上市。如天威视讯2008年在深交所中小企业板的上市，电影第一股华谊兄弟2009年10月在创业板的上市等。虽然大量的中国传媒企业陆陆续续上市，但上市的步子还是迈得太小，和中国传媒企业的总量来比，还是比较少数的。

四、传媒上市的方式

目前中国传媒上市的方式主要是三种，第一是子公司直接上市，第二是子公司买壳和借壳上市，第三是分拆上市。

1. 子公司直接上市

传媒将优质的经营性资产剥离出来，加以整合重组，注册成立隶属于新闻传媒管理部门或新闻传媒的、由国有资产控股的、具有独立法人资格的股份制子公司，然后申请成为上市公司，公开募集资金。比如说1994年上市的东方明珠、1997年上市的中视股份和1999年上市的电广传媒，以及2005年12月22日在香港联合交易所上市的北青传媒股份有限公司，就属于这种模式。

2. 子公司买壳和借壳上市

买壳上市指一些非上市公司通过收购债权、控股、直接出资、购买股票等手段取得一些业绩较差、筹资能力弱化的上市公司的所有权、经营权及上市地位，剥离被购公司资产，注入自己的资产，从而实现间接上市的目的。

借壳上市指已上市传媒企业的母公司通过将主要资产注入上市的传媒企业中，来实现母公司的上市。比如浙江日报集团就是通过借壳上海白猫上市的。

它们都是一种对上市公司"壳"资源进行重新配置的活动，都是为了实现间接上市。区别在于买壳上市的传媒企业首先需要获得对一家上市公司的控制权；借壳上市的传媒企业已经拥有了对上市公司的控制权。也就是说，未上市的传媒公司首先是买壳，然后才能借壳，买壳是借壳的前提。

3. 分拆上市

分拆上市指一个母公司通过将其在子公司中所拥有的股份，按比例分配给现有母公司的股东，从而在法律上和组织上将子公司的经营从母公司的经营中分离出去。比如人民网可能今年年内上市，但它把最值钱的资产——人民网的舆情实验室分拆出来，不上市；南方报业也正在运作上市，但它没有将《21世纪经济报道》列入其中，《21世纪经济报道》准备单独上市；搜狐也上市了，但它把网游这一块分拆出来，单独上市。

此外还有创业板，它是地位次于主板市场的二板证券市场，即第二股票交易市场，是为了适应自主创新企业及其他成长型创业企业发展需要而设立的市场。2009年10月23日中国内地创业板隆重开板，相对来说，它的要求比较低。所以也有一些传媒类的公司通过这个途径上市，一些名人制作公司也开始走向资本市场，比如华谊兄弟上市。"华谊"2009年成功上市，对资本市场来说，不过是增加了一家创业型公司。但作为国内最大的民营影视制作集团，这一事件对我国文化产业发展尤其是民营文化产业发展具有里程碑式的意义。

五、中国传媒企业上市的难点

传媒短时间要做大做强，需要大量资本的投入，因此培育传媒优质企业上市，使其成为传媒骨干企业和战略投资者，成为中国传媒产业发展的一个选择。但此项工作的推进一直困难重重，目前中国传媒企业上市的难点主要表现在以下几个方面。

第一,上市公司业务不完整。根据中宣部和中国证监会的规定,频道的播控和频率的呼号是不能上市的。对于传媒企业来讲,仅将经营性资产打包上市,造成的结果必然是核心业务不归属上市公司管理。比如《北京青年报》把发行和广告上市,这就会跟编辑部门产生矛盾。编辑部门是做内容的,广告经营、发行似乎跟它没关系,但是做经营的上市公司,报纸最终卖的还是内容,广告也是卖内容,是二次传播。如果内容做得不好,上市公司怎么卖报纸?这样,上市公司业务不完整导致了两个问题:一是经营部门和编辑部门可能会产生比较大的矛盾,协调起来难度较大;二是产生很多关联性的交易,有两种情况,一种是母公司吃子公司的,一种是子公司、上市公司吃母公司的,影响上市公司的发展。

第二,重组改制问题。传媒要上市,就必须改成企业。改革本身是利益关系的大调整,无论怎样转制,人员安置和资金来源是"转企改制"绕不过的坎儿。很多广电企业现在有大量的事业员工,事业转企业至少给员工要出五笔钱,如员工转换身份的钱、下岗分流的钱、退休的钱、内退的钱、补交社保的钱。这个钱怎么解决呢?传媒的转制牵涉方方面面,还涉及身份的转移。对于20多岁的年轻人来说,去企业和去事业单位,可能感觉没有什么区别,但是对于在电视台、报纸工作了几十年的许多老同志来讲,转企是非常痛苦的,这意味着退休费减半或更多。

第三,三年业绩的问题。按照法律规定,股份公司上市"成立后持续经营时间应当在3年以上,但经国务院批准的除外","最近3个会计年度净利润均为正数且累计超过人民币3 000万元",这些规定对长期实行事业体制的广电行业是一个较大障碍。以《广州日报》为例,中国第一个单报收入最高的《广州日报》,今年发布第一季度的财报显示,公司营业利润同比下降117.28%,主要原因是报告期内本公司印刷业务同比下降,人工成本、储运成本上升,以及公司对外投资收益下降导致了利润额下降。所以《广州日报》现在很艰难,这就带来一个问题,就是它的待遇明显下降。因为上市报表要做利润,但现在纸价飞涨,印刷成本减不了,只能想办法减人工成本。另外如果上市后业绩不好,可能会被除名。

比如2011年3月，新华悦动传媒因股价长期低于1美元，被纳斯达克交易市场除名。这是继2008年亚洲互动传媒在东京交易室、交易所退市之后，第二家在海外被退市的中国文化企业。

第四，关联交易问题。广告是传媒行业最主要的收入来源，传媒企业与大股东的广告分成是重要的关联交易，但分成比例各不相同，没有国家定价、行业标准、市场价格可遵循和参照，完全由上市公司与大股东商议确定，这为上市申报带来了一定的困难。而且企业关联交易多，业务透明度低，业绩易受操纵，这会阻碍传媒上市公司的发展，与中国证监会严格限制上市公司与控股股东在生产采购销售环节中的关联交易比例的精神相悖。博瑞传播（600880）、赛迪传媒（0504）再融资申请相继招致证券监管部门的否决意见已是明证。

第五，无合适项目进行投融资。传媒上市都会有20个亿或30个亿的融资，但策划上市、融资之后干什么？《北京青年报》抱负远大，上市要做广电，但广电会让报业进去吗？同样，报业能让广电进去吗？歌华有线上市募集的12.4亿资金很长时间真正投入相关项目的仅有2亿元，其余10亿元一直留在公司的账户上，可见投资速度之慢，资金的利用效率之低。另外，北青传媒IPO得到的9亿港元的融资也很长时间分文未动。对于中国传媒企业来讲，上市后没有合适的项目进行投融资，是极大的难题。另一方面，传媒需要发展、需要扩张，但是属地化管理政策以及多个管理部门的分割化管理将中国传媒切成一个个的碎片，致使广电企业在上市后很难实施跨区域、跨行业的收购和兼并，没有任何的国际竞争力。比如最近《浙江日报》大力进军宁波，要攻克宁波市场、温州市场，宁波市委宣传部长亲自出面抵制。如果一个传媒无法实现跨区域、跨行业的收购和兼并，总是那么小，那就没办法形成统一的市场。对中国这么大的国际市场来讲，这样一个13亿人口的大市场形成不了几家强势的传媒，是非常怪异的现象。

六、传媒如何与资本共舞

1. 引入社会资本具体方式

（1）直接利用：在现行体制下，社会资本要直接参与传媒业经营有两种方式：一种是对一些专业类、科技类等国家允许直接改制为企业的传媒投资，但是按国家政策必须由原传媒单位控股；另一种是根据宣传和经营两分开的改制思路，社会资本可以参与传媒剥离出来的经营业务的公司化改造，但根据政策也不能控股。前一种是完全参与，理论上讲可以参与各个环节的业务，只需要遵守有关法律和规定即可。但是第二种就只能参与经营业务，而不能涉足采编业务。直接利用效果明显，但以现在传媒业的管理体制，加之有社会资本不能参与采编这一核心业务的政策限制，合作前景难以预测。

（2）间接利用：即传媒单位和社会资本共同成立传媒发展公司，以此为平台参与传媒单位内部的经营性业务剥离改制、整合，还可以参与本单位以外的传媒业投资、整合。

2. 目前国家允许进入传媒行业的资本

（1）国资：根据国家关于文化产业改革的文件，允许进入传媒的业外资本中，国有资本的优先级最高，所受的限制最少。从我国的情况分析，有两类国有资本最适合传媒选择作为投资方进行合作：一类是资产规模巨大、高利润行业的大型国企集团，如石化行业、烟草行业等，由于具备雄厚的资本和充足的财力，适合进入传媒；另一类是电信、移动行业的特大国企集团，他们既拥有强大的资本实力，同时也拥有广大的信息平台和通路，需要传媒提供内容。参照国外的经验，传媒与通信行业的融合是一大趋势，这一类国资最适合与传媒合作。

（2）民营资本：这一类资本指那些冠名“投资公司”，特别是“传媒投资公司”称号的资本，其来源往往是股市上赢回来的资本，具有一定的投机性。经常是投资的声势很大，但实际拿出来的钱并不多，传媒选择这类资本合作最需要慎重。比如曾经有一家号称准备在传媒行业投资一、两个亿的民营传媒投资公司，一开张就大造声势，号称要打造传媒帝国，结果实际只拿出几百万来，做了几个小节目，投了几家杂志，还是小股东。

（3）外资：第一是基金，主要可以分为产业基金、证券基金、风险投资基金等几类。近年来，中国互联网业的发展过程中，经常可以看到境外基金的大笔投入，比如，新浪、搜狐等早期的门户网站。

随着传媒投资政策的进一步明朗，他们也将视线转向了一些传统的传媒领域。比如，贝塔斯曼已经进入了图书分销市场。注重行业的高成长性、注重被投资方管理团队的职业道德和职业精神、注重被投资方商业计划的可行性是这些专业投资机构的特点，而且由于具有海外背景，境外上市或是引入新的境外战略投资者是这些投资机构的常用套路。

第二是外资传媒类企业。国际传媒巨头对于中国市场历来非常重视，在传媒投资政策放松之后，境内传媒可以在政策允许的范围内与之展开合作。比如组建一些合资的广告经营公司、制作公司、发行公司等。境内传媒要注意，除了引进资本，还要注重引进先进的传媒经营管理模式、内容创新思路，吸收国外传媒的先进经验，形成自己的核心竞争力。

3. 传媒选择资本决策的三个层面

（1）资本合作伙伴判别层面：资本合作伙伴的判别就是指选择怎样的资本作投资商。传媒产业对资本市场，特别是沿海产业、某些垄断的行业，还是极具吸引力的，很多资本是愿意进入传媒产业的。那么传媒产业选择什么样的资本作为自己的合作伙伴，主要有三条原则。

第一，及格线原则。现代传媒经营，尤其是大型传媒经营普遍具有“大投入大产出、小投入小产出、不投入没有产出”的特点，传媒在引入投资的时候，一定要切忌那种急于找钱、多少是点的心态。一定要根据自己的传媒类型、行业特点、发展目标、经营模式、竞争格局等变量因素设置引入资本的及格线，考量投资方的资本实力。目前我国传媒业的投资仍属于“高风险”投资，这是业内、业外的原因使然。同时，随着传媒之间竞争的日趋激烈，传媒市场这个“盘子”已经越来越大，市场份额呈现出集中化趋势。从而造就了一级一级不断升高的准入“门槛”，使得后来资本必须是力量超强，否则根本无法介入、分享这块诱人的“蛋糕”。1998年《北京晨报》创刊时，仅以1 500万的资金就成功占据了北京报业第三的位置，而仅仅两年后，当《京华时报》要想达成这一市场目标时的资金“门槛”就已经升到了5 000万左右。2003年我曾经参与《东方早报》创刊的讨论，当时副社长胡进军提出一个亿的“门槛”。传媒要做大做强，必须有足够的资金和足够的耐心，必须找一个愿意陪它天长地久的人，而不是说短暂的，时间很短的、试试水的人。

第二，战略目标契合度原则。传媒在选择资本的时候一定要搞清楚资本进入传媒的动机，因为在前两年证券市场的虚热中，确实有一些炒家借投资传媒制造所谓“传媒概念”而在股市上圈钱。我认识一家上市公司，号称投资1.7个亿成立一个大型的传媒投资有限公司、进军中国传媒，打了很多年交道发现，总共投资不超过200万，因为它只做概念，他和传媒的合作永远是“只恋爱不结婚”的，都是短暂的。但是它的股票价格飙升，不断上涨。

传媒投资是一个长线项目，所以首先要分清投资方究竟是“投资”还是“投机”，其次是了解投资方进入传媒产业的战略动机和需求，寻找传媒的长期发展战略与投资方战略之间的契合。投资方投资传媒的需求有多种，我把它简单归纳成以下五种：一是荣誉需求。如企业老板为了获得某种政治身份或荣誉投资传媒，也不求什么资金回报，这种投资在前几年比较多见，随着投资人的行为趋于理性，这种投资已经越来越弱化。二是传播需求。这类投资看重传媒的传播作用，例如企业需要宣传或树立品牌，它投资传媒，利用传媒的传播功能来推介自己的产品。三是利益需求，即看中传媒的所谓高额盈利前景，因为传媒是暴利产业，高收益、高回报，所以进军传媒。这种投资目前在传媒市场上占据了大部分。但是如果传媒自己可以挣钱为什么要和资本合作呢？如果资本只是为了赚钱与传媒合作的话，那很有可能出现“恋爱时热热闹闹，分手时吵吵闹闹”的局面。四是产业链扩展需求。这也是目前投资传媒比较常见的类型，尤其是投资一些专业杂志，投资者投资一本行业期刊，以此来整合行业内的资源。例如新东方教育集团投资创办《新东方英语》，杂志本身也是其教育产品的一个载体。五是战略扩展需求。即从企业战略出发，整体介入传媒行业，其投资特点是投入巨资、长期进入，并一定要在行业内做到行业领先地位。比如第一财经提出要建立中国的多媒体财经，要办《第一财经日报》、第一财经广播、第一财经电视、第一财经网站。电视最大的问题是它属于多媒体，有比较强的感染力，但信息量太小。如果专门做财经电视是做不大的，必须要有相应的报纸、广播、网站的支撑。所以第一财经必须办报纸，方有后来的《第一财经日报》。不管《第一财经日报》亏多少钱，必须办、坚持办，这是战略扩展的需要。

第三，互补性原则。传媒要引入资本，但更需要产业，更需要资源。这是一个资源稀缺的时代。在引入资本的同时，要考虑投资方的产业链中有哪些环节可以对传媒在市场上的运作提供支持。投资方可以给传媒提供的互补性资源主要有以下两种：广告资源和产业链资源。

大型企业集团投资传媒后，其本身大量的广告投放对传媒是最直接的支持。这比较适合那些大型的产业集团，拥有很长的产品线和多种品牌，并且主要是消费类的产品，需要大量的广告投放。而传媒如果将自己的传播优势与之较好地配合，一方面可以有稳定的广告客户资源，一方面又可以为自己投资伙伴的产品进行更具有附加值的全面传播服务。这也是跨地域、跨传媒的大型传媒集团今后吸引战略投资和广告客户的一大战略。

我国许多传统的传媒，长期以来一般只做采编业务，对于相关的上下游产业环节很少涉及。举例来说，报社一般只管出报纸，发行都交给邮局，报社其实是和发行市场脱节的。但现在一方面一些传媒的相关产业链环节在政策上已经开放，如印务、发行等，另一方面一些资本也已经先期进入了这些开放较早的环节。所以，传媒与这类资本的合作还可以引入除资金以外的产业链资源，其效果可能不亚于资金的注入。比如，《21世纪经济报道》拿出15%的股权与上海复星集团合作，它并不缺复兴集团投资的一千多万，而是通过合作的方式，通过复星集团的报刊发行公司合作，进入上海市场。这是一种战略扩展的需要。同样，上海的《第一财经日报》也不是单一股权，它股权的50%是上海文广，25%是《广州日报》，25%是《北京青年报》。文广并不缺少资金，但仍找《北青》和《广州日报》合作，原因就是想通过与广州、北京最强势媒体的合作，通过产业链的结合，打通市场。这是个双赢和多赢的年代。传媒必须把很多资源集合起来，整合许多力量，才可能创造辉煌。

（2）合作机制构建层面。在合作意向达成之后，要进一步认真考虑合作的机制设计，也就是通过建章立制的方式规范今后合作过程中的一些重要问题。

第一，投资方与传媒的利益分配。按照《公司法》的原则，股东按照投资比例分配利润。国家对传媒行业的业外资本投资规定，也有一定的投资比例规定，再加上前文所提出的及格线原则所确定的资本投入量，似乎投资方与传媒的利益分配问题很容易解决。但其实并非那么简单，这中间要考虑两个问题：一是现在的合资合作方式往往是投资方出钱，传媒以投入的传媒品牌、频道资源、节目资源、广告经营权等无形资产作价投入，其中的估价问题往往成为今后双方合作过程中的争议点；二是不能光想到利益分配，如果有利润的话，当然是各方按投资比例分享利润，如果没有利润，那则需各方分担亏损，很多时候矛盾就由此产生。

第二，投资方与传媒的决策机制。这主要是指董事会的构建，作为决定今后重大决策的机构，双方在董事会的人员分配比例是非常重要的。董事长并不是公司的最高决策人，在董事会中他也就是一票，因此哪一方担任董事长并不是最重要的。

第三，投资方与传媒管理团队的利益关系。传媒作为一个创意产业，其发展与人的因素息息相关。加之现代企业的特点也是所有权与经营权的分离，所以在投资改造的过程中，投资方与传媒的上级主管单位应该适当考虑在股权结构中以股份、期权等方式体现传媒管理团队和主要采编人员的利益。目前占据财经类报纸前三强地位的一份民营企业集团投资的报纸，它的采编团队高层就持有一定的股份，这是投资方进入时在企业构架设计时就考虑到的。

比如像《21世纪经济报道》拿部分股权给他们的经营管理层，所以一些优秀的报业人才，在十年之后还守在《21世纪经济报道》，为《21世纪经济报道》持续打拼。对于一个报业来讲，要想让那些编辑、记者持续地在报社里辛苦打拼，没有利益格局的设计，仅仅把那些主要采编人员当成新闻民工，很难可持续发展下去。

（3）退出机制设计层面：对传媒来说，由于在发展过程中为了跳跃式地前进有阶段性的资金需求，为了让传媒在发展壮大的过程中不出现阶段性的“缺血”，有必要设计分阶段的多轮次融资；而对资本方来说，无论如何，其追逐利润的本性总是存在的。在合作之初也要设计好下一步融资及退出的机制，因为单靠自身的自然积累是难以达到资本所希望的投资增值速度的，最快速的“套现”永远是在资本市场上实现的。

一是股权转让。以溢价的方式转让一部分股份，稀释老股东的股权，引入新的投资。这也是老股东变现投资、部分退出，减低自身风险的一种操作方法。当然，这要建立在传媒的运作达到初定目标，建立一定的市场品牌和知名度的前提下，这样才会有新的投资者愿意溢价购买股份。

二是企业上市。争取上市，是传媒运营的重要发展方向。另外海外上市也是可选的上市途径之一。如北青传媒股份有限公司(北青传媒)在香港联合交易所主板市场成功上市。

三是收购兼并。通过买壳方式，收购上市公司，注入传媒业资产后募集新股。这样可以缩短申请上市前的长时间准备和等待核准的时间。以前博瑞传播借壳上市的案例都是通过收购、兼并达到在资本市场上取得融资资格，实现新资本注入的例子。需要注意，国家对于上市公司发行新股的门槛越来越高，收购壳资源也要充分考虑收购的成本、改造壳资源的成本以及取得发行新股资格的风险。

近两年来，资本与传媒的联姻成为中国传媒市场的一大热点。然而近年来的一些传媒与资本合作的案例中，许多往往是开场轰轰烈烈、中途吵吵闹闹、收尾冷冷清清，能做到和和美美、传媒与投资方达成双赢的比例较低；大多数都是中途分手，甚至能做到好合好散的都很少。在这些失败的案例中，传媒与资本合作结果往往是资本血本无归，传媒除了损失有形的资源投入外，其无形的品牌形象也随之贬值。

对社会资本的大量引入，既需要传媒业主管部门从传统思维中解放出来，解开还很浓厚的行政情结，还需要建立相关法律制度，为传媒业改制以后营造良好的管理、发展秩序打好基础。应该制定相应的法律，对传媒根本体制进行界定，特别是对传媒的所有制形式和所有制实现形式的规定应该明确并具有前瞻性。关于资本规约方面，应对资金持有主体、资金的入口和出口、资本的流动渠道和资本流上游和下游等一一界定，特别要规约出哪些是可经营资本，哪些是非可经营资本。

“好风凭借力，送我上青云”，未来的中国传媒行业的强者必然属于巧借资本之力者。但也将有许多传媒难与资本“善始善终”的，所以在资本选择传媒、传媒选择资本之前，必须认真筛选、精心谋划，这才是传媒与资本的一个共赢之道。

品牌的五四三二一

时　间：2011年7月18日

地　点：上海交通大学闵行校区陈瑞球楼一楼学术报告厅

主讲人：徐浩然

徐浩然

现任远东控股集团有限公司高级副总裁、首席品牌官，上海交通大学人文艺术研究院兼职教授、兼职博士生导师、远东书院副院长。1992年至2007年间，任云南卫视、广东卫视、江苏卫视总主持人、主任记者、高级编辑等。曾获全国十佳金话筒主持人、年度中国最佳新闻评论主持人、中国十大品牌策划专家、中国十大营销策划专家、中国十大企业新闻发言人、中国企业文化管理十佳个人、中国公共关系杰出人士等荣誉。

主持人：今天要演讲的是远东集团的首席品牌官、副总裁徐浩然。徐总跟远东书院是有很多渊源的，我们一起策划、创办了远东书院，在此基础上一起创办了今天的中国传媒领袖大讲堂，搭建了一个传媒业界和学界的互动平台。今天，我们隆重邀请徐浩然副总裁到传媒领袖大讲堂做精彩的演讲，下面我们用热烈掌声欢迎徐总！

徐浩然：非常高兴今天有这样的机会跟大家一块交流。今天我演讲的题目叫《品牌的五四三二一》。首先我来介绍一下远东的“五四三二一”和我的“五四三二一”。

第一，远东的五次改制。在中国企业史上可以说已经载入史册了，在1990年远东成立的时候是一个村办的企业，后来变成一个集体制企业，然后变成股份制企业，再后来变成国有控股的企业、混合所有制企业，现在是大型民营企业以及上市集团。远东总共经历过五次变身，这样的企业在全中国只有我们一家。

第二，我们现在的四大业务板块。远东是中国最大的电线、电缆生产制造商。除此之外，还有医药，我们有个上市公司三普在青海。还有房地产和投资，这是我们的四大板块。

还有我们以前说的三大主业，现在说的是三大战略。第一个战略是我们的产业。第二个战略是我们的教育，除了跟上海交大办了远东书院以外，我们还跟美国（合作），把世界的名校请到我们江苏宜兴来，这是我们远东的总部。最后一个是我们的慈善。我们的产业、教育还有慈善是三大板块。

说到二，我觉得远东的“二”特别值得自豪——我们是中国最大的残疾人企业。因为我们在过往的21年中，一共先后安置了两千多个残疾人。现在我们不叫他们残疾人了，实际上他们叫身障人。大家有机会可以到远东参观考察，看看我们为身障人做了哪些事情。我们曾经在2007年成立远东慈善基金会，我是这个基金会的执行理事长。我们发起了中国第一家身障人创意一条街，就在远东的对面。而且我们创办了远东身障人培训的基地，每年安置、培训、创业就业五百个大学生。同时，我们做了很多前人没有做过的事情，比如在北川建立了震后心理援救中心。所以在身障人方面我们做了很多事情。

最后我说到的“一”就是我们是行业的冠军企业，做到了很多第一。比如，我们的董事长蒋锡培是“中共十六大”第一个成为党代表的民营企业家。之前的民营企业家不一定是党代表，也不一定能参加全国党代会，可是他创造了这样一个纪录。他有很多头衔都是第一。

再一个，我想说我的“五四三二一”。第一个“五”，我生活了五个城市。我的祖籍在鱼米之乡的湖北，诞生在红土高原的云南，读书在皇城根下的北京，工作在南粤大地的广东，后来来到人杰地灵的江苏。这五个地方，东西南北中，正印证了“金生水，水生木，木生火，火生土，土生金”五行。这五行里面采了五种“气”。云南人给我的热情，湖北人给我的智慧，北京人给我的大气，广东人给我的真诚，还有江苏人给我的勤勉。有一次，我作为CCTV创业青年的导师去新疆讲课。台下很多大学生问我，“请问徐老师，您认为创业需要怎样的素质？”我说，如果台下的大学生想创业的话，我认为就需要我所说的这五种：勤勉、热情、智慧、大气和真诚等等。所以我认为自己在这些地方收获了非常难得的人生经历和财富。

第二说到“四”，我曾经就读过四所大学。我本科在中国传媒大学就读电视编导，所以我是传媒人。后来又到中山大学学法律，再后来到南京航空航天大学读博士，读管理学。最后到北京大学做博士后，读经济学博士后，半年前刚刚出站。我在这四个大学读的是完全不同的专业。

还有“三”，我做过完全不同的三种行业。第一个，我已经在传媒工作了17年。曾经我是广东省最年轻的主任记者以及江苏省最年轻的高级编辑，现在已经是过去式。后来我做了四年的大学老师，再后来又做了三年的中国五百强第一个首席品牌官。我们企业非常重视品牌，为我专门设置了一个CBO（首席品牌官）的职位。

说到“二”，我曾经成立过媒体公司，当过公司的老板，是在十几年前。现在我是大型民营企业的职业经理人，帮别人打理公司。这是两种不一样的感觉。

我的这些人生小小的成就需要付出巨大的成本和代价，今年我四十出头仍然孑然一身，所以同学们对我不要有任何的羡慕，因为我失去了人生最大的幸福，就是家庭的幸福。没有组建家庭，这是人生的一个缺憾。

接下来我们说正题——“品牌的五四三二一”。打造品牌，首先要做到五个满意，另外是四种力量、三种构成、两条路径和一个目标。

首先说五个满意。我们究竟为什么要做品牌，最早有人对品牌有各种各样的解读方式。比如美国下的定义：它是一种特殊的符号，是区别于另外产品和服务的符号。有人说，它是消费者的情感；有人说它是企业最重要的无形资产。请问各位，品牌是属于谁的？是属于这个企业还是它的购买者、消费者？是属于这个企业的员工、企业的老板，还是属于这个国家、这个社会？我们都知道有这么多世界知名的大品牌，这个品牌是属于谁的？可能大家在这个问题上还没有来得及细想。我们做了一个国家社科基金的项目，给品牌重新下了一个定义，目前我们认为这个定义在全世界也是比较领先的。我们认为品牌既不是一个符号，也不是一种情感，更不是资产，品牌是跟品牌有关的所有利益相关者的利益之和。换句话说，一个品牌不仅使消费者获益，同样也使企业和员工受益。企业获得了超额的利润，员工在一个品牌企业工作的时候，那种荣耀感、工作勤勉的程度、自豪的程度也是不一样的。所以，一旦企业有了品牌之后，它会为企业带来非常大的效益。比如说，企业巨大的无形资产。再比如企业上市的市盈率，有品牌和没品牌的企业市盈率是不一样的。同样，品牌企业还给你带来价格比别人高得多的利润，还有吸纳人才的能力、银行的融资能力以及上下游的议价能力等等。这都是品牌资产对我们的优势。

我们做好品牌的根本优势是什么？做品牌绝不仅是一方获益，如果仅是企业获益，消费者不获益或者少获益，那你的品牌一定有问题。品牌一定要有五个满意。所谓五个满意就是，第一我们的客户要满意，第二是员工满意，第三是股东满意，第四是政府满意，第五是社会满意。这五个满意就像一个五角星一样，任何一个角朝上都是一个正常的图形。所以这五个满意都非常重要，有时候员工最重要，有时候股东最重要，有时候是客户最重要。

假如客户不满意就会出现问题。比如，丰田汽车很厉害，但是客户说刹车零件有问题，导致交通事故，它因此受到巨大的影响。客户不满意的地方还有很多。比如"双汇事件"，比如最近冒出的"达芬奇家具事件"，都是客户不满意的一种表现。当然这个最早是由媒体引发的。现在媒体对于这种事件的追逐、监督手段越来越强，而这种媒体更多的是体现在个人化的媒体，比如微博。所以微博在这个方面也给我们做品牌的人带来了一个约束，带来了一个非常好的监管。

第二个满意就是员工满意很重要。比如非常著名的火锅品牌海底捞，消费者愿意去吃，不仅因为服务好，还因为喜欢看到他们员工非常快乐的样子。所以，员工是你的第一客户，只有员工满意，才能更好地为客户服务。因此品牌要从打造对员工的满意开始，员工满意度比客户满意度更重要。

第三，股东满意很重要，股东不满意就会带来巨大的品牌损伤。例如，中国最大的家电连锁品牌国美的管理层和大股东之间出现了问题，闹得沸沸扬扬。还有淘宝网。淘宝网最大的股东不是马云而是雅虎。杨致远当年给他十亿美元，把中国雅虎给他，换取的是阿里巴巴以及软银（软件银行）的股份。现在马云的淘宝一分为三，大家意见有分歧，三方管理团队也是焦点问题。所以这些都说明，股东不满意对企业生产、经营、战略、品牌的影响也是巨大的。

第四个满意是政府。任何一个品牌做到一定程度实际上不是企业所拥有，而是为政府所拥有。各位你们知道吗？在中国有两个地方，一个政府为他的品牌而感到自豪。在中国有两个城市是因为地方的品牌而改名的。一个是普洱。普洱这个地方原来叫思茅市，由于当地的普洱茶非常火，所以干脆改名叫普洱。还有一个是内蒙古的鄂尔多斯，以前叫伊克昭盟，因为这里有中国最著名的羊绒衫品牌鄂尔多斯，这座城市也因此而改名。所以品牌做到一定境界，可以让一个地方为之而改名。

第五个，社会满意也非常重要。我们说做品牌有三个"口"，第一个口是我说我好，就是做广告自卖自夸。但是这个境界不高，大家越来越不相信。昨天我在北京参加中国企业文化的年会，我发言说，我们每个企业都有非常良好的企业文化，包括三鹿奶粉、双汇，包括很多这种出了事的企业。可是再好的企业文化，他们的结果又是怎样？三鹿奶粉当年的企业文化肯定也是民族的、诚信的、责任的等等，现在这些字眼去哪儿了？我们倒过来想，为什么企业出了事我们会想它们违反道德、没有良心，那么它们这些文化是什么文化？是虚假的文化、“假大空”的文化，这种文化是没有意义的文化。所以我说，什么叫企业文化、什么叫企业制度，企业制度是一个企业在没有文化的时候的初级管理。因为制度就是管人的行为，比如我们企业制定了很多职责，就是管员工的职责岗位；比如我们定了很多流程，就是管员工作业的规范；比如我们定了很多规章，就是管员工的行为。但是这些东西只管了员工的行为，而行为的高度统一并不代表思想的高度统一。如果没有文化，是管不到一个企业的思想和头脑的。当管不到头脑的时候，这个企业早晚还是会因为人出现问题。所以我们要会把握一个企业核心的东西，怎样去做品牌，任何一个品牌和文化是什么样的关系。品牌像硬币的外立面，而文化就像内生的一面，任何一个强大的品牌一定要有巨大的企业文化来支撑。如果没有强大的企业文化无法打造出这样的品牌，或者说是一个虚假的品牌。所以政府和社会的满意非常重要。

现在是全民皆听的时代，是媒体2.0的时代，每个人既是信息的接收者，也是信息的发布者。对任何一个人的不满意都有可能导致一个事件、一场风波。我们发现在去年的社会舆情调查里，大量的舆情都是通过个人媒体发布出来，最后演变为一个社会的公共事件，这就是微博，微博对我们的影响是巨大的，所以在这样的时代，我们要把握好社会影响和社会满意度。

这是我讲的五个满意，接下来我要讲“四”，做品牌需要的四种力量。这四种力量叫官、产、学、媒。官就是国家层面，我们发布了一万多条行业标准和国家标准，但是关于品牌居然没有一个标准。去年我们国家的标准委员会要出台品牌标准，所有的企业以后都要进行品牌方面的认证，就像评酒店五星、四星一样。今年“两会”上，我向全国人大代表和政协委员提案，我们国家要像韩国学习，成立国家品牌委员会。国家品牌委员会指导我们国家的品牌建设，而不是靠企业散兵游勇似地自己摸着石头过河。我认为这是很重要的事情。再一个是我们要在国家层面上成立《中华人民共和国品牌促进法》。品牌究竟怎样升级、怎样转型？作为中国中小企业协会的副会长，我最近看到大量的中小企业面临着倒闭，"钱荒"和劳动力成本、生产成本的大幅度上升，所以他们活不下去。这一轮宏观调控主要为了打"通胀"，但在打通胀同时带来的后果是，由于中小企业得不到他们应有的资金而倒闭。这不光是国家的问题，这些企业缺少自己的核心竞争力也是一个重要原因。

产业层面我结合远东来讲一讲如何做品牌。远东是我的一个品牌实验基地，他们给了我很大的空间同时去运行三种品牌：企业品牌、产品品牌和个人品牌。我加盟时远东的品牌价值大概是40亿左右，经过三年的时间，我们在"三品"共进上有了很大的突破，现在品牌的价值大概有98亿。也就是说，这50多个亿是通过我和我的团队的努力带来的无形资产。这就是我们讲的品牌要跟产业相结合。

第三是我们的学，在中国只有仅存的两家省级的品牌学会，一个叫重庆品牌学会，一个叫江苏省品牌学会。这两个学会我都是发起和创始人，分别担任执行会长和会长。另外我们也在发起和成立未来的上海市品牌学会，今天上午我们还在商量和筹划这个事情。所以我想通过学会来促进各地方品牌的发展。在成立学会之外，我们还有一些理论贡献，比如我们说到的全面品牌管理、品牌的价值和定义等等。

最后说到媒，四个方面中最重要的是媒，因为所有品牌都是通过媒体来传播并做起来的。但是根据我做媒体17年的经验，我认为媒体对品牌是一把双刃剑。有时候它对品牌的发展有着正面促进的作用，但更多时候媒体可能是一把双刃剑，产品稍有瑕疵媒体也会把这种瑕疵放大，由此带来的巨大影响是很多品牌性企业无法承受的。这其中有企业的原因，但是媒体抓住不放和用放大镜看问题的态度，可能带来品牌无端地被损伤。但是不管怎么讲，我认为媒体对品牌、对社会的监督，应该是会越来越强大的，这是好事情。当然，只是在经济层面进行监督还是有点大打苍蝇、蚊子，如果能够在更高层面进行监督会更好。

下面说到"三"，品牌的三个构成——品牌有三个外延和三个内涵。三个外延是个人品牌、产品品牌和企业品牌，这三个品牌有着完全不同的内容。一个企业可以有很多不同的产品，它为每个消费者、每种需求创造一个品牌。有个牌子叫P&G，我们很多人每天都在用。比如说洗发水，我们要去头屑用海飞丝；如果想让头发更柔顺，用飘柔；要补充维生素用潘婷，非常清晰。海飞丝等于去头屑，柔顺等于飘柔；要是枯黄加维生素，潘婷；还有如果你不喜欢化学产品，要用草本精华——伊卡璐。如果要吹出一个形状和别人不一样，沙宣。这就是宝洁的魅力，它为每种需求打造一种洗发水，而且用同一个品牌。

当然个人品牌也很重要。什么叫个人品牌？是以个人为传播载体，拥有独特的特性，同时能够被大众所长期接受的，可以转化为社会注意力的资源。这个定义说明了个人品牌的几个特性。打造个人品牌很重要，尤其在我们国家。中国历史文化中对英雄主义很崇敬，但我们很多人都不知道现在社会里，每个人都能成为品牌。也许你不能成为跨界的品牌，但是可以成为行业的品牌；成不了行业的品牌可以成为地域的品牌、小集体中的品牌或街坊的品牌。哪怕你开个小杂货铺，在当地也可以成为品牌。个人品牌对我们来说非常重要，它是一个人的档案。个人品牌的打造和产品品牌完全不一样。如果产品出了问题，我们可以推倒重来，一个企业也可以倒闭之后东山再起。但是个人可以吗？基本上不可以。所以个人要是出现污点，是跳进黄河也洗不清的。诚信是企业、一个人最宝贵的东西。就像我们说如果大学里面的一个老师写了很多东西，一百篇论文都很好，最后发现有一篇有抄袭、剽窃之嫌，马上一个帽子就扣上去了，这个帽子洗也洗不掉，前面做得再好没用。所以，百分之一的差错可能带来百分之百的污点，这就是我们讲个人品牌的巨大差异。个人品牌追求的是一致性。你要善良，就要一直善良；要忠诚，就要一直忠诚；要诚实，就要一直诚实。难的不是讲一次诚信，而是永远地讲诚信，这才叫品牌。所以一旦出现诚信的危机，整个品牌所有的基石都会倒塌。

这是个人品牌追求的一致性，而企业品牌追求的是关联性。我们假设企业是一个绞肉机，把设备、厂房、人员、技术、资金等所有东西放进去变成一个馅儿，这个馅儿就是产品。为什么把这些东西放进去，放多少，为什么放这个而不是那个，就像我们熬中药一样，加在一起出来的才是你的产品。所以，产品很重要，但是原料更重要。企业是绞肉机，相关性就是品牌。产品品牌追求的则是人无我有，人有我优，人优我新，人新我廉等等，追求独特性。当然，人新我廉我不赞同，比价格是最低档次的竞争，我们现在很多企业就属于这种情况的竞争状态。这是我讲的品牌的三个外延。

品牌还有三个内涵，内涵就是它们的品质、品格和品位。品质是让人们信赖你的一种力量。我们好多企业做品牌做到最后就是一种所谓的商业炒作，做点慈善、做点义举，弄点广告，以为这就是做品牌。这不叫品牌，这只是品牌的一种传播手段。如果你的产品品质出了问题，你做得越大，倒塌的时间越快。比如说三鹿奶粉曾经是中国的驰名商标，做了很多慈善，它的董事长还是全国人大代表，有很多荣誉和头衔。可是当它的奶粉出了问题，伤害、甚至夺去了很多小孩生命的时候，谁还会用钞票买你的产品？所以“三鹿”两个字本来是几十个亿、上百亿的品牌资产，而现在是负资产。所以说品质出了问题永远翻不起身来。

第二要有品格，做企业的根本目的不是赚钱。虽然说赚钱是一个结果，但是结果不能当成是目的。为什么做品牌要有品格？品格是你的价值观、你的愿景、你的责任和使命，是一个企业所有人高度认同的统一的价值观、心灵默契和行为方式。我们说，心胸有多大，舞台就有多大。我们很多老板今天看这个赚钱就做这个，明天看那个赚钱就做那个。而像可口可乐，一辈子只做一件事情却非常成功。所以我们很多企业做了很多事情，想要在各样事情中都成功，结果在多元化的泥潭中不能自拔。

第三就是品味。品味有三个层面，一个是物质层面、一个是精神层面、一个是行为层面。品味不光是物的品味，我们现在很多人做企业很讲究包装设计，CIS设计等等，一套又一套。但这些都是表面的品味，真正的品味是人的品味。从老板到员工，待人接物、一言一行、一颦一笑是否具有品味、是否有素质，一眼就看出来了。莎士比亚说过一句话，不论你穿得多么豪华和奢侈，你的一言一行就能暴露你的素质和出处。

有了品味人们才会真正喜爱你，有了品格人们才会去尊敬你，有了品质人们才会信赖你。只有达到喜爱你、尊敬你、信赖你，你的品牌之树才能竖起来。所以做企业就像培育一棵树一样，我们说一棵树的树干是战略、树枝是战术，那么果实就是利润。但是另外一棵树最重要的不是这些，而是树叶。如果树叶枯黄、死亡，那么这棵树也就死了，这里的树叶就是品牌。远远地看一棵树，我们不知道是什么树干、也不知道结什么果，但是我们一看树叶，就会知道这是什么树，这就是品牌。当然这个树下面有一个巨大的根基，这个根基跟树一样高。地面上有多高，地下就有多深，地下的树根是什么？是文化。在座的同学如果对企业有深刻的感悟，你们就会对我说的这个树的理论很有同感。

下面我想讲“二”。做品牌有两种做法，一种是靠产品来做，一种是靠资本来做。靠产品来做现在已经进入一个非常艰难的阶段。从产品经营到资本经营再到品牌经营，这是三个不同的阶段。我们说中国是制造大国，但是在产品的经营方面我们只是生产和制造，所以微笑曲线的两端不在中国。从产品的角度有七个环节，有六个不在中国。这是郎咸平讲的观点，我认为这个观点是对的。比如说产品的研发设计、产品大的客户订单不在中国，材料采购、仓储物流还有销售渠道终端这些都不在中国，只有制造在中国。所以中国实际上做了全世界人民的保姆、搬运工和钟点工，这都是别人不愿意干的事情。美国人懒得去生产服装、皮鞋、玩具这些低附加值的产品，他们只是把产品订单交给我们，我们做好以后他们再回购，并加上十倍的利润。

做品牌除了产品的方式还有一种是资本的方式。资本的方式做品牌我觉得应该学习Nike的方式。在中国也有这样一个企业叫恒源祥。这个企业之前也是默默无闻，大家都不知道这个品牌，它通过强化的方式，让所有人知道恒源祥是绒线、羊绒衫。然后它把品牌授权给别人去生产，每生产一件给他多少钱。结果这个企业赚得盆满钵满。所以我想，中国以后有机会可以成立资产管理公司、品牌托管公司，通过品牌资产的整合来盈利。

最后我要讲“一”。一是我们最重要的一点：全面品牌管理、一个目标。全面品牌管理是什么？这个企业的所有人共同服务于企业的一件事情就是品牌。全组织、全流程、全架构、全系统，都要为品牌服务。比如财务部门回款快不快，跟客户的结算是否及时，都会影响到你的品牌。全面品牌管理分为三大环节，就是品牌前、品牌中和品牌后。怎样进行市场调研、怎样进行市场的细分和定位以及怎样进行产品的设计是品牌前我们需要注重的问题。比如宝洁进入中国花了三到五年的时间进行市场调研，没有调研我们就不知道如何细分。所以我们看到国外的东西非常精准，就是因为他们知道你要什么。

研发也是很重要的一点。中国企业舍不得在研发上投入精力、投入成本，所以最后出现了这样或那样的问题。我们看看为什么苹果手机打破了之前的蓝海战略理论。蓝海理论告诉我们不能在红海里拼杀，要找到一片蓝海。可是手机这个市场早已是一片红海，摩托罗拉、Nokia、索尼爱立信、LG、三星都在里面，怎么去拼杀？苹果一招鲜吃遍天，包括它的后台系统、盈利模式全是从未有过的，它把科技和艺术高度统一，产生出这样一个东西。乔布斯本人是佛教徒，信仰中国的禅宗，他从禅宗里得到灵感，所有的东西要化繁为简，所以苹果就是一个“一指禅”，苹果上只有一个圆钮、一个按键，其他所有事情都在屏幕上，最简单的一个屏幕可以完成任何功能。而且乔布斯对他的工程设计人员非常苛刻，所以他创造了很多别人没有的消费者的体验。

品牌中是什么？一个是生产、一个是渠道、一个是传播。为什么传播只有九分之一就在这儿。生产我们要精细化地管理。我们有丰田模式、有通用模式，生产上的每个环节保证了它的品质。渠道的建设有很多种，任何一个品牌要做大必须有几种渠道，自建专卖店、进大卖场，还有电子商务、网上销售等等。渠道和传播是连接在一起的，最好的传播载体不一定是广告，而是你自己店的形象，POP的广告等等。

另外就是品牌后，品牌后有三个环节，第一个是服务，第二个是客户跟踪，第三个就是反馈。有的企业产品不怎么样，但是用服务提升价值，用服务让消费者产生认同。以前，IBM等于电脑，英特尔等于芯片，微软等于软件，可口可乐等于可乐——可口可乐都变成一个品类了。我们发现中国的企业很少去做消费者的后期跟踪，觉得好像无所谓。现在有的企业开始在这方面慢慢有所重视。比如说，我们在卸载一个软件的时候，总会有一个窗口弹出来问我们，你为什么卸载我？是占用系统资源太多还是有更好的替代产品？这些数据会反映到他们的后台，然后帮助他们提高软件的设计。最后一个是反馈。就是所有的品牌要做成功一定要把消费者的问题想到位。要有专门的部门进行反馈，设计上出了问题、定位出了问题还是传播出了问题，所有的东西都要进行反馈。反馈了以后可以使它们不断进行改进。

做品牌这件事情非常不容易，打造品牌比赚钱难得多。打造品牌更是一种历史责任和使命。所以我希望今后中国的品牌企业能够诞生世界一百强，我觉得这也是时代的呼唤。

嘉宾： 我有个问题是，中国当前通货膨胀很厉害，如果全面提升中国品牌的话，是不是可以降低膨胀？因为我们品牌力量上升，企业利润可以上升，政府会有更多税收，这样就可以不用印太多钞票。

徐浩然： 我认为企业做品牌是挺难的选择，打造品牌既是痛苦的事情，又是快乐的事情。在没有打造成功的时候是非常痛苦的。但是打造品牌以目前国情来讲还是非常艰难的事情。因为中国目前还是劳动力密集型的国家，如果所有的企业都去做品牌，形成行业垄断，如果中国只有一家可口可乐，那么其他的饮料企业怎么办？所以在劳动密集型的国情之下，我们国家还要长期存在很多附加值很低的、没有品牌的企业。但是问题是，随着土地的价格、劳动力成本、原材料成本的上升，这些企业又很难存活。所以有时候我们呼唤品牌，有时候又会想，那些被品牌驱逐的企业应该怎么办？我也在找寻这样的答案，但是目前还没找到。

嘉宾： 生活上有这样的现象，在很多不同的城市都有当地自己的超市品牌和药店品牌，但这两个行业好像没有全国性的中国品牌，这是行业特点还是地方保护主义？

徐浩然： 上海的世界级超市就很多，7-11、全家等等。物流成本决定了中国不可能一下子遍地都是超市，因为建立这样的产业帝国需要时间，需要在各地建立仓储中心。没有配套仓储中心的话不可能有这样的规模，否则你的经营会出现问题。所以只能通过别的方式采购，采购成本会很高。你说的这种现象还有很多。大家知道中国是世界第一大茶叶生产国和消费国，可是哪一款茶叶的品牌能够代表中国？所有中国茶叶加起来赚的钱还不如英国的一个立顿企业。你说的这个现象是有多重因素的。品牌的建立有多种形式，连锁、加盟、直营等，考量的是综合的成本。它也不是说没有一点这样的需要，但是一下子遍地开花，这样是非常危险的。

新兴媒体·传播变局

微博的影响与媒体的选择

时　间：2011年7月28日

地　点：上海交通大学闵行校区新图图书信息大楼8楼

主讲人：陆小华

陆小华

新华社音视频部副主任，中国新华新闻电视网总编辑，传媒研究专家，法学博士。享受国务院政府特殊津贴。曾任新华社新闻研究所所长、《中国记者》杂志总编辑，连续担任十届中国新闻奖评委；清华大学、北京大学、中国政法大学、中国传媒大学兼职教授、研究员。主要成果有：《西部对策——抑制返贫与中西部发展》、《整合传媒——传媒竞争趋势与对策》、《再造传媒——传统媒体系统整合方略》等。

主持人：各位同学，我们今天迎来了传媒大讲堂的嘉宾陆小华教授。陆小华教授现在是新华社音频部的副主任、中华新华新闻电视网的总编辑。陆教授还是一个学者，不仅研究传媒，还研究文化、研究政策。他是法学博士，享有国务院政府特殊津贴。他做过新华社新闻研究所的所长，《中国记者杂志》的总编辑，连续担任十届中国新闻奖的评委。清华大学、北京大学、中国政法大学、中国传媒大学兼职教授、研究员，他还是我们上海交大的兼职教授。今天就请陆教授为我们做精彩演讲。请大家以热烈的掌声欢迎陆教授！

陆小华：今天和大家讨论的题目是“微博的影响与媒体的选择”。我准备了一些题目。首先讨论一下“影响传媒格局的十个重要因素”。第二，对微博现象做一个多角度的分析。第三，一些微博案例的观察与分析。

首先讨论第一个问题：影响传播格局的十个重要因素。

这十个因素首先是载体变革。所谓载体变革指的是信息传播载体的重要变化，我把它称之为介质变更，传媒的发展史总体上说就是载体变革的历史，载体变革必然影响传媒格局与原有传媒形态的传播方式。这是如果我们用一个非常简约的眼光去纵览传媒发展史所能得出的结论。

讲个观点，首先传播方式的核心区别是载体区别。人类历史上传播经过了六个重要的阶段：第一，口头传播阶段。传播的介质或者载体是语言。之后是文字传播阶段，它的主要介质是手写文字，依据当时所能获得的各种各样的载体，桦树皮、竹签，后来才是造纸。然后是印刷传播阶段，它的主要载体是纸介载体，通过印刷术形成的印刷物，在这个阶段出现了早期的书籍。随着印刷术的发展，400年前诞生了现代意义上的报纸和杂志，现代传播业才开始。再往后是电子传播阶段，它的主要平台、媒介形态是电子媒介，在这个阶段，传播的速度、传播的覆盖范围、影响力都大为扩大。然后是网络传播阶段，它的载体是网络，更重要的，它出现了基于网络之上的各种新的传播工具、传播方式、传播产品和媒体形态。现在我认为它进入了移动传播时代，它最重要的载体是移动终端，加上移动互联网，这样的结合给整个的传播形态带来了剧烈的变化。曾经有人说我们今天将要讨论的微博，就它的传播特性而言，和基于互联网的社交网络有什么区别吗？人们初期感觉似乎区别不大，但为什么它能够发展这么快呢？一个重要的因素就是它和移动需求、和移动化相结合。这是世界正在发生的最重要的变化。

我们概述了6个历史阶段，但是我们应当表明的第二个观点是载体对传播方式与传播效果具有决定性影响，使用不同的载体必然会对同类的内容产品提出不同的要求。今天人们正在探索的是通过移动终端提供的产品和其他的产品有什么样的不同：速度更快？更简约？更重要的，它的叙述逻辑也在发展变化。以视频为例，一个10分钟的专题片，如果转而通过移动互联网和移动终端来传播，还是10分钟是否合适？传统视听产品的，如同写文章般的起承转合是否还合适？

第三个观点，效率和便利要求会促使新载体不断地出现。效率性和便利性，其实是目前推动其他一切传媒正在变革的两股重要推动力量。2004年开始的英国小报化浪潮，将大报改成小报，改成小开本，事实上就是为了满足便利性的要求。今天的电视直播已经成为多媒体整合平台，把一切传播工具、传播方式都整合到电视直播平台上，这实际上就是满足效率的要求。通过在一个平台上人们可以看到电视直播，画面，看到声音，看到文字产品，看到图片。这种效率与便利性的双重要求所推动的传媒变革正在剧烈地进行，促使不断出现新的内容产品。

第四个观点，载体变革促使新利用方式的产生，这包括新的载体，也包括新的传播方式，当然也促使人们研究如何更有效地利用原有载体与传播方式，一会儿我们会讲到一些案例来说明这一点。

最后，接受便利化是载体变革的持续动力。接受便利化既是对传播理念、传播方式等等的要求，也必然会对传播终端、传播渠道等等产生要求。它必然推动发生一系列的深刻变化。便利性决定传播的有效性，这就是传播的基本规律，在新媒体时代尤其如此。

第二个重要因素是传播提速。即时甚至实时是今天新闻的基本特征。今天新闻不是昨天发生或者几小时发生，而是刚刚发生或正在发生。因此如果说接受便利性是传播的基本规律，时效同步化同样是新媒体时代受众对传播提出的基本标准和竞争中传播本能与必然的极致追求。

实时化正在促使报道理念和形态剧变。今天越来越多的传媒广泛采用行进性报道。行进式报道是今天影响受众最重要的手段。另外，今天的电视直播是实时化报道的体现，今天的电视直播实际上已经成为一个新闻频道的基本结构单元。微博和短信体现实时化，是促使报道理念发生变化的更为重要的力量，一会儿我们会讲很多例子来讨论。

第三，众声喧哗。众声喧哗是今天影响传媒格局的重要因素，任何人可能在任何时间、任何地点就任何事提供任何信息和评论，这5个任何形成了新的内容生产模式，改变了内容生产方式。有学者说，这叫社会化内容生产，但我想他可能还有可以更加深入探讨的余地。在这众声喧哗的时代，媒体和其他包括政府都需要学会竞争性发声，改变所有参与传播的人们的预期和动作模式。如果不学会竞争性发声，你又在众声喧哗时代，传统媒体的声音可能会被忽视，可能会被边缘化。因此传统媒体如何学会竞争性发声，是今天传统媒体面临的重要课题。

第四，流向多重。在今天传播不再单向或互动，而是发生了重要的变化。不再是单向传播时代，是不是像传统传播学所说的双向就能代表？我认为今天是传播的多向传播的时代。

我们用几个词来概括，第一叫多向传播，多点互动。比较有代表性的形态是论坛、社区、社交网站，特别是社交媒体、社会化媒体。相对于单向，多向有新的魅力。比如说在微博平台上，不仅普通的公众在通过它发声，传统媒体也在通过这个平台来提供自己刚收集到的、经过简单确认或者鉴别、对比过的信息。微博上还有各种各样的信息集聚者，有各种各样的意见领袖在通过各种方式传播。人们还会分享、会转发。这种多向传播、多点互动成为今天最重要的特征之一。

第二，移动获得、移动表达。移动获得的要求促使传媒在移动化中变革，报纸也在做这种变革。而移动表达是微博发展更快的重要动力，就是随时随地，任何时间、任何地点可以传播信息和发表评论。

第三，叫即时传播、即时分享。我们前面讨论了即时传播、时时报道，更重要的是即时分享，这种分享使得传播的流向更复杂。比如微博的分享功能、转发功能，就是一种个人性的推荐功能，这比一般的单纯原创有的时候影响机理要更为复杂，会产生更大的影响。即时传播、即时分享，正在以超出人们想象的速度，重塑传播方式与社会结构，它跨越熟悉的人、身边的人，而进入超时空、超距离，与陌生人交流、交往的阶段。

第四，多重传播，多点放大。对于传统媒体而言，首发效应今天在区域市场比较明显，比如这条新闻是我首先报道的我就有优势，而在广区域市场，更大范围内，二次传播成为传媒拓展影响力的重要途径。因此对于传统媒体，反应水平与议题设置同样决定一个传媒的影响力。

第五，关系转化，从接受传播到参与传播。今天受众就是传播者，他迫使传媒在传播中的地位受到挑战。你怎么让更大区域的人们注意到你的报道，注意到你的选择、你的判断，就要从发声的角度开始竞争。第二个关系是从人找信息到信息找人。在今天这个时代，多来源、过富集，我们用这个词就可以概括今天人和信息的关系。每个人都有很多来源，信息过于富集，当信息过于富集之后，你需要什么？需要人们帮助选择。因此，这样的时代，多来源、过富集的时代，选择者、索引者、解读者的地位上升，甚至超过采集者和一般的加工者。第三句话是从看电视到听电视。今天人们利用媒体的方式在发生变化，它驱动不同媒体形态重新寻找自己的位置，互相进入。早间有多少人是在认真看电视呢？人们把电视的响声当作一个信息来源，因此人们不是在看电视，是在听电视，也因此一些电视新闻杂志，杂志类型的、节奏慢的节目都离开了早间时段，早间时段变成了高速率提供信息的这样一个信息整合平台。第四句话、第四种判断，就是从群体传播到圈子传播。传统的读者，我们把他称为阅读汇聚，因为阅读汇聚在一起。今天的人们是通过论坛、QQ群等等，主动认同成一个类别，互相交流信息，这样成为一个有共同需求的圈子。如何利用这种类别和圈子，就成为一个重要的课题。最后是从定时阅读到随机阅读。传统读者的阅读时间是可知的，早晨或晚上。今天的受众阅读、观看、收听往往是随机的，特别是通过移动终端。所以今天的传媒如果强化自己的特色，在读者心中形成强烈的满足识别，形成约会意识，就是维持竞争力的关键。什么是满足识别？就是在有这么多信息来源的前提下，哪个信息来源提供的信息更快，更适合我的需要，我就选择哪个。怎么样促使你的受众形成约会意识？我是一个栏目，到时你观看我；我是一个平台，希望你通过移动终端点击我。为什么我们说今天从浏览器竞争时代进入到了客户端竞争时代？所有的传统媒体和电子媒体，都希望在你的手机、计算机桌面、手机屏幕上留下一个客户端，形成一个直接到达你的入口，希望你直接去获取他的信息。这实际上就是传媒希望和你约会意识的努力。

第六，需求变动。如果我们做一个简单的判断，移动需求将是左右传媒格局的决定性力量之一，这种移动需求必将深刻地改变传统的报纸、传统的电视。传统的电视机构会更加重视通过户外屏幕、通过移动屏幕、通过各种终端来传递信息，而不是只满足于通过客厅中的电视机。传统的电视媒介也会更加注重不仅要努力做好自己的内容，而要在更大的市场格局中与通过其他渠道提供内容的提供者开始竞争。随时随地方便地获取信息就是传媒移动化的最主要推动力量。所谓技术进步、理念变化、运作方式变化，不过是从不同方面提供条件而已。

第七个因素是全域作用。这句话的意思是信息在多个空间、多个渠道流动，产生多重影响已不仅仅是单纯的信息全球流动所能概括。它在多个空间、多个渠道流动，产生多种影响，内外因素复杂，这在今天是影响传播格局的一个重要因素。

第八，受众碎化，就是大家非常熟悉的，不仅受众的时间碎片化，也包括受众类别进一步细分。这我就不详细讨论了。

第九，形态交融。用一句话概括，我称今天这个时代为融媒体竞争的时代。传统媒体与新媒体互相进入，使得不同类型的传媒外在形态趋向共通和交融。

最后一个，运作协同。今天媒体，特别是一个媒体集团必须统筹考虑不同传播手段、不同采集工具、不同传播方式来协同运作。因此我们用三句话来概括这种协同运作方式：

第一句话叫多媒体采访，就是在现场是多种媒体终端工具一起运用，多个工种的记者统筹使用。在突发事件的现场，我们可能使用电视记者做报道，也可能使用在现场的文字记者做报道，因为在把获取的信息传递出来这个简单功能上是可以统一起来的。

其次是共平台生产。一个适应新媒体时代的生产流程一定是共平台生产。我所在的中国新华新闻电视网有两个24小时新闻频道，一个是中文的24小时新闻频道，一个是英文的24小时新闻频道。另外还有一个手机台，还有一个网络电视台。这样一些终端、系统采集遍及全球，全球现在有130个分社可以给我们提供电视新闻。国内31个分社还有几个支社，都拥有一些专业的电视记者。这样一个庞大的遍布全球的采集网，北京的加工系统这样一个内容生产平台有多少人呢？直接从事内容生产的不过就是300人到400人左右。这样一些人他们怎么能够生产出这样一个庞大的出口的生产量？就是因为有一个共平台生产的生产流程，在这个平台上利用技术水平和生产组织提供充分的共享。

第三句话，我们把它称为多平台分发，就是所生产的内容产品要通过多种内容渠道来分发。现在中国新华新闻电视网两个频道通过5颗卫星覆盖全球，除了拉美地区少量的国家之外，全球所有国家都覆盖到，同时在海外几十个国家已经接入当地的有线网和新媒体平台。除了卫星电视覆盖，还有有线覆盖、新媒体平台覆盖。这样一个同时运用传统的传播手段和新兴传播手段实现多平台分发，使得传播效果可以功效互补。这就是一种运作协同的意识、战略和运作方式的体现。

这是我想和大家讨论的影响传播格局的十个重要因素。第二个问题，微博现象多角度分析。首先关于微博功能的几点判断，我用几句话来代表我的判断：

第一，微博是移动互联网的新入口。人们是通过这里进入移动互联网，做更多的探索。上个月，新浪微博的流量超过了新浪门户。现在微博正在成为移动互联网的首选应用，更重要的，通过微博这个入口人们转发的一些链接在做进一步的探求。这个功能和以往的相比，是手机短信、手机报、手机的其他应用所没有体现的。

第二，信息传播的新渠道。越来越多的人正在通过微博进一步跟踪引起注意的信息，或去搜索感兴趣的信息。以动车事件为例，事件后那几个晚上，越来越多的人通过微博进一步跟踪所引起注意的信息，或者搜索感兴趣的信息，然后再去传播传统媒体的信息。而传统媒体又去微博平台上，去关注人们共同感兴趣的话题，再去进一步地跟踪、研究，再放大。

第三，社会关系的新结点。今天社会关系的连接点正在从餐桌、从广场、从村头、从学生的宿舍转移到以微博等社会性媒体、社会关系媒体为平台和依托。手机正在成为维护、拓展社会关系的新节点。人们正在利用移动终端组织工作、组织学习、组织生活。在这样的移动平台成为新节点的同时，微博这样一个容纳多种功能的新的平台和新的应用正在成为人们的重要选择。

第四，意愿表达的新平台。从传播的角度说，关注是一种信息需求偏好的表示与注意力焦点的分配。人们选择关注什么，实际上是你的信息需求偏好的一种表示。转发是一种观点表示与影响传递，所谓的无语转发也是一种态度的表示，是表达他一种观点，把影响进一步传递出去。而评论是一种意思附加和影响强化，在原有信息上增加了我自己的意思，实际上评论会比转发有更大的影响强化，因此微博成为人们意愿表达的新平台。

第五，利益联系新手段。社会关系的集中体现就是利益关系。微博关注取向的分析可以看出使用者的关注，使用微博人的关注，一定会从随兴，就是随着自己的兴趣；随机，是一种偶然；随众，就是跟着大家，你选择什么，我也选择什么，走向随利。这个利与个人利益密切相关，包括经济利益趋同与价值观共鸣。人们会依据这个去选择他所关注的。他一定会从满足兴趣、满足好奇到让其更有用，也必然会走向利益维护与意见表达，因此我们是从这个意义上说微博是利益联系的新手段。

其二，微博影响机制分析。我们用几句话来概括：第一，使用群广泛与高关注度集中的反差。首先它的使用人群极为广泛，增加的速度巨大。其次是高关注度集中，统计发现微博上人们的关注其实是高度指向几类人，包括明星、意见领袖、信息集聚者。第三，是满足偏好者。比如我特别喜欢摄影，这几个摄影的微博我就会关注，这叫满足偏好者。第四，是偶发爆料者。就是偶然某一个人爆料引起大家注意，人们会一段时间高度关注他。这几类是最有影响的，绝大多数人的关注指向这样一些人，虽然很多人使用微博在随时随地地表达和传递，但是粉丝量不大，不太为人们所关注。

第二句话，高度个人性与特殊集体性的转换。微博是高度个人性的产物，看起来每个人发微博都是随机的、随意的、随兴的，但它聚合起来就形成了一种趋向、一种倾向、一种类别，形成了一股力量。从这个角度说关注建立了社会联系，超过了简单的相识与实体社会的交集关系。我关注谁，谁关注我，这就建立了社会联系。他超越了简单的相识，我们甚至没有见过，没有交集，从来没有在某一个场合擦肩而过，但是以这样的方式建立了社会联系。围观形成社会力量，因为共同关注此事，而形成某种程度上的共同体。不要小看这种共同体的作用，在今后的社会运动中，这种共同体会产生越来越深刻的影响和作用。

第三句话，高丰富性与低信息利用比的反差。首先微博上信息非常丰富，但是利用率很低。在微博这样的媒体、这样的社会关系媒体上，信息传播不可以被制止，很难制止，但可以被淹没。一旦有新的东西淹没，原有的就不太为人所关注。便利的获得方式、空隙填补的利用机理、大量出人意料的信息，特别是隐秘、私密信息构成了即使是信息爆炸时代人们也很难有的丰富的体验。但它却是低有用性，利用比较低，因而产生了选择结果的需求。今后如果有人专职从微博上选择信息提供给人们，可能会受人欢迎。

第四句话，本能选择，学习选择与接受选择的演变。人们选择什么样的信息，选择什么样的关注，最初是本能的选择，这时候是信息利用能力在起作用。大家会看到学历越高的人们、社会阅历越丰富的人们，他的选择就越不同，他的信息利用比越高，因为他的信息利用能力比较强。然后是学习选择，从别人的关注和转发评论中学习如何利用这个信息的技能。这种学习能力比前面的信息利用能力就更进一步。在这样的学习利用技能中,人们期待选择结果,特别是期待专业选择者的选择结果,因而传统媒体的微博文摘产生了影响。这是我想讲的第二个部分,理论分析。

第三,我们来讨论一下案例。我只是想拿各种各样的案例来和大家做探讨,谈不上顺序,谈不上大小高低,只是随意的选择。

第一个案例是李盟盟上大学。在我的印象中,这是微博所谓的"围观生产力量,围观就是力量"的一个重要案例。2010年的高考,一个叫李盟盟的考生,考了565分,超过河南省理科一本线13分,但由于她网上填报志愿没有成功,填报志愿的申请表又被县招生办的工作人员锁在抽屉里忘记提交,放了两天,过期了。按照政策,李盟盟就不可能被任何高校录取。她在网上发帖求助,引起微博围观,网友声援,传统媒体介入,很快李盟盟被第二志愿河南财经政法大学会计专业录取,她原已破碎的大学梦得以重圆。

如果我们仔细探究就会发现,事实上微博围观、舆论呼吁、传统媒体的介入已经改变了录取的规则。其后有记者统计,超过10万网友对微博进行转发,2万多网友对原博文进行了评论,有1.6万网友参与了李盟盟话题的讨论。

这个案例值得我们思考。第一,同情心与正义感是微博力量最重要的动员机制,也是传播的最重要借助机制。第二,值得思考的是,对于传统媒体而言,极易引起同情心与正义感的事件如何去鉴别?以往的网络事件案例证明,有一些事件貌似很极端,那是网络推手在网上推动的结果,因此传统媒体如何鉴别是今天这个时代对传统媒体的考验。

第二个案例,舟曲泥石流的微博直播。这条微博是关于舟曲泥石流的第一个向外界的信息通报。"水灾、停电,几乎一栋楼的人们都围绕在竹火旁。"2010年8月8号凌晨3点23分,一个名叫"Kayne"的网友在新浪微博上发出一条19字的信息。他是谁?他是王凯,重庆理工大学大二学生,一个放假回家的舟曲居民。他成为第一个图文报告舟曲灾情的人。之后每天有很多人在网上等待他更新微博。有媒体评论说,他一个人就像一个通讯社。他的第一个报道的时间是3点23分,传统媒体如何报道出这条新闻呢?传统媒体是早上8点钟之后,差距就有5个小时。

这个案例值得我们研究的是，在一年前这个案例中，微博的传播第一次体现及时性，远远超过了传统媒体，即便传统媒体有庞大的网络，也没有能够抢到第一。在那之后就有越来越多的事件，微博成为首报者、群报者，成为这个事件的报道者、分析者。

第三个案例，正在处理中的动车追尾事故。这个事实我想大家都很清楚了，我就不再复述事实，我就讲几点观察。

观察之一：这一次事故的传播过程，是微博平台媒体化的重要节点。曾经有人很认真地争论：微博是社会化媒体还是社会化网络呢？它是一个移动化的facebook呢，还是一个什么媒体呢？在中国，很显然它的媒体属性体现得更强烈。它在传播信息、传播评论。一年前微博首先报道一个事件，传统媒体落后了几个小时。而这一次微博平台媒体化，它的迅速、它的大量、它的丰富，它和传统媒体形成了一种特殊的互动关系。这次不再是一个人通讯社，我们甚至都很难确认谁是第一个发出关于撞车的微博的，无数人在第一时间点发出信息，在那样的时候，那样的环境下，发微博既是求救又是通报，当然也是传播。

观察之二：传媒等积极主动地利用微博平台传播所获得的信息。以《温州都市报》为例，这是一张区域报纸。但是，在这次事件中，《温州都市报》这样的媒体利用微博平台传播所获得的信息，不是每天出一次报，而是24小时随时出报，集中报道人们最关注的信息，从而重新在时效上竞争，延伸品牌影响。

观察之三：传媒在事件初期利用微博平台，增加信息源、校正信息差、丰富观察点，汇集切入点，见证问题单，使传媒从依靠记者触角、借助传媒信息，转向在依靠记者触角、借助传媒信息的同时，开始倚重作为信息集散地的微博平台。刚开始说是脱轨，没有说是相撞，有了微博，我们很快就知道是相撞了。因此传统媒体在这个事件之后开始增加信息源、丰富观察点、汇集切入点，更重要的是见证问题单，人们心中有很多疑问，传媒有很多疑问，形成了一个问题单子。微博平台和传统媒体互动，去见证它、鉴别它、区别它、确认它、证伪它。一个例子是事故发生后，人们翻出了当初的一篇表扬稿，说的是高铁的司机，经过10天就完成了训练，而德国专家说要训练3个月，结果10天他就把高铁开回北京了。600多页的资料，这个司机3天就看完了。这个报道本来是表扬稿，你看他太能干了，但是一旦出事故，人们回头看就认为他做得不对，至少训练时间太短。

观察之四：传媒通过回应微博热点更有效地产生影响。比如掩埋车头问题，现场记者发现，报道都来不及了，就发微博，然后就引起广泛的转发、关注，后来传媒跟进。还有比如说停止救援和发现幸存者的问题。我们现在可以看到最后被救出来这个幸存者小伊伊成为这个事件的信息集中点，很多信息集中在她身上。

观察之五：传媒通过梳理微博信息，还原事故过程。传媒通过梳理微博信息去还原事故过程，探求事件真相，而知情者也纷纷选择微博提出自己的所知和分析。前者《中国新闻报》、新华社都发出了长篇报道，其中很多材料都是他们之前和当时所发的微博，当然也有很多的对当事人家属的现场采访。而后者有很多专业人士或者说内部人士通过微博提供自己的所知和分析。

第四个案例，随手拍。于建嵘教授和薛蛮子先生在微博上发起了随手拍解救乞讨儿童的行动，被称为"以我所经历的互联网历史以来最大规模的动员能力"，席卷了公民社会。这个行动获得了公安部打拐办的积极响应。这是一个在今年引起很大反响的互动行动。

思考：第一，微博首先具有很强的动员能力。如何把这种动员能力应用在公益事业上是值得研究、探讨的。第二个值得思考的：微博动员的规约与风险控制。对这种动员能力，有没有必要从法律的层面、从管理的层面提出一种规约、规范，控制它的风险？

第五个案例。这是大家一看就想笑的微博开房门。我不是想去讨论这个案例本身，我是想提出一些思考。

思考之一：就是社会主流群体的新媒体素养。媒体素养这个词是在新闻院系里也使用不多的一个词，使用不多也关注不多的一个领域。今天人们陡然发现需要对社会主流阶层进行新媒体素养的再教育。这个案例是一个极端。我们更需要的是让更多的人认识到这种工具的影响，这种新媒体工具、新媒体形态、新媒体传播方式的影响，它的功能可能造成的危害，让人们认识它、利用它，又控制它的风险，这是必要的。

另外一个值得讨论的问题是：新媒体的发展在冲击传统社会人的安全边

界。信息的释放，就是对你隐私的一定释放，就是对你的隐私保护、隐私权的一定程度上的让渡。懂“让渡”这个词吗？这是一个法律词。它也在冲击传统政治监督机制。大家如果注意到微博开房门，这两个干部没有等到正规调查程序的结束，有关部门就做了决定。

第六，是微博炫富门。这就是大家都熟知的新浪微博认证为中国红十字会商业总经理的郭美美，郭美美曾经发微博称所在的公司红十字商会与红十字有合作关系。后来红十字会表示没有这个机构，也没有郭美美其人。新浪微博承认认证审核有误并致歉。

值得思考之一：新媒体工具的规则设计与风险防范。比如微博实名认证的法律风险。有风险吗？事实上是有，认证就意味着一种确认，确认就意味着一种责任分担，责任分担就意味着可能有一定的风险。第二，新媒体的法律规制。对新媒体法律层面如何规制。

最后一个案例，多点现场微博传播效应的利用。首先值得讨论的是信息源的利用，有很多新闻事件，不是一个单一的核心现场，它具有多个现场。事件发生的时候，你到第一现场有意义吗？其实是没有意义的。比如日本地震这个事件引发的海啸会冲击陆地，不仅冲击日本陆地，还会冲击多个范围的陆地。当然首先会达到日本，它不仅冲击一个点，是冲击一条线，因此就演变成多个现场。这样的多现场的新闻事件，NHK借助地震速报系统，获知信息后直升机升空，然后去广泛地报道，让人们看到一场电视直播中的海啸。这是一个和以往都完全不同的关于海啸的报道。

这里我讲的是微博的传播效应在这种多点现场中可以提供很大的帮助。北京大雨，有很多个点。温州动车相撞其实也有很多个点，那个核心线上不仅是撞车的那个点，伤员所在地、伤员运送过程等等，也有很多个点。这种多点的新闻事件，微博传播效应是应当很好利用的。比如说在日本地震，造成了海啸，最后冲击了福岛第一核电站。有个日本教授，据说这个人就是上海人，也做过传媒，他不断地在微博上发布信息，最后和电视连线，成为当时一个比较有影响的信息源。

几点思考：第一，对于多点微博信息是否可以组织？我们知道这个事件有很多个点，传媒是否可以组织呢？这样的传播效应对传统媒体应当怎么利用呢？其次，微博信息源的发现和利用。大家去看看关于温州动车事件相撞的一些报道，正是利用这样的信息源。第三，这个微博的传播效应如何去利用。第四，微博期待中的传媒的选择性强化。大家对微博有很多的期待，但是信息散乱众多，实际上人们希望传媒这样一个专业的生产组织借助它的专业生产流程，去选择、去去伪存真，去把它集中、整理，从而使它更可信、更有用，信息量更大。我把它称为传媒的选择性强化。目前有一些传媒试探做了这样的工作，做得并不多。最后，也有传媒信息资源的微博流失。如果记者都把所发现的最重要的信息发在个人微博上，个人影响得到强化，但是作为这个机构可以利用的资源就流失了。这种微博流失是以往没有面临的问题。

大众麦克风时代与媒体责任

时　间：2011年7月27日

地　点：上海交通大学闵行校区新图图书信息大楼8楼

主讲人：廖玒

廖玒

《人民日报》高级编辑，人民网股份有限公司副董事长、人民网总裁兼总编辑。中宣部“四个一批”人才，享受国务院特殊津贴，曾获中国新闻奖一等奖。廖玒曾在《人民日报》长期从事新闻工作，历任《人民日报》一版编辑、宣传协调组副组长，人民网副总裁、常务副总裁、总裁兼总编辑。

主持人：各位同学，下午好。今天下午我们邀请的是一位重量级的嘉宾，廖玒总编，他是《人民日报》的高级编辑、人民网股份有限公司的董事长，人民网总裁兼总编辑，也是中宣部“四个一批”人才，享受国务院特殊津贴。廖总曾获中国新闻奖一等奖，曾在《人民日报》长期从事新闻工作。历任《人民日报》一版编辑、宣传协调组副组长、人民网副总裁、常务副总裁、总裁兼总编辑。廖总在新闻界影响非常大，下面我们欢迎廖总给我们作精彩演讲。

廖玒：今天想讲几个问题，第一是关于两个舆论场，二是网络公共空间，第三是还原社会真实的意见构成，第四是当下青年心理，第五是新闻传播进入全媒体时代，第六是作为一个二十五年的新闻人、媒体人给大家一些建议。

第一个问题想讲讲两个舆论场，四个小问题。第一是刘少奇的有关论述，第二是两个舆论场，第三是对媒体话语权的一个初步判断，第四是从全景监狱到共景监狱。刘少奇1948年对华北记者团有一个谈话，我大致念一下，他说：“群众对我们是反对就是反对，是欢迎就是欢迎，是误解就是误解，不要害怕真实地反映这些东西，党的政策到底对不对允许你们去考察，如果发现党的政策错误，允许你们提出，你们有这个权力。人民的呼声，人民不敢说的、不能说的、想说又说不出来的话，马克思主义的记者就真正上路了。”这是1948年少奇同志对中国记者的一个谈话。然后毛主席也曾经这么说过：“报纸的作用和力量就在于它能使党的纲领路线、方针政策、工作任务和工作方法最迅速地和群众见面。”那么大家看到的左边的这张图（PPT）就是1960年1月30号《人民日报》的头版，说公社社员欢度春节。但实际的情况大家在右面看到的，当时是1959年开始三年自然灾害，大概没有饭吃的人有两千五百万，这是薄一波在多少年之后的回忆录中披露的。那么我们说刘少奇设计的媒体是做什么的？媒体就是党和人民的耳目喉舌，它宣传政策和考察政策，把宣传党的政策和反映人民的呼声巧妙平衡起来。但是现实是，不管是历史上还是现在，大家可能也看到了，现实是距当年中央领导提出来的要求还是有一定差距的。

那么在十年前新华社的总编辑南振中提出一个观点，说社会上存在两个舆论场，一个叫官方舆论场，一个叫民间舆论场。我一直觉得十年前能提出这个东西，在现在看还是有很重要的现实意义。大家看这两个圈，这两个圈的交集就是这两个舆论场达到了统一，我们希望圈的交集越来越大。不能官方媒体说一套，老百姓民间说一套，主流媒体说一套，微博上说一套。作为一个媒体人，特别是作为一个主流媒体人我们应该在打通两个舆论场上做些工作。

也有人说了一些很极端的话，我不赞成。比如说，关于这两个舆论场，有人说：“看一天的天涯论坛需要看一星期的《新闻联播》疗伤。”就是《新闻联播》看的都是莺歌燕舞，老百姓过得都是好日子，但天涯杂谈上看的都是老百姓那些苦难和苦处。甚至说：“如果有一天，我老无所依，请把我留在《新闻联播》里。”这两个舆论场之间的隔阂在某种意义上还是非常大，这个确实存在。前几年央视大火，韩寒说本来是真事，被这些媒体一说，新闻通稿一发，反而像假事了。本来是加分的事，一宣扬，变成正正得负，变成减分的事了。

我们做了一个统计，就是这几年的议题，也看出来传统媒体的话语权在某种意义上来说在走下坡路。官媒，即所谓主流媒体的话语权大概50%，民间的20%，另外俩加一块，是30%。这是社科院发布的社会蓝皮书。2009年，当时发布的数据是30%左右的热点事件因网络媒体而起。今年一月咱们上海交大发布的，大概讲60%的危机事件因网络而起。这里面是做了一个比较，当社会关注热点事件的时候，《人民日报》关注了没有，CCTV关注了没有，以及这个引导的正负面的效果的比较。大家看最后结论：2010年发生的这些事情，《人民日报》和央视大概80%都关注了,但最后的话语权可能还比较遗憾,只有25%。

法国哲学家福柯有这么一个观点,我在地方给一些地方领导讲课时经常讲这个例子,就是在传统社会,社会管理是一个“全景监狱”。简单来说就是大家设想成是一个体育馆,底下那个老百姓在体育馆的每个格子里,他们互相联系不上。但社会管理者是站在体育馆的顶上,他可以看到他管理的每一个人,而被管理的人是看不到顶上这个人的;或者说领导是居高临下的,他能看到老百姓的一举一动,老百姓却看不到他,相互之间也联系不上。那么,现代社会的社会管理,大家可以想象成一个体育场,领导者是站在体育场的场中央,老百姓在看台上每个人都可以看到领导者,而老百姓之间也可以互相联系。所以我在地方给一些地方领导讲谈的时候,我说互联网的出现完全改变了社会管理的方式。当年你由于信息不对称知道老百姓不知道的事,现在你做的事也被老百姓知道了。所以互联网的事,简单地归纳成两个词形容:我说一个词叫“麦克风时代”,人人都可以说话;一个词叫“聚光灯时代”,就是领导的一举一动都被别人看到了。

有一次中央党校请我给三百位新任的县委书记讲课,我就给县委书记说两句话,第一大众“麦克风时代”谁都可以说话,第二“聚光灯时代”你在所有公众场合的话甚至你的表情都可以被立此存照。你们千万别以为在公共场合就像你们在县委开县委常委会似的,你想骂谁就骂谁,想说谁就说谁。所以我说互联网在某种意义上也促进了中国的民主进步。

那么我讲了这个问题之后呢,看能不能有以下三点结论:第一个是两个舆论场需要对话,就是现在的新闻宣传和舆论导向的难点就在于改变政府决策和官方立场在网络社区中经常处于被质疑的状态,要打通、要有良性的互动。第二个是“塔西佗陷阱”,就是当政府不受欢迎的时候,好的政策和坏的政策都会得罪人民,当政府缺乏公信力的时候,政府的立场连同民间自发支持政府的声音都会受到排斥。就是越陷越深、越陷越深。第三个就是我们需要把正面的声音、党和政府的声音传达到社区。现阶段党和政府对社区控制权大于话语权,所以说新闻宣传在网络社区是一笔“负资产”。

第二点想讲讲网络公共空间。第一呢,我们感觉现在已经进入了传播媒介升级换代的时代。北京有个调查，北京报纸读者的平均年龄是41岁。《凤凰卫视》的一位老总给我讲，总体来讲电视受众的年龄也普遍老龄化，从电视上看新闻的人很多都是老年人。听广播吗大家？你从电台的广告就可以知道它的听众都是些什么人，除了新闻台之外的台，大部分都是医疗广告，比如说张大妈腿不好了，赶紧买什么药去吧。有位专家说："网民互联网消费的时间是看电视的四倍，花在手机上的时间是电视的两倍，无论工作日还是休息日，互联网消耗了用户近五成的媒介消费时间，而花在电视上的仅有一成多。手机成为互联网应用的第二大媒介，甚至通过手机消费的比例也超过了电视。"

网络改变了社会生态，每个人都有话筒，每个人都有发言权，就像我刚才说的大众"麦克风时代"，那么有了这个平台对执政者有极大的正面意义。而且网络作为一种民意，它有新的特点，它有更年轻的群体，其中一部分生活在城市，有良好的教育背景，他们有一定的意识关注公共权利和公共话语。

在人民网的发展历史上应该说很多事情，人民网也做了中国民主的推进者。比如说大家都知道的"孙志刚案"，一个大学生在广州打工没带身份证就被抓走了，后来在他待的地方死了。人民网一直关注这件事，最后这个事情的结论是《南方日报》，广东的省委机关报，发表了一篇评论说，就是因为人民网的一篇评论促使广东警方下决心侦破"孙志刚案"。人民网的那篇评论的题目是什么呢？题目是《孙志刚案，是谁在装聋作哑？》。国务院法制办的一个司长给我讲，国务院决定在三周之内废除旧的《收容遣送办法》，发布新的《收容救助办法》，起因也是人民网的一份内部材料被中央一位领导同志做了批示。而中国历史上没有一个法规是在三周之内废除旧的，推出新的，历史上没有。所以我是觉得在人民网历史上我们为推动中国的民主进步还是做了一些好事的。包括前一段人民网发了一个系列的报道，就是关注高速公路乱收费。《南方周末》有一篇文章说最近央视和人民网连续报道高速公路乱收费问题。大概两周之前国务院开了一次常务会，决定要清理高速公路乱收费。在我们的报道发出之后的两周，北京去首都机场当年是双向各收十块钱，现在改成单向只收五块钱。

第二个问题得出这么几个结论：一个是传统媒体开始向网络延伸，《人民日报》的领导，人民日报的社长张研农同志，我感觉是一个很有远见的领导。张研农同志讲《人民日报》的未来在人民网，我们的总编辑吴恒权同志讲报网融合既是现在也是未来，就是传统媒体必须向网络延伸，那么记者在互联网找到了新的言论空间，网络的影响力有可能超过它所服务的传统媒体。第二我感觉门户网站的重要性在消退。当年有了搜索引擎，很多读者从门户网站跑到搜索引擎去了，现在有了微博之后，这些人也不去搜索引擎了。第三就是论坛人口流失，跟帖明显减少。第四是微博客异军突起。第五个结论就是一个市场经济，一个互联网，它们带动了中国公共空间的发育和扩张。中国进入了大众麦克风时代，每一个网民和手机用户都可能成为公民报道者，网民特别是意见领袖成为新的意见阶层。第六个结论就是互联网成为突发公共事件的第一信息源。温州动车脱轨的事大概在一小时之内就曝光了。第七点就是新媒体足以搅动社会，如果主流媒体失语，互联网、手机、无线电失控可能会导致民心不稳，影响社会稳定。

第三点我想说说互联网还原社会意见构成。第一，互联网已经成为民众利益表达的第一通道。下面列了几项就是民众表达的利益、表达的是哪些利益。我们总结这几年的情况，一个是关于司法制度的，一个是官员的，一个是腐败的，一个是上访的，一个是以极端方式维权。这五个方面是民众利益表达最突出的方面。第二个，大家看看上面的图，这也是网上有的，说每每看到这张图都会被感动。“咱就是普普通通的人，不能给父母买宝马就给他一个怀抱吧，就像他当年抱着咱”，就是网上真有很多特别感人的一些草根的照片。第三点就是关注司法公正，包括药家鑫案和李庄案。第四是关于城市管理。这个是一个网民留言，城管抓了一个小孩的妈妈，他妈妈是个小贩，这个网友留言说，“这个孩子仇恨的眼光让我感动，想流泪，这眼神是对世界的失望，一个孩子理想社会的崩塌。”其实还有一句，就是这孩子可能从小就埋下一粒仇恨的种子。其实就是一个城管，但在孩子看来他不是城管，他是政府。第五就是关于央企。譬如中石化的天价灯事件，中石化的灯我去看过，挺宏伟的，它说就花了一百多万，网上说是一千多万。我刚才讲了两句话，一个是麦克风，一个是聚光灯，如果再加两句话就是碎片化和标签化。我觉得这个时代已经进入了一个碎片化的时代。大家基本上没有时间能坐下来认认真真地看一篇三五千字的文章。碎片化之外还有另一个问题就是标签化。就可能因为一件事情一开始贴个标签，就可能影响它的走向，我觉得这可能也是互联网某种意义上片面、偏激的重要方面。就是什么事，一涉及官二代，老百姓、网民就一致喊“杀”，一涉及宝马撞人，一定就是富二代，中间缺乏了一些应有的理性分析。还有一个值得注意的倾向就是网民在网上的表现开始转移到网下，在网上联络，在网下聚集。包括有一些共同利益诉求的人在网上形成了一个圈，在网下有一些实体的行动，这个对当地政府来说也是一个很大的压力。

有这么几个结论：一个是对网上曝料和网民的声援可能要有一份尊重和敬畏，这个可能更多的是对管理者而言的。第二个就是通过互联网，它可以暴露现实矛盾，提示政府及时发现和解决矛盾，让老百姓的疑虑和不满得到释放，起到社会减压阀的作用。第三个就是我刚才讲到的“聚光灯”这个概念。官员要有敬畏之心、慎重之心。第四个我觉得其实通过互联网可以扩大公民的政治参与，这应该是一种代价很小的改革，是从“广场政治”走向“法庭政治”的一种过渡环节。所谓“广场政治”就是在广场上聚集甚至最后走向暴力，而我们需要的是一种“法庭政治”，需要中国的法制，这样才能避免社会振荡，使其成为成本最低、风险最小的政治体制改革。第五个是网上的“罗宾汉情结”，就是网民意见经常呈一面倒的态势，倒向弱势群体。互联网极易成为弱势群体展示伤痕和相互取暖的地方。第六要避免网上的这些非理性的东西蔓延到网下。要警惕现实生活中撕裂组群造成不和谐的现象行为的发生。

第四，就是我们试着探讨研究一下网上青年的心理。在人格特质上大部分网民特别是青年网民追求的是自由平等、个性解放、多元共生的价值观。第二，有些人生病愿意一个人生病，伤心愿意一个人伤心，他们觉得空间比温情更重要。第三种特质就是他们倾向于事物的感知而非理性的分析。当代青年文化我们归纳成五个特征：一个是流行性，第二个是分群化，第三个是时代性，第四个务实性，第五是开放性。

第五个，我要讲讲新闻传播已经进入全媒体时代，全球报业的增幅已经是所有媒体中最慢的。法国除了一份报纸之外，所有报纸都出现了亏损，美国办了一百多年的报纸《基督教科学箴言报》也关门了。互联网出现后，媒体的格局发生了很大的变化。大概三五年之前有人说报纸的寒冬来了，可能没有那么厉害，但是我接触到的报纸的老总对报纸的未来没有一个敢说持乐观态度的。因为在座的大家未来可能都是媒体从业者，所以我觉得对“全媒体记者”这个概念，从现在开始要有一些准备或者认识。我觉得全媒体记者包含以下三层内涵：一个是技能层次的，一个是应用层次的，一个是思维层次的。对《人民日报》或人民网的记者而言，我们理解的一个理想方式是当发生新闻事件，特别是发生突发事件的时候，你能在五分钟之内给我发来一条几十字的短信，然后给我发来一个几百字的消息，第二天《人民日报》见报的时候这个消息能有一千多字的综述，这是我们理解的一个初步的全媒体记者的样子。这还不包括他应该有图片和音、视频，其实有了这个苹果手机，这些都能实现了。

那么给大家几点建议，仅供参考。第一，我觉得对未来的媒体人来讲，我们需要有一个稳定的价值观。第二个就是对公权力要警惕，这可能是媒体的一个天职，就是监督功能。第三就是相信社会转型需要一个过程，也要相信体制的弹性，不一定是你死我活，不一定是鱼死网破。第四是要自上而下和自下而上的结合。我们觉得主流媒体包括人民网要做社会转型的润滑剂和压仓石，同时也要作减压阀，总得给老百姓一个说话的地方，如果全闷死了，最终可能像高压锅一样。那么在稳定的价值观里我讲几点：

第一，作为一个未来的媒体人，我们可能有一个嘹望哨的功能，要有嘹望哨的专业。同时也要树立媒体的基本功能的概念，媒体的基本功能一个是传播还有一个是鉴定。

第二个就是要想办法把握民意的脉搏，包括保持被感动的能力，恪守伦理道德底线，对突发事件不失语，准确解读社会矛盾，不要与主流民意对抗，包括不要违背经验常识，不要侮辱网民的智慧。比如前一段时间某个副市长去德国考察回来说，德国人上网怎么怎么困难，经过层层审批，马上就被几乎所有的网民所质疑。所以你不要侮辱网民的智慧。有了互联网之后，我真的感觉到，虽然很多《人民日报》的记者、评论员是很优秀的，但我和《人民日报》、人民网的编辑讲，真的高手在民间，包括网络上的那些语言、他思考问题的角度，这是我做梦也想不出来的。就是互联网给大家提供了一个展示才智的天地。

第三个就是作为主流媒体可能要勇于争夺旗帜。有一个领导讲《人民日报》的同志要注意什么呢？注意不要手拿麦克风听别人唱歌，就是说你作为一个媒体，你是有话语权的，但当你失语的时候就像手拿麦克风听别人在唱歌。我觉得这个话说得很形象。对《人民日报》、人民网来说都是一个很重要的提醒，所以我说对于媒体特别是主流媒体，一定要成为一个核心的信息源。媒体要维护社会的公平正义，一方面要反映问题同时也要能够提供解决问题的思路。这是前两年的事了，陕西一个学校的校长找县长签字，不让县长走，县长不高兴了，把校长抓起来拘留了七天。《人民日报》发了一个评论：《百姓的事就是国家的事》，发了之后，绥德县，它的上一级是榆林，榆林的市委书记连夜组织市委的四套班子开会，让县长到校长家致歉，握手言和，同时致谢《人民日报》，感谢舆论监督。

第四，就是要做媒体和互联网的桥梁。一个是对互联网的舆情要了解，一个要主动设置议题，要倒灌互联网。怎么让主流媒体的舆论能够倒灌互联网？我们也注意到前一段《人民日报》的三组系列文章在互联网上叫好声比较多，包括人民网上的那组文章在互联网上叫好声也比较多。我们觉得这是主流媒体倒灌互联网的一个比较好的尝试，也是打通两个舆论场的比较好的尝试。刚才我讲过了，就是在互联网上要放大媒体特别是主流媒体的声音。

第五就是互联网时代的新闻自律。对网络信息要去伪存真，对网络舆论要扶正抑偏，网络曝料的可信度通常低于媒体的报道和受众来访，那么会使一些情绪化的舆论占上风。对于在座的各位、未来的记者，要对互联网信息保持清醒的头脑，要下一番工夫去剔除网络信息中的不真实成分。包括新浪微博有一个谣言粉碎机，《人民日报》有一个《求证》栏目，也是想力图在互联网这个纷繁复杂的信息中对人民关注的信息做一些真正的求证，努力还原事件的真实面。

第六点我们觉得对于媒体来讲要找准定位，赢取共识。人民网前一段时间发表了关于打通两个舆论场的评论，我觉得是说的两方面的话：一方面对官员来说，对网上的社情民意要有充分的尊重；另一方面是对网民来说，我们在这个公共空间里说话可能要努力营造一个比较好的网络文化生态。不能在论坛上，包括微博上都是那些口水帖，都是对人身和人格侮辱的帖子。

最后我想用《人民日报》的一篇评论作为今天我演讲的结语：言塞湖的诞

生、言论被堵塞往往是民意早期被冷落，中期变成民议，后期变成了民怨。民意在每一道环节上被冷落与搁置就会导致舆论能量的聚集，彻底杜绝言塞湖现象应该从清淤开始。我也希望在座的、未来的媒体从业者能够树立稳定的价值观，能够站在社会发展的大局上来考虑问题，从我做起，大家能够有一个比较良性的网络环境，这样才能真正地推进中国的民主和进步。谢谢大家！

网络时代的新闻发布和舆论引导

时　间：2011年7月21日

地　点：上海交通大学闵行校区新图图书信息大楼8楼

主讲人：邹建华

邹建华

中国外交部新闻司参赞，前驻日内瓦代表团参赞。1997年至2003年担任外交部新闻发布处领导工作。在此期间，作为外交部发言人的主要助手。协助过沈国放、崔天凯、唐国强、朱邦造、孙玉玺、章启月、孔泉等发言人的新闻发布工作。参与和负责组织了450多场外交部新闻发布会，目睹并经历了中国政府对许多重大国际、国内问题的对外表态过程，具有丰富的新闻发布经验和与媒体打交道的经验。

主持人： 今天传媒领袖大讲堂非常荣幸地邀请到了中国外交部新闻司参赞邹建华老师！邹老师在中国的外交舞台上扮演着非常重要的角色，他曾经主持过450多场外交部的新闻发布会，目睹并经历了中国政府对许多重大国际、国内事务的对外表态过程，具有非常丰富的新闻发布经验，以及跟媒体打交道的经验。下面掌声有请邹老师！

邹建华： 今天跟大家交流的题目是“网络时代的新闻发布和舆论引导”，主要是跟大家探讨一下，在网络时代特别是微博时代，新闻发布和舆论引导的问题。我们探讨一下中国的网民、中国网络的构成特点，然后分析一下网络公共舆论事件形成和爆发演变的规律，再提出几个对策，跟大家一块进行探讨。

今天讲座分两个部分：第一讲，我们现在媒体到底发展到哪一步？我们的舆论环境到底发生了什么变化？这给我的新闻发布和舆论引导提出了什么挑战？第二部分讲我们该怎么办，对策是什么，特别是在微博如此迅猛发展以后，我们的舆论引导怎么跟上？我们讲“第一时间”，到底现在什么叫“第一时间”，在微博时代，很多概念会发生变化，在这种情况下，我们该怎么办？

第一，介绍一下中国网络发展特点、现状和影响。大家可能很多都是专家、资深网民，现在可能都是粉丝众多的微博主，意见领袖都可能有。但是，我还是要向大家介绍一下。第一点，网络媒体现在已成为中国影响最大的主流媒体。网络人群空前活跃，现在已经有4.85亿网民，这是前天发的数字，到年底可能到

5亿多。网民现在非常活跃，对社会各种问题纷纷发表意见。他们现在已经形成一种强大的舆论压力，影响力已远远超过传统的报纸杂志和电视。大家也知道，近些年来我们国内许多危机事件、网络舆论事件，都是由网络爆发，再由网络传播和放大，就是说没有网络、网民的介入，现在传统媒体的报道基本上不能构成真正的舆论危机。所以说，如何面对网络成为了我们最大的挑战。

刘云山同志曾经说过，互联网已经成为发展势头强劲的大众传媒，对社会舆论的态势和走向产生着不可估量的影响。现在谁不重视网络、不重视网民，谁就会被动挨打。我们经常在外交上讲“核武器是大规模杀伤性武器”，网络引导如果没有做好，网络就会成为大规模杀伤性媒体。所以说，谁重视和善于利用互联网，谁就能掌握舆论主导权。现在大家都知道有一句话非常流行，叫“网民一生气，后果很严重，非常严重”。大家可以看到，国内一波一波的舆论风波，一个个的领导干部在舆论风波中应声倒下，一个个企业受到重创，这都是网民生气的后果。

现在我跟大家讲讲第二点，网络媒体的迅速发展，极大改变了中国的媒体生态和舆论格局，包括我们的舆论引导格局，全都变了，现在媒体的概念也要发生变化。我们过去一讲媒体，就想到电视、杂志、报纸；现在讲媒体，很多都是概念，网质媒体，博客、微博，特别是微博，真是发展得凶猛。现在出现了大量影响力巨大的自媒体，有些人把它叫做“个人式媒体”或者“公民媒体”。有一个学者调侃说，自从有了互联网，地球不再是过去的地球，人不再是过去的人，就是这个道理。因为有了网，天涯咫尺，中国发生某个事件以后，全世界都在讨论。譬如我在日内瓦的时候，看的还是新浪、搜狐，关注的还是国内这些事，一些华侨也是这样。所以说天涯咫尺，网络时代人人都是记者，人人都有麦克风，人人都可以说话。现在出现了一大批影响力巨大的个人式媒体。我们经常讲一个概念，什么叫“媒体”？一百个人看的是内刊；一千个人看的是布告；一万个人看的是杂志；十万个人看的，是一个地方报纸；一百万粉丝和读者，它是全国性报纸；一千万人的就是电视台。上海交大舆情研究实验室刚刚发了一个2011年上半年微博报告。它里面说，目前我国报纸发行量超过百万的，现在只有19份，包括《人民日报》，它的发行量才两百多万份。但是现在，光新浪微博上粉丝超过一百万的公众人物、业界领袖就有三百多人。现在传统媒体萎缩，个人式媒体放大。

微博引起的传播格局变化也是超乎我想象的。现在越来越多的人以各自独特的方式，发挥一个人的通讯社角色。最著名的就是甘肃舟曲泥石流事件里，一个大学生叫王凯，休假期间完成了对这个事情的报道。第一时间是他发的稿子，全国所有的媒体在刚开始用的都是他发的照片，他称之为一个人的通讯社，就用微博发的。所以说，现在的媒体发生了很多变化。但是有一点，在这个网络上能够呼风唤雨、拥有重大信息和强大动员能力的，并不是一般的网友，而是网上的意见领袖。意见领袖往往决定舆论导向，并且我们发现，每一个公共舆论事件背后，基本都有一到两个舆论领袖在推动。微博的意见领袖现在已经成为了微博舆论场的轴心点，也就是现在中国舆论场的中心节点。就是说议程的设置权和把关人的功能，基本上都在向微博的意见领袖转移，不受微博意见领袖关注的信息，很难进入公众的视野。大家都知道，过去很多人是不看报只看网，上网浏览新闻；自从微博开了以后，很多人上网的第一件事就是打开自己的微博，到微博上看新闻。所以说，不受意见领袖关注的信息很难进入公众的视野。现在国内正在形成一种新的舆论形成机制，就是“公众通过微博爆料，微博意见领袖转发进行评论，然后引发舆论热潮。传统媒体再跟进，通过议题互动共同掀起舆论高潮，这是种新的舆论机制。”

第三，微博现在井喷式地发展，对政府的舆论引导能力提出了更大的挑战。有了网络以后已经挑战过一次，现在又挑战一次。微博有一个特点就是快，可以随时随地把发生的事情传播出去，接收者也可以随时随地进行接收。它还是一种送达服务，你添加了关注谁，你就是谁的粉丝，对方的动态就会自动上你主页，这是种即时体验。微博传播率、互动性、影响力都比博客要大得多。所以，写博客的人越来越少，写微博的人越来越多。因为写博客还要思考，要构思、要长篇大论，它不如微博方便，有时候写微博就是一个照片或者一句话。2010年是微博元年，实际上我们知道微博从2009年下半年就开始了，但2010年确实发展得很快，现在是呈爆发式增长。7月17日，互联网信息中心发布了第28次互联网络发展报告统计，它的报告显示，微博从2010年年底的6 311万暴涨到2011年上半年的1.95亿，半年之内新增用户1.31亿人，增长率达208.9%。微博现在的使用率从13.8%提升到40.2%，将近有一半的网民在用微博。所以说，微博发展非常快，给我们带来了几个变化。

第一个，微博的发展进一步改变着我们的传媒生态和舆论引导格局。微博都是自成体系的，它完成了一个从过去单纯的信息接受者，到现在成为了信息发布者和舆论制造者的过程。所以说，我们现在真正进入了一个人人都可以成为记者、人人都可以成为媒体的新时代。大家都知道，现在微博已成为网民收发信息的首选媒体之一，网民爆料的首选媒体也是微博。前些年我们经常讲"有冤没处申找《焦点访谈》"，现在很少有人找《焦点访谈》了，微博发布就可以。这是第一个变化。

第二个变化是微博平台已成为新闻监控和跟踪突发事件的重要来源和集散地。现在重大突发事件的第一手来源基本上都是来自微博，记者们已经习惯起床后就打开微博，寻找新闻线索，根据新闻线索写稿子。因为它图文并茂，有时候到现场也看不到，或者早就结束了。所以微博已经成为重要的新闻来源地。

第三是微博已成为新闻发布和信息传播的主渠道。现在很多人看到微博的重要性，政府部门、企业都开始利用它进行新闻发布、传播信息，微博已成为党和政府与民众交流的新兴渠道，这是我们的一个发展。刚才说中国的网络很厉害，但是微博更厉害。中国的网络和微博与西方不同，西方的网络多谈自己日常的生活起居，而中国的网络、微博都是强烈关注时事、干预社会、问政。2010年以来，微博再次显示了它神奇的力量，现在一些突发事件的预防和运动，舆情危机基本上都跟微博有关，微博已经成为网络的舆论中心。最近两个月来，很多事情基本上都是微博引导的，包括郭美美事件、四川会理县的悬浮照、江苏局长微博开房等。特别是江西宜黄拆迁事件，算是一个非常标志性的事件，微博客的作用发挥到淋漓尽致。

微博现在作为一种全新的信息发布和传播方式，在中国诸多社会领域的应用日益广泛，已成为影响力最大、杀伤力最强的舆论载体，特别是在突发事件的信息传播和广度上有了新的飞跃。在微博时代，单一的新闻、传统的新闻发言制度早就过时了，必须要结合新媒体、引入网络发言人、微博发布，要在社区里工作、运作，才能引导舆论。在这种情况下，就给我们如何进行舆论引导、如何处理突发事件、如何运用新媒体提出了新的挑战。

接下来，我们讲讲中国网络媒体的特点和影响，中国网民都是哪些人，这个网络是怎么构成的。中国网民的构成和特点，据7月北京发布的《第28次互联网发展报告》显示，到2011年6月底，中国的网民达4.85亿，现在手机网民是3.18亿，博客用户3.17亿，微博用户1.96亿。中国的网站数，前年是323万，2010年是191万，都是世界第一。网页的数量，2010年的数字是600亿个，年增长率78.6%。中国的网络是比较特殊的，按照西方的网络发展套路来看，网络主要是生活助手，协助、辅助你的生活。而在中国，网络有两个功能非常发达——新闻功能和舆论功能。第一个是看新闻，第二个就是说话。中国的网络是世界上最大的舆论场，首先它是年轻人的互联网，主体网民非常年轻。2011年的统计数字显示，58.1%的网民都在30岁以下，都是80后。20岁以下的网民占26%，10岁以下的占1.3%，40岁以下的占81.4%。就是说，主体网民还是比较年轻的，属于年轻人。第二个特点就是新闻的互联网，上网看新闻的人比较多。现在74.7%的网民上网看新闻，这个数字在减少，去年是78.2%。尽管现在通过网上看新闻的人少了，但还是一个巨大的数字。74.7%的网民，就是说现在有3.62亿人是通过网络来看新闻，不看报纸。在发达国家，在网上看新闻、不看报纸的只有20%。所以中国要把网站办好，不管怎么办都需要有新闻。第三个特点就是上网发言、发泄。前年的调查数据显示，论坛有130万个，独立页面论坛50多万个。当下，博客用户3.17亿，相当于3.17亿个媒体。在中国，读书就是要关心国家、关心世界，强烈干预这个社会。另外，他们收入不稳定，很多人没钱。我告诉大家一个数字，个人月收入在500块钱以下的网民占19.3%，月收入在500到1 000元以上的网民占12%，月收入在2 000元以下的占62.9%。很多网民都是没钱或者很穷的，他们是网络发帖的主体。所以网民主体的特点就是——年轻，有些文化，生活在城镇，收入不稳定或者没钱。他们处于社会金字塔的底层，但是因为他们读过书、有文化，有强烈的参与愿望，关心国家、关心社会，这是我们从小受到的教育，就要发言；因为没有房子、没有钱，他们觉得社会不公，对涉富、涉腐等等都非常敏感，对社会上的不公平现象深恶痛绝，仇富仇权，心里总想找机会发泄，所以他们很多人往往都是非理性的。对社会上不公平现象的深恶痛绝，就使得政府和企业的信息发布以及表态中的任何失误，往往会成为一呼百应的导火线。

过去，政府和企业的新闻发布是不发布，沉默是金，什么也不说。但是现在国家出台了很多法律，突发事件法、公开透明信息条例等。现在一出现危机，就有人胡说八道、胡言乱语，一句话就是一个危机。这种情况非常多，都是因为网民有怨气，中国网民的这种情绪化。中国的网民发言是世界第一，年轻人对社会不公深恶痛绝，一有机会就要发泄，要发出自己的声音，很容易形成一呼百应，形成强大的舆论场，从而形成舆论风波。它是一把双刃剑，如果没有引导，它向着恶的方向发展很麻烦；引导好以后，它是一个善举，比如说瓮安事件、石首事件。大家都知道瓮安事件，一个女大学生自杀跳水。湖北石首事件，就是一个厨师跳楼，一个简简单单的事件，最后因为政府没有及时发布新闻，然后谣言发酵，很多公众的情绪被引爆，很多跟这个事情没有关系的事件都通过这次事件被发泄出来，形成大规模的群体事件。现在新闻发布和舆论引导的最大任务是什么呢？就是要对网民的情绪进行引导，要化解，用我们的坦诚去化解情绪。或者不让他有情绪，让他的情绪朝着正确的方向驶去，朝向善。这就是舆论引导和新闻媒体应对、网络应对的责任和任务。

第五点，就是国家尊严、民族命运事件。强国论坛就是这么来的。为什么叫强国论坛？当时南斯拉夫炸大使馆事件发生以后，很多网民在网上开始批评政府软弱，外交部不干了，就在人民网开辟一个地方让网友去讨论，强国论坛就出现了。

第六个非常重要，政府应对上的问题。政府在媒体应对和表态上，不少都出现过重大失误。第一个是反应迟缓、沉默是金，表态不及时、不透明，甚至出现了失语现象。陕西华南虎事件就是这样，事发后九天，网民的情绪都被高度激发，讨论得沸沸扬扬的时候，政府才开始介入。云南的躲猫猫事件也是这样，七天之后政府才介入。政府的介入，往往使得事件成为网上的舆情热点，网民的情绪郁积到一定高度，公众仇富仇腐。在这种舆论对政府极为不利的情况下，政府才开始介入，错过了引导舆论的最好时机。第二点就是都出现了不负责任地乱表态现象。政府现在最大的问题就是不会表态，乱说话。要么是一味地否认、辩解；

要么就是胡言乱语、支支吾吾、文过饰非，有的甚至采取过激的措施，打官司或者直接抓记者。这些都是公共舆论事件的导火线和催化剂。现在不少政府媒体应对有个最重要的问题，就是总想大事化小、小事化无，实话不太多。不说实话、不坦诚，成为所有网络公共事件发展演化的逻辑起点。在这个时代，想隐瞒甚至说假话很难，它的成本很高。所以在这种情况下，我们一定要增强网络危机意识，要增强媒体应对和网络应对引导的能力。什么叫危机？它非常符合中国的哲理，危机是由“危险”和“机遇”两个词构成的，危险中有机遇，机遇中有危险。危机中有机遇，是危机的内在含义。美国韦氏词典对“危机”的定义也是变好或者变坏的转折点，这就叫危机。它是互相转换的，是恶化与转化的分水岭。我们的媒体，特别是网络，就是促进危机向哪个方向转化的导航员和催化剂。把媒体引导好了，舆论引导好了，它就向机遇发展；如果引导不好，它就向灾难发展。在网络时代，我们只有懂网、知网和善于用网，才能够化险为夷，才能够化危为机。

现在讲讲在网络时代，新闻发布会舆论引导的策略应该怎么办，提几条对策。总的来说，危机公关有7个原则，但是在网络时代，可能有新的做法。特别是微博出现以后，应对上都有很多变化，但几个基本原则是不变的，只是基本操作不一样。既然舆论事件的形成有一定规律，并且都与网民的参与有关系，我们就应该对症下药，要针对网民的特点来想出一些对策。

第一个肯定是公开透明。要透明，要在第一时间进行表态，才能引导舆论，特别是要让网民看到自己的参与行为得到了尊重，这样才可以避免情绪化的发泄。很多网民只是参与，因为社会地位的原因，他在现实生活中没有发言的机会，所以在网上发言，希望政府对他的意见进行关注。有了尊重感，他就会得到满足。

第二是危机出现以后，要有一个坦诚的态度，要让公众看到一个真诚的、有人情味的、对公众负责任的政府形象，这点非常重要。另外还有几个策略性的东西，比如说为了争取公众和网民更多的信任，避免应对失误引发的不满和误解，我们还要适当地运用一些技巧，比如说第三方原则。它是危机公关新闻发布和舆论引导的重要原则，就是出了事以后，不要一味地自说自话，还得要权威的第三方帮你说话,否则谁也不相信你。因为在危机中,公众追求的是真实和公正,这个真实、公正由谁来实施他最相信呢?第三方。有的时候自己说话没有人相信,特别是危机出现以后。像红十字会,来一个全系统的自纠自查,估计这个结果出来以后也没人会相信。为什么?都是自己弄的。所以说第三方是非常重要的。还有一个是统一口径。实际上,如果大家干这个工作就知道,这是一个必需的过程。如果在问题出现以后,领导都没有一块研讨出现的问题,我们如何统一对外、怎么表态,这样会引起公众更大的猜疑,一把手和二把手可能说的都不一样。出现危机以后,迅速统一口径,然后由发言人集中统一地对外表态,这个是避免危机、化解危机的一个重要途径。统一口径不是骗人,它是一个技巧。另外,还要留有余地。就是不要先否认,不要太绝对,要给自己留点余地。特别是产品问题、信誉问题出现危机以后,不要一下子就把人家封死,说绝对没有这问题。不可能什么问题都没有,一旦公众通过记者调查,发现你有一点点问题,你就失去信任了。还有一个,不要承诺过度。因为有的时候压力太大,领导就喜欢把话说绝,说我们绝对不会有什么问题,又说绝对放心,我们绝对会做到什么。这样的话没人相信你,因为不可能。还有,就是一把手千万不要冲上去充当新闻发言人,冲上第一线回答记者提问。因为第一时间内往往容易错表态,一旦错以后,就没有回旋余地了。所以一般还是第一时间让发言人表态,如果说错了,老总在后面进行纠正,这样比较科学。

另外,为什么要在第一时间抢占舆论先机?大家可能知道,在媒介化社会、网络社会,要想隐瞒一个事件,那是不可能的。所以早说早主动,可以避免谣言。如果封堵消息,在第一时间不说话,或者保持沉默,导致的一个结果就是在关键时刻缺失权威的声音。这样肯定就会有大量的谣言,给谣言以巨大的传播空间,谣言肆意惑众是肯定的。还有一个问题,就是首因效应。首因效应就是说,人的大脑里往往有个规律,特别是在突发事件以后,人的大脑往往会出现真空,社会出现真空,都不知道发生了什么事。这个时候,谁先出来说话,谁就能在公众的大脑中涂上重重的一笔,对他来说就是真理。哪怕是错误的信息烙在他的大脑里,事后要去改变,都是非常难的。纠正的速度远远赶不上首先传播出去的那个信息的速度。因为媒体大致的规律,永远传播负面消息,它比正面消息、辟谣的消息更吸引眼球，传播得更快、更广。特别是在微博时代，都是裂变式传播，互相转发，你都不知道转到哪去了；而且正面的信息很少人转，大家都知道，媒体传播的原则是“狗咬人不是新闻”，一般它传播负面的特别多。所以说，抢第一时间表态就是这个道理。不要事后补救，事后补救有一定的效果，但完全补救很难。

第二点，现在是以微博为代表的新媒体时代，如何抢占舆论先机？我们的原则叫“以快对快，争分夺秒”。微博现在是“秒新闻时代”，就是要快，这样才可能抢占舆论先机。越早介入舆情，就越有利于舆情消退。怎么才能抓先机？什么叫“第一时间”？“第一时间”在不同的媒体环境、媒体生态下是不一样的。比如，“第一时间”在传统媒体时代，就是黄金24小时；但网络出现以后，24小时绝对不够，有些人就提出黄金6小时、黄金4小时。在我看来，黄金4小时是不够的，在网络时代或者微博时代，没有4小时的概念。我们认为越快越好，这样才能够引导舆论。微博时代的新闻，传播不是以小时计，而是以秒计了。公民媒体往往都是一种直播状态，刚刚一发生，网民就把它图文并茂地发到网上。比如说央视大火，是一个标志性事件，基本上跟网上直播是同步的，几分钟以后网上就有图像、有照片了。在这种情况下，6个小时肯定不够，4个小时反应也晚了，因为网民都是情绪化的，往往如果没有正面的帖子进行引导，情绪一发泄，网民就会看不见真相，就开始以键盘作为武器进行战斗了。现在有一个原则，就是越快越好，争分夺秒。哪怕短时间之内没有办法查明事实和原因，也要迅速做出反应，对媒体说话，表明政府的立场和态度。

在危机应对中有一句话用得比较广，是新闻发布和舆论引导的原则，叫“速报事实，慎报原因，再报继续”。迅速报事实，但是因为原因比较复杂，所以慎报原因，第二次再报事情的发展进度。在没有事实的情况下，政府一定要有一个坦诚公正的态度，这比事实更重要。因为现在公民最迫切要求的是政府的态度、政府的立场。所以在没有原因、没有事实的情况下，一定要迅速地表明态度，危机公关最重要的就是态度。

危机公关其实也很简单，就是在第一时间说实话，留个好的态度，有的时候求助于第三方，这就是危机公关的真谛。我们观察了无数的案例，有个好的态度往往就不会有舆论危机；有一个好的态度，舆论危机往往能很快地化解。一个政府能够放低身段，跟公众有一个良性沟通的姿态，危机很快就能化解掉。再比如，发生灾难事件，对人员伤亡表示痛心、表示慰问、表示要给帮助，这个就是政府的态度。出现一个责任事件、渎职事件，政府表示愤慨，表示一定要调查、处理有关人员，政府的态度在第一时间表明之后，可以有效避免很多危机。国内无数的案例也表明，在事发之初，如果当事部门能够及时表明一个很好的态度，很多事情就不会小事化大，最后变得不可收拾。

第二点就是以新对新。现在新媒体特别多，新手段特别多，我们在应对上一定要跟上，也要学会利用新手段，比如微博，要用适当的工具才能跟得上，所以要用网络发言人和微博的方式，要有一个相对应的平台和喇叭才行。以新对新，充分利用新媒体，重视网络发布，因为网络已经成为舆论引导的主战场，所以我们现在一定要重视怎么占领网络。我们过去讲要善于占领舆论制高点，是指传统媒体的制高点，即有影响的报纸、电视，新华社、《人民日报》、中央电视台。这都是我们讲的传统舆论的制高点，包括各个省的主流媒体。但是现在我们处在网络时代，我们还要善于占领网上的舆论制高点。网上的舆论制高点是哪些呢？就是有影响力、辐射力比较大的门户网站、社区，包括博客、微博。大家都知道现在有一句话叫“网来网去”，在网上引爆的东西我们一定要学会在网上把它平息掉。利用传统媒体来化解危机是来不及的，一定要学会网来网去。

现在有几个做法，第一个要设网络发言人。网络发言人的好处很多。第一，发布信息更快捷。使用传统的发布会是来不及的，现在是秒新闻时代。第二，直接面对网民，避免了传统媒体的断章取义和词不达意。第三，可以让网民的参与行动及时得到回应和认可，网民有一种满足感和成就感，从而能增强他们对政府的理解和支持。还有，就是改变了过去的单向传播。过去的新闻发布都是单向的，没法进行沟通；现在可以通过网络进行回应，这样可以增强我们的传播力和渗透力。

第二点，一定要有机构微博或者是官员微博，要把微博作为新闻发布和辟谣、舆论引导的最重要的工具。它有几个好处，第一，它比网络发布更快捷；第二，它是拉近网民距离的一种很好的方式，增强亲和力。悬浮照风波，本来是个坏事,但因为他们敢于承认错误、正视问题、及时纠正,敢于用微博与网民坦诚交流,使局势快速扭转,最后成功地把一个坏事变成好事。很多人把它跟红十字会的危机进行对比,一个天上一个地下。通过这个事件,大家都知道会理县了,现在有很多网民开始结队进行旅游。危机,搞好了是一个机遇,搞不好就是一个麻烦。第三,要重视网络评论。网络评论是配合新闻调控、平息负面言论的重要手段。光有第一时间、网络发言人和微博还不够,还要学会在社区、微博、贴吧、天涯里面进行引导、辟谣、发帖,进行第二次传播,那才有效果。通过在社区发出大量对自己有利的言论,可以挤压负面舆论比例。网络评论要与网络评论员对话,一定要说实话,不能是假的。新闻发布、舆论引导和危机公关,它不是遮羞布,不能因为有问题,我们就提供一个假信息去欺骗人。我们要提供正面的信息,释疑结合。要做到几点,第一,要建立自己的网评员队伍,特别是专业的网评员队伍。跟帖子要有水平,千万不能有水贴。要有水平、有说服力地去发帖子,并且要注意培养自己的网上意见领袖,让他们成为一方领袖以后,在关键时候为政府说话;要组织他们在平时,特别在危机发生以后,或者在敏感事件中,积极跟帖,发表评论、发表文章。这样可以综合和平衡对政府和企业不利的声音,避免出现舆论一边倒。舆论一边倒容易产生"破窗效应",破窗效应就是墙倒众人推,千万不要出现这种行为,这种行为往往就是我们没有注意社区的工作,导致网上的跟帖都是一边倒的批评、质疑和围剿。在社区和跟帖里面,一定要有不同的声音;我们要进行解释,让网民进行思考。

再一个是公开透明。现在光抢第一时间是不够的,还要透明,整体透明。因为越透明,谣言就越少。即使在第一时间里没有控制好舆论,后面加大信息量、加大透明度,还是可以在某种程度上改变这种被动的局面。"非典"就是最好的例子。在"非典"刚开始的时候,我们是封锁消息,然后是辟谣,这样形成了一个对国家严重不利的影响,导致了一个说谎的国家形象。最后政府发现这样不行,于是采取了完全不同的舆论引导策略——快,公开透明,提供快捷的消息。经过一段时间的运作,很大程度上转变了舆论的被动态势,这是公开透明的作用。

第三,坦诚。要在第一时间降低身段,解决大家共同的信任问题,消除共同不满情绪。因为我们过去对媒体的引导没有搞好,说了一些善意的谎言,引起公众对我们的不信任。所以我们现在说什么他们都不相信，在这种情况下，你要先把公众的这种不信任的情绪理顺以后再说话，才有效。在公众的情绪没有理顺之前，你说什么都是白搭，他不相信你。这就是我们经常说的价值层面和事实层面的问题。一定要把公众的情绪扭转以后再说内容。另外，一定要有好的态度。危机公关经常讲的一句话，叫态度决定一切。有一个好的态度，就不会有危机发生。即使有危机以后，也能化解掉。危机出现以后，坦诚的态度是媒体应对最好的策略。

还有就是舆论审判与司法审判不一样。舆论审判更多的是道德审判，它是道德层面的，是猜测、推论，看重的是道德标准，而不是法律标准。因此我们在应对上面千万不要斤斤计较，什么事情都要搞得清清楚楚，关键在于一个非常好的态度。否则打官司虽然是非清楚了，但是形象大打折扣。另外，舆论审判是习惯性地对被告进行有罪推定，认为你有问题，在这种情况下，它不允许你进行解释和举证。因此在处理危机的时候，不要过多地进行辩解、喊冤，或者简单地采取法律措施，要用坦诚的态度来感化人，这点很重要。

要正确对待和回应舆论监督和负面报道，不要与媒体和网络进行抗争。首先，吵架跟辩驳并不能改变你的负面形象，我们在舆论引导中一定要重视这一点。我把这个称之为犯了方向性错误。什么叫方向性错误？比如出现了危机以后，你应该朝正确的方向，结果很多人在处理问题的时候都走向相反的方向。现在负面的东西出来以后，当务之急是要争取广大公众的理解，消除负面形象。怎么才能消除负面形象？有几个诀窍：一定要会做解释和说服工作，才能消除这种影响。要想说服人，一定要心平气和、一定要有根有据，不是谁的嗓门越大越能说服人。有几句话大家要记住，不管是媒体应对，还是我们做人，第一句话，英国哲学家和科学家培根说的，“温和的语言，其力量胜过于雄辩”。就是你要说服人的时候，语言低调、温和一点，更容易说服人。相反，如果你很高调，没人相信你。还有一个，是传播学鼻祖施拉姆说过一句话，最强烈的说法会被人拒绝，而较低程度的说法往往会导致最大的改变。就是说有时候你非常高调、非常强烈的说法，往往会没有利，会把公众赶跑；相反，你低调的说法、谦虚的说法，往往会改变人的看法。第三句是赵启正主任《公共外交和跨文化交流》这本书里的一句话，讲怎么跨文化交流。实际上，对于怎么进行舆论引导、怎么面对网络也非常管用。他说，"交流的艺术，有一个比'理直气壮'更美好的境界，那就是'理直气和'。"他发明了一个词，就是"理直气和"。你表现出来的，一定要是理直气和，娓娓道来。他说，如果理直气壮是你很自信的话，那么理直气和就是你自信，加上你很从容。我们不能因为有道理就气势汹汹、得理不饶人，一定要非常低调、非常温和。在媒体上，有时候显得弱一点、谦虚一点、低调一点，或者值得同情一点，往往会赢得尊重，这是一个制胜的法宝。

传播——改变与创造

时　间：2011年7月26日

地　点：上海交通大学闵行校区新图图书信息大楼8楼

主讲人：何建华

何建华

上海文化广播影视集团副总裁、党委委员。复旦大学工商管理硕士。曾赴澳大利亚做访问学者。高级记者（正高）。曾任上海青年报社记者、新闻部负责人、副刊部副主任、专刊部主任，《青年报》编辑部编辑、副主任，新民晚报社记者、党支部书记、经济部副主任，市委宣传部助理巡视员、新闻出版处副处长、处长，文汇报党委副书记，文汇报副总编辑（主持编辑工作）。

主持人：今天为我们做演讲的嘉宾是上海文广集团的副总裁何建华。何总的职业生涯有一个巨大的转型，从报业转型到广电，他以前是上海《文汇报》的副总编辑，现任上海文广集团的副总裁。文广集团是仅次于央视的中国第二大传媒集团，从资产上面来说是一个影响力非常大的巨无霸。今天他演讲的题目是《传播——改变与创造》。何总有着丰富的从业经验，相信他会为我们带来非常多的精彩，下面我们用热烈的掌声有请何建华总裁。

何建华：在座的未来中国传媒的领袖们，大家有没有思考过，在我们生活的当代，是什么在改变着这个世界？这也是历代哲人一直思考的命题。有人说是科学技术，有人说是教育，有人说是执政者的力量。到底什么在改变着世界？作为传媒人来说，我认为人类社会发展进步，其中传播的力量是改变这个世界不可忽视的一个力量。人类的文明进步史，在我看来就是一部传播发展史。大家纵观历史，人类从懵懂、混沌一步一步走向文明，事实上就是要寻求心灵的一种解放。所以在人类漫长的发展史中，从语言这个最简单的人际沟通的方式，到创造文字，迈入文字传播时代；紧接着由于印刷技术的发明，我们又步入印刷传播；然后随着科学进步，我们进入了电子传播时代；十几年前，人类进入了互联网传播时代。在当下，随着传播技术的不断突破，我们正在进入无线互联传播时代。所以，不要简单地看人类传播，在西方叫communication。由人人传播、口口传播到文字传播，再到印刷和电讯，传播渠道为稀缺资源，掌握在统治阶级以及传播精英手里。现在转向互联传播时代，传播成为一个大众行为。所以，人类发生着极大的变化。

2010年11月15日上海静安的大火事件已经表明，我们正在进入或者说已经进入新的传播时代——无线互联空天传播时代，也就是大家所熟知的大众传播时代。这种大众传播时代在未来3 ~ 5年内，将会改变我们生活的社会和整个世界。这几天“7.23”温州动车相撞事件，其中有一个现象被社会各界所关注，那就是微博的力量。人们说微博对这个世界产生了极大的影响，成为了最快、最真实传播的一股力量。同时，它成为对这个事件中各类疑点进行质疑的一股力量。我听到有评论说，这个事件中微博的力量表明：任何重大突发事件经过包装再传播的时代结束了。这是什么概念呢？就是说原来传播的各种资源、渠道都掌握在执政者或者媒体精英手里的时代结束了。像“7.23”这类重大又事关人民群众利益的突发性事件，由控制传播渠道的人们经过巧妙的包装再进行传播，以此达到某些人的传播意图和目的的时代已经结束了。所以说，传播的力量正在使这个世界变得越来越真实。

在座的各位都知道“传播”，事实上我们传媒人也不过是传播变局中的一股力量。所以我们说，人类的文明进步史随着人类传播格局的变化以及人类传播力量的不断增长，正在发生着革命性的变化。有些学者研究传播，把传播弄得很玄乎，事实上真正意义上的大众传播不过只有100多年的历史。从印刷术产生报纸，到第一次电报发明，在第一次世界大战的时候，才开始有了真正意义上的大众传播。第一次世界大战时期，在欧洲大陆作战的消息，要通过电报发到美洲大陆。战场上生死攸关，人们很关心自己的亲人、孩子，所以从那时候开始有了大众关注的整个世界发生的新闻，同时有了传播人去传播新闻这样的现代大众传播的行为。

随着信息技术的进步，传播正在经历一个巨大的发展，成为推动人类社会进步的革命性力量。从无线电技术的发明，到广播、电视的诞生，这种传播力对这个社会、这个世界的影响越来越大。比特技术的发展在十几年前使互联网进入大众传播的领域，它最早运用在冷战时期的美国和苏联。冷战时期双方要打仗，打仗对军方来说，最核心的是信息的传递，信息传递的真实与否决定了你的战力。古时候用火、鸽哨等，到了现代战争，通讯是联络各种战力的一种关键因素，所以美国军方发明了互联网。但是随着苏联的解体和东欧的巨变，这种冷战思维发生了很大的变化，美国军方就将互联网进入民用和商用。

人类发展到当下，世界的各种政治家、科学家、人文学者都在对人类社会的未来进行畅想。十五六年前，我们都读美国未来学家的书，其中关于信息技术的变革就有未来学者像托夫勒进行畅想。他关于未来趋势的畅想中有两个观点引起了我的关注：一个观点是，互联网进入民间以后将会把这个世界变成地球村。为什么这么说呢？因为地球很大，又很小。说它很大，主要体现在物理空间概念上。说地球小则主要是从精神层面上考量的。成为一个地球村核心的是心灵。人类生活在这个地球村里，心灵的距离要非常近，而互联网就达到了这个目标。现在随着互联技术的发展，是非常简单的，现在手机都有这个功能，远在世界各地说我想看你一下，你就在我的面前微笑了。所以说现在的交流中，心灵的距离非常近。各种各样的网上交流工具都很发达，包括社区网，所以变成了地球村。第二个观点，托夫勒说：人人都可以成为新闻记者。这个观点使我感到很纳闷，为什么未来学家在畅想未来的时候没有说，人人都可以成为医生、律师、教授，只是说人人都可以成为新闻记者？这样说也就是证明记者只是近现代人类职业链条中的一个环节，人人都能成为记者，那么这个职业是不值钱的。当时我觉得这个说法很荒诞，因为我是当记者的，如果说这个饭碗是人人都可以端的，那它还是饭碗吗？就不是饭碗了。我对这两个观点记忆很深。

1997年，我们市委宣传部当时组织所谓的跨世纪干部。那时候要迎接新的千禧年，就派一些中青年人到澳大利亚去进修。当时给我一个课题：研究互联网对政府公务和远程医疗发挥什么作用。在那里我记得三件事情，回来后写了心得体会。

第一件事，当时的美国总统、美国历史上最年轻英俊的克林顿总统说了一个观点：我们美国人现在征服世界不需要靠武力，我们输出我们的价值观和我们的制度优势，不需要依靠武力。为什么？因为我们有了互联网，有了比尔·盖茨，我们可以借助互联网把美国的价值观和美国吸引他国及其人民的力量传输出去。他的这番话说了以后，世界为之震惊，互联网有这么大的力量？人们还不相信。因为当时互联网才刚刚进入民用，但是这位仁兄以自己的实践证明了他的观点。克林顿这个话说了没有多久，他和莱温斯基的性丑闻就爆发了。爆发以后，有一个作家花了七天写了一部12万字的白宫性丑闻。这个作家听到克林顿不是说互联网传播力很强吗？他就把文章传到网上了。一上网，一夜之间克林顿的白宫性丑闻就传遍了世界。因为互联网是一个通道，通道要有内容，而克林顿和莱温斯基的白宫性丑闻是多么好的内容，一瞬间征服世界，所以传播力很大。如果说你要印在报纸上，印在*New York Times*上面，图文并茂要印20万字，得印多少版？而且报纸的传播和派发是有区域限制的，不可能派发到世界各地，就是用广播、电视也只能是局部传播，当时的卫星电视也没有那么发达。

第二件事，当年发生了特别惨烈的印度尼西亚排华事件。我在澳洲半年多的时间里，把关于印尼人文发展历史的20多部盒带片看完了，觉得印度尼西亚这个国家很奇怪。这个国家是以伊斯兰教为主，华人占他们总人口的8%，但他们是人口大国，8%的华人在实际数量上也不少。印尼有七百万左右的华侨，而且在这里的华人都是第四、第五代了。但是印度尼西亚毕竟也是他人的家园，所以每当政治不稳、政治动荡的时候，印尼的政客们就自然而然地把社会危机的怒火转嫁到华人身上，而且每次都是这样。为什么呢？因为华人勤劳、节俭、敛财，8%的华人占有了他们85%的财富，一旦社会动乱，政客们就会说是华人掠夺了他们、剥削了他们，煽起种族仇视。所以那一年发生了极为惨烈的烧杀抢掠华人的事件。当时印尼政府严厉地封锁消息，印度尼西亚的华人没有办法，幸好当时有互联网，华人就用e-mail点对点地把排华事件的文字、图片传给亲友，经过五个月的艰难传输才使这个事件大白于天下。

第三件事就是九十年代，当时的东南亚金融危机。从来没有人想到过财富能在一夜之间都被抽走。事实上，现在的金融大鳄早已将互联网作为一个金融结算的工具潜伏进来，当你涨到一定的时候，他“唰”的一下就把你的财富拿走了。

这三件事情使我们感到：一、互联网是一个传播工具，是一个大众传播的工具。二、它是一个信息沟通的工具。三、它是一个金融结算的工具。所以从那时起,互联网就成为人们连接这个世界的一个强有力的工具。

微博的诞生,也有说是微博革命的,使我们进入了“个媒体时代”。所谓的个媒体时代也就是人人成为新闻记者、传播的介质大众化的时代。所以整个的传播由原来单一的纵向传播向横向传播扩展。所谓的纵向传播说起来是很简单的概念,就是原来的传播渠道都是金字塔形的,是掌握在执政者和传播精英手里的。现在进入微博时代,使横向传播成为可能。另外由原来的单向传输向互动转变,由有线传播向无线传播在进行扩展。

现在的传播格局正在进入全媒体的时代,传播的行为随着技术的发展已经进入了以数字化编码、网络化、高清技术、多媒体平台为主要手段的一个传播行为。传播的方式也不再是单一媒体,而是以多媒体,跨时空、可交互的方式在传播。

从内容消费的角度看,因为人类的传播行为无非是朝着越来越方便、价格越来越便宜、越来越可参与的方向发展,同时现在的受众也变成了传播者。所以媒介提供的内容要便捷、价廉、互动性强。现在有个词很火红,叫“云计算”。所谓的云计算,事实上是一个很简单的概念,就是人类互联技术得到了无限的突破。而所谓无线互联技术则使人类在快速运动中稳定的、超大容量的信息传输成为可能。比如我这个手机,在三年前要说传一张照片,肯定是收不下的,更不要说接收一个图文并茂的“新华手机报”了。你坐在汽车里或者在运动中想看电视,那更是不可能。但是现在随着传播技术的发展,无线互联已经使这一切成为可能。超稳定、大剂量、跨时空的无线互联技术得到突破。这个技术得到突破以后,事实上就是说通过无线互联,全球的计算机终端都可以进行连接,连接以后,我们人类、全球都变成一个硕大无比的计算机。这样一来,就使我们的知识、我们的计算在一台计算机里可以无限地储存。你所需要的知识、信息都可以集中在这台计算机里,这台计算机存储的东西形象地说就像空中漂浮在头顶的那片云,只要点一个关键词,它就可以“唰”的一下像下暴雨一样进入你的个人终端,所以使云计算、云传播成为可能。信息传到卫星再传到基站,这样往复就把整个地球覆盖在信息的传播之中。无线传输覆盖、高速瞬间下载目前已经可以达到,这样一来使传播的渠道更加多元可选。

进入个人终端服务时代，关于这个方面的畅想是很多的，而这在美国的实验室里早就完成了。但是有一次我在接待美国微软的技术总裁、业务总裁和客户服务总裁三大核心总裁时，他们说技术上早已完成，但没有大量进入商用，接下来3年到5年之内将会大量地进入商用。云计算、空天传播进入商用将会极大地改变人类，也就是说有线互联网用15年改变了这个世界，无线互通的网络用3年到5年就会把我们的世界再次改变。事实上无线互联在去年开始已经进入商用，它有几个核心的元素正在突破：一个突破是计算机产业整合资源、打通产业链，整合最成功的是苹果公司，它把终端、内容和网管都整合在一起，现在市场上的ipad、iphone都挣了很多钱。诺基亚现在也要整合了，为什么呢？单一的终端制造商赚不到什么钱，这是第一。第二，现在他们在讨论无线互联的商业运营模式和社会责任。人类将会面临信息爆炸的时代，信息爆炸意味着你的垃圾信息也爆炸，这对人类到底是福音还是灾难，他们现在也看不清，这都是未来几年内发生的变化。

同时，意识形态的格局也在发生着变化。现在往往有两个舆论场，一个是所谓的官方舆论场，一个是所谓的民间舆论场。这两个舆论场在一个共同的事情上往往会发生冲撞、发生磨合。比如前不久的郭美美炫富事件，就有两个舆论场，而且非常强烈。官方舆论场说：红十字会是代表社会公益的，一切都是依法经营，没有坑害大众的利益，做的都是善事。公众就说：由郭美美炫富看，这个公益里是不是存在猫腻？有很多的质疑。这种事件是非常之多的。另外一个是多元文化价值。广大的公众，也就是我们的受众，原来他所拥有的权利只是服从，当然他也可以质疑，但是你说的他只能听，绝大多数都是芸芸众生。特别是在我们国家，他都是很信任媒体的，基本上都是服从者。但是现在你说的是不是这样，我要思考一下，更多的要参与，要跟你讨论一下。还有一点，原来在单向的传播时代，公众是执行，现在也要进行创造。所以多元化、分众化、立体化的特征使文化价值呈现一个多元的选择。

这种舆论格局的变化使我们国家的新舆论场呈现出一种新的模式。我们国家网民的增加速度非常快，据最新统计，截至2011年4月底，我国网民规模已达4.83亿，事实上现在这个数据可能又要刷新了。互联网普及率达到36%，超过了美国和日本的总和。并且向更广泛的年龄段，低收入群体和农村居民延伸。新闻的、娱乐的功能日益凸显，日益成为公民参与公众事务的平台。这一点在这些年来是非常醒目的，比如原来的孙志刚案，还有这次的7.23事件也是，就成为公民参与公共事务的平台。现在的重大突发性事件有几个重要的特征：

第一个特征：原创。有原创性，有趣、好玩，有娱乐元素。第二个特征：触动了中国社会广大公众普遍关注的最敏感的神经。不触动社会敏感神经也不会有传播效应。比如中石油天价酒。现在石油涨价，中石油的一个公司买茅台酒，正好茅台酒又在拍卖，炒作得价钱很高，这个就是中国社会最敏感的神经。第三个基本特征：每当遇到社会重大的群体性事件，你都要出来应对，如果不出来应对，对事件的责任主体会构成负面影响。千万不能随它去，为什么？这是一个传播时代，一定要澄清、要平衡、要说服。第四个概念：新闻发言人就是与媒体打交道，来回应公众关切的公共事务管理者。如果应对得不及时、不公正、不有效，往往会对自身造成伤害。铁道部这个发言人我注意观察过，他很紧张，他说错一句话、或者说错一个观点，就有可能遭到伤害。再一个，现在舆论场的形成，往往都是由传统媒体到互联网，或者由互联网到互联网来进行发酵。以前我们办报的时候有一个规定：绝对不能引用网上的消息。这也不过是三四年前的事情，哪个记者引用网上消息的话，查出来要扣奖金。现在不是了，现在传统媒体都在说：网民怎么说，哪个网怎么说，所以这样网络也成为一个舆论场。由于互联网是真假莫辨、什么都可以传播的这样一个载体，所以传统媒体往往变成了互联网新闻信息或者观点的一个求证者，这是一个基本特点。另外互联网和互联网之间发酵，新闻跟帖、传导、发酵、聚集、放大形成蝴蝶效应，把这个舆论越搞越大，所以形成了新的舆论场。

我国互联网的公众舆论的特点现在也是比较鲜明的：一、网民的言论真实程度还是比较高，对政治类话题关注比较高，这都是专家的一些观察。二、追求公平、公正始终是网上舆论的主线。另外，网上舆论相互传导，传统媒体与互联网，专家、意见领袖与普通网民，境内境外，网上网下几对力量融合、放大、升级，形成了我们公众舆论的基本特点。这里的案例是非常之多的，我就不一一列举了。

回顾了传播的变化，我们说传播正在改变我们所生存的这个世界。同时，传播也在塑造新的政治、经济、文化形态。首先，无线互联网的传播构成了一个虚拟的生存空间，现在虚拟社会空间为很多青年人所热衷，他们生活在虚拟的社会里，编织着自己一个虚拟的共同体，并且享用着虚拟的全球文化，虚拟的生存空间成为一种可能。

商业运营模式也是不断地被创造，网络营销现在很热门，各种网络营销网很多，砸钱砸得很厉害，并且确实增长得也很快。虚拟经济很大，现在的虚拟经济，比如金融，我看过一个数据，作为一种虚拟经济的手段，金融构成的虚拟经济已经超过实体经济的三倍。所以两年多前，华尔街的危机是全球次贷引起的危机，使华尔街的神话破灭。现在说要振兴华尔街，这很难，是一个专门的课题。另外网络创富的案例也很多，像东方财富网，是我一个同学办的，这就是一个炒股的信息网络平台，他做到创业板上市，所以使他的财富增长了以千倍计算，这都是一些创富神话。

另外，传播正在创造新的视觉娱乐体验。进入新的传播时代，我们由读图时代进入了影像时代，现在正在进入现场体验时代。所谓读图，就是文字和图像阶段，纸媒传播时代。影像，现在是音视频时代，电视成为影响人们生活的力量。现在随着无线互联进入，大众都来参与你的视觉娱乐体验，比如最近东方卫视很红火的达人秀就是经典案例。现在进入无线互联时代以后，有一个最基本的特征就是广大受众现场体验时代即将来临。

群体聚合平台也是一个趋势，现在的传播变成了一个社会政治行为。我曾经研究过一些案例，比如：微博拯救被拐儿童，北京一个学法律的教授通过微博拯救被拐儿童。这个就是传播力介入了社会公共生活，这个意义是很大的。所以像11.15和这次的7.23事件，公众的广泛参与，特别是在这种重大公共事件里的公众广泛参与，对党的执政方式、执政行为、执政理念都会产生影响。再一个，传播的介质可以同时对社会进行动员，对不同的群体进行组织。所以在web2.0、web3.0这样的技术前提下，人类沟通到底还会演绎出什么样的形式，这个拭目以待。毋庸置疑，我们正在面临一个传播的变局，这种传播的变局对我们传媒人来说正在改变着传播的路径、传播的方式、传播的形态和传播的影响力，同时也在改变社会的生态。在这样的信息社会和传播时代，在座的各位作为中国未来的传媒领袖，在这样的时代到底怎样生存？这个是我们面临的不得不思考的命题。当无线互联技术不断地进行突破，人类进入空天传播时代，这到底是福音还是灾难？我们作为生活在当下的一代人，事实上我们是不能摆脱传播给我们带来的影响的。所以活在当下世界里，面对媒介化的现实，做出怎样的选择是一个难题。因为这个世界太繁杂、变化太快、信息太多，作为一个生命个体，来抗衡这个纷繁复杂、变化纷纭的大千世界是一件非常痛苦的事情。传播现在几乎是控制着每个人的情感、知识和感觉，所以在媒介化现实下，你到底做什么选择？是做一个清醒者还是做一个浑浑噩噩的人？我认为应该做一个清醒者，不为各种复杂的现象、事件、观点所左右、所烦躁。另外，是做一个独立的观察者和思考者，还是做一个从众行为的顺从者？事实上还是要保持一种独立的精神，不能从众、人云亦云。整天在舆论场中恍惚，那就几乎没有办法在这个社会生存。

因为你们是学传媒的，在座绝大部分是要进入这个领域来从事人类的传播事业。我感到传播事业不能漠视"责任"二字，这个不是大话。我跟国外业界的人交流，他们也都非常强调作为传播者的社会责任。因为传播者对信息、知识、观点、理念的传播肯定是会影响他人、影响社会的。每一个有良心的人，他对我们人类的美好、未来都应该有些责任，而不是混沌、轻狂乃至于破坏。责任的担当是我们应有的取向。所以媒体的发展趋势，事实上对我们传媒人提出了一些期许和要求。

现在传播技术的发展带来的传播的变局和突飞猛进的发展。这种变局以高新技术为支撑，以无线互联网为基本特征，整个的传播时代是进入了全媒体时代。在这样的时代里，我们的受众在改变着，而改变更多、更大的是我们传媒人。所以在人类传播技术飞速发展、传播变局发生极大变化的当今，选择做一个传媒人，这是对自我下的一道战书，是非常困难的一个选择。我相信，在座的各位作为中国未来的传媒领袖都会清醒地认识传播的变局，拓展自己的能力，在你们当中将会诞生未来的传媒领袖！谢谢大家！

嘉宾：互联网传播的发达会不会让社会大众的敏感神经越来越难以触动，造成新闻价值判断标准的偏移？如果有的话，这个价值标准会发生怎样的偏移？

何建华： 这是一个专门的研究课题，也就是说在公众广泛参与互联网传播的时代到底如何来看待最后舆论场的统一。照我个人的观察认为，从任何舆论场的发酵到蝴蝶效应，在这个过程中，还是要相信广大公众的判断力和社会的良心。不能认为整个社会都是负面的，或者都是走到不可收拾的程度，那么人类就完了。当然其中最不容忽视的是我们传媒人的责任。所以我们传媒人在纷繁复杂的社会舆论场中，应该起一些主导作用。在公众和政府之间，传媒人实际上起到一个桥梁的作用，成为一个润滑、发酵的平台。所以针对这个问题，我们首先应该相信公众，再一个传媒人也应该发挥作用。

嘉宾： 您提到在全媒体的时代，媒介要转型，能否为我们介绍一下东方卫视都做了哪些转型的工作？

何建华： 说到电视转型，不仅限于东方卫视。随着音视频进入电脑，到现在更是进入手机屏，我们已经处于多屏共存的时代。这时候，电视台的转型就是内容制造者的转型。内容制造者生产的内容要能适应多屏时代。我去年去德国电视2台访问，他们那边就没那么浮躁，那边分工很清楚：渠道是由渠道商做的，电视2台核心是做内容，他们做的内容不单单能上电视，也能上电脑屏幕，同时还能上手机屏幕。所以任何电视台的转型估计都要朝这个方向发展。因为我们是专业的内容生产者，虽然手机制造商可能也会打造内容，但是他们估计是做不过我们专业团队的，这点我们要认识到。多屏共存技术的拓展对电视人来说是提供了更大的空间，我们东方卫视在朝这个方面发展，也就是适应多屏共存时代。

网络舆情与突发公共事件危机管理

时　间：2011年7月23日

地　点：上海交通大学闵行校区新图图书信息大楼8楼

主讲人：谢海光

谢海光

上海市网宣办副主任，上海市网络文化协会副会长，国家网络文化建设标准化委员会委员。上海交通大学教授，研究生导师。兼任上海市信息服务业行业协会副会长，中国心理卫生协会大学生专业委员会常务理事，上海高校心理咨询协会顾问，上海市演讲学研究会顾问。曾任上海交通大学党委委员、党委宣传部部长、新闻中心主任。

主持人：今天我们邀请的嘉宾是上海网宣办的谢海光副主任。谢主任原来是上海交大的教授，在互联网的研究方面卓有成效。前两年他完成了从一个学者到官员的华丽转身。虽然他已经是政府高官了，但是他仍然没有放弃学术研究领域，有大量的学术研究成果问世，而且在国内外都产生了比较大的影响。下面欢迎谢主任为我们做精彩演讲！

谢海光：各位同学好！非常高兴有机会参加今天的上海教委暑期学校。我们今天的话题是"网络舆情与突发公共事件危机管理"。

我想跟大家讲三个方面的问题。第一个是现状。现状的视角，我们叫生态与价值。第二个是趋势，我们会以讨论的模式来跟大家分享。第三个，我们会说愿望，或者愿景。

第一个就是现状。我的视角是什么呢？是生态与维度。生态是指社会的生态，又指传媒的生态，也指我们在座同学特别关心的这种生态。我们从生态这种形态当中再来透视它的价值。从生态上来讲，互联网大家太熟悉了。到今天为止，我们可以用五个特征来概括它，就是发展快、影响大、内涵全、潜力强、成长实。在这个基础上，它的价值我们可以理解有这样五个方面。

一个特征是平台化。同学们一定注意到我们整个互联网的发展，它的影响力首先在于它的形态是平台化的。其实大家都知道一个数据的变化，五年前，新浪的市值还是腾讯的三倍,之前是五倍,再之前是十倍。然而五年以后发生了一个戏剧性的变化,两者发展曲线产生了变化。这个变化是一个剪刀叉,正好有个交接以后开始朝两个方向走。不是说新浪没发展,它依然按照原来的节奏在发展,可能它的斜率是15%,是稳健地成长。但是腾讯以60%、70%以上这样一个很陡的斜率在成长。其中非常重要的原因是它平台的价值在进一步地作贡献。

第二个特征是聚成化。大家一定注意到微博的发展,而且很多同学还会注意到微博一直在发展,但其实在微博的发展过程中,它已经发生了裂变、发生了第二阶段的跃迁。不知道在座的同学们注意到没有,一年前说微博的时候,我们比较多的一种评价,还说它是碎片化的。因为有的同志批评微博,说它形成不了话语、形成不了概念、形成不了足够的理论穿透力,所以它是碎片的、是个别的,到今天为止有些人还在说。半年前我就不同意这个观点,我说碎片化是你用传统的互联网跟传统的单文本模式来理解它意义的时候,你看到的是碎片化。其实微博当时出现的时候,样式就不是单文本的。微博的意义恰恰在于我说、你说,你转、你传等等,它一定是在一组当中形成一个语群、语境,形成一团这种概念的时候再变成它特定的意义跟价值。所以这样的一种微博,它的价值跟以前单文本的价值是不一样的。单文本的价值是异在的,它不是黏合在一起的。微博一旦成为价值,其中非常重要的一点,这个过程你是参与的,这就已经超越了一般意义上的认同。这还是半年前,我已经不同意所谓碎片化的理解。今天,它的聚合到了这种阶段,新浪已经号称所谓的轻微博,不知道大家注意到了没有。这其实是微博发展的一个新的阶段,至于怎么去定义它,这并不重要。它的意思是什么?我刚才说,大家注意到了这样一个变化,这个变化就是聚成的强度、聚集力,在微博这个历史阶段当中有了一次跃迁。这个跃迁的特征就是它进一步用实际的方式而不是理论,将微博以前所有的传播形态着着实实地全部收录当中。我相信这个体验跟你的体验肯定是一样的。大家原来理解的微博就是一句话,它只能发140字,你说一句我说一句。现在是在它三五个字的下面可以把整篇的新闻、声音、视频甚至电影贴在下面。请注意,这不是一般意义上讲的变异,当然技术永远是给变异作为导向的。但是最重要的它不是变异,而是一个形态倒过来的覆盖。这是一个形态真正的成熟,是一个形态作为一个新平台、一个新一代传播的主要平台这样一个标志，对前面所有的东西做了一个整体的包装，打包以后最终全部变成它的东西。微博的美妙之处在于它已经成熟到这个阶段，将在微博前的所有形态全部聚集到它的麾下，把所有的传播形态纳入其中。我们讲微博差不多就在讲新浪，其次是腾讯。如果仅仅停留在这个角度去理解微博，这是错误的，是形而上学的。如果我们自己的网站也这样理解，那更加是致命的。因此所有的网站都必须正确对待微博的发展。

说到互联网的发展，我知道在座都是专家，而且很多人都是原住民，我们也许算移民。但是我们仍然要很简单地回顾一下互联网整个历程。因为只有理解它的历程，你才会找到我们发展的原点，才会找到我们发展的未来。

互联网的起步，我们大部分的学界跟业界都公认，1994年10月20日，中国跟美国签订了一份协议，这个协议是什么？规定中国从北京跟上海两个地方拉两条专线接到美国邮电总局，通过美国邮电总局进入国际互联网。这是个意义非凡的日子。1994年到2002年是第一个开端，称为传统互联网，只提供主要功能即浏览和下载。我们仍然把它差不多当成一个传统媒体，只不过你一天突然看到不是一张报纸，它把一百张报纸全部整合在一起，把所有的都整合在一起，它是这样的。

第二个阶段2002年开始，2002年有一个东西是作为它的躯壳的，这个躯壳是什么呢？在国外我们把它叫做网志，2002从国外翻译过来，后来把它翻译成为博客，请注意“博”是文博的博，博雅的博，博大的博，宽博的博，这是有中华文化之精髓的；而“客”恰如其分揭示了第二代互联网的特征。因为有客有主，两个以上就构成了多元。“客”所揭示的是一种社会关系，一种多元的、互相尊重的、分享的内涵，在这个字当中做了深深的隐喻，非常重要。这使得所有互联网的发展更加精彩丰富，有全世界的人参与。于是认同就变得更有意义、更有价值，认同是我们传播所追求的意义。

第三代互联网从2008年开始，为什么我们划代划到2008年？ 2008年下半年有一个东西跃然之上，这件事情到底是什么东西？偷菜。偷菜是人的情怀的一种互联网技术表达，是愿望与被愿望，追求与被追求，敬仰与被敬仰，关怀与被关怀，希望与被希望这样一种浸透了共享、分享和渴望的一种心境。而开心网的平台正好恰如其分地对这种心境做了表达。所以我们刚才说到聚成，开心网是哪一种聚成？是心情的聚成，美国的Facebook比开心稍稍强一点，它除了心情聚成以外，它是真实人际交往的一种聚成。Facebook它最重要的核心是实名，它的价值正好也在那里。人们除了虚拟化的表达以外，其实更持久、更长久的是希望是一种实在的联络沟通的一种便利跟聚成。从这个意义上讲，开心网仅仅做到了心情的聚成，而Facebook它除了聚集心情以外，它是聚集直接的、深刻的、真实的这样的一种人际关系。所以这个第二代到第三代的跨越，跨越的区别在哪里？就是有更多的实际的、心情的、生活的，这样的一种互动的、直接的模拟生活的社会结构。以它作为代表，微博出现了，视频网站、社交网站更加发达，还有移动互联网。所有这些可合为两大板块，一个板块是以微博为代表的第三代互联网，是一种内容模式；还有一个是以移动互联网为代表的平台化的模式。那么第二代的时候我们这里说有两个特征，叫UGC（用户创造内容）跟SNS。第三代在两个特征以外又增加了三个特征，就是更加垂直简约的，到位的，这个我都不展开了。

今天互联网的人数是4.85亿，按最新数据，从覆盖率角度来看，前五名的网站有：百度、腾讯、淘宝、新浪、优酷。以生态和价值来说，百度其实是搜索引擎，就是一个聚合平台，把新闻、人气、观点、思想等聚合在一起，这样小网站的意义就和大网站一样，和主流媒体的价值也一样。QQ是什么？它像一个巨大的航空母舰，现在好多人甚至说就怕被QQ、被腾讯惦记，因为一惦记这个行业就是腾讯的。为什么呢？本质上它是一个有非常社区化、平台化、聚合化的力量，它聚成能力超强，所以它的价值所在也是我们琢磨的方向。你再看它除了人气以外，它有很长的、很全的产品线，通讯、新闻、社交网络、微博等等，它都有。第三，淘宝。淘宝电子商务它完全是社区化、生活化的东西。第四，新浪也拥有全部的全部。第五，优酷。

刚才讲的是整个网站，从社交这个系列来看，排在前五位的大概是这样：QQ空间，腾讯朋友、人人网、新浪微博、开心网。从中我们会进一步看到当中发展的意义。看了这些互联网发展的特征以后，我们要记住哪一些最核心的东西？

第一，微博。2011年是微博元年，这一年微博发展极快，其中一个重要变化是它的聚合程度势不可挡，是全方位、平民化、圈群化、个性化、随性化和自发化的，是第三代所具有的精神。原来传播是一个过程，现在微博出现，传播就是此刻、当下。在现实生活中，朋友和同学是我们最关注的人，因为他们占到我们社交的61.5%。从圈群化来讲，朋友、业内人士占到88.9%。因为他的圈群和个性，给我们传播带来了启示，包括整个传播模式的调整，其实都有太多个性化，可以随时表达自己的观点、共同讨论热点话题、了解最新资讯，这三个方面是大家最关注的。

第二，Android，我们为什么把Angel放在第二个重要关键词，因为2010年开始的3G的新时代，今天我们公布的手机网民数是3.1亿，手机保有量8亿。大概明年手机互联网用户跟传统互联网的数字更接近了。另外我再告诉大家一个数字，你知道大学生的统计数字吗？上海有一个统计，去年开始大学生上网的路口，第一路口80%是手机，今年这个数字可能还会大。其实从我们研究传播的人来讲，这些都是重要的变化。所以我们说Android，其实主要是移动互联网的一种价值。

第三个概念就是iPad，iPad一直奔出来，到上个礼拜成为百度、成为全国大家都关注的一个热词，哪一个热词呢？有一个学校的老师甩出一句狠话：没有iPad的人咱不教。这个老师说话未免有些过分，但是我们看到是一个趋势。iPad，它的关键词是开放平台、电子书、应用商店、平板。应用商店真的很厉害，Application store，就是我们在座的所有同学都可以在它的开放带源基础上，设计各种各样的东西，所以开发者趋之若鹜。那么现在Application store里面应用有多少呢？ 40万种以上的软件，或者说40万种以上的互联网功能。

第四，iphone4。iphone4不是简单的一个手机，它是智能手机的代表，再下去其实无论是智能手机、移动互联网平台，跟固定的电脑，它其实已经没变化了。正因为没有变化，同学们更加要注意传播形态的融合程度。

第五，最重要的关键词云。没有云就没有下一代互联网的发展以及所有的传播工具和传媒工具。云把方便让给终端，让给老百姓。因为存储无边界，计算无穷尽，因此互联网所有的限制就没有了，后面的限制就是智慧的本身，你的智慧的边界多少决定了你拥有世界资源和传媒力量的多少。

第二点讲趋势。趋势我用的关键词叫技术与社会。技术与社会有三个维度，第一个维度叫技术，第二个维度叫形态，第三个维度叫文化。从技术形态角度做一个梳理，就传播角度而言，互联网发展有这样几个特征：第一叫主媒化、自主化，互联网作为主流媒体的边界就是汶川地震和奥运会。这两件事情是互联网作为独立、独行的媒体的开端，它以自己媒体的特征和广播、电视、报纸区别开来。在汶川地震中，互联网做了报纸和广播、电视都做不到的一件事，我们救援物资要空投，移动互联网可以提供定位更精确的救援地点。第二个叫自主化。交付化、融合化、视频化、移动化、产业化、创新化，这个大家都可以概括。从形态这个维度来看，我们要从表面上习得如何把握微博、无线、平台、社交、视频。从传播的文化意义上来讲，只有把握一种提炼之后的技术、文化，才可能在下个阶段的传播中更加自觉，在交流、共存、共生、共变中了解多元文化的精神，就再也不会以傲慢者的口吻对待受众。我们有自己的立场，特立独行的、宽厚的、包容的立场，这是一定共存的。传媒最后的目标如果不是有利于健康的发展，而是要把它消灭的话，那么这个出发点和理念是有问题的，你的听众、受众和支持者也不会很多。胡锦涛总书记说，互联网已经是文化信息的集散地和舆论的放大镜，互联网的发展关系到党和国家的执政基础。

刚才比较多的是从技术的角度。我们再看一下当下基于网络传播的近期发生的部分突发公共事件。我们来关注一下社会。近三个月来部分突发公共事件具有以下特征。第一，矛盾比较尖锐，一定要面对社会问题才能对此做好判断。

第二，难点低、触点多；第三，影响广泛；第四，心态比较焦躁。

从网络舆情这个角度去看，传播又呈现出新的特点：第一更加快速，特点是发端于网络，盛传于微博，持续暴热于媒体。这是一个新的重要特点，其实半年前也有微博，但是现在微博在各种各样事件传播当中的第一影响力角色越来越明显。很多事情都这样，郭美美事件大家都知道，到今天还没有平息，这就是典型的网络、微博跟媒体这样跟进互动的结果。第二，多元叠加的特点，社会、传统媒体、网络，多元叠加。第三，知名商业网站门户的放大。一般性的传统媒体突发事件的负面报道，商业网站总是积极转载。因为老百姓有知情权、参与权，也有监督权和评价权等等。从这个角度来讲，商业网站起到了一些满足作用，但反过来也使传播更加复杂、更加激烈。第四，境外敌对势力的蛊惑。这一点很重要，境外一些媒体总是希望我们出现各种各样的问题。

第三方面叫愿景，之前两个说的是现状和趋势，第三个话题是愿景。愿景叫传播创新与社会创新。这个话题我们主要从网络舆情及突发事件处置的基本方法，从社会创新和传播创新相关性的角度来说明。人民网、新华网是我们国家的重要网站，这两个网站上都有一个应对网络舆情能力排行榜，某种意义上讲就是我们网络传播的影响力以及相关响应跟处置的办法。

我们最后来看一下处理网络舆情的九项原则。第一个是快速，快速的核心是快报事实、慎报原因、实事求是、依法做事。从传播意义上来讲就是“黄金三小时”。基于舆情的突发公共事件，第一个要素就是快速，如果不快速，媒体的价值会恶化，社会的价值也会恶化。第二个原则是公开。公开从传播意义上来讲，我们要及时、准确地公开信息，透明事实、理清要素，这是我们处理突发公共事件的原则。第三点是清明，清明的事情非常重要，就是我们要诚心诚意、设身处地、宽容厚爱、谦虚礼让，从这个角度来更好地做好相关工作。快速、公开、清明，这些都是我们进一步做好相关工作的重要理念。由于时间关系我先给大家汇报到这里，还有六点想法，我会留一个大纲给大家做一些参考。今天非常高兴跟大家分享，我看到了新一代研究生、新一代大学生的精神面貌，使我们有信心期待更加和谐的社会将会在我们这一代年轻的大学生当中诞生、成长、卓越、升华。

航美传媒的多元化战略

时　间：2011年7月26日

地　点：上海交通大学闵行校区新图图书信息大楼8楼

主讲人：郭曼

郭曼

航美传媒创始人、董事会主席和首席执行官。他带领航美传媒以闪电般速度整合了9家航空公司和52家主要机场电视等媒体资源，创造性地开辟出户外媒体新“蓝海”——中国航空数字媒体网，立体、精准地覆盖了全国航空旅客87%以上，构筑了影响中国高端人群的全新传播网络平台。荣获“2005-2006年度中国最具影响力媒体人物”、“2006中国广告新媒体突出贡献人物”和“2007新传媒·传媒创意产业十大领军人物”等荣誉称号。

主持人：今天我们邀请的嘉宾是航美传媒集团的创始人、董事会主席、首席执行官郭曼。大家只要坐飞机，无论到哪个机场、坐哪趟航班，你们的座位上方都会有一个液晶屏，它们不是东航、国航、或者是南航生产的，而全部出自郭总的航美集团。航美集团是纳斯达克的上市公司，郭总在几年间带领航美传媒创造性地开辟出一个户外传媒的新蓝海——中国航空数字传媒网，立体、精确地覆盖了全国航空旅客87%以上，构筑了影响中国高端人群的全新传媒网络平台。下面我们用热烈的掌声有请郭总！

郭曼：今天我想站在航美传媒的角度，就我多年来的实践经历与大家分享一下。我演讲的题目是航美传媒的多元化战略。我们的多元化是在传媒体系之内，专业化下面的一个多元化。航美传媒从成立到现在一共经历过5次比较大的，可以称之为战略化的选择。在这里，我以自己创业的经历，结合航美传媒的发展，阐述一下这5次战略选择和它们的历史背景，跟大家做一个沟通。

航美传媒正式成立是在2005年11月，总部在北京，现在有员工将近800人。航美传媒目前的定位是中国航空数字媒体专业的营运商，实际上目前航美传媒已发展成为中国第二大户外传媒集团。我们现在经营的媒体平台包括全国50多家机场的数字媒体、一部分机场的传统媒体和9家航空公司，主要是机舱内的电视媒体。另外还有中石化集团的三万两千座加油站，这些加油站中所有的媒体规划、开发、经营权都是由航美传媒独家垄断的。再有就是航美城市（北京）

户外广告有限公司，拥有大量北京户外媒体资源。营业情况从2005年成立之初的900万人民币，到2010年有16亿人民币的收入。在2011年普遍开发资本市场的情况下，预计能达到19至20亿人民币的规模。

航美传媒在发展过程中有5次比较大的战略抉择。第一次是在进入航空媒体的时候，以航空电视媒体作为航空媒体市场的一个切入点，获得了比较好的开始，打造了第一个航空电视联播网。第二次战略选择是在机场。当时面临的是经营开发更多的机场，还是在更有价值的机场去经营更多的媒体资源，我们做了第二次选择，打造了全国机场航空数码刷频的网络。第三次选择是在全球金融危机爆发的大背景下，我们做了两个战略选择。一个是进军航空传统的媒体市场，另一个是进军户外全国中石化加油站的媒体市场。最后一个选择是目前正在做的，这个离媒体稍微远了半步，是我们打造的"航美家庭电影院"这样一个概念。下面我详细地讲述一下这5次战略选择。

第一次叫作寻找"蓝海"。几年前我在北大读研时，曾经有一本书叫《蓝海战略》，当时非常有名，被很多人推崇。结合航美的发展历程，我发现这本书在很大程度上切合航美发展战略的一种理念，就是说开发了新的蓝海空间。为什么是开发了新的蓝海空间呢？实际上这跟我个人的经商经历是密不可分的。

我在1992年就下海经商，当时是经营民航的代理业务。之前我在民航总局工作3年，再之前我在部队工作9年、期间当过5年的军官。1992年下海之后，我经营航空的代理业务。当时懂这个业务的人不太多，靠着专业知识与信息的不对称，我赚到了很多的钱。1992年下海之前，我一个月的工资只有100多块钱。下海之后的前两个月没什么收入，但从第三个月开始，我们几个合伙人每个月基本上都能分到几万块钱的外汇。可以说我们几个每天就是喝着咖啡赚钱，非常轻松。但是我一直对这个行业不是很看好。因为我知道、也预感到，这个行业虽然非常赚钱，但它不是一个事业。它不能作利民之本、不能作为一个终身可以为之奋斗、发展的事业，只是短时的利益丰厚而已。所以，从1992年开始，虽然还在做民航代理，但我一直也在寻找其他发展的机会。1996年、1997年的时候，民航的代理业务已经不那么容易了，因为信息不对称被打破，很多人都了解了赚钱的诀窍，于是便滋生了很多航空代理公司。民航代理从一个暴利行业变成了微利行业，我们的竞争优势全部都没有了。

在这个时候我下定决心转行，第一个瞄准的就是户外广告。在做航空代理的后期，我做过一些国外旅游、移民的代理，出国机会比较多。当年，很多新的商业模式，只要从国外搬到中国基本上都会比较成功。当时感觉开发新商业模式的诀窍就是去先进的国家看看，看看它们在做什么，我们能不能第一时间在国内来做。所以，当在一些国家看到户外的LED大屏幕，我就比较关注，做了一些调查和了解。回国之后，大概在1997年，我就想在北京做户外LED大屏幕。但是第一，当时的技术还没有现在这么发达；第二，政府对户外广告的管制也比较厉害。1997年刚好是北京市政府对户外广告卡得最严，也正是清理户外广告的时候。这时候逆风而上，去搞政府批文非常难。1997年到1999年这两年我基本上没有找着北，都是在摸爬滚打，没有找到一个真正的定位。户外LED没做起来，其他项目做代理也挣不了什么钱，就这样维持了一个阶段。

1999年首都机场建立了新的航站楼，T2航站楼，这次我抓住了机会，在航站楼内建了四个大屏幕。对于机场广告我关注的时间比较长，在民航总局的时候就开始关注。下海之后，包括在自己进入户外广告这个领域之后，我对民航广告的了解就更多一些。当时的市场环境由于资源是稀缺的，因此基本上是卖方市场。任何人只要有关系，拿到一点资源就可以赚钱，所以当时有100多个公司在经营首都机场的广告，他们都在首都机场经营、打拼了很多年，他们的客户关系、资源方、包括与机场的关系都比较稳固，说实话已经是竞争比较饱和的。用《蓝海战略》中的方法来讲，那是一个“红海”的战场，我进去是完全没有空间的。这个时候应该怎么办？我也是做了多层次的研究。在首都机场做LED电子屏幕成为我的第一个选择。这个项目前后一共投资了1 300万，在1999年的时候1 300万也不是一个小数目。当然这些钱不是我一个人投的，但我投得最多，把前期下海做民航代理所赚的钱基本上全部投入。但是投进来之后，发现这个行业水很深，不是想象得那么容易。首先，当时新媒体经营在技术上不是那么完善，经常出现故障。第二，一个新的媒体平台、新的媒体发布形式需要教育市场、培养市场、教育客户，这个过程是非常艰辛的。

2000年到2001年的时候，中国投放的家电广告特别多，电视上出现的全是

VCD、电视机、洗衣机、空调、冰箱这些家电企业的广告。在当时的中国家电企业里，海尔是比较著名的企业了，而且它有领袖的作用，所以我特别希望能够拉上海尔这个客户，让它起到一个品牌领头羊的作用。通过各种关系，我认识、接触到了海尔驻北京办事处的首席代表张瑞敏，带着他去看我们的媒体并附送海尔的广告。那时候海尔的口号是“海尔，真诚到永远”，张瑞敏一来，我们就把声音调大，很远就能听到。后来张瑞敏说还不错，但是如果你能够把我的声音“海尔，真诚到永远”传遍整个机场，我一定给你做一个大的投放。当时我们是免费送广告，给海尔送了一年，把海尔的声音传遍整个机场。我们筹资了几百万，给北京机场建设了一个电视网络，不仅做电视广告，也做灯箱广告。我对张瑞敏说，这是一个实物展示广告，既展示海尔的电视机，又展示海尔的品牌形象。灯箱可以展示你们的电冰箱，也可以展示洗衣机和空调。如果参加展览的话，不但要大展位而且要交付很高的展费，还是短期就结束。而在北京机场放30个这样的灯箱，常年地实物展示很便宜。当时我们给机场交的只是电视机的钱，但是我收的是整个电视机和灯箱的钱。原来机场是没有这种广告的，在电视网络建好之后，我们把海尔这个品牌商招上了。很快三星、LG都纷纷投放我们的广告，所以在2001年公司进入了赢利，感觉日子开始好过了。就这样，在2001年以后基本上进入了一个良性循环。

在此之前，2000年到2001年又发生了很多这种比较大的变化。比如说我们一开始进入航空广告市场的时候，没有办法进入传统的媒体，只能开发蓝海，进入航空的电子媒体。但是进去以后发现市场并不是那么容易，客户要认可还需要时间，每个季度、每天都在赔钱，这个时候股东就产生了很大的分歧。他们认为我已经进入了这个市场，为什么不去做传统的灯箱，为什么不去赚容易赚的钱，因为传统的灯箱在当时是卖方市场。股东给我提出了很高的要求，就是说要改变我的商业模式。而我知道电视网络虽然在当时存在经济困难，还没有成功，但是我深信它的价值。因为当“海尔，真诚到永远”，我在上厕所都能听到这句话的时候，我就知道这种媒体非常有价值，一定会被市场接受和认可，所以我坚持不改变战略。当时坚持不改变战略一方面是因为我不想前面的1 000多万投资打水漂，从此改变整个营业模式；第二就是已经没有钱去搞别的东西了，所以当时只能是咬牙坚持下去。但在2001年，有些股东坚持不下去就退出了，我就回购了他们的股票，通过股份回购我变成一个特别大的股东。当然后来航美上市之后，他们后悔的程度不轻，人有的时候比较短视。

到2004年的时候，我一个人通过赚的钱扩展到北京、上海、广州、深圳、成都，基本上排名前十的机场，我们进入了8个，覆盖了当时航空机场70%多的比例。当时有一个机会可以进入航空的领域，可以把国航、东航、南航三大航空公司飞机舱的电视节目和广告经营权全部拿下，这又需要一笔很大的投放。2004年的时候已经有了一些私募基金的概念，所以我想到了股权融资的方式，但是我的第一次融资经历非常失败。在此之前，我跟一个团队组成了一个合资公司，叫空港强视公司。这个团队是阳光卫视的一个小组团队，在杨澜把阳光卫视卖给星美传媒以后，这个销售团队就失业了。当时我正好需要一个很好的销售团队，就跟这个团队一起成立了这个公司。公司在2003年年底成立，2004年有机会拿到全国航空飞机的电视经营权的时候，我们商量去做一次投资。刚好有一家上海的公司找我合作，它通过这种私募投资，要求当公司的董事长，要求占公司多少股份，实际上对这个公司实现了一个非常紧密的控制。后来发现这家上海公司根本就没什么钱，当时是3 000万人民币的投资，只到位了1 200万。之后问题越来越严重，很多我们的收入通过关联交易的方式被转移走了，而且投资长期不到位，所以当时陷入了一个非常大的困境。

到2005年中旬的时候我跟合作方已经彻底决裂了，之后我就开始了另一轮的融资。这一轮可以说非常成功，而且在当时的业界创造了一个奇迹。当时航美传媒还没有成立，但是已经拿到了1 200万美元的投资。当时CDH（鼎辉投资基金）投资1 200万美元，由我去整合这些资源，基本上我一个借条就把融资给拿回来了。拿回来之后我成立了航美传媒，再完善正常融资的手续。为什么可以做到这些？因为在此之前，鼎辉对航美的前身做了大量的研究，走访了很多机场。首先他们发现所有的机场在提到这个项目的时候就提到郭曼，资源牢牢地控制在我的手上；第二他们也发现我做事情非常执著、坚定，也很讲信誉。所以在没有任何担保的情况下，凭一张白条就投资给我这么多钱。其他私募基金听说这个事情之后都觉得不可思议。1 200万美元拿到之后，我成立了一个独立的经营公司，引入了一个很好的销售团队，发展得非常快。我们在很短时间内在北京、上海、广州建立了销售团队，当时为了引进销售团队的人才我到处去游说，跟人家讲我们的理想、抱负。那个时候公司引入了现在航美的总裁刘佳，当时我来上海见他的时候发着39度的高烧，一天没吃东西，走在路上腿都是软的，但是当我跟他讲航美未来发展前途的时候，他完全被我的激情打动，所以当时就决定加盟航美传媒。

2007年4月份，我们开始启动航美上市的程序。启动上市，实际上就是测算下一步计划是什么、“天花板”在哪里，上市之后，融资到来以后作何打算。比如说航空电子媒体，我们当时做到了18家机场，那么我们是把生意做到全国所有的100多个飞机场，还是在主要的机场做更多的事情呢？当时中国虽然有100多个机场，但是前30的机场占了中国旅客流量的90%，所以真正有价值的机场是中国前30个大机场，其他的机场基本上没有多少经营的价值。因此当时我们做的战略决策，是在更有价值的机场里去做更多的事情。

在数字电视之外，航美还需要开发新的媒体平台，所以我的第一次战略选择叫做打造航空电视联播网，第二个选择就是打造航空刷屏的播出网络，这个网络目前在整个业界是最受欢迎、关注度最高、客户最接受的，而且占航美40%多的收入。这个想法是在2007年的时候诞生的，我们想采取这样一种颠覆传统媒体的经营模式。因为传统媒体卖的是位置，只能覆盖到达这个位置的旅客。它的卖点在于视觉冲击力，它的屏幕足够大，能够带给旅客足够的冲击。而网络化的这种媒体，它的网络分布会非常广，旅客走在什么地方都能看得到，属于一种网络化的销售方式。它不像传统媒体独享着一个位置，别的客户再喜欢也不可能使用。而网络化的媒体是各个媒体分享同一个网络，在这种情况下，如果媒体屏幕尽量大、尽量清晰，这种冲击力是比较强的，而且它能够实现动静的结合。

记得当年我们在美国上市路演的时候，刷屏的产品线还没有出来，但是我们已经给他们讲航美对刷屏产品线的未来抱有很高的期望。我给他们讲了一个例子，是关于姚明的。姚明在美国名气非常大，他代理中国联通的广告。如果我们在机场安600个刷屏，上面同时展示姚明代理的中国联通广告的形象，突然姚明对你眨眨眼，那一定会带来很大的冲击力，所以这个东西当时打动了投资者，他们认为这个产品线一定会很有冲击力，事实也证明这个产品确实有很顽强的生命力。所以2007年4月份为了打造刷屏网络，我们进行了第二轮的融资，在当年也创造了业界的一个记录。因为2005年分众成功上市，户外广告的新媒体市场非常狂热，各种媒体联播网和户外的媒体联合网络都在投资户外媒体的项目。航美作为一个高幅度增长的公司，受到全世界基金的普遍关注。当时我们需要3 000万美元，而各种基金报上来的投资总额达到6亿多美金，所以这个时候各类基金就开始争夺起来，很多条件是基金内部在拼。拼到最后，OZ和SIG说，我们用上市的价格拿你们的股权，就等于你们提前上市了。大家先讲定一个比例，你只要上市，就优先按上市的价格给我们转为普通股。这样算下来，当时拿到的4 000万美元才被稀释了百分之四，只拿走了百分之四的股权。当时的情况是公司还没有上市，这个企业就用上市的价格融资，这个简直是很不可思议的事情，但当时确实是发生了。所以我们当时是创造了一些纪录，公司2007年11月在纳斯达克上市的整个过程就非常顺利。

我们想到做数码刷屏的时候，也是因为机场电视机下面的灯箱广告卖得非常好，很多客户都来抢夺这个资源。我在想如果这个资源能够多发布的话是不是就可以多挣很多钱，反正机场的资源费我已经交了。后来跟机场谈的时候，他们说换这个要加钱。但加钱也要做，我们后来就把原先静止的灯箱换成了数码的，所以说数码刷屏是从那时开始的。现在大家坐在飞机上看的电视节目和广告也都是我们经营的。

航空传媒联播网成功的因素就是找到了一个合适的切入点，不去跟别人做一种正面、恶性的竞争，而是拼价格，而且开发出了一个新的蓝海和新的市场空间。虽然开发前期投入和风险比较大，但是一旦成功的话它的获益也是比较大的。所以航美第二次重要的战略决策，就是进入刷屏的战略决策。

到现在数码刷屏的销售额也是航美最大的一个营业项目。从2008年的4 500万美元到2009年的6 000多万美元，再到2010年1亿零473万美元的营业额，客户的认可度非常高。今年的第一季度是3 000多万美元，我估计今年的产品线应该有1亿3千万到1亿5千万美元的营业额。目前数码刷屏网络已经覆盖了全国35所城市，之后我们又开发了独立式刷屏和大屏幕液晶屏。这个媒体在航美战略上是非常成功的，这两次战略的成功也给我带来了一些信心。

但是危机恰在这个时候出现，尤其是2008年9月份雷曼兄弟的破产和世界金融危机的爆发。我对这件事的估计有一个严重的不足，实际上在雷曼破产之前，全世界的第五大基金投资银行贝尔斯登已经破产了。当时我认识贝尔斯登高管的一个弟弟，他对贝尔斯登公司的破产很心痛，而且他也知道同行的破产会给华尔街和全世界的资本商带来什么。他弟弟在瑞士联合银行集团，一天到晚跟我说，你要赶紧卖股票，你的股票如果明年跌到个位数，你也不要奇怪。我很生气，因为我们的股票二十多块，涨得挺好、很稳定，怎么说这种话呢？所以当时就没有理会他。没想到金融危机来的时候真的是非常严酷，当时我们前十大的股票基本客户有7个都破产了，雷曼首当其冲。因为雷曼是我们股票的承销商之一，手上有我们大量的股票，它一破产我们的股票就清盘了。所以当时的金融危机对我们的影响尤其是心理的影响非常大。

当然现在我早已平静了，其实资本市场是经营实体的一个体现，需要扎扎实实把公司做好，把公司做成优秀的公司，做成一个高增长、高盈利的公司。股票市场是一个表现，长期来讲，讲故事是靠不住的，只有扎扎实实把公司做好这一条路可走。因为我们不是一个短跑企业，我一直跟大家讲我们要做一个长跑的企业，坚持跑下去。当时金融危机对航美的影响很大，对传媒市场的影响也非常大，因为传媒是跟世界经济形式最密切相关的一个产业，就是说经济形势不好了，受到影响最快、最大的就是传媒。因为企业媒体首先会想把广告费砍了，因为设备费、资料费都没法省，只有广告费感觉可有可无，实在没钱就不做了，所以广告受到的影响非常大。举一个例子，2008年英特尔在我们这儿投放了1 000多万，到2009年就变成了100多万，它90%的预算都被砍掉了，所以金融危机对传媒市场的影响非常大。幸运的是，航美在2007年金融危机之前就已经上市了，手上有大把的资金在，就好比我们在大海里航行，航美就是一艘巨轮、一艘航空母舰一样，不会说一点点风浪能够起到颠覆的作用。但是还有很多没有上市、资金能力相对比较弱的公司，就要经受更为严峻的考验。当时中国广告市场上的很多企业退出市场，甚至有的老板卷了私募基金的钱逃跑了。

所以在这种情况下，航美又面临新的选择，是采取保守的战略，还是采取激进的战略？采取保守战略的依据是说经济危机来了，未来形势不好，有可能两年、三年，甚至更长的时间，这时候我们要广积粮、高筑墙，不要太激进了，要节省每一颗子弹，准备过冬的粮食，要收缩裁员了，大家经常想到的都是这些应对危机的策略，就是收缩战略。但是当时对我来讲虽然遇到了危机，但是我们的竞争对手遇到的是一个更严重的危机，是毁灭性的打击。他有可能退出这个市场了，他退出后新的市场空间就会很大。因为航美虽然上市了，虽然我们在航空电子媒体拥有领袖的地位，但是当时营业额最高的还是传统媒体这一块蛋糕，这块蛋糕我们完全没有介入。当时我们对客户也是有承诺的，他们对我们也有要求，希望我们能够提供在航空领域全方位的解决方案，就是一体化、一站式的解决方案，不管是传统的还是电子的。所以有很多战略我们是被客户逼着往前冲的，客户有这样的要求，而我们愿意满足他的要求，这是导致我们采取何种战略的动力。当时摆在我们面前的两条路，一个是保守的战略，一个是继续扩张的战略。航美最终选择了扩张的战略，因为我们是想要航美做一个负责任的公司，也要做一个长跑的公司。做一个长跑的公司你就要尽量地扩大经营规模和市场影响力，去满足客户全方位的要求，同时也满足更多客户的需求。所以我们当时就采取了进军传统媒体市场。

航美的诞生是跟创新紧密相关的，我们无时无刻不在想着新的商业模式。所以进入传统媒体之后，我们会利用传统媒体做一些发行，利用传统媒体的卖法去卖电子媒体，所以我们对传统媒体的经营也是寻求创新的。我们在首都机场、深圳机场、温州机场还有全国其他7个机场，都有大量的传统媒体。目前航美也是传统媒体一个最大的运营商，但是市场占有率并不是非常高，说明这一块还有很大的发展空间。下一步在航空的传统媒体方面我们还会加大发展力度，希望能够占到一个比较高的市场份额。但是航美在2009年的这次扩张，它的得失还是值得总结的。现在看来传统媒体从2010年第二季度开始已经赢利，而且现在发展越来越好，赢利幅度越来越大，但是2009年却给航美带来了一个巨额亏损。所以现在总结的话，当时我进入传统媒体这个领域的战略是正确的，但是进入的时机有待商榷。就跟大家买股票一样，都想买到一个低点，但是谁知道哪是低点？我没有买到低点，而是在中间买进了。我还是没有足够的定力，太急于实现扩张，急于扩大在航空媒体的影响力和市场占有率。现在看来，经济危机这么严重的情况下，如果我们再过一个季度，可能拿到更好的价格，可能不会给2009年带来这么大的影响。所以这是我对决策的一个反思。

伴随着企业的起起伏伏，整个企业团队，包括我本人在这种成长中不断地总结经验教训，我感觉自己比2007年上市的时候要成熟得多，心态也要好得多。我知道了应该怎样去发展一个长跑的企业，要有韧性、要执著，不能一下子把劲使光，要有后劲。一定要对市场更加敏感，要对市场做更多的研究，知道什么时候是切入市场的机会。比如说我长期关注高铁传媒，因为大家认为高铁会对航空带来比较大的影响，而且高铁的票价也比较高，属于中高端的一个媒体平台。我们的客户也有高铁媒体发布的需求，所以我对这个平台的关注度很高，但是并没有冒进。现在大部分的高铁媒体资源都在我们手上，但有可能需要一个非常高的价格才能拿到，有可能过两年才能实现赢利。所以我现在要考虑的是企业的长期利益和短期利益应当如何结合，就是说我既要给企业带来长期的发展动力，为了企业长期的发展一定要扩大自己的市场份额和范围，进入更多的媒体领域；同时也不要给企业过重的包袱，一定要选择一个最好的进场机会。任何媒体平台也好，任何资源也好，它的好坏在于能否赢利。如果它不能赢利，看起来再好的东西也没用；如果它是一个赢利能力很强的东西，看上去不起眼实际上却是很值钱的。对于这次传统媒体的经营，现在看来战略上是成功的，战术上有待商榷。如果选择更好的时机，可能就不会付出那么大的代价，但因为有这个战略决策，那么现在我们在航空媒体市场可以说是一枝独秀。很多客户想到要做航空媒体的时候，首先就想到航美，因为航美几乎垄断了这个领域，这就是占领了客户的心智资源，这是一个品牌价值的最好体现。就是说客户想投放广告，首先想到你、首先找到你，你就有了最好的发展机会。

另外，2009年经济危机的时候我们还有一个重要的决策，就是进军中石化加油站的媒体。既然要做长跑的企业，既然要为企业三年后、五年后甚至十年后做打算，那我们必须要找到一个长期的增长引擎。当时我们对中石化加油站的关注也是源自于对市场的调查，包括很多客户我们也做了前期的调研。为什么做加油站的媒体，因为加油站覆盖的是有车一族，也是消费能力相对比较强的中高端的人群。

目前我们这个项目已经开发了20多个省市。跟机场一样，100多个机场，值钱的机场可能就30个；中石化这3万多个加油站，真正值钱的可能也就是五六千个。所以我们就照着这五六千个加油站拼命去开发，不会去开发农村里的那些加油站，管理不过来。对于中石化项目的成败，现在的资本市场普遍认为我们失败了，因为我们的两次预期都没有达到。第一次是说2010年会产生多少收入，结果落空了没有做到；后来又说第几季度可能实现赢利，结果也没有做到。但是现在看来确实是有一个很大的进步，这个项目实际上可以做得非常好、非常大。举个例子，比方说我要在全国最好的一千个加油站做一千个LED大屏幕。资源费我已经交了，我做多少媒体都是给中石化一定的钱，不管做多做少，不管开发多少个站、怎么开发，我给中石化的钱都是固定的。这是个特许经营权的概念，我只要买了这个经营权，开发的自由度会比较高。全国一千个LED大屏幕，全国哪有一个公司有这么多的媒体资源？这是第一。第二，我可以让厂家来投资、出设备，然后占多少股份，我自己不需要投资。没有资源费，这个项目不赚钱都难。我看准了它未来的空间发展机会，所以钱赔了一年多还是一直在坚持着。因为它对我们的资本带来很大的压力，资本商每天都想让我砍掉这个项目，但是我不能轻言失败，我必须要对航美负责。我最大的理想是等我退休的时候，还能看到航美在蓬勃地发展。现在它是一个非常有威望、非常有影响力的公司，我必须让它发展下去。这个是中石化项目的情况，我们依然对它抱有信心。

航美的第五次战略选择，我给它定位为一个最大胆的战略选择。这个是刚刚开始做的，我们的项目是航美家庭电影院。实际上航美进入影视领域也有好几年了，但航美当时进入航空、进入电影这个领域，只是为了拿到这些电影的航空版权。我拿去卖给航空公司，目的是希望给航空公司提供全方位的服务，并且可以长期合作，当时是这样的一个想法。但是航空公司并没有太多的钱去买这个版权，我们拿版权的时候也不能花太多的钱，所以我们跟版权方基本上是用资源置换的方式来交易。我们有全国机场的电视播出网络，播出网络需要大量的节目，实际上电影的短片、介绍、3至5分钟的宣传片都是很好看的节目，把这个东西放到机场电视联播网上很有价值，旅客喜欢看。这是节目，同时也非常具有宣传价值和商业价值,它会给票房带来收入,所以利用好这个平台很重要。比如说,在美国好莱坞花5亿美元拍一部电影,其中2亿5 000万美元可能都是用来宣传和推广的,他们的宣传费用非常高。但是在中国这个市场非常小,钱几乎全是投资在拍摄和制作方面。但是他们并不是不需要宣传,他们也有强烈的宣传需求,刚好我们就满足这种需求。我来给你宣传,但是我也不需要你给太多的钱。有的电影是跟我们票房分成,有的我们是用广告换他们的票房分成。这个项目会有保底的收入,一部分现金再加上航空版权,中国几乎所有的电影航空版权都在航美这里。

航美家庭电影院是个什么概念呢?现在中国电影市场发展非常快,大家去电影院看一场电影我估计两个人得花200块钱,但是这种大屏视听的感受是不一样的。我们冲着的不是这个市场,我们要打造的是进入家庭的电影,最开始不是在北京、上海这种大中心城市去搞,我们是"农村包围城市",从月薪二、三千的城市开始。有些地方电影院比较少,有些地方根本就没有电影院,但不等于这个地方不需要娱乐,所以我们的口号是"娱乐和你无距离,让娱乐进入千家万户"。这个时候在每个有线台设立四到六个电影厅,基本上新下线的电影立刻就上到这个厅了。当然你也要花钱看,不过买一部电影可能不需要花三十或者五十块钱,有可能只花五块钱就可以全家一起看。比如说《唐山大地震》、《让子弹飞》,有些地方没电影院或者错过了怎么办?照样可以看。所以我们就打造了一个家庭电影院的概念,你只要花五块钱点拨一次,打开电视就能收到,因此说有各种营销方式。后来我发现这个项目是一个多赢利的项目,是一种比较完美的商业模式。第一,它没有天敌,没有什么恶性的竞争对手。对有线台来讲,国家发布了《反盗版法》,现在放盗版光碟是非法的,它需要这些内容,但是它又没有能力去整合这些内容,而我们可以满足这种需求。全国有600多个有线运营商,每个运营商我们都去谈,所有的内容我们来提供。我们收完大众的钱然后和有线台分成,共同开发一个新的市场。对版权方来讲,这也是一个多赢的局面。美国好莱坞的院线收入只占全部收入的百分之四十多,百分之五十多的收入是通过后续的网络、家庭影院、DVD等各种形式完成的。而中国电影百分之九十多的收入都是在电影院完成的,网络版权不值钱,DVD市场也不大,就卖给电视台一笔就完了，再没有其他的收入。但是我们的这个商业模式，会让它的商业收入延伸很长时间，又没有竞争它的票房，该去电影院看的那些人，绝对还会去。我家里有家庭影院，但我还会去电影院，因为感受不一样；但是对于那种错过档期、地处偏远、周边没有电影院或是电影院很少的人们来说，这种模式实际上满足了他们的需求。对于版权方来讲，我们不开发市场它也就没有这个收入。现在我们开发了这样一个市场，等于是建立了庞大的电影院，我这个电影院有6个厅，但每个厅都可以容纳很多人，而且位置都是最好的。这个项目刚刚启动，现在已经拿到100多部电影的版权了，电影版权商非常认可这个项目。如果这个项目的活跃用户能够达到1 000万户，经常使用我们的服务、点拨我们的电影，那我们的平台会非常厉害。

对于未来，我希望航美能够变为一个综合性的传媒投资集团。我们会打造一个投资空股的架构，对于新的行业、新的平台、新进入的领域，我们可能要开始采取参股的方式进去。如果这个项目能够独立做大，能够分拆上市，我们是举双手赞成的；如果还达不到上市的规模，那么航美会用它的股票来置换股权，赚钱之后收购回来。这样有利于引进一个好的系统，好的项目可以换来股份，也有股东的地位，这对于优秀人才很有吸引力，我们现在基本上就采取这样一个策略。

嘉宾：郭总能否介绍一下航美的结构和经营的方式？

郭曼：我们公司的组织架构基本上分为几个系统，销售系统就包括不同的销售团队。细分的话，有专门销售电子网络的团队、专门销售刷屏网络的团队，还有机场传统媒体的销售团队和中石化的销售团队。整个销售系统就是一个大的系统，包括在北京我们有户外的销售团队、机场刷屏的销售团队、电视的销售团队、传统灯箱的销售团队等等，在各地基本上都是这么分的。当然16个城市的销售团队是一个比较庞大的网络。另外一个网络是运营维护的系统。我们的技术是非常先进的，比如在总公司的办公室里就可以控制全国机场的所有刷屏，包括电视都可以实现实时的控制。所以我们对客户的推广，发布速度非常快，而且零成本，全是电子媒体的方式。对于第一次尝试投放广告的用户还有一些大客户，我们还会请专业的评估公司来做抽样调查，对他们这次的发布做一次效果评估，所有的服务都是希望带给客户高度的认可。再一个是市场和品牌推广的系统。我们会做大量的市场研究，对其他媒体进行研究，也对航空其他的营业者进行调查。我们现在正要建立一个数据库，全国所有机场中任何媒体的变化，都会第一时间显示在我们的动态数据库里。另外还有资源拓展部门，是我亲自领导的，主要是和各机场、航空公司，包括高铁、中石化进行的战略合作，也是一个比较大的体系。大的分类基本上是这样。

嘉宾： 郭总你好，我对防盗版比较感兴趣。我想问一下您是怎样跟盗版对抗的？

郭曼： 我是反盗版的斗士，但是我不能把盗版一下子都消灭。面对盗版国家想了这么多的办法，也还是很难杜绝。我现在是想让盗版光盘的市场变得不那么必要，家庭影院不需要DVD机，只要家里有机顶盒接入，你就可以看到影片。从时效上来讲，我们最高的要求就是跟电影院同步。开始是不现实的，但当我有一两千万用户的时候，我认为跟院线同步是完全现实的。现在我们能做到电影院下线之后，我们尽快上线。另外我们的内容是高清的，非常清楚，在互联网上下载的东西我估计并不清晰，反正我是不太下载盗版的东西。再一个就是国家对盗版的打击力度越大，公民的反盗版意识也会越来越强。有很多人对互联网还不熟悉，但是对娱乐非常需求，而且很多地方都没有电影院，这时候就需要我们的家庭影院。我们的电影票房每个季度都在增加，而且增加速度非常快。

新媒体传播特点及对传统媒体的影响

时　间：2011年7月23日

地　点：上海交通大学闵行校区新图图书信息大楼8楼

主讲人：孟波

孟波

新浪网副总编辑，资深媒体人。曾任河南日报一版编辑、城市早报总编辑主任、南方都市报区域新闻部副主任、新京报社长助理兼要闻部评论主任、评论部主任。系南方都市报和新京报评论创始人，代表作《谁为一个公民的非常死亡负责？》。2006年任搜狐网副总编辑，2007年和讯网副总编辑，2009年任新浪网副总编辑。

主持人：今天我们请来的嘉宾是新浪网的副总编辑孟波先生。孟波先生有多年的传统媒体工作经验，在多家报纸担任了重要的职务，后来又加盟了互联网，从一个传统媒体人转型为一个互联网人。他历经搜狐、和讯，现在在新浪网担任副总编辑，有十分丰富的互联网运作经验。孟波总编辑今天给我们演讲的题目，主要是新媒体方面，特别是以微博为代表的新媒体对于我们传统媒体的影响和冲击。这次大家听讲座的时候，都会有一个感觉，就是传统媒体会或多或少地受到新媒体的冲击，那么在新媒体时代，传统媒体应该怎样应对这个挑战？我们期待孟总对此所作的精彩演讲。下面我们用热烈的掌声欢迎孟总。

孟波：我们今天主要说的是社交媒体，也就是新媒体。虽然我们通常不把社交网络、社交平台当作是媒体，但是因为我们是学媒体的，那么我们就把它们的媒体属性单拿出来讲这一点。我不认为新浪微博、QQ平台、Facebook是媒体，它们是一个社交网络。目前为止比较火热的，我们最熟悉的有3家：Facebook，Twitter，中国的我就介绍一下新浪微博。现在Facebook已经有7.5亿用户，这个人口是非常可怕的，而且这个人数还在急剧地攀升。关键是这个产品的市值非常可怕，刚刚有个估值是840亿美元，就是把我们中国的几家互联网公司加在一起比它还差得很远。Twitter也有一个估值是100亿，谷歌想用100亿买它被Twitter给拒绝了，它说“我不止这点钱”。Twitter之所以出名大家也知道吧，是美国总统奥巴马前几天跟Twitter的CEO一起，用Twitter和网友进行交流，使Twitter着实风光了一把。

新浪微博最新的一次数据公布是今年的4月，我们公布的数据是1.4亿，但其实远不止这些。腾讯微博也把数据公布了，它的微博有2亿用户。我们也会在一个适当的机会公布一个比较惊人的数据。大家看一下，我们做了一个梳理，一种传播媒体普及到5 000万人，收音机用了38年，电视机是13年，而互联网才用了4年；反过来看新媒体，新浪微博只用了14个月，这就是新媒体对用户的吸引力和它传播的力度。我们知道新媒体在国外的实践，尤其是它和政治的关联。最早的时候，杰克逊是一位“报纸总统”，然后罗斯福是“广播总统”、肯尼迪是“电视总统”，那么到奥巴马时他被称为“网络总统”，这可以看出整个媒体的发展和政治社会之间的紧密关联。通过美国四任总统的区别，你就知道这些媒体对我们的影响是多么大。

新媒体的特点

下面我们说一下以微博、SNS为代表的新媒体的特点是什么。其实新媒体和旧媒体是一个相对的概念。我现在不能讲Twitter、Facebook、微博是新媒体，因为这个新媒体只是一个相对的概念。比如说当纸张出现的时候，它是一个新媒体，它比竹简、金箔来说是一种新媒体；当电视出现时它比广播是一个新媒体。那么现在的话，互联网可以叫做传统媒体了，我们自己也把新浪网这些门户网站称作是传统媒体。这是从产品的基准而言的，当前最新的媒体就是微博了，它是一个相对的概念。有很多的学者做过定义，但是这些定义也只是供参考的。什么叫新媒体，所有人对所有人的传播就叫新媒体。以往的媒体是一个人对多人的传播、一部分人对一部分人的传播或者是一小部分人对大部分人的传播，但现在是所有人对所有人的传播。每个人讲话都是公开的，每个人都可以看到。就是说，用户可以参与到媒体的任何一个环节，这就叫新媒体。

Facebook和Twitter大家已经了解了。而Twitter有个口号的变化，它一开始的口号叫“What are you doing？”“你在干什么”；现在变化了，叫“What's Happening？”“现在正在发生什么？”，它这个变化是要关注当下的事实、当下的变动是什么，它的媒体属性比较强烈。

接下来给大家介绍几种新的媒体，有一种媒体叫QUARA.COM。这是一个新的网站，一个新型的基于Web2.0的搜索网站。它和我们现在的问答、百度知道以及其他的问答网站有极大的差别。就是你提了一个问题之后，这个网站可以找到真实身份的专家、学者和这个领域中的强人、精英和意见领袖来为你解答问题；而且这个问题还可以在这个领域中进行交流和传播，答案出来之后网友还可以对这个答案进行修正，可以投票是赞成还是反对。也就是说，这种基于人际交往的问答新方式是目前我们网站所不具备的。这是个智能化的网站，它能找到最适合回答问题的人，这也是这个网站最大的一个特点——人工智能。

第二家我要说的是《赫芬顿邮报》。一个最新的数字是这家网站的浏览量已经到了3 500万，超过了《纽约时报》3 300万的浏览量，美国在线收购了这家网站。《赫芬顿邮报》仅仅创刊6年，而《纽约时报》已经有100年了。为什么6年战胜了100年？有这么几个原因：一个原因是，这个网站对所有热点问题的评论和分析是由一批专家、学者以及这个领域内的精英和牛人完成的；同时，他把所有新闻热点问题列出来放到网站上，有很多的新闻志愿者来采访、报道和剖析这个新闻。不是网站的记者，而是志愿者，是网站以外的人，这个就很有意思。克林顿为希拉里助选，通过非法的手段助选，被网友报道了；奥巴马最初在竞选的时候，他的种族歧视的言论受到攻击，也是这些新闻志愿者报道的。志愿者新闻，这是一个开创。同时，这些新闻和报道，还可以与好友进行分享，因为这个网站可以基于Facebook、Twitter进行传播。我觉得这个新闻很好，一键转发就能到我的好友那里去了。

新媒体和旧媒体随着生产方式和生产功能的变化，随时都可能交换位置。有一天有人问我说新浪微博明天会怎么样，我说我不清楚，可能一夜之间就会变化，因为这完全是由于技术驱动带来的变革。现在的门户网站已经成为弱势群体了。门户是什么意思？门户是一站式服务，到了我这里就没必要到其他地方去了。而现在，它是入口作用，逐渐被新媒体所替代，有的人打开互联网和手机之后的第一站不再是门户网站，可能是微博、Twitter、Facebook。

我们再看一下互联网的收入。中国的互联网收入已经超过了报纸，离电视的距离也不远了；在美国，互联网已经超过了报纸，逼近了电视。我相信到明年、后年，美国的互联网收入会超过美国电视，这是一个必然的现象。从物质上来看，Facebook早已经超过美国的几大电视台了。

新媒体传播的特点

新媒体第一次实现了全时传播。我们学传播学的都知道，在传播中有定时、即时、实时、全时，真正实现全时传播的是新媒体。现在好多的新闻台说是24小时滚动播出，表面上看起来是一种全时传播，但实际上不是的。我们看一下这个小时的新闻和上一小时的新闻之间，有80%是重复的。而新媒体不是这样，新媒体的报道议题是无限制的，报道议题的推荐也是无限制的，所以它真正实现了全时传播。报纸的版面是有限的，电视台的时段是有限的，而互联网虽说版面、时段是无限的，但是它的话题是有限的。譬如说我们知道在门户网站里可以看到一个很大的专题，琳琅满目很丰富，但是它是对单一事件的开掘。对于多事件的开掘，新媒体可以做到，因为每个人都可以是记者。

全域传播。刚才我已经讲到了物理的限制，比如版面和时段的限制，而地域限制是传统媒体所无法突破的，而新媒体只要有通讯网络就可以报道。最典型的一个例子是三一重工，我们知道智利矿难救援引起了全球的关注。智利也有一个中宣部，中宣部下命令说除了智利国家电视台其他媒体一概远离救援的核心区域。当时国外所有的电视台，包括我们央视都傻眼了，要远离核心的救援区就不能报道了，这样我们无法得到一手的消息，要得到一手的消息，就必须看智利的国家电视台。这个时候有一个突破的方法，就是我们三一重工有一台设备是整个救援现场的备援设备，有个工程师在现场待命，这个工程师叫郝恒。那么我们就给了他一部手机，告诉他“你看到什么就发短信”。他在救援的现场，通过手机发短信、发微博的方式，直播了这场全球瞩目的救援。通过手机、通过短信，突破了物理的限制，中央电视台也通过和这个工程师的连线不停地报道，将现场的信息传递给中国的受众，郝恒成了亚洲唯一的一位新闻报道员。第二天，所有的媒体都提到了三一重工、提到了郝恒、提到了新浪微博，包括新闻联播以及整个新闻十三档。这就是新媒体对物理限制的突破。

全民传播，每个人都是记者。我知道这个现象我就可以报道，因为我在现场，每个人都是记者，没有太多的门槛。你要写一篇博客，如果就写一百四十字，你都不好意思贴出来。徐静蕾的博客这么短，她也写到四五百字了吧。写微博没有问题，写Faccbook，写QQ群和网友进行交流也没有问题，这就是新媒体的门槛比较低。有一句名言说“你照片拍得不好是因为你离得不够近。”而我们每个人都在现场，我们每个人都能拍出好照片来。Twitter第一次叫得响的案例便是哈德逊河坠机，其实就是一个网友拍了下来传到了网上，就被写入历史了，因为他在现场。全民微博、全民记者、公民记者的时代真的来了！就是因为有了新媒体。

全速传播。比如说我们的报纸记者得到一条新闻，他非常兴奋，但是他也只能等到第二天出报，才能把这种兴奋传递给我们的受众。我们的电台如果认为这个新闻不够重要的话，也不会在节目中进行插播。而新媒体不是这样，新媒体随时随地传播，人们可以随时表达他的看法和不满。这种传播是一种什么传播呢？是一种几何级的、裂变的传播。我们以往的传播是一种线性的传播，或者是网状的传播，它们的传播链条会到某一个环节的时候戛然而止。而这种传播，你不知道它什么时候结束。很多地震都是网友先报道的；击毙本・拉登最早的消息不是奥巴马宣布的，而是美国前防长拉姆斯菲尔德的一个助理参谋长在微博上宣布的，说“一个人告诉我他们干掉了奥萨马，太棒了！”5分钟之后，奥巴马才宣布消息，他比奥巴马、比美国总统快了5分钟。大家看，这是当时的传播路径，这个人讲后，通过无数的传播路径到这里。而其实这人的粉丝并不多，但是由于《纽约时报》的记者关注了这个人，两分钟之后，就有三百多人转发了这条消息，一会儿就传遍了全球，很快引起了全球的关注。这就是全媒体，视频、照片、音频都可以上传，现在又有了语音微博。我们知道，我们所有的传统媒体，它们的介质、媒体的形式都是单一的。比如说，报纸是文字加图片，电视是声音和图像，互联网多元一些，但是网友上传比较困难。只有这个产品，击败了所有的产品形态。

全渠道传播。就是新媒体可以通过各种渠道传播，可以通过互联网、手机及其客户端，可以通过短信、彩信、聊天工具等进行传播。因为它有多种方式，在极端的条件下，它可以选择自己的发布方式。而传统媒体由于发布方式的单一，会影响到这种传播。它第一次实现了全息的传播方式。最近抚州爆炸案引起了比较广泛的关注，当时许多网友传了很多的图片，都是通过手机发布的。网友的照片和视频极大地补充了传统媒体的报道。

全互动传播。我原来在报纸工作过，我们报纸有一个口号是“办报纸永远不要听读者的建议”，因为我们比他们更聪明。从来不听消费者和用户的意见，这是很可怕的。传统媒体，拿报纸来讲，砍树、破坏环保、不低碳，应该把纸质给取消了。从我刚才的那个角度来讲，它不听取受众的建议，也应该被历史所淘汰。但我说的只是“纸质本身”，而不是说这个报纸的内容，也不是说传统媒体的从业者。这是两个问题，我们要区分开来。传统媒体的生产者和消费者之间是没有沟通的，而新媒体可以随时随地听取读者的建议。比如网站有浏览监控室，而且新闻后面会有留言，可以时时刻刻掌握我们消费者的喜好。我们不是说掌握了消费者的口味之后就迎合它，但是首先要知道他的口味是什么。知道消费者需要什么，由此来调整我们自己的产品和生产流程，这就是互动。我从传统媒体到互联网媒体，最大的一个感受就是生产者不能关起门来生产，一定要听市场和消费者的反映。原来是精英办报、舍我其谁，我的口味就是读者的口味，这是一种灌输。而现在是一种合作和互动。

去中心化传播。中心化大家都应该知道，在我们这个传播的舆论场里面，我说大家听，我就是中心。我们以往都是这么做的，《人民日报》写一篇社论，全国的媒体都在转。因为只有一个中心，就都得按照它的统一口径来。现在不一样了，每个人都可以对每一件事情发表看法。当然有的时候呢，我们也会使你的帖子“蒸发”，但是总之你已经可以讲了。每个人都是一个中心，每个人都是记者，这就是典型的“去中心化”。

议程设置。我们看《新闻联播》有一个很强的规律，前十分钟讲的是“领导很忙”，中间的十分钟是“中国人民很幸福”，后十分钟“国外人民生活在水深火热之中”，这是网友总结的《新闻联播》的议程设置，就是说它已经形成一套完整的话语了。其实不光是《新闻联播》，我们的报纸头条放什么、二条放什么、版面头条放什么，那都是编辑部、总编经过严格、认真讨论确定的。包括互联网的设置也是经过责任编辑和主编讨论过的，都能很清晰地看出媒体的价值观和态度。有的人愿意把负面新闻往上放，有的人愿意把正面新闻往上放，有不同的取舍，这就体现出不同的媒体编辑理念和价值观。但是新媒体不是这样，在新媒体里你找不到头条，没有头条的。你会很不习惯，尤其是那些看惯传统媒体的人，突然到新媒体里面，他找不到重点摆在哪。但是新媒体也有议程设置，这个议程是网友自己设置的。就是说每一条新闻、每一个帖子，如果网友看得多了或转得多了，那么这一条就自动地到榜上去了。你可以通过转发榜、评论榜、粉丝榜看到这一条新闻，这就是网友做出的集体无意识的、自觉的表达结果。这是它的议题设置，是网友集体决定的，而不是某一个网友决定的。

自净化。就是说新媒体有很多的不实信息和流言，甚至有不少的假新闻、谣言等，对新媒体诟病最多的也是这一条。谣言容易传播，但也容易被识破，不过谣言的传播要比辟谣的传播影响大得多，这也是一个事实。中国有一句话，叫"好事不出门，坏事行千里"，这符合传播规律。美国GE公司做过一个统计，负面新闻是正面新闻传播率的近4倍。因为信息是公开的，所以谣言更容易被传播，也正因为信息是公开的，所以谣言更容易被识破，这就是一种自净化的能力。我们不能只享受新媒体给我们带来的快乐和传播的便利，而不承担新媒体给我们带来的困扰。面对一个负面新闻，我们选择报道和真相。生活中有多少谣言，新媒体上就有多少谣言，谣言是不可能杜绝的，但也是不可能不被识破的，这就是它的两面性。

新媒体的影响

首先是话语中心的变迁。其实我刚才已经说过了，"去中心化"也是这个意思。以前话语的中心传播是这样的：首先是传统媒体，之后网络开始放大它的声音，然后网民开始讨论，最后社会反应。而四年前北京奥运会的时候，是一个什么样的传播方式呢？北京奥运会每一块金牌的产生，首先是由网络报道的，它太快了。电视台不可能一瞬间报道所有产生的金牌，而网络上是最全面的。之后就是传统媒体跟进，网络社区讨论、社会反应。一年前，整个都颠倒过来了，很多的信息都是从新媒体出来的。现在新媒体已经成了很多传统媒体监控新闻来源的一个最重要的渠道。这变化是很快的，短短7年间整个话语的中心就变迁得如此之快。

那么对我们传统媒体的影响呢？我们传统媒体包括哪些流程？采购、生产、加工、销售、售后，翻译到我们媒体的流程上来就是，获得了新闻线索，进行实地采访，后方的编辑进行编辑，编辑完了出版发行，之后售后服务。也就是说，新媒体对我们传统媒体的每一个生产、销售环节都产生了影响。现在很多人都把微博当作发表看法的第一平台，有这样两个原因：第一，准确表达，我不会当面接受你的采访，文字记录会扭曲我的想法。第二，比较快。很多报纸、报社都成立了滚动新闻部，他们在获得一个新闻之后首先会发布到它的官方微博上去，然后再发布到它的网站。等第二天见报的时候，它已经成了一个深度报道。第一落点原本是报纸、电视台没法抢的，现在他们利用新媒体首先发布信息，抢夺了第一来源。这就是新媒体对传统媒体的影响。而传统媒体的优势在于它有更独特的角度、更深入的深度以及更广阔的广度。这些媒体要做的可能是我们网友所做不到的，因为网友没有办法去采访有关部门和职能部门。

销售。我们知道《新周刊》在微博里特别地活跃，它自打有了微博之后，发行量和广告额都增长了10%。我们不能说这个和微博多么密切相关，但我能说它是一个正相关的数据，确实带来了影响。也就是说，它通过新媒体的运作，获得了很多的增量，包括读者、影响力和品牌的增量。我们很多新媒体的受众和网友，他们从来不看报纸，也不会去买杂志，但不代表他们对传统媒体所刊登的内容没有兴趣。有很多的网友通过网络来订阅《新周刊》，这就是它获得的一个新的增量。

售后也是一样。售后就是我刚才讲的和用户之间的联络，这是一个非常好的互动平台。我知道现在的很多媒体都有QQ群、微博、开心网还有人人网的账号，这就使得这个媒体平台的生产、销售和我们的消费者、受众紧密地联系在一起了。我们有很多的数据能够证明一个结论，就是新媒体已经成为新闻分享和新闻来源的第一渠道。

社会化的网络对我们传统媒体和整个社会的影响才刚刚开始，远没有结束。明天是什么，我不知道。有一些媒体，像台湾的“中央日报”和德国的《新莱茵报》已经不再出版纸质媒体,转而出版电子媒体了。还有很多的报纸、杂志不再印刷,而通过另外一种渠道去发行和传播。一个真正属于“我”,属于“你”的传媒时代到来了。我们参与了媒体的生产、加工和销售,这是“我”的媒体。

最后对于我们学媒体和研究媒体的人,我有一句话与大家共勉,就是你个人走多快,不取决于你自己,取决于你所存在和依托的载体。我们希望更多的同学来关注和研究新媒体,看看我们媒体的变化是如何进行的。我们来参与它、见证它,才有可能去主导它、改变它。

嘉宾: 我们很多人都知道未来的十年是移动互联网的十年,那么在未来的移动互联网时代,新浪微博是不是新浪今后主导的一个产品?新浪的定位会是什么?

孟波: 新浪之于微博,或者微博之于新浪肯定是一个战略产品,它与其他公司对微博的重视程度是完全不一样的。比如说我们认为搜狐做微博是做一个跟随型的产品,网易做微博是做一个标配型的产品,而腾讯做微博是一个狙击型的产品,只有我们把它作为一个战略型的产品。因为对于腾讯来讲,QQ就已经够了,而且微博和QQ社区是有一定冲突的,这是一个定位。

嘉宾: 现在有一句话叫做“你在玩微博,微博在玩你”,很多人患上了“微博综合症”,就是每天会不由自主地吸收大量对自己没用的信息,读书的时间也会减少。美国一个作家叫作马克·鲍尔莱,他写过一本书《最愚蠢的一代》,他认为现在的青少年花费了大量的时间在社交网络上,这是一件不值得的事情。请问您是如何评价新媒体对当代青少年造成的影响的?

孟波: 这个问题问得很好。首先我要拨乱反正一下,不是微博改变了我们,而是时代改变了我们,微博恰好顺应了这个潮流,推波助澜而已。我们现在这个时代是一个碎片化的时代,每个人的生活节奏都非常地快。不是我们想快,是社会就这么快。每个人的时间被切割成一个个碎片,这个碎片该怎么去消耗它?分众传媒想到的点子,是你等电梯的时候没有事情干怎么办?看它的大屏幕。不久赶集网也出来了。其实在没有微博之前大家也在看手机,看网络小说、聊天,只不过微博比以前的产品更好玩,替代了它们。如果说它有罪,它就是个替罪羊。这是第一个层面。第二个层面是说，这个东西是我们自己的选择。这个时代是一个娱乐至死的时代，是一个浅阅读、浅生活、浅感悟的时代，是一个快速消费的时代。麦当劳为什么那么流行？从某种意义上讲，它顺应了这个时代的潮流。

微博开阔了我们的视野，原来世界是如此精彩，原来我发言还可以影响别人，原来我还可以推动社会进步。虽然它的确占用了我们太多的时间，但是这只取决于我们，而不取决于这个平台。所以我觉得，微博很好玩，登录需谨慎。

嘉宾：刚才您提到新旧媒体是一个相对的概念，那现在这个微博，我是不是可以理解成已经替代了传统的网页，成为又一个媒体领军了呢？但如果从一个旁观、冷眼、批判的角度看，您是怎样理解微博明天的？

孟波：任何一个互联网的产品，它必然地会衰落、被替代，这是一个规律。没有永恒的产品，只有永恒的改变，没有不可以改变、不可以被替代的产品。比如说BBS，现在玩BBS的人越来越少了，因为他们认为功能过于单一；写博客的人也少了，因为它太沉重，门槛太高了。所以很多人就开始玩微博。有一天会出现一个产品，比如说这个产品比微博更容易交流、更容易展示，比微博的功能更强大，自然就会替代它。那个产品可能是新浪微博的一个变体，也有可能是其他新的产品。所以互联网的明天谁都不能预测。我们要保持一种很敬畏的心理来观察互联网的发展。我们不知道明天会发生什么，甚至一夜之间可能就会发生重大的改变。对中国人来讲，我们离这个世界互联网发展的节奏还是远了一点，因为我们鼓励创造的性能还没有出来。但是我们已经逐渐地在与世界接轨，今后会离世界越来越近。

媒介融合条件下报纸的结构、形态演变及战略整合

时　间：2011年7月29日

地　点：上海交通大学闵行校区新图图书信息大楼8楼

主讲人：李本乾

李本乾

上海交通大学媒体与设计学院，副院长，教授、博士生导师；美国加州大学洛杉矶分校客座研究员；我国第一批传播博士，2005年入选教育部“新世纪优秀人才计划”；教育部新闻与传播学教学指导委员会、委员；中国传播学会常务理事；全国哲学社会科学规划项目通讯评审专家；教育部文科重点研究基地——复旦大学信息与传播研究中心研究员；中国贸易促进会甘肃省分会特聘顾问；上海市新闻行业行风评议员。

主持人：我们今天请来的演讲嘉宾是上海交通大学媒体设计学院副院长、教授、博士生导师李本乾老师。李老师曾经入选过教育部“新世纪人才计划”，是中国第一批传播学博士，工商管理博士后，同时也是教育部新闻与传播学指导委员会委员、中国传播学会常务理事。李老师在传播学和媒介经济管理方面都有很深的造诣，下面我们用热烈的掌声欢迎李老师的精彩演讲！

李本乾：各位同学好，今天我跟大家汇报的题目是媒介融合条件下报纸的结构、形态演变及战略整合。为什么要讲这样一个题目呢？大家都知道，在网络和数字媒体高度发达的今天，报纸媒体，也就是平面媒体受到了严重的挑战。在这种情况下，报纸的生死存亡，牵扯到我们整个媒介的产业结构和媒介形态演变的过程。所以今天我们探讨一下报纸结构、形态演变及战略整合这样一个问题，有利于我们对未来报业、对整个传媒业态环境有一个大概的了解。

我今天给大家讲演的问题主要包括这样四部分：第一部分我们讲一下西方发达国家的报业结构是怎样进行演变的。第二部分我们以美国为例，看一下未来报业的前景，因为美国是世界上报业高度发达的一个国家。在前两个基本趋势的前提下，我们考虑一下，作为未来的传媒领袖，我们对报业、对传统报纸怎样进行发展。最后是对数字报纸怎样发展进行探讨。后面两个问题主要是针对数字化条件下报业怎样进行发展的。

我们先看第一个问题，西方发达国家里报业的演变情况，我们先以美国的报业发展为例来说明。在PPT上显示的这个图表，是美国报纸从1940年到2009年这几十年的时间中美国报纸的发展趋势。从这个图表上我们可以清楚地看到，美国报纸的总数大致呈现了这样两个大的阶段。第一个阶段从1940年到1979年，这整个期间中美国的报纸总数，起初的阶段是呈现下降的态势，然后在一个很长的时间内呈现平稳发展。连起来我们看到，在1940年到1979年这段时间，美国的报业总数，总的趋势呈现一个L形的形状发展。那么在1979年到1980年之后，美国报业的特点跟以前发生了根本的变化。

我先把前面解释一下，这四条线分别代表美国早报的数量、晚报的数量、日报的总数以及周报的数量。我们看到1980年以后，前面四个L形的发展发生了变化。原来的L下面四条线都是平行的，但到1980年以后，这四根线互相进行了交叉。我把它总结成1980年到2009年，美国报纸的总数呈现一个X形状的发展，两两进行了交叉。这是第一个结论，在电视、网络出现以后，美国报纸的总数开始发生一定的变化，但还不是很明显。

我们下面再看另外一个图表。这个图表是美国报业发行量的一个趋势，时间跨度也是很长的，从1940年到2009年美国报业发行数的变化情况。在这里面我们也可以看到，四条线分别是早报、晚报、日报、星期天报这样四种类型。这个发行量与前面报纸的总数相比，它的变化对市场比较敏感。我把它概括成三个阶段，第一个阶段从1940年到1979年，在这个过程中美国的报业呈一个希腊字母T形发展，也就是说起步的时候，美国的报纸都呈现一个上升的态势，但时间不是太长，很快就转入到平稳的发展时期，这样它的发行量就呈现T形发展。到1980年以后，跟报纸的总数一样，它的拐点都出现在1980年。之后美国报纸发行量的结构发生了根本变化，一个是早报跟晚报构成了一个X，另外日报跟周报构成一个交叉的X线。所以，美国的报纸发行量在不同类型之间，在1980年到2000年之间与前一个阶段构成了一个结构性的变化。2001年以后又发生了急剧的变化，这四根线原本是有升有降，但是2001年以后所有的发行量都集体下降，我把它形象地用汉字偏旁部首的“捺”来表示，也就是它的下降趋势。

从上面我们看到，美国四类报纸的发行结构在几十年的发展过程中，经过了三次大的结构性变化。第一阶段从1940年到1979年，相对来说比较平稳，但是在1980年以后开始发生了变化。我们推测这个阶段刚好是传媒业的生态环境发生了很大变化。我们都知道美国从八十年代开始电视业相当发达，在这种情况下，我们有理由推测，随着美国电视业的发展，美国报业原来发展的态势发生了变化。这个态势主要体现在两个方面，第一个是早报大幅度上升，但是晚报大幅度下降；另外一个是周报大幅度上升，日报大幅度下降，构成了这样两个X。这表面上是报纸发行量结构的变化，其实在深层次反映出来一个问题是受众的阅读行为、媒介消费行为发生了变化。所有在这里面数量下降的一些类型的报纸，刚好都是跟报纸的收视习惯比较类似的。比如我们看到晚报跌得很惨，因为晚间人们看电视的时间很长，所以在这段时间电视抢占了报纸的时间。周报因为时间段刚好跟电视构成个性化的竞争，因为电视媒体在时间上时效很快，日报、周报的时间慢一个八拍，正因为此，报纸可以有很长的时间进行深度、系统的报道，这样反而体现出报纸的一个特色。另外在2001年以后，我们看到报纸整体的下降趋势，这确实是网络搅的局。所以网络对传统媒体的冲击是相当大的，特别对报纸这样一个媒体而言。

不仅美国报纸的发行结构呈现这样的特点，美国报业的广告也呈现一个比较类似的特点。因为搜集的报纸广告的时间是1965年到2009年，这个时间段比前面发行量的时间段稍微短一些，所以这里面几个结构不是太明显。我们主要看一下最近几年美国报业的广告量，增长率从2005年增长1.5%到2006年开始呈现负增长。特别是从2008年负17.7%，到2009年的时候已经跌到了负28.6%。也就是说美国的报纸广告在2008年到2009年一年时间内，跌破了相当于原来广告量的三分之一。数字化媒体网络在发展，网络广告应该有增长的趋势，但这个时候美国报纸的在线广告也没有进行同步的增长。所以我们看到，美国的报业确实遭受到了沉重的打击，特别是在2001年以后网络飞速的发展过程中。

我们看到美国报业的时候，会对报业的前景非常担忧。现在再跟大家展示一下日本报纸的发行量，这是1995年到2005年日本报业的发展特点。我们看到日本报纸的发行量基本上是非常平稳的，虽然中间有变化，但相对来说是非常水平的。日本报纸的广告量虽然有下降趋势，但是趋势并不明显。在这里面我们可以看到，美国因为走在世界报纸发展的前端，所以它的发展确实比较夸张，比日本要夸张。由于这样一个特点，美国最早开始研究报纸未来的命运，有一段时间国内外的传播学者、新闻学者都对这个问题进行了很多探索。美国有一个学者叫菲利浦，他在2005年运用一个全国名义研究中心的调查数据，做了两个线性拟合。这两个数据分别是1972年到2002年读者对报纸的信心分布图和1972年到2002年日报读者数量的变化趋势图，把这两个趋势图用一个直尺逼近以后会发现到2040年第一个季度的时候，美国的日报读者将归为零。但是菲利浦的研究中有一个前提条件，就是这个调查数据是不是一个线性关系没有经过检验。如果是线性关系，他做出了一个结论，到2040年美国的报纸将会归零。

根据1940年到2009年美国的日报发行量，我用回归分析来进行一个预测。回归方程有着很高的预测性，它的r平方达到0.802和0.805。用图像来显示的话，红色的二次方的方程与蓝色的三次方的方程两条曲线基本上是拟合在一起的。为了计算简便，我们选择二次函数的模型来预测，$y=-0.006x^2+0.496x+33.239$，如果令$y=0$，我们就会得到一个正根126.549，大约就是127。也就是说从1940年开始，最后发展127年的时候，美国的报纸总量会归零。这里面我跟大家解释一下，因为我做的时候是按时间序列做的，所以我的“1”代表的是起始值，就是1940年，但是因为我的数据里面1941年到1945年的数据没有，所以在这里的数据2真正代表的是1946年，其他的数字依此类推。这样我们可以推测出来，到2071年美国的报纸确实会归零，当然我的预测比前面菲利浦的预测要晚很多年。因为菲利浦的预测是用线性模型预测的，我是用二次函数和三次函数图像预测的。

前面用图像和回归方法预测出美国的报纸在127年以后会归零，下面就会出现一个问题，实际情况跟我们预测的情况是否会一致？这是不一定的。因为我们的传媒界，尤其在座的未来的传媒领袖会发挥我们的主观作用，会改变这样一个发展趋势。既然数据已经呈现这样一种趋势，我们传媒的管理者、传媒的从业人员就不能按照过去的惯性和趋势任由其发展，要有所作为、要想办法改变这样一种发展态势。实际结果到底会怎么样？面对报业未来的发展，有这样一些猜测。一种认为是L形的发展，就是我们跌到一定程度会平稳发展。还有一部分人认为应该是V形发展，是跌到底再弹出来。还有人认为是W形状发展，就是掉下去弹上来，掉下去再弹上来，最后就成熟了。我认为未来报业的发展，可能呈现一个反J形结构发展，就是下降以后会平稳发展，最后反弹起来。但是这个反弹跟V形不一样，V形发展是掉下去会弹上来，弹上去的顶点跟原来跌的顶点是一样的。反J形结构是指掉下去能够弹上来，但是弹不到原来的最大值，只能弹起来有限上升。即使是这样一个结构，也不是完全按照报纸自然发展的结构能够实现的，我们传播者要在这里面进行一些积极的干预。

下面就报纸的存亡争论给大家解释这样三个概念：技术、载体和符号。从印刷技术来看，最早的报纸是用铅字印刷的，现在激光照排生产以后，传统铅字印刷的报纸已经消亡了，在这个意义上报纸已经消亡过一次了。当时大家为什么对这个问题没引起关注呢？因为只是报纸生产的工艺过程发生了变化，但是受众接触到的载体并没有发生变化，所以报纸的第一次消亡并没有引起大家的充分重视。而这一次是比较脱胎换骨的，因为在多媒体产生以后，我们通过屏幕可以代替报纸阅读文章，特别是网站出现以后，大量的信息我们可以通过网页来观察。这样从理论上来说，多媒体完全可以替代报纸的文字阅读。另外从传播符号来看，不管是报纸、新媒体还是手机报纸，所有的媒介载体形式不管怎样变化，它的传播符号都没有变化，传播的都是文字和图片。从三个概念中来看，媒介技术是最脆弱的，随着科学技术的日新月异，它会很快地发生变化。从媒介载体来看，由于数字媒体的飞速发展，媒介的载体也是日新月异，所以它正在受到严峻的挑战。但是不管技术或媒介的载体怎样变化，人类对文字或图片的消费是永远存在的。所以在这种情况下，我们看的手机报等其实就不是我们传统意义上的报纸，而是一种新媒体报纸，准确来讲是用了一个报纸的文字或图片的传播符号，实际上载体已经是新媒体了。

在媒体的纸质载体不变的情况下，报纸存亡与否？我认为未来报纸的生存之道，关键取决于技术和受众两家的博弈。从媒介技术自身来看，自多媒体技术出现的那一天起，电子媒介融合所有的纸质媒介在技术上不存在任何问题。但是媒介融合我们讲了多少年，到目前为止纸质媒体还是没有完全退出传媒市场，因为这受到来自受众的传统习惯、阅读习惯的顽强抵抗。所以未来报纸是死是活，既有技术方面的推动作用，也有我们受众阅读习惯的问题，最终的结果应该是技术跟受众两家博弈的结果。

下面我们从受众上来看，受众对报纸到底是怎样的看法。以往人们认为报纸不吸引受众是因为报纸没有图片，太呆板、太枯燥，所以有些报纸为了提高报纸的阅读效果，大量地放图片。但是从受众眼动仪的分析上来看，（展示图片）左边的图片拍得相对较好，眼睛看得就比较多；右边的图片虽然占的篇幅很大，但是看的人非常少。尽管图片看起来很活泼，但是我们看到在这些报纸里面，大量眼睛扫过的轨迹集中在标题上面，本来标题是黑体字，是很枯燥的。从这里我们看到，报纸上面的图片，它们的信息量是不一样的，读者也可以不爱看；文字虽然很枯燥，但是我们的受众仍然有很高的关注度。再看一下热点图，红色表示对这个区域的关注度最高，我们发现大量带红色的点都集中在报纸的标题上。从这上面我们也看出来，报纸不仅仅像电视一样，让我们觉得比较热闹。在这里面关键问题是它文字表达的内容读者到底有没有兴趣。

我们再看一个例子，《参考消息》这两个版面都没有图片，一个版面高度关注的热点区域不在头条，而在版面的下方；另一个版面的头版头条热点关注度却很高。从这上面我们看出，读者对报纸阅读的需求，是由报纸的个性特征来决定的，它的文字是电视和广播所不具备的。所以我们认为报纸的个性特征是其它媒介不能替代的功能，这样纸媒才能进行一个反弹式的发展，这就是我们看到媒介存在的一个价值。

概括地说，通过受众眼动仪的表达，结果显示受众对图片的阅读兴趣仍然是存在的，也就是说报纸从受众的层面来看，它不会完全消失。眼动仪里面的轨迹并没有规律，不同的人有不同的看法，这又说明读者阅读报纸的个性化程度很强。这样就势必引起一个很大的问题，就是受众的分化速度越来越强，这也是为什么在网络化的今天报纸会发现寒冬。不仅仅是报纸出现了寒冬，其实广播电视也是出现了同样的问题，只不过是时间的长短问题。为什么会出现这样一个问题？在网络没出现以前，我们的媒介是隆重的，要看信息只有报纸上有信息，所以必须得看。但是在网络化的今天，我们有很多途径和方式能够接触到新闻信息或所需要的信息。在这种情况下势必把原来铁板一块的市场分化成若干个细小的市场，这样原先传媒的传播模式就荡然无存了。所以现在我们的受众是一种细分化、个性化、碎片化的，这就增大了现在报纸和广播、电视创造的难度。如果我们个性化程度太强，传媒就没有办法实现规模，这个传媒就没办法生存下去了。

在网络云起、科学技术发展引起受众高速分化的过程中，我们如何能够整合受众市场，这是未来传媒界里的关键问题。一个是我跟大家提出的问题，传统的报业市场应该是实现反J形发展的特点。我给大家举一个例子，《解放日报》作为日报是一个传统的媒体，它的发展趋势也是符合前面美国的发展趋势的，下降的趋势，因为日报跟电视同时化传播的现象有一定的冲突。但是《解放日报》这两年做得比较好，其中一点它不是拘泥于原来的传统媒体里面，它还做了一个文化讲坛，中央领导同志对此有高度的评价，因为这开创了党报传播的一种新模式。我们看一下文化讲坛的具体做法。第一个选择有利于我国发展且能够引起国际社会普遍感兴趣的话题作为论坛的主题。原来传统的媒体都是要等到一个事件发生以后再报道，现在则是积极主动地去设置议程。比如请联合国秘书长潘基文来演讲，由于潘基文的特殊身份，引起对多元文化、世界和平这些话题的全球关注，对我们国家形象的传播也有好处。另外它邀请一些知名的人士来演讲，引起国际社会对论坛的广泛关注。比如邀请了世界主流国家一些图书馆的馆长，就全球文化的发展问题进行探讨。另外一个借助了国际媒介的传播论坛，间接地表达和设置国际传播议程的目的，提高党报对外议程设置的稳定。《解放日报》不是在报社内部办报，而是把报社移在美国的哈佛大学，跟哈佛大学的教授共同就新媒体的问题进行研讨。在研讨的过程中，阐述我们对未来新媒体产业发展或者新媒体传播秩序的一些看法。在这里面它完全超出了传播报纸本身的范畴，通过人际传播、组织传播跟大众传播结合起来，通过各种媒介复合方式的传播来提高报纸传播的效果。

所以我们从以上可以看到，传统媒体虽然有下降的趋势，但是我们传媒界的领袖完全可以通过一些必要的传统手段的改进，阻止原来预测的传播趋势的发展，进而实现一种新的传播结构，就是反J形传播结构的发展。这是我们传统媒体发展转型的一个方向。

同学们可能现在还沉浸在网络之中，觉得网络媒体是一个很前沿的传播手段。其实我们人类已经进入到了云媒体时代。这个云媒体时代它的作用在什么地方，我跟大家讲一下。在计算机刚刚发明的时候，所有的计算机都是巨型机。我原来的学校购买了一台计算机，占了三层楼那么大，而且它的内存是几十K，这还是当时我们国家最先进的计算机。由于携带等各个方面都不方便，计算机进入我们人类的生活，在当时还是比较艰难的。但是同学们知道，我们手里拿的电脑，个人PC机的发现，一夜之间使我们人类进入到了计算机时代。计算机时代最具有革命性的变革就是联网，网络联上以后，全世界各地的网络我们都能运用到。这样使得各个地方的计算机都能互联、互通，这是一个阶段。

现在我们又回归到了巨型计算机的时代。我这里有一台计算机，如果我在云系统里面，全世界云系统里的计算机都可以马上为我服务。一个计算机的硬件就是架构，是服务的，全世界云系统里面的硬件，我都可以共享。既然我们计算机的硬件都可以共享，那么就有学者讲，在这种情况下硬件死了。我用的跟硬件已经没什么关系了，我们都是在共享的硬件上面进行传播，这是第一个。第二个它是平台，如果我们在云计算系统里面假设一个虚拟平台，在这个虚拟平台里面，我不一定拥有你的计算机硬件，但是我利用这样一个平台，我可以做自己想做的事情。第三点，云计算系统平台里的软件也可以直接为我服务。在这样一种情况下，未来的传播又变成什么形势了？

其实在云计算时代，人类又进步到了一个巨型计算机的时代。原来的水平是我们个人拥有一个PC机，现在我们个人拥有了一个巨型计算机。在这种情况下，我们首先从硬件来考虑，所有的硬件都是共享的，报纸、广播、电视用的都是同一个硬件，而同一个硬件都是在云计算中心的。我不一定有，但只要有键盘跟它连接，所有的东西我就都有了。在这种情况下，硬件已经不是太重要了，重要的是上面的平台跟软件。我只要下载一个软件就可以做我想做的所有事情，比如我要看报纸就下载一个报纸的阅览器；如果要看电视，就下载一个电视的阅览器。在这样的情况下，我们的传播生态环境又变成软件即媒介，拥有了一套软件，就拥有了一套媒体，用不同的软件就可以取代原来传统媒体里不同的媒体。

第二，云计算里面有个最大的功能是云存储，就是我可以把很多东西放到云计算机中的一个文档里。原来电视台要播片子必须在演播厅里，播放的过程当中才是一个传播。但是在云计算时代不一样，我把所有的节目都放在云存储里，就变成存储即传播，只要我把它放到那个地方，我就完成了一个传播。同学们下载那个文档，就完成了一个接收。这样我们看到，在云媒体时代，软件即媒介，存储即传播。对此，同学们可能会很兴奋，就像网络出来以后，我们传播者非常兴奋，因为原来传统媒体的所有缺点网络媒体都不具备。但是后来马上就发现，网络媒体的出现对传统媒体产生了毁灭性的影响。因为技术发达，往往引起受众市场的分化速度加快，势必引起我们传播的经济效益急速下滑。这样的话就是传播技术的发展，对我们传播产业的发展构成了一个挑战。

所以对于未来报纸产业和传播电视产业，所有的媒介产业究竟怎样发展，具体方式我讲不太清楚。但是有一点是肯定的，报纸主要是传播文字和图片这样一些静态的视觉传播符号。作为报纸它的前景在什么地方呢？就是报纸静态视觉传播能力提高的速度，如果能够超过数字接收，引起受众市场分化的速度，只有这样报纸才能够继续发展，否则报纸就会受到沉重的打击。对于这句话运用到其他的媒体上也是一样的。我们未来作为一个传媒从业者，一定要提高自己整合传播能力的时间，要超越技术引起的受众分化速度。只有达到这样，我们的传媒市场才能够一片光明和前进。

嘉宾：李教授您好，我比较感兴趣的是您说的云计算和云存储，其中的软件即媒介跟存储即传播，这方面因为以前没听说过，所以不太了解。我的问题是，在软件即媒介和存储即传播的情况下，谁来当把关人？还有就是传播技术的发展，会不会产生一些安全隐患方面的问题？

李本乾：任何一个技术的发明都会引起一系列的社会问题，特别是它会引起一些隐私等的问题。但是这里面另外有一项技术，叫做云安全技术，通过这项云安全技术，可以最大限度地保护我们个人的一些隐私问题，这是第一个问题。第二个问题，刚刚讲的云技术我们要过渡到云媒体，这里面有这样几个问题大家注意一下。第一，云计算现在是国际上刚刚出现的新兴科学技术，但是这个技术本身还是处于概念层面比较多,应用到实践里面的东西不是很明显。我们国家在这方面也的确有些突破,北大方正已经推出了一个云出版系统;另外有几家电视台号称做出了云节目。这跟我们讲的云计算还是有一定差距的,但是我们能看到未来传媒界发展的另外一个趋势。在我们还没有把网络问题研究透彻的情况下,新的问题已经降临,那就是云媒体的问题。我今天给大家讲,因为云媒体这个问题还没有发展成熟,希望同学们尽早地关注这个问题,并在这个研究领域保持先发优势。

嘉宾: 李教授,您说互联网加重了受众的分化。当我们打开一些网站的时候,它们会记录下你的阅读习惯和使用习惯,也会为你推出量身定制的一些广告;同理可以推出,当你喜欢一些新闻时它也会给你制定。而传统媒体,市场的分化已经给它的产业化造成了冲突和矛盾,您觉得它在实施为受众量身定制的可能性和前景会怎么样?在这一方面它会有超越电子网络这些传播的可能性吗?

李本乾: 这里面牵扯到不同媒介的发展战略和发展定位,就是在市场里面会锁定哪些市场作为它主要的经营范围。新媒体能够给大家提供一些个性化的消费,但是我们知道传统媒体的作用主要是满足大众的共同需求方面,这是它不可替代的作用。所以这里面是不同媒介经营策略的问题,不存在新媒体是个性化而传统媒体一定是大众化的问题。

传统媒体・改革突围

新闻媒体的伦理问题

时　间：2011年7月19日

地　点：上海交通大学闵行校区新图信息大楼8楼

主讲人：陈保平

陈保平

《新民晚报》总编辑。1982年后历任上海青年报社记者、部主任、副总编辑，上海三联书店总编辑，上海文艺出版社总社党委书记、上海文艺出版社总编辑，文汇新民联合报业集团社长助理、副社长、《新民晚报》总编辑、编审。1978年开始发表作品，在《上海文学》、《解放日报》、《文汇报》等报刊发表散文、报告文学、杂文近百篇。2009年加入中国作家协会。

主持人：各位同学下午好！今天我们请到的是《新民晚报》的总编辑陈保平老师。陈总编在华东师范大学毕业后先后担任过青年报的编辑，副刊部副主任、新闻部编委、副总编辑等等，还担任过上海三联书店的总编辑，《书城杂志》的主编、韬奋纪念馆馆长、上海文艺出版社的党委书记、副社长，文艺出版社的总编辑等等。2003年，他进入文新集团，任社长助理及副社长，《新民晚报》副总编辑，中国记协的理事，上海记协的副主席，并兼任上海印刷集团的党委书记、董事长。下面我们热烈欢迎陈总编为我们做演讲。

陈保平：同学们下午好！我现在主要做的是《新民晚报》总编辑的工作，其他只是简单的挂名。我今天很高兴在传媒领袖大讲堂与同学们做交流和沟通。可能现在大家比较关注的还是媒体融合方面的话题，特别是新媒体和传统媒体的融合以及全媒体的竞争等。但最近发生的《世界新闻报》的事件在媒体界引起很大反响，所以我今天想换个题目，和大家谈谈媒体的伦理问题。

应该说，媒体的伦理问题从媒体产生以来就一直存在。但是，《世界新闻报》关闭这一事件使我们不得不对今天媒体面临的深层问题产生思考。一份创刊168年，在世界报业领域影响深远的报刊突然因为一个窃听事件而关闭，高管辞职，默多克致歉……直到昨天，已经有两个警察局局长辞职，一个爆料人突然死亡。目前，新闻报事件已经成为全世界媒体的关注焦点。在公众心目中，媒体、警方、政府的公信力受到了极大的损伤，所以我觉得在媒体整合重组、风起云涌的大时代下，可以说一个传统的伦理问题能终止一切问题。西方媒体有它自己独特的一面，最重要的是让我们看到了媒体作为第四权力所具备的自由性。但是，如何来看待自由和善的关系，自由是不是高于善？这是一个非常重要的伦理问题。通过这个事件，我们至少可以知道任何权力都不能侵犯人权，伤害人性。如果侵犯了人权，伤害了人性，最终是要受到惩罚的。

对《世界新闻报》来说，它作为一份都市类的报纸，应该说有过许多非凡的业绩，特别是它在抓社会新闻、明星新闻乃至政治人物的绯闻上有过巨大的成就。在关闭之前，它的发行量有两百多万份，关闭的这一期，很多人为了收藏而使发行量达到五百万份，最后一期的报头标题是《谢谢你，再见》。我看过一个资料，介绍《世界新闻报》在新闻史上做过的成绩：率先曝光菲尔普斯这位北京奥运八冠获得者吸毒；曝光老虎伍兹一年的婚外史；哈里王子在家吸食大麻，在酒吧里烂醉如泥；还有戴安娜与保镖车祸事件的原因等等。《世界新闻报》在去年还做过一件非常惊人的事件：他们假扮成某赌球集团的中间人员，用30万欧元诱惑斯诺克世界冠军希金斯打假球。事件曝光后希金斯被无限期禁赛。整个事件的采访过程是记者通过冒充赌球人员用重金诱惑的方式进行，这一点在后来也引起很大争议。希金斯为这件事付出了巨大代价，但记者用这样的方式去诱导运动员去打假球、受贿，这无疑也是非常严重的。所以，我今天想通过《世界新闻报》这一事件来跟大家沟通一下我国媒体运作当中会涉及的伦理问题。当然，这伦理问题不仅仅涉及媒体，整个社会也面临着道德伦理的危机。

我从自己报社工作实践中的体会来谈一下媒体的伦理问题。第一个是关于真实，第二个是关于利益，第三是关于公正，第四就是关于当下新媒体的伦理问题。

第一点我主要是想讲讲真实，大家学新闻专业的都知道，真实是新闻的本质，同时也是新闻从业人员的道德底线。一个新闻是否真实，与从业人员是否坚持真实是相关的。关于真实，我想讲这样几个观点。第一个就是真实与谎言。

对于从事新闻工作的人员来说，真实就是要对自己的采访、写作有底线的要求，不写假新闻。但事实上，媒体假新闻现象还是不断出现。《新闻记者》是我们文新集团的一个专业性的杂志，它从2000年开始，每年都会评选出十大假新闻。

十多年评出来一百多条假新闻,始终没有断过。

也许中国媒体不至于做出像窃听事件之类的事情,但是制造假新闻的现象(不论是有意还是无意)还是普遍存在的。互联网诞生以后,尤其是博客、微博发展开来以后,人人都可以发布新闻,如何鉴定新闻的真实性就成为媒体伦理的重要问题。

新闻真实与各方面的关系

第一,新闻真实与政治性的关系。关于新闻的真实性,我想到一位老新闻工作者——陆定一同志,他曾说过新闻真与假的标准具有唯一性。新闻工作、新闻学说到底就是一个真实问题,有真实就有信用,有信用报纸就有人看。他还强调,事实与新闻的政治性之间的关系颠倒不得,事实是第一性的,新闻政治性是派生的、被事实决定的。这个观点非常新鲜且切中时弊,在我们的日常报道中确实存在为了所谓的政治性不讲事实正确性的现象。然而,对我们媒体人来说,把政治性放在事实之前,这种观点我觉得不能成立的。我举个简单的例子。2010年某上市公司有个产品被一些记者发现内含违禁添加剂,人食用后会对身体产生伤害。记者随即准备将事件进行曝光,而此时企业就给有关领导部门写报告,说如果事件被披露,就可能影响社会稳定。这种做法从政治上考虑,不报道为好,但是,后来我们媒体还是坚持对该事件进行了报道。上述企业的做法,实际上是将所谓的社会稳定、政治正确性建立在了对产品伤害公众健康的事实进行不披露、不透明的基础之上,使其可以任意销售。对媒体来说,应该把产品的有害性及时告知于公众,让公众不去购买这样的商品,这才是对公众负责态度的体现。

第二,我想讲真实与隐私的关系。《世界新闻报》窃听事件说到底是欺骗了公众的利益,侵犯了公众的隐私权。改革开放以后,我们中华人民共和国宪法也将保护个人隐私的条例进行了修正。对新闻来说,真实可能会侵犯到个人隐私,如何保护好二者的关系呢?在伦理的原则上,我觉得保护个人隐私应该高于满足公众对新闻真实的需求,《世界新闻报》用非法的手段去窃听个人的隐私来进行新闻报道实属不该。当然,我们在说保护个人隐私的时候,应该对个人隐私的概念有个界定。什么是个人隐私？如何看待公众人物的个人隐私？公众人物的隐私和一般人的个人隐私在界定上是不一样的，比如说明星的花边新闻等等，这在一定程度上满足公众八卦需求，在各报刊上比比皆是，不算是侵犯隐私权。但作为一个政治人物来说，他的花边消息一旦被媒体披露，可能影响就会很大，会被认为是违反了道德原则，同时也会使他的政治地位受到影响。这样的话，在报道时候就需谨慎一些，对一般人来说，这种事情不应随意进行报道。这是公众人物和一般人物有所区分的地方。另一方面，作为普通个人，我们的隐私不能成为媒体追逐的主要新闻点。但是现在涉及个人隐私报道的新闻还是不少，这值得我们深思。从历史上来看，很多名人都是因为个人隐私受到媒体传播造成的社会压力，而对其个人生活带来很大的危害。例如上海20世纪二三十年代的电影明星阮玲玉，再到英国王妃戴安娜，一直到现如今某些艺人的自我炒作等等。从道德伦理来说，这种做法是不可取的。

第三，新闻真实与社会效果之间的关系。我们的社会每天都会发生无数事件，但作为媒体而言，对于新闻的报道不可能穷尽到每个事件，而是选择其中一些事件进行报道。选择是基于记者对新闻敏感和事件影响的判断，报道者一般会选择感兴趣的，或对读者有价值的，或能引起网友、粉丝的认同和关注的事件和主题进行报道。那么，选择什么样的真实和对真实做什么样的判断，就涉及新闻伦理的问题。举个简单例子，2010年上半年，全国很多电视台跟风似的做了很多相亲节目，像《非诚勿扰》、《百里挑一》等等，节目播出后非常火爆，收视率也急剧上升。许多家报纸曾相应地做出相关报道，但在这个问题上，《新民晚报》曾对几家电视节目提出了批评和不同意见。我觉得相亲节目做到这种程度，实际上会对整个社会风气带来很大的伤害。有位女嘉宾更是说出“宁在宝马里哭也不在自行车上笑”的话，社会影响不是很好。同时，我们也是第一家在头版对相亲类节目进行批评，然后做一系列报道的媒体。最终，新华社、《人民日报》以及上海的多家媒体都开始关注这个话题对社会负面的影响。通过大量批评性报道促使广电总局对各地相亲节目进行改版和停播。我认为，相亲节目不是不能做，而是要健康地做，不能为了拉广告和吸引眼球而搏出位，不能从低俗角度和脱离社会主体价值观的趋势去做。这件事情给我们的启示就是，任何一个真实报道，都是要考虑社会效果的。

第四，新闻真实与趣味的关系。从当前媒体反映的真实来看，我觉得我们应该倡导一种公众健康审美的趣味。现在存在着一种好俗的趋势，偏爱低俗的倾向在媒体当中不同程度地存在。将报纸分成大报、小报不是很科学。所谓的大报，会更多地关注国内外的大事、时政、经济等。所谓小报，则更多考虑发行量和读者的需求。世界上很多小报在趣味上是有不同追求的。我觉得在今天这样一个商业、市场趋利的社会背景之下，这种需求助长了低俗、假丑新闻报道的滋生，这样会对社会的趣味修养起到一种负面作用。目前，我们中国国民的审美能力普遍不强，或者说对艺术品、文化品、博物馆、美术馆这种趣味不是很高，这与媒体缺少引导很有关系。现在的媒体比较看重秀场、奢侈品，或是明星绯闻等等，这种趣味对社会整体趣味会带来负面影响。当然，这在一定程度上是受到西方国家的影响——讲究商业化，在电影、电视、图书、画刊等出版品中，充满凶杀、暴力、色情等内容。我们在探讨一个作品的时候，探讨趣味时也要探讨人性的某一些需求。美国电影的模式是，能不能抓住观众眼球关键要看开场三分钟，怎样能做到把电影的这种娱乐功能、作品的娱乐功能，甚至把新闻讲故事的要素和趣味做很好的结合，这是一门艺术和智慧。报纸，特别是以市场为导向的报纸不一定能够做到深化，但是至少要做到不堕落。不深化、不堕落倒是我们都市报所追求的。

获取真实新闻，要有理有利有节

下面讲讲获取真实新闻的手段。要获得一个真实的新闻是要下工夫的。我们现在要求记者尽量做深入采访，甚至做一些调查性报道，这都是为了使新闻真实性更加全面、更加准确、更加能打动人。所以，为了获得真实的新闻，有时候让记者卧底，或是隐瞒记者的身份还是有必要的。比如，现在存在一些超市的价格欺诈，即打着所谓的打折旗号欺骗消费者，这种情况下要获得真实信息，记者就必须以顾客身份买东西，了解内部情况。再比如两个月前，我们得到一个信息说电影院里的爆米花罐有银光质，吃了后对身体有害。记者要报道这个信息，必须要先去查证，获取爆米花罐子，并送到有关食品检测部门去做检查。所以，隐瞒记者身份这时候是十分必要的。

那么,什么样的方式是不被允许的呢?当然,违法的手段不被允许,窃听就是违法手段中的一种。除了窃听之外,还有一些其他的非法手段是违法的,比如用钱购买、通过不正当关系获得新闻线索等等。当然,获得真实的新闻还有一个前提,那就是不能伤害被访人的权益。这一条我觉得我们做得并不好。2008年汶川大地震,媒体在报道地震灾难和受伤灾民时,看到一些满身伤痕的人还要拿个话筒去采访他,要他讲话,这些做法受到了社会上的批评。最有影响的争论是,二战时期,有位战地记者为了拍一个受伤战士的镜头花费很长时间,而未及时去抢救伤员。后来这个记者也在反省,这样的场景下到底是抢救重要还是拍摄好镜头重要?我觉得获得真实的手段,要以不伤害被采访人的权益为前提要求。最后,要保护爆料人,这也是新闻人员需要遵守的一个原则。爆料人为记者提供非常重要的新闻线索,如果他明确表示不能披露他的姓名,便不能披露新闻的来源。我们有时候会碰到许多压力,比如某批评性新闻报道后,相关司法部门的机构要求我们提供爆料人,甚至会以权力施压。这种情况下,作为媒体的管理层,不仅要保护记者,还要保护爆料人,在背后给予他们支持。

报纸获取利益,有妥协更有坚持

如大家所知,报纸实际上消费给两个对象,一是读者,他们买报纸看;一个就是广告商,他们投放广告。我们的报纸本身是不赚钱的,大多报纸都是五毛钱或者一块钱一份,这都是贴钱的,现在印刷、纸张、编辑的成本很高。报纸的盈利主要源自广告费用。所以,报纸这个商品有针对不同对象的二次销售。报纸这个特性,使得利益追求成为新闻伦理最大的诱敌。所以,把握好社会效应和经济效应的关系至关重要。我们报纸就曾不断碰到过广告利益的诱惑,媒体利益与新闻报道发生冲突。几年前,日本化妆品品牌SK Ⅱ被媒体曝光,其内含某些成分超出有关规定,可能会对女性皮肤造成伤害。与此同时,除报纸外的其他媒体包括网上都有大量报道。SK Ⅱ的态度是不承认,它说国家检测部门没有最终检测,媒体是属于乱报。这个时候,他们希望能在上海发行量最大的报纸《新民晚报》上刊登头版形象广告,并开价50万,这个对我们来说是极具诱惑的。但是思前想后，我们认为，在各大媒体对SKⅡ质量都表示疑惑重重的情况下，如果《新民晚报》为其做广告，一定会遭到舆论痛击，因此最终还是选择了放弃。

媒体的利益来源除上述两者之外，还有一点就是发行。《新民晚报》的发行主要是依托邮局和邮电部门这样的机构来实现，对于这样的合作关系，我们的态度是有妥协，更有坚持。所谓妥协，主要是针对这些部门的一些相对非至关重要的负面报道。比如有些读者投诉某一个书报亭没有正常时间营业，有时大冬天没到五点就关门了，于是投诉。这种情况，我们一般会打电话和邮电部门沟通一下。但有时候，有些书报亭也存在售卖非法盗版或违规商品的现象，读者多次投诉都没有解决的，我们会选择对事件进行曝光。现在，东方书报亭很多是由邮局统管，但也有发到一些私人承包管理的，涉及媒体利益的关系，我们是有妥协，有坚持。另外，利益的第二方面是个人。这个问题有复杂性，但是我觉得有些底线还是要坚持的。比如，采访发了红包，被访处派发车马费等等，这个似乎已经成了行规。但是在西方，记者是不能拿任何费用的。当然，从自己的国情来看，我们新闻工作者的待遇可能没有西方记者那么好，所以希望用这种方式来给予一点补偿。但是，我们还有个制度，某些记者拿了采访过程中获得的钱或者有价证券卡等，可以上交。我们可以从上交的情况进行表彰奖励，但是不上交我们也没有处置的方式。这里有一个最大的问题，就是所谓的封口费。有些城市的某个企业或单位出事之后，会有一些素质比较低下的老板采用这种方式让记者不对事件进行报道。而只要当地记者不报道，可能这个新闻就传播不开。但问题是，没有不透风的墙，事情一旦败露，那个记者就完了。更恶劣的一些记者则会以曝光事件来进行要挟。这些无疑是记者队伍中的败类，这种人是需要严肃处理的。

新闻如何实现公正报道

下面要讲讲公正。进行公正报道是媒体的责任，但是要做到公正却不是很容易。因为公正需要一定的伦理素养，需要面对自己的良心检察官。对事物的判断是不是能够公正，依据的是法律或者专业水准。最典型的一个例子就是药家鑫案。药家鑫被判死刑之前社会上持有不同意见。当然，支持判死刑的意见占上风，认为不应该判死刑的意见也有，相当一部分甚至是法律方面的从业者。

那么，这里最大的关键点就在于，他是不是激情刺死。在伤人时，他认为被刺者如若不死，以后会对自己纠缠不清，这个过程他有一个理性判断，这是一个非常恶劣的行为。所以，我们觉得应该是判死刑，虽然是音乐学院一个非常年轻的学生，但是以法律为依据就要做到公正，理应判处死刑。但是，我认为不好的后果在于，高院做出死刑判决之后，网上一片欢呼雀跃之声，这个令人感到很遗憾。这件事总的来说是一个悲剧，两个年轻人都死了，对社会来说也是个悲剧。判他死刑是坚持司法的公正，但为死刑而欢呼却是缺少人性的关怀。

公正有司法的公正，也有感情的公正。下面我们从户籍改革制度来说说公正。户籍改革制度在深圳、上海、广州等中心城市实行，但是城里居民却希望迁到上海的户口最好能少一点，以保护城市居民的利益。但是从中国发展来看，人口的流动是城市化、社会发展的一个重要条件。为了真正做到公正报道，记者首先应该跳出自己"城里人"、"上海人"的立场。公正的第二点，就是要还原事务的本来面目，满足公众的知情权，首先要反映情况的全部，而不是局部。我举一个前两天发生的例子，杭州女子吴菊萍急救坠楼的女孩子，她是一个非常了不起的女性。我们的驻美记者将这个报道在网上发出去以后，美国的网民都非常感动，觉得吴菊萍很了不起，是个英雄。而后，美国记者写了一篇美国网民对吴菊萍事件反应的文章，他们提出来一个问题，是所有中国媒体所忽略的，即为什么奶奶没有起到监管人的责任，怎么可以让一个孩子独自待在房间里这么长时间，而且窗门还没关好。他们说，如果在美国，这个老人一定会被剥夺监护权，甚至父母都会提出诉讼。美国新闻的这个关注点对我们来说是个很大的启示。实际上，我们在报道吴菊萍英雄救孩事件之时，完全忽视了家庭监护的内容。这一点也反映在很多方面。在中国，很多外来务工人员基本上没有时间管自己的孩子，每年上海都有很多小孩暑假溺水而死、高空摔下甚至是中毒而死的。这说明我们监管实际上很成问题，社会也缺少这方面的制度。所以后来我们对这个新闻做了补救，发言论认为，对这个事情应该更多地在监管孩子的体系上进行反省。

最后，要关注各方利益所起到的协调作用。目前，整个社会已经进入了一个利益关系协调的阶段，国家与民众、国企与民企、社会保障与不同群体、城市户口的进入等等。记者在报道新闻事件时，一定要知道不同利益群体的诉求也可能不同。我们的社会是多利益协调的组合体，报道如何做到公正，不损害一方利益，这一点需要特别注意。比如，我们对菜价飙涨的批评很多，但我们并不知道农民种蔬菜的利益实际上是非常低的。如果菜价不能上涨，农民就没有更高的收入，也就没有了种菜的积极性。如此一来，整个城市的蔬菜供应就会产生很大的问题。因此，一个小问题背后存在的整个利益链条我们都要考虑到。于是，我们继而可以抓农民利益保护不够的问题以及国家对农业保护政策的问题。如果只是简单地说菜价太高，而不对整个流通环节进行分析了解，那么这个报道就会有失公正。

接下来讲讲新媒体的伦理特点。目前，新媒体最大的特点是它的非实名制。非实名制又有以下特点：第一是自由；第二因为是恐惧才非实名；第三是不负有责任；还有一点是宣泄渠道，这些都是非实名制的内因。但是，我们从建设理性的社会角度来看，要建设一个更和谐、更安全的社会，就要去除非实名制所产生的网络“暴力”现象，包括人身的攻击、泄愤，造谣、以讹传讹等等。正是由于这种现象，新媒体的公信力并未建立起一个很好的规范。所以，倡导整个社会理性非常重要，媒体需要自由，但是更需要理性。我想以以前写过的一篇文章来作为今天的结束语与大家共勉。

在当下的日常生活当中，我们确实有的地方比较自由，但我们的思想特点有时候却仍然受制于非黑即白的惯性，既没有吸引力的道德信仰，也不强调理性的自由思辨的精神。更进一步说，自由优先可能导致道德事务主义。这使得我们时常看到鲁迅笔下的被一只无形的手提起来的一群一群缺少独立思考的众人。我觉得我们做媒体的人不能做鲁迅笔下的自由的但却是缺少独立思考的一群人。如果说正义、自由、尊重个人权利的社会是现代公民的前提条件，那么从自由走向自主，走向健全、自治的人格，这是我们还未尽的任务。在这种情况下，如何完善我们的制度，如何挖掘和延续我们在伦理生活中共同的善，进而如何协调个人在社会生活中的自由，以及在伦理生活中的道德信仰，实现自由的社会和自由的个人和谐发展，这是我们面临的共同任务。

回到原点，重新出发

时　间：2011年7月18日

地　点：上海交通大学闵行校区陈瑞球楼一楼学术报告厅

主讲人：徐炯

徐炯

《文汇报》总编辑。1989年至1992年任上海《新闻报》记者、编辑；1992年至1997年任《解放日报》记者、编辑、总编室副主任；1997年至2003年任《申江服务导报》副主编、主编；2003年至2008年担任《新民晚报》副总编辑；2008年7月任《文汇报》总编辑。

主持人：我们今天非常荣幸地请来了《文汇报》的总编辑徐炯先生。《文汇报》是我们中国内地历史最悠久的报纸之一。今天的《文汇报》在上海和中国仍然占据着举足轻重的地位，是一份非常有影响力的综合性的大报。同时我们大家也注意到，徐炯先生他的经历也很特别。他曾历任《新闻报》的记者、编辑，《解放日报》的记者、编辑、总编室副主任，《申江服务导报》副主编、主编，《新民晚报》副总编辑，直到今天在上海的《文汇报》，也担任了多年的总编辑。他转战上海各大主要的报纸媒体，对上海的报业发展非常地熟悉。去年的传媒领袖大讲堂，徐炯总编给我们做了一场《智慧立报与报纸重生》的讲座。今天徐总再次光临我们的传媒领袖大讲堂，我们相信他能给我们带来更多的精彩。

徐炯：我非常荣幸应交通大学的邀请跟大家有这么一个交流的机会，我想了一个题目叫《回到原点，重新出发》。我想，恐怕在这两年的任何的有关新闻的演讲当中，有一个话题是绕不过去的，就是报纸如何在新媒体时代继续生存。我觉得，现在从技术上讲，报纸它确实有明显的弱势，这一点是无可否认的。第一就是远不够快，第二就是容量远不够大，第三呢是一个人在战斗。什么意思呢？新闻的真实性不是一次性达到的，是逐渐逼近的一个过程。但是对报纸来讲，你去采访一个事件，往往就是一个记者，或者一组记者，也就是说他一个人在战斗，他一个人去了解这些事情。新媒体出现以后，它有一个很明显的优势就是互动。对单个的网络来讲，当事情报道出来以后，很可能有读者、有知情者主动地跑上来补充他们得到的信息。这就是所谓的“人肉搜索”了。经过大家一起努力，可以把一件事情、一个人的背景调查得非常清楚，而报纸呢，通常是非常孤单的。再一个呢，就是无的放矢。报纸把什么报道作为重点，把什么报道作为评论的选题，往往是无的放矢的。当然你可以有大致的一个方向，知道这个事情，但是在具体的事件当中，大家又具体对哪一点、哪一个论题感兴趣，这个要打一个大大的问号。但是网络它可以互动，它可以及时了解和搜集读者的反应和反馈。这是报纸无法企及的在技术上的弱势。

针对新媒体，现在所有报纸的负责人都在讲：我们后发制人，我们做深度报道，我们解读新闻。但是，我个人要质疑的是，后发制人、深度报道、解读新闻，这十二个字，究竟是救命的药，还是安慰剂？就是说你靠这个东西，能不能救得了报纸？我觉得要打一个大大的问号。我觉得不能轻易地说深度报道或者说解读新闻就能够救得了报纸的命。

第一个质疑：红旗还能打几天？

在1987年、1988年的时候，我记得是我读研究生的时候，我留下较深印象的极少数的课当中，有一堂课就是讨论电视媒体现在再发展，报纸怎么办？当时提出的药方就是深度报道。当时讲电视做深度报道不行。它非常形象，但是受众的听觉记忆是不行的。他不能靠听觉来认知、记忆一个事情，他习惯于用眼睛看。所以，你这个做深度报道呢，恐怕在电视上“嘟嘟嘟嘟”讲三五分钟，受众早就一团糊涂了，怎么会记得住？所以做深度报道，电视天然没有优势。它的优势就是一个快，一个生动形象，然后就是立体。说我们报纸就是靠深度报道，靠分析性新闻、解释性新闻。但是这个话音刚落，中央电视台就推出了它的《东方时空》，它做深度报道。谁都没想到，它可以飞字幕，可以听觉记忆与视觉记忆一起来。到了今天，电视对报纸仍然是一个威胁。但它们面临了一个共同的敌人，就是互联网。所以我们把电视这个原来的敌人忘了，就开始瞄上互联网。说来说去我们还是要深度报道。说互联网不行，互联网就是快。其实这个话，我觉得讲得太早。你只要能够冷静下来想一想，就会发现互联网做深度报道是很有优势的。

第一它容量大。现在报纸一种新的报道形态就是发现一个事情以后，报道最新的新闻，然后有相关链接。但是报纸的容量是有限的。你做了链接，这个很重要，对读者来讲，这是所谓的解释性新闻，或者说背景性新闻的一个主要的操作方法。但是网络操作这个要比报纸详尽得多，它可以无限制地链接下去。只要读者有兴趣，他可以围绕这个新闻读一个小时都可以。

第二就是一个人在战斗的问题。现在大家知道，民间的高手是多得不得了。微博出来以后（也包括过去的博客），对于一个新闻事件，很多高手会出来提供他所知道的背景知识。而报纸内部呢，当然现在我们做解读新闻、深度报道也要去约请专家。但是你凭少数几个记者的力量，你能请到多少专家？这是一个很大的问题，就是说网络如果要很好地做深度报道的话，它完全可以动用互动的优势特性，请受众跟制作方一起合作来完成报道的解读。确实我们现在也越来越发现，我们很多精彩的观点都是来源于网络。再一个就是说，你怎么知道在同一个事件当中的若干个点，哪一个是读者最关注的？这个事情，报纸也只不过是凭着经验来判断，所以报纸工作当中是有很多随意性与偶然性的。网络媒体有做深度报道的优势，但是现在还完全没有充分发挥出来。我觉得网络媒体它天生地有一个局限——过度的商业化。因为过度的商业化，它对有些内容就不是那么关注。我觉得真要正儿八经做深度报道的话，网络对报纸的威胁是非常大的，可以做得比报纸好很多。这是第一，这个红旗还能打几天？

第二，真的是一面红旗么？现在报纸上的很多深度报道，其实是假的深度报道、伪深度报道。它表面上也许采访了几个专家，但是你看看这些专家的名字，任何事情永远是这几个专家。这个专家就像万金油一样。这还叫专家么？据说有些专家已经不负责任到这样的程度——相熟的记者打电话给他，他说你给我编两句，用我的名字就行了，说我没空来跟你啰唆这个事情。那个专家也就是趁机混个脸熟吧，提高曝光度，记者好像也就有了深度。因为这话不是我说的，是专家说的。同样一句话，是专家说的，那就有（深度）；本来就是一个一般的报道，现在也可以叫深度报道了。

我们经常在讲报纸的同质化和新闻的雷同化。我觉得有1.0版本跟2.0版本。1.0版本，就是新闻报道的雷同化，新闻的来源都是一样的。现在的记者啊，越来越懒惰，越来越听命于公关公司或者说政府部门。拿统发稿，采访同样的事情，写来写去就是新闻雷同化。另外一个雷同化就是抢的一些热点，互相之间不加思考，也不考虑自己报纸的定位，自己报纸的读者的定位、读者的特征，都是这么一个热点。报道的雷同化，现在大家比较关注。但是要注意，现在我们所谓的深度报道跟解读新闻也是雷同的。这就是2.0版本。如果新闻的深度报道都是雷同的话，那这个红旗还能打几天？那这个深度报道解读新闻还是报纸应对新媒体挑战的一个出路么？

然后就要讲到《文汇报》。《文汇报》的读者一向是知识分子。现在我们确实在高校的老师当中、在医生当中、在科技界、在文艺界是最有影响的。那么知识分子读者有什么特点？第一，他有自主判断的能力。第二，他有自主判断的倾向。他始终是用一种挑剔的态度在看报道。有了自主判断的倾向，又有了自主判断的能力，当然对很多事情就有了自主的看法和结论。再一个呢，他们有学习新知识、新见解的一种持久的兴趣。他们很多人把读报纸、看电视都看作是获取新知识与新见解的一个机会。对《文汇报》来讲，同样的，我们现在选的方向也就是深度报道和解读新闻。但问题在于我们要什么样的深度报道？怎样来解读新闻？我们提出一个口号叫做“智慧立报”。“智慧立报”具体地讲就是两句话：

一个就是开阔眼界、开拓思路。同样一篇稿子，同样一个事件，我们要解读的话，如果发现这个观点随便一想就想得出来，那对《文汇报》来讲它不是观点，这样的文章是不能见报的。第二就是，我觉得报纸上的东西分成三个层次。第一是信息。现在报纸都讲报纸的信息量大，信息量大是对报纸的一种赞赏。什么叫信息量大？很多人认为信息量大就是报纸上的条数多。废话！你这个头版头条都是统发稿，有什么信息量？那种一二百字一篇的小稿子有什么信息量？信息的量也许是有的，但是有信息的价值么？受众看了以后有用么？信息量大，我觉得这个东西真的是值得研究的。第二个层次是知识。知识就是经过整理的信息。经过整理的，就有点解读新闻的意思，可以帮大家增加知识。第三个层次是智慧。这个什么叫智慧呢？我刚才讲到，知识分子读者有一个特点，他有持续学习的兴趣。所以我们的解读、深度报道，不仅要帮助读者理解一件具体的事情、一种现象,而且要帮助读者提升解读天下事、身边事的能力。所谓智慧就是一个人处理信息和处理知识的能力,这也是知识分子读者不同于一般读者的最大的特征,也是他们所希望具有的一个特征。我们的报纸就要帮助知识分子来培育他这种特点,给他这种能力,这种能力就是智慧。

“智慧立报”的意思就是说我们的报纸的深度报道要达到这样一个水准,能够帮助读者提升能力,能够帮助读者增加认识世界、判断事物、判断人的那么一种智慧。

我觉得一个严肃认真的读者,他有一些正当的要求。第一就是真实、客观、全面、详尽的事实报道。第二就是多样化的观点。第三就是有启发价值的观点。

在强调深度报道和解释性新闻之后,在强调新闻评论之后,现在报纸的评论版普遍做得比较大。我个人认为这个是值得提出来的。这一类的报道,特别是评论,有一个天然的特点,它一定是主观的。解释性新闻,它就有主观的意思了。深度报道往往也是主观的。所以很多的记者、编辑开始放纵自己的主观,而开始有意无意地忽视客观,忽视事实的基础。我觉得这个问题是非常值得研究的。我今天讲的这个题目是回到原点。原点当中恐怕有一点,就是为什么要有记者这个职业?记者到底是干什么的?记者的第一职责应该是充当读者的眼睛、耳朵,充当他的手去触摸、感受。所以客观是新闻的一种必然的要求。至于能不能做到客观,当然是很难的。因为记者也毕竟是人,看到事情会受到感情的因素的影响。另外还有记者的能力问题。虽然做不到客观,但是你不能否认新闻就是要追求客观的。第二就是多样化的观点,或者说西方讲的观点平衡。深度报道是不是一定是主观的呢?不一定,你也可以做到客观,也应该做到观点平衡。应该听听A的意见,也必须听听B的意见。西方是有一套操作规范的,他们的报道甚至是有一定格式的。有了A,一定要有B。没有B的话是通不过的。这就是平衡的观点。第三,我当然认为就是有启发价值的观点。你要能够在提供观点之外,更上一个层次,提供一些新的切入角度和新的分析方法。

刚才是讲旧媒体。新媒体呢,我觉得还是有点问题。第一是过度商业化,这个是毫无疑问的。第二,往往夸大局部的事实,造成了新闻事实的失真。然后就是庸俗无聊的话题设置。另外就是缺乏专业新闻和专业规范的团队。

关于缺乏专业训练,我觉得,我们的新闻教育一直有问题。我现在觉得新闻系学生最缺失的根本不是这种技术,最缺失的就是那些基本的东西,或者说原点的东西。新闻的那些基本概念,你脑子里足够坚固了么?这是一个问题。第二个问题,你写作过关了吧?我很坦率地讲,我现在这个总编辑经常干的是中学老师的事情,在改正文字啊。新闻系的学生,毕业以后难道不应该是一手美文么?在《文汇报》,有两位,只有两位,那真是一手的美文啊!有一次吃饭,其中一位跟我讲他是新闻系毕业的,我大为惊讶,新闻系居然现在还有这样的学生!如果文字都不过关,你会那些技术有什么用呢?所以我觉得,我们真的要回到原点。现在,新媒体在前面跑,显示出了它的竞争优势,所以传统媒体很着急。一着急就跟着新媒体跑,就是往这个泥沼里在跑了。新媒体好的东西呢,它学不到的,就刚才讲的它那些技术上的优势,报纸没有办法学。但是新媒体的那些缺点它拼命在学。现在的报纸,你去看,这一个一个问题都是存在的。

现在的报纸都在搞新媒体了,都用网了。报纸办新媒体是不是造一个救生艇,能不能救你的命?我是百分之一百不看好。

第一个问题,体制机制是致命伤,一出生就是长不大的。现在互联网当中领先的,新浪也好、搜狐也好,还有腾讯、网易等等,人家一出生就是搞市场经济的,所以它过度商业化这是天然的一个问题。但是反过来它有优势,它在经营上有优势,在体制机制上有优势。更何况人家现在已经运作得这么大了,你再去搞一个小小的运作,不是以卵击石么?所以你永远长不大的,你没有这个机会。不要老是去说美国怎么样、欧洲怎么样。人家的情况跟我们是不一样的,真的是国情不同。

第二,你不可能有一流的团队。我们都舍不得把一流的记者和编辑送去搞网站。在那里两三年一放,回来就废了。当然你也可以外聘,你出得起多少钱去跟商业网站竞争?不可能的,所以可持续无望。可持续还有一个问题,就是说你有盈利模式么?没有的。烧钱,都在烧钱。

第三就是领导层的注意力资源。一个人的注意力是有限的。我看过一些资料,非常钦佩联想集团的柳传志先生,他的很多话我觉得真是真知灼见。我记得他曾经总结过,说联想比较早的时候也做过网站,而且是门户网站,也曾经把这个门户网站印在联想电脑的键盘上，一键就可以直接链接到网站。当时试图跟新浪、搜狐竞争，结果没成功。他们总结失败的原因就是领导的注意力没有办法投入到这些项目上去，他还是注意在最赚钱的、最重要的那些业务上。

再有一个中国最大的问题——市场无序。报纸新闻当然是应该赚钱的，独家新闻怎么能不赚钱呢？花了多少的资源啊？这成本是非常的高，记者真的是非常的辛苦啊。这些稿子写出来了之后，就被网站转载了。据说是付点钱的，但是这点钱根本是不够的。所以报纸办新媒体我觉得可持续性是没有希望的，办了也就是赚个吆喝，也就自己高兴那么一段时间。当然，今后可能传统媒体跟新媒体之间会有一个有趣的合作。这需要有一个相互之间的约定，要有一种规范。

对传统媒体来说，资源已经很有限了，现在盈利能力已经是大大下降了。有限的资源投向哪里？我的结论是要投向人。传统媒体这艘船如果沉没了，我们的员工不能就此沉没。什么意思呢？就是我刚才讲的，《文汇报》要搞智慧立报，要搞真正的深度报道，要搞真正的解读新闻，要大大提升新闻的质量，那么这就救得了自己么？那也很可能救不了。因为你做得再好，也被别人拿去赚钱了。这是一个问题。另外，中国的读者的土壤确实是非常贫瘠，确实是要经过一段时间的发展。现在的一切乱象，包括新闻文化的很多乱象，我看都在于人心大乱。那么这么贫瘠的读者土壤上，一张所谓的严肃的有追求的报纸是不是活得下去，我觉得很成问题。但是我们需要珍视的是两件东西：第一是报纸所代表的那些优秀的新闻传统，就是所谓的新闻原点。在报纸上呢，保留了一些；在电视当中呢，也保留了一些；在新媒体上呢，不是太多，所以每一次美国说又关了一家多少多少年的报纸，我们内心都有一丝苍凉，因为可能一些新闻的优秀的基因随着这个报纸的逝去而消失了。这是最可悲哀的。至于报纸死不死，我觉得终会有这么一天，是10年也好，24年也好，反正24年我也差不多退休了，但各位任重而道远。第一我们在乎这些优秀的基因能不能传下去。我们希望这些优秀的基因能够保留在也许幸存下来的电视台当中，能够在网络上面，或者新媒体上面，或者今后我们很难预知的新新、更新的媒体上面不断地生存下去，不断地发展。第二我们在乎的是我们的员工，因为这些新闻基因是要有载体去携带的。我们希望能够培养这些员工做真正的新闻，能够成为好的记者。至少当这个报纸关门的时候我们的员工不至于失业。他们早早地就找到了新的岗位，到了新媒体也能够继续他的新闻的理想。

然后就是回到原点。回到原点呢，我觉得是两方面：

第一，就是要回到读者的需求。研究读者。不仅是内容的需求，还有很重要的是阅读的体验。我觉得这个东西很有意思。包括大家自己在阅读报纸的时候，我提醒大家要注意自己的一些体验。比如说体验，这个新闻真的需要那么快吗？你很多事情早知道一个小时和晚知道一个小时又怎么样？谢霆锋跟张柏芝是不是离婚了，你知道跟不知道有区别吗？没有什么区别。你早知道一个月跟晚知道一个月有区别吗？没有区别。所以，需要那么快吗？所以我讲，对所有的新闻概念，你都应该打一个问号。人的注意能力是有限的，人的吸纳能力是有限的。你整天绑着这些垃圾信息，我不是说那些很烂的是垃圾，对你没用的就是垃圾。需要那么多吗？根本不需要的。最关键的一个问题，许多新闻是生活必需品吗？你今天回去想一想，回去拿张报纸来读一读，哪条新闻你是需要的？知道跟不知道有关系吗？没有关系的。只有少数的那些必需品。有个真实的例子。我的同班同学，曾经在《解放日报》当过记者，而且是非常好的记者。这两年转行了，做经营了，做了一个很有名的媒体的总经理。他非常高兴地告诉我，他现在每天只看三到五条手机短信新闻就足够了。所以说从读者的需求出发，读者既不需要那么快的新闻，也不需要那么多的新闻。甚至于，他不需要新闻。

第二，回到原点就是我刚才一直强调的，要回到新闻的基本概念。你要观察、思考你的实践经验。这个实践经验包括你当记者以后，当编辑以后，你在工作当中的心得体会。也包括你作为一个读者，你在读报的时候的一些心得体会。这个我觉得对各位做新闻研究是有帮助的。比如有一个概念——专家型记者，这个概念是有问题的。新闻记者就是代读者去看，代读者去听，但是读者没有要求你代替他判断。请注意，记者没有这个责任。而专家型记者到底是个什么概念？第一他屏蔽了读者获取全面信息的可能性，第二他屏蔽了其他专家的观点，使读者不能获得多样化的观点，所以“专家型记者”是不是有问题？我理解的专家型的记者是：他是一个专家，但是他不屏蔽别人的观点，也不屏蔽全部事实，更多地体现在不是以一个专家的面目出现，而是以专家当中的一个出现。这意思包含两层：第一，现在不是要深度报道，不是要采访专家么？那你必须听得懂这些专家在讲什么话。你的倾听能力，你的理解能力，你的再现能力是非常重要的。第二你懂这些东西，你能够把人家的话表述得恰如其分，你就能够得到尊重。你总不见得采访一个科学家的时候你问你是什么时候进大学的这样幼稚的问题。所以你要懂，懂了以后就会赢得尊重。

然后像短些短些再短些，这个概念对不对？我觉得是不对的。短的新闻哪里有深度啊？哪里有解读啊？所以现在在新闻评奖的时候，老同志总是说消息太少了。现在报纸上还有消息的立足之地么？还有人经常讲，新闻是不能重复的。但是我觉得恰恰是需要有必要的重复。因为读者是健忘的，读者很多事情很快就忘记了。记一个外文单词还要重复21遍，那有些东西你怎么能不重复呢？

还有就是新闻纸、文化纸还是生活纸的问题。报纸上一定要新闻的概念吗？就是说新闻是新近发生的事实的报道。很多人讲你们报纸上写的那些人物不是新闻，现在报纸上的新闻太少了。你用这么狭隘的概念，当然新闻是少的了。但是读者爱看就可以了。而且一张报纸它也不仅仅是新闻纸，它也是文化纸、生活纸。现在很多很时髦的，或者一直挂在嘴边的新闻概念，我觉得都要检讨。包括报纸的杂志化，报纸现在不杂志化，怎么行呢？

关注阅读体验，有一些很成功的例子。比如说像日本人，我就觉得很有意思。他们说报纸的报道为什么要分成一个段落一个段落呢？因为很多日本人在地铁上看报纸，地铁上的行车过程中比较安静，停车上、下车的时候比较乱，所以它的每一段正好，你在不上、下车的时候看。看到这里，乱了，好，这一段结束。等乱完以后再看下一段。这是人家研究的根据人的行为来决定的。我觉得很多新闻研究的结论可以从当中得出。网络上现在很多话语很过分，有人就观察到这是人的一种本性。网络上社区的讨论就像很多人在一起辩论一样，那么谁的声音响，吼得响，谁的动作夸张，谁的话更厉害，就更能够引起注意。所以网络上话题的讨论，往往是容易说过头的。没有必要大惊小怪。

还有正常情境下的，叫漫不经心。举一个例子，如果平时来做一些科普讲座，类似核泄漏的危机，没什么人会关心的，因为这些跟你不相干。当然个别有特殊兴趣的除外。所以在正常情境下大家对很多事情都是漫不经心的。但是到了发生一些大的新闻事件的时候，就有一个应急性的需求，所以这时候做科普讲座，就是所谓的做应急传播，是最有好处的。这个就派生出一个新闻操作原理——副刊一定要有新闻性，专刊一定要有新闻性。这些都是从人性的观察上来的。

关注读者的阅读体验，甚至要关注到很小的地方，一些小的知识点。比如说你在报道上提到了一个知识点，像第一次提到三聚氰胺，那你当然要对这个词做名词解释。很多记者都根本不屑于做这些事情，所以报道的质量就很低。还有一些生造的词，比如上海老是说华师大，这是不可以的，基本的规矩：你在消息里第一次出现的时候，一定要是全称——华东师范大学。因为全国叫华师大的学校多了，好几所。像这些最基本的东西，都是根据阅读体验来。

中国财经媒体发展的脉络和未来趋势

时　间：2011年7月20日

地　点：上海交通大学闵行校区新图图书信息大楼8楼

主讲人：秦朔

秦朔

现任第一财经传媒有限公司总经理、《第一财经日报》总编辑。1990年毕业于复旦大学新闻系，1997年起担任《南风窗》总编辑，《南风窗》实现了向一份"有责任感的政经杂志"的转型，成为全国影响最大的政经杂志。从2003年8月开始参与《第一财经日报》的筹备，2004年11月15日报纸创刊。秦朔的主要著作有《大脑风暴——文化工业探寻》、《传播成功学》、《感动中国》、《美国秀》、《大变局》、《告别GDP崇拜》等。他曾被《中国青年》评选为"可能影响21世纪中国的100位青年人物"（2001），被湖南卫视"新青年"栏目评选为"2002年中国十大新锐人物"之一。

主持人：今天我们邀请到《第一财经日报》总编辑秦朔先生，秦朔先生毕业于复旦大学新闻学院，是复旦才子。后来在广东新闻界担任《南风窗》总编辑。之后回到上海，创办《第一财经日报》。现为第一财经传媒有限公司的总经理和《第一财经日报》的总编辑，同时也是上海文广新闻传媒集团的副总裁。下面我们用热烈的掌声欢迎秦总为大家做精彩的演讲！

秦朔：各位同学，大家好！非常高兴有这个机会跟大家汇报一下我对改革开放三十年以后中国财经媒体的历史脉络和未来发展的一些看法，也会以我们《第一财经》作为一个案例来跟大家分享。

今天我主要跟大家汇报两个方面的内容：第一个方面是我们整个财经媒体发展的脉络和沿革。到目前为止，有人把它分为三个阶段，我是把它分为四个阶段。这个倒不完全是因为从一个断代的方面或从一个decade的角度，比如八十年代、九十年代。但是它确实刚好在时间上有所吻合。改革开放以后，中国的财经媒体，当时严格来讲，那叫财经类的媒体，可能更多的是跟经济相关联。从我们专业的角度，财经有狭义和广义之分。狭义的财经往往指的是跟金融市场里面与投资者相关联的基本面，做一些相应的报道。所以它主要指的是以影响金融投资市场的宏观面，金融市场本身的交易、规则、利益相关者等，以及作为金融交易产品，可能是股权、信托产品、外汇，针对这些产品或公司的介绍。这是一个在较为狭义层面上的概念，而且这个往往都是跟公共投资者有关系的。当然广义的财经就是把宏观的经济、政策、公司、产业，包括生活方式也都纳入其中。比如今天我们来看华尔街的《华尔街日报》、看FT《金融时报》、看香港的《信报》、《经济日报》，台湾的《经济日报》、《工商时报》以及我们内地很多的报纸，我们都可以看到。总体上来讲，现在是一个大财经的概念。

20世纪80年代的经济报道和财经媒体

我觉得80年代的时候，其实也是一个大财经的概念，我们叫它经济类报纸或经济报纸都可以。回顾80年代，有这么几个特征：第一，80年代的整个媒体还是在体制内的。所谓“体制内的”，在某种意义上就是指有行政性、财政支持的一类媒体。最早的像《人民日报》、新华社、中央电视台、《工人日报》、《中国青年报》等很多主流媒体，以经济建设为中心的新闻探索，构成了一个非常重要的潮流。对于今天中国的经济报道有很深远影响的一些资源，除了国外的一些媒体，从我们内生的、自身的媒体里面，其实这些主流媒体都扮演着非常重要的角色。例如《人民日报》经济部的主任艾丰先生，当时在《人民日报》做了很多的报道。《人民日报》很多跟改革相关联的报道，如当年的改革三部曲、中国的历史方位等等，这些非常重要。包括后来担任《人民日报》总编辑的范敬宜先生，他最早在《辽宁日报》写的一篇文章，当时被《人民日报》所连载，类似这样的文章，讲农村的经济改革不是走过头了，而是要进一步的继续改革。因为当时也只有它们，所以主流的媒体在中国改革开放、以经济建设为中心这样一个大的方向上，它们一起发挥了非常重要的作用。其实直到今年，我每天看的第一份报纸就是《人民日报》。《人民日报》在经济方面的很多报道仍然体现出它的权威性、它的专业水准。第二个讲一下新华社。我在广东工作14年，当时是在新华社广东分社。当时新华社有个很好的传统，叫小分队式的调研，围绕中国改革开放中的一些热点、难点、敏感点，围绕一些趋势，组织小分队进行调查。就今天讲的广东和浦东宏观调控的很多命题，其实二十年以前也都在做，有大量的特别是当年跟中国东南沿海改革开放相关联的很多地方的经验总结：广东究竟是怎样的模式，广东“四小虎”各有什么特点。包括“农民工”、“一江春水向东流”、“百万移民下珠江”，当年很多这种报道，新华社也发挥了很大的作用，也出现了很多优秀的人才。第三个就是中央电视台。现在中央电视台主管新闻的孙玉胜副台长，他从吉林大学经济系毕业，刚刚到中央电视台工作，他的一个经济报道就得了全国好新闻的一等奖或特等奖。这则新闻讲的是马路的一边生产的是原材料，而马路的另一边需要这个原材料，决定一个马路之间的交易经过多长时间呢？经过半年的时间。为什么呢？这个原材料要统购统销，我记得当时（生产的）是轮胎里面的配件，之后一层层进入供销社或者行政系统，然后全国再分配，等于说转了大半个中国，半年以后到了终端这里。这说明用计划的、行政性的方法去配置资源，效率是多么的低下。他当时就是拍了这样一部片子。当时像《工人日报》、《中国青年报》等还有很多，我就不展开了。那时的主流媒体中，相当多的报道其实是非常值得我们关注的，也是非常扎实的。

第二个就是主流媒体创办的经济媒体。刚才所说的这种主流性的报道都是经济报道。那个时候还没有严格意义上的经济媒体，都是依附在原有的版面或者其他基础上来做的。到了1979年，中国出现了《市场报》，虽然当时还是半月（刊），现在半月（刊）其实就不是报纸了，但当时它是报纸的形式，没有装订，并且以报纸的刊号出的，按照“新、实、小、快、尖”来反映市场的信号、动向。它的创刊号登了70条的商品报道、市场的新闻以及29条广告。这说明中国的市场概念很早就有了。这个是《人民日报》所创办的。新华社在1981年创办了《经济参考》，隔日出版。1984年9月，邓小平给《经济参考》题词：“开发信息资源，服务四化建设”。1983年元旦，《经济日报》创刊，由著名报人安岗先生所创办。

除了主流媒体办的经济媒体以外，还出现了大量工作指导类、行业类和地方性的经济报刊，这是一个什么含义呢？工作指导类的比如说农村有《农民日报》；行业类的比如说煤炭报、农业报、消费时报等，最早的是服务于机械行业等的报刊，每一个地方都要办这种行业性的报刊，办了很多。地方性的报刊指的是地方的经济报，比如《上海经济报》，各地也办了很多类似这类的报刊。

第四类是80年代出现的一种追求经济跟政治结合的报纸，如1980年6月创刊、1989年5月停刊的《世界经济导报》。

这是整个80年代的基本框架,从经济报道到主流媒体办的经济媒体,到其他的一些经济媒体,再到出现了一些更加市场化的尝试。

20世纪90年代市场化财经媒体的发展

90年代出现了一些新的情况。第一个就是市场化的商业报纸开始出现了。市场化的商业报纸是说它的收入主要靠订阅、零售来支持,主要是依靠市场。今天我们经常说"北有《中华工商时报》,南有《粤港信息日报》",这两份报纸在90年代都得到了相当的发展。那个时候我已经开始在广州工作了,特别是小平南巡以后,整个广东的改革开放市场化,民营经济都发展起来,在这个背景下,《粤港信息日报》也发展起来了。当时广州还有一个叫《信息时报》。《中华工商时报》是在1994年改成了现在的日报,它一周出版六期,周末也有周末版。今天中国的财经媒体里,相当部分领导者的背景都多多少少与这两份报纸有关系。

第二类是证券类的报纸。这类报纸分成两块,一块就是市井的、没有信息披露权的,比如《大江南证券报》、《金融投资报》等等,它们推荐个股、提供各种各样的题材,销量很大。我这里要讲的这类报纸是有信息披露权的,是经过证监会批准的,基本上也成为今天比较重要的资本,在中国叫"七报一刊",主要的、比较有影响的是《中国证券报》、《上海证券报》、《证券时报》,还有《经济日报》、《中国日报》、《中国改革报》等等。1991年的时候,《上海证券报》的前身就创办了,接着《证券市场周刊》、《中国证券报》等也后续创办了。

第三种是很多商业杂志的市场化转型。像以研究失败系列崛起的《中国企业家》和《商界》、《销售与市场》等都在90年代的中后期,1996年、1997年那个时候开始市场化转型。

第四类是IT媒体。为什么说IT媒体可以看成一种财经媒体呢?因为它顺应了管理现代化的潮流,写了很多这方面的报道。通过IT类的媒体,国外先进的大公司,如IBM、微软等公司的管理经验被大量地引进,中国的很多公司开始借鉴这些方法,如分销、信息化管理、人力资源培训等。所以当时《计算机世界》跟《中国计算机报》的广告额都非常惊人,这和新经济很有关系。

第五个是跟《世界经济导报》相对应的,在90年代也有一个做财经领域、但事实上跟政经结合得比较紧密的，就是1998年创办的《财经》杂志。

最后一个就是在90年代，境外的媒体开始进入。1999年在上海举办了财富年会，东方明珠电视台旁边建了双球的上海国际会议中心就是为了财富年会专门建的。我当时还在《南风窗》杂志，也参加了那次的会议，开始知道了美国的三大商业杂志，开始知道90年代环球资源集团在深圳办的《世界经理人》，也开始看很多港台的财经报刊。我记得当时因为听说朱镕基每天都要看《信报》的社评，港澳办每天会传真给他，所以那时我们也订了一份《信报》，每天也要看。

可以看到，90年代的财经媒体跟80年代就不一样了，不是说80年代的东西没有了，它们依然都在。主流媒体依然在做经济报道，而且更加市场化和专业化，要么是商业的，要么是投资、证券的，要么是IT的，有些偏企业家的媒体也开始专业、细分和市场化。

21世纪头五年财经媒体的多样化发展

有人把到现在为止的21世纪财经媒体的发展连在一起，我把它分成前五年跟后五年。之所以这么分是因为在2005年到2007年，中国资本市场有一个非常强烈的变化，是中国到今天为止的经济的、全民性的、比较大的启蒙。第一个是以经济建设为中心的改革开放后的社会主义商品经济；第二个是（小平）南巡以后的社会主义市场经济；第三个是2001年中国正式“入世”，围绕中国入世、“狼来了，与狼共舞”开展的启蒙；第四个是2005年以后，中国开始股权分置改革，资本市场出现了大众化明显的趋势。比如今天有1亿多的股民、1亿多的基民，中国的城镇家庭中，还没有任何形式金融投资的家庭都已经很少了，只是投资的内容不一样。

20世纪最后几年跟21世纪前几年的这一波是跟中国“入世”相关联的，中国的“入世”是一股强大的推动力。在谈到21世纪前几年的时候，不能够回避这样很重要的背景。第一个是像《对话》、《经济半小时》所创办的“CCTV中国经济年度人物评选”这样的活动。王利芬是《对话》最早的创始人之一。我参加过一次《对话》节目，那个时候王利芬表示她没有想到电视可以成为一个很重要的财经类平台,让很多的经济界人士变成有大众影响力的明星,就像是马云这样带有公共特质的一种人。在讨论这个人的时候,你其实不会讨论很具体的,看他怎么去做一个产品,而是他有一种很大的社会影响力,某种意义上他带有一定的偶像化色彩。在这方面,电视起了很大的作用,《赢在中国》等节目起了很大的作用。

第二个是与前一轮的商业报纸所不同的新的商业报纸开始崛起了。与《中华工商时报》、《粤港信息日报》相区分,这类商业报纸崛起的非常重要的特征是它们更加自觉地、直接地、或多或少地都是要成为中国的《华尔街日报》跟中国的《金融时报》。它们当时的一些基本的路数都是把海外的模式给应用过来。比如说,《21世纪经济报道》的报头移植的是香港《南华早报》的报头,做了一些中文字体的处理;《经济观察报》很明显地把FT给拷贝过来作为模型;《第一财经日报》是FT跟华尔街的混合体。在报纸的版式上最早是用了德国报纸的版式,将做研究的德国报纸的几种元素混合在一起应用到报纸的版式中。所以它们一开始模板就很国际化。第二个就是它们越来越讲究专业化。刚才讲到八九十年代办的财经类报纸《粤港信息日报》、《中华工商时报》,里面的优秀分子中相当多的人后来都还在媒体界。但是今天我们《21世纪经济报道》中相当多的人去了证券公司、基金公司、银行、交易所。他们为什么可以去到这样的机构呢?当然我们也很心痛,老是被这些(机构)挖墙脚,因为这些机构收入高,因为这些人的专业背景,他们所做的内容带有很专业的属性。比如说我们报社有个财经新闻中心,其中有五六十个人,大概80%以上全部是财经类院校毕业的。当然这样会有问题。比如说《华尔街日报》的埃里森、FT的一些高层人物跟我们交流的时候,说他们那里做金融这类报道做得最好的人,很多是学历史、法律、文学的,所以不一定是要专业的。学这方面专业的人,专业性很强,但是对于这个行业的热爱、对于新闻本身的热爱,持久性不强。那就会出现类似香港的效应,香港媒体的重要特征是工作的第三年到第五年是跳槽的高频期,他在工作三年到五年之后,会觉得自己再这样跑,跑不过更年轻的人,而且很辛苦,所以他就要往商业、管理公司慢慢地转。这跟以前是不一样的。这一类商业报纸慢慢出现并替代了原来那些报纸。《第一财经日报》当时一个重要的突破就是一开始就办了一周五期的日报，后来又把礼拜六和礼拜天合刊，成为一个标准意义上的FT跟华尔街的版本，即一周出版六天，保证每个交易日有报纸，也保证每个weekend（有报纸）。

第三个方向是广电类财经媒体开始出现了。以前都没有，因为整个中国广播电视的频道也少，很难碰到有一个频道或一个频率专门做财经，收视率、收听率也不行。我刚才讲到那时中国开始了全民意义上的经济启蒙运动，有些人开始专门对投资有兴趣。那么就有了CCTV2、央广经济之声、第一财经、湖北卫视。湖北卫视现在已经转了，但它曾经有一段时间专门做证券市场。在这一类财经媒体里面最专业的、最持续的应该就是《第一财经》。2003年7月7日在上海电视台财经频道的基础上，跟美国的CNBC（消费者新闻与商业频道）合作，按照CNBC的基本格局（创办了《第一财经》）。主要包括交易时间的节目和商业类的访问、专题性节目。在CNBC的影响下，周末有一些访谈、秀等这样的调剂。

第四个就是开始出现财经服务业务的探索，我把它们也称为有媒体属性的，如大智慧、万得、东方财富网、同花顺等。为什么要提到这些呢？因为有相当多的投资者就是通过它们来了解财经资讯的。但是它们的版权来源非常混杂，现在慢慢地规范化了。

第五个就是财经出版。现在大家只要是坐飞机，就会在机场的书店看到很多财经方面的书。

第六个当然就是互联网上的财经内容。除了像新浪财经、搜狐财经这样的门户财经，还有垂直类的和讯、金融界、证券之星等等。

最后就是境外财经媒体进一步进入。FT、华尔街、路透、CNBC等，用各种方法在中国渗透、在中国发展。

2006年到2010年，财经媒体的全方位发展

这一阶段的发展有以下几个特征：第一，互联网的作用加强放大。我估计你们每天接触的财经资讯、财经新闻很大程度上是跟互联网和移动互联网有关的。第二个，服务慢慢地兴起。2006年到2007年中国出现空前的“牛市”，准确

地说从2005年6月6日上证998点到2007年10月16日上证6124点，这一轮的资本市场把很多的人变成了投资者，把很多冬眠的投资者变成活跃的交易者。因为跟他的切身利益休戚相关，他就开始去关心这些事情。在这一轮的“牛市”积累之后，现在去做财经的服务，相应地就会出现新的热点，现在的热点是跟社会公正、拆迁、污染等有关，社会属性更加强了。资本市场不可能让每个人都赚钱，现在大家就开始思考这类问题了。第三，数字化和移动终端开始应用。现在大量的平面媒体都有自己的网站、网络版、终端服务、APP的应用等等。听说《第一财经周刊》的ipad订户可能是中国杂志里最多的，全年使用的订户好像有7 000多，订阅费14.99美元，季度的订户和每一期的订户也挺多。我听我的同事说《第一财经日报》的ipad版，在日报这一类里也是名列前茅的。第四，全媒体、多媒体的架构，其中就包括了第一财经、深圳信息公司、胡舒立后来办的财新传媒。比如深圳信息公司有线电视的一些节目，如《交易日》、《财富天下》，它还有网站以及《新财富》杂志。还有像《21世纪经济报道》通过跟央广经济之声合作，也打造了一种多媒体、跨媒体、全媒体的架构。第五，专业化程度的提高。CCTV2前年从经济生活频道改成CCTV财经频道，把《幸运52》、《非常6+1》等节目都驱逐走了，专门做财经。央广经济之声去年改版，大大地加强了投资市场、金融市场的报道。2010年2月份，第一财经通过合作的方法对宁夏卫视进行改造，希望它向百姓财经、财富梦想的方向发展。第六，综合性都市类财经媒体的报道。现在拿出一份《东方早报》、《广州日报》、《南方都市报》、《新京报》，从中间抽一层，都是财经。它们的报道越来越全，抽出中间一叠，里面的报道也是从宏观到市场、到公司都有所涵盖。第七，在这些年里，资本市场的报道重回中心了。90年代，随着地摊财经报纸的大量零售，资本市场的报道爆发过一次；后来因为中国资本市场熊市，报道回放，信率降低；到2001年入世，新一轮的偏商业、偏管理的财经媒体崛起；到这一轮的大牛市，CPI、油市、汇市、股市、津市、期市，跟人民利益相关，跟投资有关的资本市场的报道又变得非常重要，它又回来了。现在综合性的商业财经报纸，两份日报——《第一财经日报》跟《21世纪经济报道》，两份周报——《中国经济报》跟《经济观察报》，在这一块上都非常强化。第八，财经报道中的利益和冲突加剧。一些财经报道可能会影响既得利益者的机会主义的实现，这种情况下就出现了许多利益的冲突。整个财经媒体未来的趋势就是全媒体、专业化、资本社会化、国际化，新闻跟服务并重。因为单单靠新闻的广告模式是不行的，要慢慢地借鉴订阅等服务的模式。

《第一财经》的基本情况

《第一财经》借助上海的天时、地利，在2003年将原来的上海电视台财经频道和原来东方广播电台财经频率汇合在一起而创办，走专业化、公司化、市场化、国际化“四化”的道路。所谓专业化就是指按照国际的标准来重构结构，不仅是内容结构，还包括广告结构，净化广告环境，卖医卖药的广告肯定就不登了。所谓公司化是指成立了第一财经传媒有限公司，从此进入第一财经的员工都没有事业编制，而是跟公司签约。所谓的市场化，向市场里找饭吃。以前频道、频率的广告都是由电视台、电台的广告部经营，现在他们不管了，主要靠自己向市场找饭吃，要么自建团队去做，要么去找代理公司。最后一个国际化就是说至少要了解国际的最高标准是怎么回事，要跟它学习、交流。那时我们得到了广电总局的一个特别许可，允许我们跟美国的CNBC建立一个战略性的合作伙伴关系。CNBC有三块，分别在美国、新加坡、伦敦，可以全球24小时不间断地播报市场。我们跟它的合作有外宣这样的作用。因为CNBC的人在我们这里播报中国财经简讯，一天最多五次、最少三次，每次三分钟左右。事实上就是宣传中国的经济，介绍中国的投资市场。我们跟它合办了“中国商业领袖奖”的评选。所以像以前创办《新京报》的时候说的成语一样，《第一财经》一出生就风华正茂、与众不同，因为一开始就跟国际的水平在对接。那个时候一年给它20万美金就是为了买一套软件，很多人都不愿意，但是我们很好地去履行合约，去参观、去学习，就有了《第一财经》。创办的时候是中国资本市场的熊市，2004年、2005年，漫漫的黑夜，看不到希望和曙光，这个时候就是看能不能坚持。幸好大家没有动摇，没有改变定位，坚持了下来，迎来了股权分置改革，迎来了2006年以后的大牛市，就发展起来了。当时地面频道的第一财经电视现在已经发展成三个平台，而且有些海外落地了。大家现在在上海看的第一财经，只在上海本地以及附近一些地方可以看得到。另外,它的全频道在香港的now TV落地。now TV是李泽楷的电讯盈科所控制的有线电视网络,是要付费的。我们刚去的时候是免费的,现在是付费的。2008年在香港落地的时候是一万多个订户,现在已经有七八万个订户了,这是相当不容易的。大家可以想象在香港去订一个普通话的节目,是很不容易的。另外还在台湾中华电信落地,这个现在(订户)还比较少。中华电信有一个财经的包,集合了我们的节目、CCTV2的一些节目和凤凰卫视的一些节目。除此之外,在台湾还有一些其他的合作。此外,今年的年底或明年上半年《第一财经》有可能在新加坡落地,双方的合约都已经完成了,新加坡方面也已经批准了,现在在走中国的流程。现在移民到新加坡的很多华人很希望了解中国的一些情况。我们准备达成与新加坡的合作之后到马来西亚去。所以在上海、港澳台、新加坡、马来西亚这样的方向上,第一财经慢慢地会走一个比较专业、高端、国际化的道路。第二个就是通过合作方式来做作为《第一财经》节目播出平台以及经营平台的宁夏卫视。合作以后,宁夏卫视成长得非常快,已经从原来全国卫视排名比较靠后到现在的二十名上下,二十二三名。这个也是相当不容易的。因为一个电视的收视率要上去,涉及落地、节目改造,是非常复杂的工程,特别是在目前的电视娱乐化比较强烈的情况下,财经类节目能够做到现在这样,也是进步得很快。第三个就是数字付费平台的应用,叫《东方财经》。《东方财经》目前的节目跟《第一财经》差不多,区别是广电总局不允许它上面播广告。所以《东方财经》的广告只能是我们自己的宣传广告。《东方财经》有一两千万收视户,他们看到的广告全部是我们的宣传广告,现在我们准备把它改造成一个24小时的全球投资频道,更加专业,服务于投资者的,面向亚洲、北美、欧洲的市场。我们未来会有一个面对全国电视观众的、以财富梦想为核心的宁夏卫视。第二个是有着中国领先的中国最佳投资者频道和商业频道这样一个定位的第一财经,还有24小时互动式的投资者频道。像韩国就有一个互动式的投资频道,可以打电话、在网上互动,它签了很多的分析师,但你跟它进行沟通是收费的。这是我们电视这一块的发展。

第二块是广播。广播从2003年发展起来,叫调频97.7,现在在上海地区的收听率也是前三、前五,有些节目还是非常受欢迎的。另外从今年开始,又做了一个叫《浦江之声》的中波节目。《浦江之声》以前是第一财经调频广播晚间节目，是对台广播。现在对台广播也要转型，所以我们用一个中波来做。我听说这个也挺火的。这个在上海郊区听得很清楚，但市内不行，因为市内高楼大厦太多，它受影响。接下来我们慢慢也要把它做成调频，介绍新上海生活。

第三个是《第一财经日报》。我们从2004年11月15号创办，由文广主管，同时跟《广州日报》、《北京青年报》联合主办。为什么跟《北京青年报》、《广州日报》联合主办呢？一个原因是我们觉得要做全国性报纸还要借助别的地方的一些资源；另外一个原因是从管理上来说，中国的广电集团除了办广播电视节目报和电视周刊这一类以外，它不能办综合性报纸和其他别的报纸，没有办法，只能借助当时《新京报》是由南方报业集团跟光明日报报业集团跨地区合作的这样一个改革，进行我们跨地区跟一些其他的报业集团合作的探索。后来我们的既是广电和平面媒体合作，又是跨地区的合作就算是做成了。现在在全国有11个分印点，沈阳、北京、济南、南京、上海、杭州、广州、深圳、武汉、成都、西安，发展成全国性的影响。在2007年成立了一个研究院，2008年2月25日创办了《第一财经周刊》。《第一财经周刊》非常成功，是目前中国年轻一代的公司人中最受欢迎的一本商业杂志。

除此之外，还有网站和其他的一些业务。现在从规模上来看，《第一财经》总的规模大概在中国第二吧，CCTV2作为一个财经媒体应该是最大的；从种类上来看，《第一财经》肯定是最完整的，而且电视、广播、日报、杂志在它们各自的领域都是数一数二的。所以在媒体这块，大家对《第一财经》的结构、公信力、影响力、专业度都给予了比较高的认可。接下来在服务领域、在新的数字媒体领域如何发展，对我们来说是一个很大的挑战。

接下来我们的方向是，第一财经走高频道的道路，如专业化、国际化、高价值；宁夏卫视是大频道、财富卫视的方向，其实挺希望它将来有一天能够更名为财富卫视，肯定会非常好；东方财经走专业化的道路；日报、周刊、广播、理财网，还有一些数字产品，包括理财手机等等，也有很多。

下面我简单讲一下我们接下来发展的方向。这个可能大家看不太清楚，我大致讲一下它的含义。我们用一个两维的结构来做区分，纵轴的左边是比较传统的，纵轴的右边是数字化的；横轴的上面是media，横轴的下面是服务。这样就把现在财经类的媒体、财经类的服务，分成四种类型。第一种类型就是比较传统的财经媒体，即media。media包括广播、电视、报纸、杂志等等，还有新的杂志。我们很快就会创办两本新的杂志，都在报批程序里面，有一本估计应该在九月份就可以创办了，是面对以80后为主的更年轻人群的投资理财。这个杂志已经出了三期样刊，内部印刷发布了，我看了一下，非常好。这个杂志我们不会办成周刊，办成一个双周刊。我认为它将会成为中国在personal finance领域里的领导性杂志，是由我们现有的《第一财经周刊》的团队，以及在外面招了20多个人创办的，已经创作了好长时间。现在报到上面两个刊名，一个是《个人理财》，一个是《好运》，不知道最后能批下来什么。但是已经在报批程序里面，基本上已经得到一个许可。还有一个也会在今年之内，有可能是秋天的时候创办，是第一财经跟陆家嘴管委会一起合办的、服务于国际金融中心建设的、以机构投资者为目标的杂志，报上去的一个叫《陆家嘴》，一个叫《陆家嘴金融城》。有这两个产品，就可以把面对个体投资者和面对机构投资者的市场覆盖起来。所以这个传统的媒体类型里面，其实也还是有相当空间的。特别是杂志这个类别，我们希望以《第一财经周刊》为母体，在未来的三五年内发展出三五本杂志，形成一个财经、商业的期刊群，来全面地改写中国这个比较传统的财经杂志里的一些做法。面对新的人群，80后、90后的人群，用适合他们的方法去办。这也是我们杂志成功的原因。左下角是传统的服务，在这一块里大家可以看到各个媒体在做评选、会议、榜单、营销、社会责任，我们正在考虑和准备进入的是培训的市场。因为财务、财商、财经的培训市场其实挺大的。如果依照国外的经验，有证书、非证书的各种各样的课程，像香港的一些媒体做的跟股票有关的培训，也借用课程，都非常完善。我们现在已经组建了一个团队，在研发这方面的一些课程，正在往这个方面来努力。另外，还有跟营销相关联的很多机构、公司来跟我们合作的服务的市场。这其实是媒体的运营、营销功能。右上角是digital media，这个方向的东西很多，主要是互联网和移动互联网上的应用，有多个移动互联网上平台的使用。从这一块上来讲，我们现在还处在探索之中。虽然《第一财经周刊》的ipad版和《第一财经日报》的

ipad版相对来讲都还是比较受欢迎的，但是我们在这一块做得还不够好。那么怎么办？要么内生，要么通过合作。在这一块来讲，我们也在跟一些外面的、在这个领域里比较有优势的，比如说技术、运营比较有优势的部门在探讨一些合作，希望在一两年的时间里面会有一些比较大的跨越和突破。最后这一块是右下角的，是大家认为在财经、金融领域里面利润最丰厚的方向。道琼斯更多的是在左上角，但道琼斯就输给彭博，服务类内容最强大的就是彭博，然后是汤姆森路透。这一块来讲，中国目前的情况是，面向散户比较多的有大智慧、同花顺、益盟，面向机构的就是万得资讯，面向金融机构后台的像恒生电子等等，应该说《第一财经》现在其实还没有真正意义上进入这一块。我们现在跟一些证券公司合作，找硬件厂商定制第一财经的理财手机，也是千万级收入规模。这一应用提供有行情、研究报告、新闻、资讯等等，但目前还处于比较浅的、拼盘式的情况。这一块如何去做？我们认为也要用合作，包括并购的方法切入，现在也在探索。未来我们还有很多新产品要进来，发展空间很大。

刚才我已经把中国的基本脉络和第一财经未来的发展讲了一下，下面简单说下中国财经媒体未来的趋势：第一，从公司化到集团化。中国财经媒体主要的参与者，无论是第一财经、财新，未来慢慢地都会发展成一个集团。因为它的业务版图、产品线，也包括它的智力，慢慢地都是从原来印象的公司到集团。现在第一财经就有两个公司，报业公司跟传媒公司。第二，从市场化到专业化，或者说是专业意义上的市场化，或者市场化跟专业的一个结合。第三，社会化、民营化跟人力资本化。因为涉及很多同行，我不能够说哪个媒体是谁持有了多少股权，这个意味着什么，这是别人商业的confidential。但是可以说目前中国主要的财经媒体，大部分都已经实现了社会化资本的进入、民营资本的进入，以及核心团队的人力资本化，通俗一点讲就是都有股权，甚至已经出现了以团队为主导的人力资本化。比如说整个团队占的份额是51%以上，比方说60%，或者说是单一最大的控制者，这其实符合知识跟人力资本密集的特征。第四，数字化、网络化，随时、随地、随身，特别是有投资产品以后。比如我有一个朋友，他最近开发了APP的一个应用——省钱换汇，记不清楚名字了，意思是APP上有换汇。

他发现不同的银行、不同换汇场所的汇率都是不一样的，在这里面是可以套利的，于是就开发了这个应用，一天有3万人下载，这就是随时、随地、随身的各种各样小的个性化应用。第五，多媒体、全媒体与流程的优化。做多媒体、全媒体以后，整个的流程、分享，是一个什么样的流程？中国（财经媒体）走的应该是比较前沿的，但是仍然有很多问题没有很好地解决。这方面全世界做得最好的，一个是葡萄牙的on going集团，网上可以查到这家公司。它有电视，有葡语系最大的财经报纸，有巴西最大的财经报纸，它是葡语区的一个集团。它的报纸跟电视之间的无缝链接以及在互联网上的技术实现都是很先进的。这家公司跟我们一直在接触。第二个在全媒体这方面尝试比较好的是英国的每日电讯，daily telegraph。我们有专门的人去做过它的研究，专门去到它那里，看到它的流程，非常地成熟。像on going是一起办公的，报纸的记者采访完回来就直接做电视，资讯是不断的、是完全打通的。daily telegraph编辑部的设置就非常具有整合性，他们从传统的舰队街搬到稍微郊区一点的地方，由一个大的仓库改造而成，因此它的平面就很大。平面的中心是环形的，有几组办公桌，每一组办公桌就是不同的媒体。比如说报纸的editor、网上的editor、广播的editor等等，主要的编辑架构是在editor后面扇形地展开，这样就可以很好地face to face分享。即一件事出来以后，不管谁接到，大家都在分享这件事，然后用适合自己特征的方法来进行再加工、再创造。第一财经现在就面临一个问题，电视在广电大厦、广播在虹桥的广播大厦、报纸在康定路的艺海大厦、新媒体在静安区的同乐坊，能不能用一个技术平台把它们串起来，大家都在同样的技术平台工作？我们开发了一个聚合平台，保证所有人都可以在上面发稿。但是有很多的问题，比如说电视最重要的是安全播出，因为它影响太大了，安全播出是一个底线。所以电视播控的平台，外面是进不去的，而且跟外面的信息是不能兼容的，也不能打通，电视的人可以看报纸的东西，但是报纸的人看他们的东西是不行的。第六，服务比重的上升。如果大家都是很依靠广告，那么像当年《大公报》“不党、不卖、不私、不盲”，这个“不卖”肯定就做不到，或者说不能完全做到。更多的要依靠内容和服务以及订阅性的收费才能够平衡业务的结构。第七，国际化程度提高。不仅仅是派出去、走出去，还要出海外版、英文版的节目、报纸、杂志。第八，消费者的要求在不断地提高。现在消费者在另一层意义上，本身就是内容生产者，每个人都是一个自媒体。他对媒体的要求越来越大，使得媒体本源意义上的信托、责任发生了一些改变。社会分工体系决定了有大量的人不能够到现场去看，不能够到现场去听，不能自己去寻找问题的答案。所以他需要有一些人接受他的信托，作为他的耳目，去帮他看、帮他听，去帮他把感兴趣的事情和感兴趣的人相关的东西加工、整理、判断，然后告诉他。所以媒体的本质就是提问、调查、研究，然后把客观的东西呈现给受众。可是现在出现了一个问题，每个人现在随时随地都在看，随时随地在听。以前他觉得需要委托有些人帮他解决一个事情，现在不一定了。如果他觉得媒体解决得不好，或者觉得媒体就解决不了，他就创造出了一种新的媒体形态。比如说很多人就在想中国的高铁到底安全不安全，新闻媒体受到各种各样的限制，对这样问题的回答在他看来可能是不充分的，那么他相信什么呢？他相信他的一个正坐在高铁上的朋友发的一条微博，介绍自己现在是一个什么样的情况；或者现在技术高速发展，一个人直接上传了一张拍的照片；或者有一个人说："经我的查看，高铁钢筋标号的强度可能没有那么高。"这些都有可能发生。这样，媒体的信托、责任就受到很大的挑战，媒体能否帮助人们满足他的知情权，满足得好不好？现在对于很多问题知情权的满足不可能依靠媒体单一的信源，需要很多跟它相关联的，甚至包括它的内部人、利益相关人等不断地去发出信息，在这样的过程里，最后知情权得到满足。而且知情权的满足不是一次性的，可能需要很长时间的交互来完成。所以现在的记者不能像以前那样，头天晚上或者第二天一早开编辑会，布置完任务然后就出去采访。特别是报纸，到下午回来后开始报题，晚上开始写。现在事情出来的时候，媒体还没有行动，关于这件事的报道可能已经在互联网、微博上铺天盖地了，去现场得到的信息可能还没有已经报出来的多。所以消费者的知情权、消费者的要求、消费者能力的提高，对媒体的要求也大量地提高。而媒体能不能有效地去响应，是需要许多条件的，技术的、资本的、投入的条件，特别是媒体整体的素质能不能提高，画了很多个问号。今天的媒体有很多的机遇，但如果它不能超越很多的障碍，就会离机遇越来越远。

大众传媒的利用与执政能力的提升

时　间：2011年7月19日

地　点：上海交通大学闵行校区新图图书信息大楼8楼

主讲人：童兵

童兵

复旦大学资深特聘教授、博士生导师、新闻传播学博士后流动站站长、新闻学院学术委员会主任。1991年1月被国务院学位委员会和国家教委表彰为“做出突出贡献的中国博士学位获得者”。2000年10月被聘为国家教育部人文社会科学重点研究基地中国人民大学新闻与社会发展研究中心主任。2003年6月被国务院学位委员会聘为第五届学科评议组成员，担任新闻传播学学科评议组召集人。2003年8月获国务院学位委员会指导全国百篇优秀博士论文奖。

主持人: 各位同学,我们接下来的演讲嘉宾是复旦大学新闻学院学术委员会主任,也是新闻传播学博士后流动站的站长童兵教授。童老师是我们新闻传播界的泰斗,我们很多高校的同学都知道,他是我们新闻传播学的第一人、学科第一人,他在新闻传播界有非常多的建树。他是我们新闻传播界的第一个博士,先在人民大学担任学术委员会主任,后来被引进到复旦大学担任新闻学院学术委员会主任,在新闻传播界具有巨大的影响力。下面,我们热烈欢迎童兵老师带来精彩的演讲!

童兵: 因为时间很有限,那么我想抓紧时间来讲我准备的这个题目,主要是讲执政能力。执政能力是我们十四届中央委员会就提出来的问题,十六届、十七届都是努力在做的。前几天,胡锦涛的“七一”讲话,有一块儿就是再次强调了共产党的执政能力,因为这是我们需要不断加强和改进的地方。严格来说,中国共产党30年代在瑞金就执政了,但是当时的这个“政”,还不是全国政权。从1949年新中国成立算起,到现在也有62年之久了,但是我们依然有很多执政问题,我们的执政能力还需要加强,我们还有必要向发达国家的政党去学习,借以提高自己的执政能力,包括用好新闻、管好新闻的能力。所以我想在这两个小时的时间里围绕这个问题,和我们在座的各位来讨论。

我想讲这样几个方面,一个是讲讲执政能力建设,主要是执政党有效使用大众传媒这一方面。共产党作为一个执政党,会不会用传媒,这个很重要。前几年中央提出来“三善”，要“善待传媒，善用传媒，善管传媒”，简称“三善”。这口号提到现在快两年了，但严格地来说我们还“不善于”，我们党还需要加强利用新闻媒体来引导世界以及世界舆论的能力。

大众传媒的功能

那么，我们先从一般的理论来说起。大家知道，东西方都承认大众传媒的功能一般包括这样四个方面：第一，环境监视。就是监督我们的生存环境，监督我们的社会环境，按照科学的规律运行。社会中有这样那样的问题，需要把它揭露出来，加以批评，加以分析，最后去改进，这是传媒很重要的一个功能。第二，协调社会。社会的不协调，是基本的状态，假如社会全都协调了，还要执政党干什么？还要国家机器干什么？就是因为社会还不协调，就需要去组织，需要去研究，需要有执政党去引领。所以，任何社会都牵涉到协调的工作，那么传媒能起到这个协调的作用，指出正确的，分析错误的，引领应该做的，防范不应该做的，社会就会向协调靠拢。第三，传承遗产。文化是需要一代一代继承下来的，需要一代一代往下传播的、继承的、发扬的、光大的，媒体起到这方面很重要的作用。最后，就是提供娱乐。那么这里面当然也包括提供广告，因为广告实际上就是在促进社会的协调发展，推销商品，等等。一般来说我们讲到大众传媒的功能，至少包括这四个方面。

执政党对大众传媒的重视

古今中外执政党很多都重视都强调要正确地使用大众传媒，这点非常重要。我可以举很多这方面的例子，比如说毛泽东对媒体就高度重视，毛泽东论新闻的著作，好几百篇，指示好几百处。我们很多党和国家领导人，也都是这样。比如说邓小平，他每天要看好几份报纸。我读硕士时班上有一个同学，毕业就分配到中宣部宣传局，他开始当处长的时候，每天会翻阅各地的报纸，尤其是报纸上所揭露批评的坏人坏事，他把这些都摘下来，用大字印出来，下午派人送给邓小平看。这就说明邓小平对媒体很关心，他通过媒体来了解中国，尤其是了解中国的问题。现在胡锦涛和温家宝也是这样，每天都上网看很多这方面的信息，有的信息还看得特别及时。

我们大家都知道，杰弗逊大概是西方那些政治家里面比较重视传媒的，他是新闻自由的坚定拥护者。他讲过一句名言，大家可能都还记得，或者耳熟能详的，他说，“没有检察官，政府则不能存在。在新闻出版自由的地方，一个检察官都可以不要。如果政府是廉洁的，他无需害怕攻击和辩护，造物主没有给人类任何其他方式在宗教、在法律、或者在政治方面辨别真理。政府对拍马者和批评者采取不闻不问的态度是明智的，因为纵容前者和迫害后者可能有失尊严，并且是犯罪行为。”在还没有成为总统之前，他就主张作为领导人，既不要去理那些拍马屁的人，也不要去迫害那些批评你的人。等他当了美国历史上第三任总统以后，他在给一个名叫爱德华·卡尔顿的一封回信里说过一句话，“如果由我来决定，我们是要一个没有报纸的政府，还是要没有政府的报纸，我会毫不犹豫地选择后者。但是我应该说明，一个重要的条件，就是每个人都应该得到这些报纸，并且有能力阅读他们。”这句话，我想大家应该很熟的，“没有政府的报纸”和“没有报纸的政府”，宁愿要报纸而不要政府。当然，作为一个政客，也就这样说说而已，实际上杰弗逊还是要政府的，他对政府的指示还是很多的。从华盛顿开始，到现在，美国有五十几届总统，一共有四十几位总统（有的总统是担任了两届的），这些总统都同媒介保持着这样或那样的，亲密的或者不很亲密的关系，但是没有一届总统是不重视的，是疏远的，是隔离媒体的，没有。美国开国的第一任总统华盛顿，他自己当总统的时候，在他第一个任期就自费订了五份报纸和三份杂志，第二年他订了所有主要的报纸，而且认真地看。你看他开国元首，对平面媒体（当时还没有电子媒体）是高度重视的，这很能说明问题。比如说，同媒体关系比较好的有很多，艾森·豪威尔和媒体的关系很好，肯尼迪同媒体的关系很好，尼克松开始的时候也不错，但是后来他把媒体给得罪了，媒体最后把他搞掉了。现在的总统，没有一个人是不关注媒体的，也可能他心眼里很厌恶、很讨厌媒体，但表面上都是非常好的。你看奥巴马和媒体的关系就像哥们儿一样，很好，但他骨子里是不是很讨厌媒体，我们不得而知。西方的政治家很会用媒体，我们共产党的政治家也是。

大众传媒的作用

执政党为什么不分中外、无论古今，对大众传媒都是需要的？主要是出于一种政治需要。从传播学的角度来说，主要是出于这样三种需要：

第一，把传媒作为自己的管理工具。毛泽东总结过，“一个是枪杆子、一个是笔杆子”，这“两杆子”是我们争天下、保天下的主要工具。一个党，有多种工具。靠传媒来管理，靠传媒来指挥，这是执政党出于一种政治需要来驾驭传媒。

第二，通过传媒来做决策。西方有一种做法，叫“放政治气球”，就是政府要做一个正式的决策的话，在它成为一个政策，或者成为一个法律出台之前，故意地先找传媒“吹风”，找一些传媒的记者一起喝咖啡、喝茶、吃饭，在非正式的场合谈天说地，告诉媒体他们最近想做些什么事，如果传媒信以为真，回去就发新闻了；对政府即将要做的这些举措，社会上可能有反对的，也可能有赞成的，政府从里面就可以探知民意，判断即将要做的决策是做还是不做，是利大于弊还是弊大于利，这就便于政府作出决策。我们的传媒也有这方面的功能。所以，对于传媒的报道以及报道可能产生的引领国家、引领社会、引领公民的作用，领导人是非常关注的，这是第二个作用。

第三，能够说服民众，操纵他人。这是媒介很重要的一个功能。尤其是共产党执政以后，在这方面非常用心，非常用功，取得了很多成就，当然也不乏很痛心的教训。我们的媒体天天在引导人，什么叫“引导”？“引导”实际上就是说服，劝导你应该这样做，劝导你不那样做。很多人对这一点不仅很相信，甚至于很迷信，以为传媒是万能的。虽然李普曼的刻板印象论等等已经被我们反对了好多年了，实际上我们现在还在这么做，以为传媒的威力无穷大，以为放出去的新闻、信息、广播都是神弹，会百发百中。实际上，它并不是万能的。

关于媒体的说服的工作，我们也有很多经验教训。看要怎么操纵人，现在有些媒体经常在做的，是不好的操纵人的办法，这很恐惧。包括现在很多媒体都在造舆论，要肢解默多克的新闻国际集团，我不主张造这样的舆论。这是市场经济，默多克发展到今天容易吗？他从1968年收购《世界新闻报》，1981年又收购了《泰晤士报》、《泰晤士报文学副刊》、《星期日泰晤士报》，它是市场经济的产物，市场经济是大方向。他在西方搞窃听、截留人家的email等等，这都是不对的，默多克需要负有责任，但是他现在道歉了，检讨了，也把他最喜欢的副手给免职了。我觉得这样的惩罚就可以了，让市场去惩罚他，不要用行政的力量。这是一个问题的两面，你今天给了政府这样的权力，那么下一个替罪羊，或者下一个被宰的羊是谁？这样下去很可怕。所以，我不反对对《世界新闻报》要讨伐、要批评，实际上我也已经写了好几篇东西了，陆续都会见报的；但是我不主张把屠刀还给英国政府，英国政府就那么好吗，他那些官员平时从默多克那儿得到了多少好处呢？今天需要痛打落水狗，让那些官员把吃下去的吐出来，这才是对的，只是简单地把他肢解了，没好处。所以我们对传媒的任何一个功能，都需要进行历史的分析，一分为二地来看。

执政党使用大众传媒的经验

那么这些年来，我们在使用大众传媒方面有很多经验，我在这里做一点简单的分析。

经验一：使得受传者懂得传播同它本身切身利益的相关性

要使得受传者懂得传播同它本身切身利益的相关性，并且使他乐于接受媒体传送给他的那些信息，包括客观信息和主观信息（也就是我们的意见），这一点非常重要。假如受传者根本不懂得媒体传递给他的那些信息对他来说是有用的，那这个传播是失败的，是没有效益的，是一种浪费，是一种对牛弹琴。从执政党的层面来检讨，我们这方面的教训太多了。比如说，大家知道，《人民日报》从今年元旦开始一心进行改革，应该说是有成效的。但是这种成效主要表现在第一版和第八版上吗？不是。表现在第九版开始，有很大的改革，大标题、大空间、大照片、大文章，很可读，内容很丰富，基本上我们中国发生的重大事情，在它这个版面上都有表达，都有反映，让人们逐渐感到《人民日报》可爱起来了。总的来说《人民日报》元旦以后开始改革，而且走得比较远，远远地走在《光明日报》和《经济日报》前面。它是党中央直管的第一大报，它的负担很重，这是不容易的。改革后的《人民日报》是为党员以及全体民众服务的媒体，让我们的受传者真正懂得像《人民日报》这样的主流媒体、中央媒体，它的传播同民众的切身利益是相关的。这是第一条经验。

经验二：科学地使用和监管大众传媒

接下来要讲讲提升执政能力，必须科学地使用和监管大众传媒，这是第二条经验。执政能力包括利用传媒、监管传媒（或者说管理传媒）的能力。

我从心眼儿里不很同意李希光老师“新闻执政”的理念，这个我接受不了，而且我觉得挺可怕。新闻要能够执政，那和我们军人的枪杆子、和我们警察手里面的电棍都差不多了，这就是专政的武器啊，新闻能有这样的作用吗？我觉得不行。所以“新闻执政”的意思可以理解，但是这个词很可怕。我不仅在这个讲座上这么说，我碰到李希光也已经很认真地向他提出来过，我说希望李希光老兄能够考虑我的意见，放弃“新闻执政”这样一个理念。但是他坚决不。不知道若干年以后，碰了壁以后会不会放弃。

我觉得科学的利用、使用大众传媒是非常重要的，这要从大的说起。胡锦涛讲过，共产党的执政能力实际上表现为五个方面：

第一，是驾驭社会主义市场经济的能力。应该说，改革开放后，经过三十多年的训练和锻炼，我们执政党领导社会主义市场经济已经有相当的能力了，我们今天已经比几十年以前要聪明多了。那时候是“宁要社会主义的草，不要资本主义的苗”，所以人民搞得很穷，在穷窝里面摸爬滚打了几十年，现在我们已经不是这样了。在领导市场经济的方面，我们执政党已经有相当的水平了。江泽民执政十三年，最了不起的贡献就是在2000年，使中国加入了WTO（世界贸易组织），这点非常了不起。试想，假如中国在今天和俄罗斯一样，还没能够加入世界贸易组织，今天中国会怎么样？很痛苦，因为享受不到经济生活当中基本的平等和正义，其他国家就可能一天到晚欺负你。现在，在很多地方，我们都可以到WTO总部和我们的经济伙伴去告状、打官司。最近，关于稀土资源的官司，中国打赢了。我想，以后我们打赢的机会多的是。我们这方面的能力已经很强，但是也不是很强很强，我们在领导几个重要的“市”——股市、房市、车市上还不行。所以，应该说，我们的执政党在驾驭市场经济能力方面有很大的进步，但是不尽如人意的地方还有很多。这是第一个能力。

第二，是发展社会主义民主政治的能力。大家知道这些年有很大的进步，比如说，前几年提出了公民的“四权建设”——知情权、表达权、参与权和监督权。

不仅要把市场还给人民，还要把社会还给人民。去年底提出了社会治理的问题，这些都是很大的进步。我们现在的言论自由，出版自由，尽管同我们理想的追求还有一定距离，但毕竟有了很大进步。应该说我们今天的民主政治有了很大的发展，在乡村和城市都是这样。当然，你说这个能力有多强多强，现在还不能这么说，因为我们一些问题还没有解决。

第三，是建设社会主义先进文化的能力。这方面应该说还比较差。文化建设将是下半年要开的六中全会重点解决的问题。我在一个会议上说过，我不好意思说我们现在没文化，但是应该说我们的文化比较低贱，我们的先进文化和者甚寡，大众文化走向低俗。每天晚上八点钟以后，看全国的电视台很多都是一帮男女在那儿唱歌、跳舞、搞笑，看不到一个让人能够有所收获的电视节目，这样浪费多少资源啊！这样的文化能引领社会前进吗？所以，文化的确是中国的大问题。

第四，是构建社会主义和谐社会的能力。在这方面，我们有一定的进步，但是问题还很多。今天，我们的社会还有很多不和谐的地方，会爆发一些突发公共事件尤其是突发性群体性事件。据于建嵘等教授的统计，去年突发公共事件超过18万起。所以，我们现在维持社会稳定（简称"维稳"），成本居高不下。很多小学、中学采用一、二、四配置，就是一个警察、两个保安、四个老师看大门，怕歹徒危害我们的学生。全国有多少个中小学啊？校园都如此紧张，说明社会还不太和谐，问题比较多。

最后，应对国际局势和处理国际关系的能力。大家知道，在这方面，有一定的加强，还不够，还需要很大提升。这一个月，南中国海问题就搞得我们很尴尬，一个菲律宾、一个印度尼西亚、一个越南，占领我们几十个岛屿。越南还是社会主义大家庭的好朋友呢，都不帮我们，搞得很尴尬。我们应对国际局势的能力是不强的，更不要说什么国际对话、话语权。我不知道昨天赵启正部长有没有讲过这个，我们在国外的话语权几乎没有，我们媒体上面的东西在西方国家落不了地。这些就是我们党的执政能力有待于提高的任务、目标，这也是我们在座的新闻人的抱负。

那么，怎么样来科学地用好传媒呢？我觉得主要需要从这样三个方面去努力：

第一，方向要正确。所谓“方向”，就是信息的流向。我们一般说信息有正面的，有负面的，有积极的，有消极的，这个方向一定要正确。假如说负面的东西很多，就一定要人为地去遏制它，但是只报道正面的东西是不可取的，因为会失去基本的信用。我们很多媒体的教训正在这里。所谓“反面文章正面做”，所谓“正面宣传为主”，或者是“正面报道为主”，这样一些理念和政策都需要我们认真地反思。也就是说，假如正面的确很多，成了我们生活的主流，成了我们矛盾的主体，坚持这个方针无疑是正确的；假如说负面的东西很多，还要说坚持正面宣传为主，那就不可能不说假话，不可能不搞虚假的东西。表面上有了那么多正面的东西，也不一定有正面的效果，表扬的后果不一定是积极的，表扬多了，可能会产生反面效果，它会诱导、激发人们的逆反心理，人家不信你。在我们中国，这样的教训很多，叫“倒过来读新闻”，就是媒体越说好，人家就认为这里面问题很多，就越不相信。所以这个“方向”是很重要的。信息的流向要实事求是，是“好”就是“好”，“好”是主体就说“好”是主体；假如“坏”的多，就说“坏”，好好去分析它，引导人们去克服它。这才是执政党智慧的地方。

第二，数量要到位。就是所发的信息数量该有多少就多少，实事求是，不要人为地去配置。比如说正面和负面的比例，到底多少是正确的，才是到位的？这个需要具体问题具体分析，具体的历史时期、具体的一个地域、一个部门或者一个方面都要具体分析，不能一概而论。中国那么大，要靠一个政策来把它统起来，那是幻想，是做不到的。比如说，计划生育政策，一对夫妻生一对小孩，对中国多数地方都是正确的，因为我们人口实在是太多了，十三亿多，我们的资源很不够，但你说任何地方都要执行这个政策就必然是错的了。比如说，有些少数民族地区，总人数也就是几万个人，还限制他们的生育，这个民族什么时候才能够兴旺起来？还比如说，渔民比较集中的地区，渔民出海尤其是到远洋去捕捞，牺牲的风险很大，规定一对渔民只能生一个小孩，他会想不通。所以一个正确的政策在某一些地区，在某一些地方，在某一些部门可能是一个错误的政策，所以正面的、反面的，积极的、消极的报道需要有一个合适的比例。

第三，质量要适中。我们今天的新闻有数量，而没有质量。信息含量很差，废话很多，错别字很多，文理不通的很多，你的信息哪有什么质量？花一块钱买份报纸，看一张报纸像喝白开水一样，两分钟就翻完了，值吗？说明报纸的质量不行。

所以，一个执政党在制定新闻政策时需要把握这三个方面，这三个方面把握好了，就可以说是懂得了科学地使用媒体。

经验三：自觉地总结大众传媒

第三个经验，就是要自觉地总结大众传媒。去总结怎样使用大众传媒的国际经验，是执政能力建设走向成熟的标志。应该说世界上能够很好地使用大众传媒的这个执政党是很多的，有很多很好的经验。比如说，我们前面提到的美国历届总统，总的来说，他们和媒体的关系比较和谐，他们会见媒体的工作者很频繁。例如，美国的白宫每周至少有一次新闻发布会，或者说工作午餐会，或者说工作冷餐会，用各种各样非常人性化的方式和媒体保持最密切的联系。还比如说，新闻发言人的制度，国外也是很正常的。当然，应该说这两年我们在建构过程当中，正在不断改进，有所提高。去年开始构建党委的新闻发言人，当然要做到这个也不容易，现在十几个部委都有自己的新闻发言人。所以，西方在驾驭媒体上有很多的经验。应该说，我们的目光、我们的评价主要放在正面的方面，要放在对他们经验的肯定上，而不要消极的、更不要错误地去总结和吸收他们的经验教训。在这方面，我觉得我们是有教训的，有值得改进的地方。另外，就是要汲取世界上执政党兴衰成败的经验教训。我们正在总结、正在吸收，但是某些方面有片面性。2008年5月1日，我们开始执行《中华人民共和国政府信息公开条例》，中国第一次有了我们自己的信息公开条例，这是很大的进步。但是也存在一些缺陷，比如它还不叫“法”，比如拒绝了“公开是原则，不公开是例外”的口号。这还需要我们不断地努力，可能三五年还不够。国际上还有很多经验值得我们去总结，对我们的管理会有很大帮助。当前，我们的党在媒体使用的国际经验方面有了一定的进步，这一点上还是让我们感到很高兴的。包括这次九十周年的讲话中，胡锦涛又重复了这样一些观点：一个是党的执政地位不是与生俱来的，也不是一劳永逸的，苏联就是一个教训；二是要居安思危，增强忧患意识。这些观点在这次九十周年的讲话里面大大地得到了张扬，得到了升华。所以，海外评价胡锦涛的“七一”讲话是充满忧患意识的，这个评价应该说是很高的。

经验四：自觉地加强执政能力建设

此外，需要自觉地加强执政能力建设，我们这方面是在不断地做。在这一点上，我们已经有一些经验教训了：

第一，要坚持以人为本。坚持从关心人、为人民服务出发来使用大众传媒，这次“七一”讲话里面强调得比较清楚。使用传媒，主要不是为了替自己当话筒子，不是为了给自己寻找一个耳目喉舌，当然它有这个功能，我们一开始就讲到了，它有理性工具的功能。但是，更重要的是要用传媒来为人民服务。我想，今年在这方面会采取一些比较具体的举措，因为现在方方面面都已经开始准备了，我想会有一定举措的。

第二，就是大众传媒不仅是党和政府手里的工具，同时又是人民的工具。大众传媒有权以社会舆论的身份来监督党和政府，这是我们对国际经验的一个总结。大众传媒，不能简单地、单一地以党的工具这样一个身份来操作、来发挥社会的作用，光这样是不够的，同时它又是人民群众的工具。既然已经认识到了这一点，接下来我想我们要做的工作是采取一系列的法律、法规、政策和举措来保证人民工具这样一个理性能够得到贯彻。

第三，就是党和政府对大众传媒的关系，包括对传媒的使用、监管和配置，都必须纳入法制的轨道，要依法来监管、依法来使用、依法来配置。要做到这一点大家知道何其难也。在今天的中国，包括当前党和国家对传媒的管理，还缺乏“法”的约束。我们的社会主义法律体系还缺了一大块，有待填充。

第四，就是成功的执政党尊重规则。除了事关国家安全或重要机密泄露的情况，一般不对新闻资源的配置施行强制性的管理。假如因为《世界新闻报》这一次窃听丑闻，英国政府一反自己几百年的传统，对《世界新闻报》动刀子，它就开了一个恶劣的先例，付出的代价将是极其沉重的。我想英国政府也就说说而已，高高举起轻轻放下，因为付出的代价很大。可喜的是，我们国家从去年以来对市场的配置基本上是尊重市场规则的。比如说，报纸怎么准入，让你办、不让你办，基本靠市场机制，这已经有了一个很可喜的开头。比如说去年，活不下去的媒体，特别是那些要政府掏钱才能勉勉强强活下去的，现在就不让你活了，除非你自己去市场上找钱。去年死了一百多家，今后两三年大概这样的报纸要死三百家到五百家。所以，不要像以前的逻辑思维一样只看数据。比如2005年有多少报纸，现在报纸增加了多少，不要这样看问题。因为半死不活的报纸存在着，是对纳税人的一个负担，说明中国报纸的结构还不健康。所以不要以数量论英雄、看发展。谁走市场走得好，谁在市场上有发言权，谁就是老大，谁就是有能力。我大致就讲这些，接下来看看各位有什么问题。

嘉宾：我有一个问题想请教您，就是您刚刚讲到要用市场去配置资源。我想问一下，您觉得党报也需要进入市场吗？还是说，有没有可能，党报就走党报系统，都市报一类的才要走市场？

童兵：党报的活法以后可能是多种多样的。地位高的、号召力大的、公信力强的，肯定会活得很好，但是多数党报大概有生存的困难，所以我对党报前途的评价，既不乐观也不悲观。不悲观的意思就是说，共产党肯定是万岁的，所以报纸也是万岁的。因为恩格斯讲过，一个现代的政党的存在，标志之一是有一家以上的机关报。所以党报在市场经济的条件下面，很可能饿不死也吃不好，因为不让它走市场，或者说走市场程度很不够。也就是说这方面，它占领不了市场。所以以后的分工，很可能就是党报管导向，都市报占领市场。所以我们现在有机地把它组成一个报业集团，老二挣钱养活老大，老大做品牌，发一些文章，这样就形成分工了。比如说文新报业集团，陈保平一年给文新集团挣好几个亿。以后的党报基本上就是这种态势。

嘉宾：我有两个问题想问一下。首先第一个就是，最近我们看到政府部门出现很多公关危机。网上有个调查，出现公关危机后，政府的处理有几点让大家感觉非常不满：一个是推卸责任；还有一个就是对媒体和公众不太诚恳，等等。您怎么看待我们执政党的危机公关？第二个问题就是，因为我之前去过台湾那边，他们同学说，他觉得“大陆那边的新闻媒体不是很自由，你们都是受政府的控制。”因为他们认为媒体作为“第四权力”，是独立于三权的。“你们这样控制于政府的话，怎么得到真正的消息？”他就感觉好像我们在限制新闻自由，如果您在面对这样质疑的时候，您该是怎么回答呢？谢谢。

童兵：第一个问题呢，讲的倒是实话，因为现在危机很多，包括政府也经常碰到危机，所以他要公关，这个大家都在做。因为“公关”和“走后门”是两个概念，所以政府现在也不怕说自己在公关。比如说，上个礼拜南京政府碰到一个危机，叫“五品夫人”，一个很漂亮的女士说自己是五品夫人，因为她傍的原来是个小干部，她说陪他七年，从乡镇一级的干部已经做到了市级的干部，市级干部就是五品了，所以她自称“五品夫人”。我觉得南京政府的处理就值得肯定，没有回避。再有个地方讲到那个官员是1958年生的。所以把南京市里的干部从市委到政府挨个儿都查，有两个人生于1958年，继续调查后发现怎么也不像包二奶的。后来就发了一条申明，南京市市委、市政府通过认真自查后发现网上的揭露、爆料是不存在的。这条申明发到现在，过去大概五六天了，没有再大的跟帖了，那这个危机就过去了。我觉得危机是正常的，一个在改革开放的过程中、在社会转型的过程当中，尤其是改革进入了深水区以后，危机是正常的。这个不需要太紧张，这是正常的。

另外一个，台湾这些年报纸的进步比内地慢，慢多了。90年代初到台湾觉得能学到很多东西，现在不行了。所以一个政府治理不好，很糟糕的。媒体说到底它是个上层建筑，是跟着经济基础走的。它经济没有搞好，媒体也很难搞好。

当前中国传媒业发展的关键与行动路线图

时　间：2011年7月30日

地　点：上海交通大学闵行校区新图图书信息大楼8楼

主讲人：喻国明

喻国明

中国人民大学新闻学院副院长、中国人民大学舆论研究所所长，教授、博士生导师。主要研究领域为发展传播学理论、新闻体制改革和新闻传播效果理论、中国民意测验的理论与方法。被国内传媒界誉为“媒介军师”。社会职位：中国传媒经济与管理协会会长，中国传播学会副会长，中国电视艺术家协会高校艺委会副会长；清华大学、北京师范大学、中国传媒大学、复旦大学等院校兼职教授、客座研究员或顾问。

主持人：我们大家以最热烈的掌声欢迎喻国明教授。喻国明教授，现在是中国人民大学新闻学院副院长、中国人民大学舆论研究所所长，主要研究领域为发展传播学理论、新闻体制改革和新闻传播效果理论、中国民意测验的理论与方法，被国内传媒界誉为“媒介军师”。他的社会职务包括中国传媒经济与管理协会会长，中国传播学会副会长，中国电视艺术家协会高校艺委会副会长，清华大学、北京师范大学、中国传媒大学、复旦大学兼职教授。我们大家再一次以热烈的掌声欢迎喻国明教授。

喻国明：我今天演讲的题目是《当前中国传媒业发展的关键与行动路线图》。今天这个题目其实挺大的，但是说起来也可以很简单。要抓住一些关键词，要有一个高度。中国传媒业发展的关键和行动路线图，我想也有这样一个关键词，就是中国改革开放三十余年的发展可以用四个字来形容，就叫“增量改革”。这样的一个增量改革，实际上是中国的媒介从一个相对比较原始的、近乎是一个组织媒介的方式，发展到今天形式很丰富，运作的社会条件、经济条件、产业条件相对完备，这实际上是一个补课的过程，在形式上按照世界发展的规律和模式跟进的过程。那么，增量改革既是一种补课，也是符合中国特点的一种所谓小步快走，老人老政策、新人新政策的尊重中国发展现实、具有东方智慧的一种做法。因为它最大限度地克服了既得利益群体、权力群体对改革和发展的反抗和阻碍，最大限度地跟中国社会发展的历史性、时代性的要求进行某种接轨和吻合。应该说这三十年的补课发展，是非常值得骄傲的。

所谓的增量改革，其实就是存量不变、增量改革的一个简略的表述，就是原有的制度层面所规定的传媒的所有角色扮演功能关系基本不变，而传媒业跟社会发展实事对应的一种服务。这样的一种平衡是靠什么？是靠新增的量。它在整体上改善我们的媒介产业结构，使这样的一个增量和存量组合在一起，最大限度地跟中国社会发展的实际相结合。如果简单把存量进行一种根本性的、休克式的改变的话，那么我们这个社会可能要经历很长时间的阵痛、讨论和停滞的过程。在增量的过程当中，原有的利益关系保持不变，所以既得利益群体对此不会做殊死反抗，而社会的发展对媒介的要求通过新增的量，比如说最早出现的都市报，后来出现的各种各样的新的媒体等新的传播方式、新的运作模式等等，这些都是顺应时代发展的。它跟存量结合在一起，形成了新的媒介结构，媒介的功能结构、决策结构。这就是过去改革开放三十年中国传媒业所走过的路，其实就是四个字可以加以概括。

而今天，这样的一种补课已经基本完成，下一步就不是补课的问题，是要在这样一个增量的基础之上，我们要有一种符合中国社会发展特点的新的媒介产业、媒介制度的构造，仅仅用补课的方式去做已经难以为继了。那么必须要求我们拿出自己的创造性，或我们自己的智慧来进行语法革命。什么是语法革命？我们都是学语言的，我们都知道学语言有两个要素，一个是词汇，这个词汇就相当于我们传媒业发展当中的要素的增量。你如果只懂三个词汇、五个词汇，什么话都说不了。因此刚开始的时候，词汇量的增加对你的语言表达能力的提升是至关重要的。你从一个字、一个词都不会，到会了一千个词、五千个词、一万个词，你的表达能力就会有突飞猛进的增长。但是当你达到一万个词汇之后，再增加到两万个词汇，到三万个词汇，到五万个词汇，到十万个词汇，你的表达能力并没有随着你的词汇量的增加而扩充，反而出现一个相对平台期。也就是说，你的词汇量的增加，对于你的语言表达能力的信达雅没有起到太大的作用。这个时候，你的表达能力的关键在于词汇和词汇之间的搭配。搭配得好，说得得体、说得到位、说得雅致，那么你的语言表达能力让人们感到入耳、入脑、入心；你表达得不好，有的时候就让人觉得你很不得体、很不到位甚至很雷人。而今天中国传媒业它的发展逻辑、它的发展空间、它的价值的提升，很大程度上就在于通过整合建立关联，在关系资源方面，实现它的突破、开掘，这才是我们所说的中国传媒业今天发展的关键和行动路线图。也就是说，要通过整合的方式来实现中国传媒业价值的提升、在社会生活中的发展。这就是我们对这样一种发展的格局、发展趋势的一种判断。

那么，这样的一个整合意味着什么呢？我想首先是意味着要跨界，要突破我们原有的媒介运作、媒介观念、媒介市场边界的局限。现在我们所讲的所有的媒介经营，比如一张报纸经营自己的上、中、下游的读者、内容资源等等，把这个东西整合好，形成一个价值链就完了。一个电台、电视台、一个网站其实都是这样的，但是这其实并不是它真正的发展趋势所在，这只是在产业化过程当中一种最起码的基点之上的一种产业链的整合。最关键的是要跨越自己经营自己资源的边界，如何把社会的资源变成自己的资源，如何把别的媒介的传播平台划在自己的经营范围之内，这才叫所谓的关系的整合。媒介和媒介之间的跨媒介的，媒介跟我们的用户、我们的读者、我们的受众之间的跨界的关联，我们媒介跟其他行业之间的这种跨界的发展，才是今天中国传媒业真正的价值所在、发展逻辑所在。比如说内容，实际上今天不缺少内容，今天缺少有价值的内容。什么叫价值？价值是在关系范畴当中形成的。也就是说，你对于我的关系是什么，这才是重要的。不建立在关系架构基础上的内容，它的价值是比较有限的。比如说像《纽约时报》，在西方新闻人的眼中，那是奉为专业主义典范的。《纽约时报》上的内容应该说真的是我们专业人应该效仿、应该学习的，这是一个榜样级的内容制作，至少在很多方面，我们有借鉴的价值。但是《纽约时报》的市值，跟Facebook等等这样的一些关系媒介相比而言，在资本市场的评估价值，相差不是一倍两倍，至少是十几倍、几十倍的这种差距。为什么？

2010年有个所谓“3Q之战”，360跟QQ之间，到底因为什么，他们在争夺什么，发生了如此震撼社会甚至不惜以牺牲用户的利益为代价的、所谓的壮士断腕似的行动呢？其实360在中国的用户群并不比QQ的用户群更少，它所具有的用户群也很多，将近4亿，QQ基本上也就是这么一个水平，略多一点而已。但是360跟QQ最大的不同是什么？最大的不同就在于360只是一个杀毒软件的使用者，你也用360，我也用360，他也用360，我们之间是一盘散沙，我们之间是不构成关联的；而QQ他们之间是可以形成多种多样的复杂的关联，而这种关联会产生巨大的社会价值和商业价值。360之所以跟QQ之间发生那场冲突，原因就在于360要用自己的技术去劫持QQ的用户资源。拿马化腾的话来说，就是我们家门口站俩保安，这俩保安不归我管，我能不能出去，外边人能不能进来，都得由他说了算，这俩保安就是360。它要把腾讯公司跟QQ用户之间，形成一个看起来是透明的，但实际是一个技术的屏障。平时我可以不作为，但是我不想让你做什么的时候，我随时可以不让你做什么。而且不仅如此，我还可以借助QQ所构成的各种各样复杂的社会联系来进行我的商业运作，这就是360作为的不恰当性。所以后来工信部实际上是判别360犯错在先，这个是有明确结论的。

那么，也就是说关系范畴这种东西、关系所建立起来的价值，是我们媒介产业发展的题中应有之意。比如说像新华社的通稿，过去给各个媒介发完了之后，基本上就是作为信息资源库里的东西，只有历史价值和资料的查询价值，它的基本价值都已经用完了。但是它在新媒体的平台上，找到了一个很有潜力、数量庞大的新的媒体平台，就是手机。它选择了中国移动作为合作伙伴，中国移动据说拥有大概7亿左右的手机用户。那么在这样的一个情况之下，据说它的《新华手机报》一开始就有三千万的用户，现在已经达到了八千万用户。《新华手机报》每天早晚各一条彩信，加在一起不过三十条简讯性质的这样一些内容。这三十条内容，平均每条内容，每一个简讯能卖多少钱呢？如果大家计算一下的话，每一条简讯至少能卖几十万到上百万。这种巨大的增量价值，就是由这样看似是垃圾似的内容嫁接在了一个新的平台之上所产生的巨大魅力。

这样的一种方式给我们很大的启发，就是我们的传播内容也好，广告内容也好，如何可以在我们的合作当中，能够有更多的落地平台。这种落地的平台不但能给我们带来更多的本媒体之外的经营收入，同时可以盘活自己过去的所谓垃圾资源。像中央电视台有一些深夜时段等等都是垃圾时段，有时候恨不得用很低的价格卖出去，但是它对于某一些目标客户、某一些内容覆盖而言，是非常宝贵、非常强而有力的东西。只是在过去那种营销的狭隘的圈子里头，它被称为是没有价值的垃圾时段。但是如果你能跟各种各样的媒介来进行合作，这些垃圾时段就能体现出它巨大的市场价值。它在去年世界杯的时候曾和淘宝合作，晚上深夜12点半，按道理讲这个时段应该是个垃圾时段。当然世界杯的拉动作用是不可小觑的。淘宝公司本来也没有看好中央电视台在深夜节目这段时间的社会动员能力，但是让它惊讶的是，在连续15天晚上12点半的那个所谓的秒杀的过程当中，有14天淘宝的服务器都是由于流量过大而down机的。这就是央视，它在跟一个电子商务做这种合作的时候，它的一个看起来是垃圾时段的内容呈现，也能焕发出如此巨大的价值。这就是一种跨界的合作所焕发出来的巨大价值。也就是说，让一个内容、让一种服务多点落地，这事实上是考验中国传媒业新的发展模式的一个关键之点。

那么跨领域的发展有没有巨大的潜力呢？也就是说一个媒介不仅是做内容，我们讲媒介产业是个内容产业，其实以内容产业作为自己的核心竞争力之后，还有巨大的作为社会第三方的价值，它可以对接相当多的商业资源、社会资源，形成新的商业价值和社会价值。比如说，伊利要召开一个全国奶业大会，协调奶业生产当中的若干问题。但是伊利要召开，蒙牛有可能不去，咱们上海的光明肯定也不去，凭什么你当盟主啊，我还是盟主呢。但是中央电视台如果说召开中国奶业大会来协调下这方面的事情，那大家都愿意去，因为人们认为这是给中央电视台面子，其实内心也有很多沟通的和妥协的想法在里面。这就是第三方的价值。

还有跨界，比如说读者跟报纸，媒介跟受众。我们都知道现在是公民运动时代，尤其是现在的微博力量很强大。那么微博是个什么东西呢，作为一种新兴的传播模式，它与过去所有的传播模式最大的不同我觉得有三点。

第一就是它是个即时通讯工具，微博叫微型博客，这是个巨大的误导。它跟博客的相似之处是比较少的，它更多的可能跟QQ、MSN这些即时通讯工具相类似，只是说QQ、MSN作为即时通讯工具是点对点的传播，而它完成的是点对面的传播，也就是一个人如何向社会喊话的、现场直播式的即时通讯工具。这就使它具有了非常强大的干预现实的能力。

第二点，它是建立在复杂的社会叠套关系基础上的一种传播。首先第一层传播是博主跟粉丝之间的关系，这样的一种即时的传播关系是过去的传播形态不提供的。在把传统媒介跟这种个人化、社会化媒介做比较的时候，个人第一次有可能使自己的传播效应、传播覆盖、传播规模、传播的能量，跟一个传统大媒介去比照，这是过去的传播形式从来没有的。第二层，他不仅是博主跟粉丝一层关系，粉丝也是个博主，他也联系着大大小小不同的粉丝，在这样一种重叠的叠套关系当中，他所形成的传播效应，就有病毒式传播的那种核裂变式的规模和速度。我们都知道互联网有所谓的六度分割理论，按照六度分割理论的说法，世界上任何两个陌生的人，只要经过六重的中转中介就可以达至互联互通。那么在微博的世界里边，只要你的内容能够被不同的人群转发六次以上，理论上来说你也应该让微博世界里的每一个用户都有可能看得见，这就是它的叠套关系造成的巨大传播能量和传播效应。

第三，它是建立在一种弱连带关系之上的传播。什么叫弱连带关系呢？形象地说就是一种欣赏关系、认同关系、尊敬的关系等等，就是我赋予你某种信任、某种亲近、某种认同等等。那么有了这样的认同关系，倍数的内容的传播，它的影响力要比一个内容的简单触达要大得多。因为它是带着一种关系、带着一种信任、带着一种认同而来，所以它的影响力会很大。这就是微博之所以在今天作为一种新型的传播形态风生水起的一个原因。我们舆情监测的系统可以证实，去年微博刚刚兴起的第一年，微博在形成社会热点问题当中，作为一个传播平台的作用已经居于第三位。我们相信明年再去做今年的热点舆情形成的传播平台的排行，它至少应该成为第二位，很有可能成为第一位。

我们从这一次动车追尾事故中可以看到，整个中国的传统媒介受到传统体制的压抑所形成的话语跟民众之间话语的巨大分裂。微博作为一种新的传播形态，具有非常大的影响力。在这种情况之下，老百姓这样一种资源就已经不仅仅是我们的服务对象、我们产品的消费者、接受者这样的概念了。因此，对我们传播的生产、传播的游戏规则的形成，甚至包括真实性的实现，它在理论上、在逻辑上都会重新改写。比如说这样真实的问题，过去我们是靠一个训练有素的记者，通过某种扎实的、一线的采访、鉴别、制作、加工，然后形成对一个事件的社会化的分享。而今天每一个人都是见证人，尽管每一个人所提供的个别信息，可以看到不精确、不准确甚至有虚妄的成分，但是在大众的这样一个聚焦之下对一个真相的再现，从结构上来看，他比任何一个训练有素的记者对于真相的逼近、对于真相的解读更具有客观性、权威性和深刻性。我想这是一种新的真实、客观达成的新的逻辑，我们必须要重新认识。

因此，对于我们这样的一些未来的传媒领袖而言，必须要用新的媒体形式之下的、新的社会形势之下的新的一些特点来要求和提升自己。从我自己的角度来说，我大概有这么几个建议。

第一，如何应对今天的这种复合媒体的情况，就是我们如何确立我们自己在公民新闻运动情况之下的职业角色。我们的职业技能应该凝聚在哪个方向上，做什么样的适度调整。我们都知道公民新闻运动，每个人都是记者，每个人都是传播者。在美国有统计说，那些影响很大的、热点的、动态的新闻当中，70%左右都是由个人通过Twitter、通过BBS这种媒体的个人化的形式首先报道出来的，传统媒介的角色受到了极大的挤压。那么这对我们来说是个压力吗？是个压力，但其实也是个机会。

比如说，在公民新闻运动时代，人人都能写新闻的时候，留给我们的专业能力有哪些？我想第一，这种调查性的报道，深度的报道，这种东西不是每一个老百姓都可以来完成的，他是需要专业能力和专业技术的。所以，这一方面一定是留给我们专业媒体人的饭碗之所在，这方面的能力一定要强化。还有就是，公民新闻运动中的个人是以个体形式出现的，而我们媒介是以一个机构、群体形式出现的。机构能够进行组织、分工来合成各种工作模块，然后合成一个大的功能、完成一项大的事业，这是个人无法完成的。所以这种合作的模式，这种分工解读的模式本身，是我们很多媒介应该逐渐丰富、应该更多地去创意打造的那种模式，这是我们需要做的。

第二，公民新闻运动对我们传统媒介人的市场空间有一个挤压，但是我们如果不仅仅从压力的角度来看，从更积极的层面，我们如何架构在公民新闻运动之上，来形成对这种社会态势、社会资源、社会价值的利用呢？未来的记者、未来的编辑应该是公民新闻运动基础之上的一个信息节点。也就是说，你不是一个终端的信息采集者，当然必要的时候调查性报道之类的你需要到一线，但是更多的情况之下，一线的普通的社会成员他是你的信息采集者，你是指挥、调动、激励、策划的一个信息节点。这时候你需要的是什么呢？不仅仅是过去传统采访当中打交道的能力、提问的能力，更需要有组织能力、激励能力，以及团队的维系能力、策划能力等等。这是作为一个信息节点所需要的能力和素质，而这恰恰可能是我们今天传媒的课程教育所缺乏的。

第二层，因为今天我们是一个全民传播的时代，每一个人都在为自己的利益奔走呼号，每一个利益集团都在发出自己的声音，那么作为传媒人，你的特殊角色是什么呢？过去经常讲我们要成为谁谁谁的耳目喉舌，这是一种比较传统的观念。在今天的形势之下，当人人都在发言的时候，我们要为整个社会的话语空间的平衡负责任。这是专业媒介人不可或缺的一个职责。也就是说，这个社会需要一个专业机构、专业人士来去做这方面的把控。他并不是某一个特定利益集团的代言人，他应该为整个社会安全、社会利益表达的平衡、意见表达的平衡、情绪表达的平衡来负责任。当某一些意见表达得过分的时候，那么你就要纠集一些力量，调动一些资源，去平抑一下这种过度的利益表达和意见表达。当某一些利益集团的声音相对比较弱的时候，你应该在某种程度上激发一下他表达的强度和力度，这就是平衡者的角色。它需要你在一个更大的社会层面上，有政治家的眼光，有全局的眼光和调动各种资源的一个平衡者的这种能力。因为中国这个社会，已经不是那种零和博弈的政治格局了。零和博弈的时候我们奉行的是什么？不是东风压倒西风，就是西风压倒东风式，有我没你，有你没我的这样一种政治理念。今天，拿胡锦涛的话来说，我们要致力于建立的是一个和谐社会，和谐社会这个理论其实对于过去的政治理论是一个颠覆性的变化。在这个变化里边真正的要义是承认差异，尊重不同，各美其美，和而不同，这就是我们的这样一个政治路线所致力于建设的社会目标。在这样的一个问题上，我们需要做一个平衡者。因为在今天的中国社会，任何一个利益集团利益的严重受损，在社会角色当中对他们利益的忽略，都会造成整个社会的利益损失，一荣俱荣、一损俱损，就是我们这个社会的一个基本特点。因此在传播政策、在言论政策、在意见政策方面，我们一定要有这种作为平衡者角色的能力、眼光和素质，而不是简单地去做弱势群体的代言人。

第三点，就是当我们这个社会开始越来越多地利用新兴传播媒介的时候，就出现了一个新的社会情况，就是社会的碎片化。我在30年以前读到麦克卢汉书的时候，接触到他那一系列的令人兴奋也好、令人觉得惶惑也好的新概念。比如说“地球村”的概念，这个比较能够为人们所接受。但是当时麦克卢汉提出另一个概念，我觉得是不是老麦这人喝多酒了，在脑子昏聩的情况之下提出的概念。他说人类会随着传播媒介的发展而重新回归部落化，人会重新成为井底之蛙，会成为一个一个跟世界隔绝、跟社会隔绝的一个碎片，我觉得这不可能吧？但是观察最近五年、最近八年，随着网络技术的丰富和发展，我们可以看到一个群落化、圈子化、社群化的巨大的社会景观，就是人群开始分化了，人群开始圈子化了。这种圈子化当然是人类文明进步的一个标志，但是这种全球化对于人类文明进步来说是个极大的威胁。为什么是个威胁呢？它能给我们很多现实的好处，但是人类文明基因当中最重要的基因就是差异，就是个性，没有这种差异和个性，人类文明就会在趋同化的情况之下渐渐地放慢他的脚步，就会停滞下来，他的进化就会停滞。所以如何保存差异、保存个性就成了人类文明进步当中最重要的一项任务，这时候恰恰网络出现了。在网络这样一个空间里边，无论虚拟也好，还是在现实的空间里边，人们可以同声相求、同息相求，找到自己的同志和伙伴。任何一个个性的、差异的、孤独的一个灵魂，一种生活方式，一种意见形态，都可以找到跟自己同息相求的同志和伙伴，所以他们可以在一起取暖、一起互相激励、互相扶助，成为发展个性、保留差异的很好的一个社会空间、社会平台，真的是文明设计当中非常精妙的一种设计。但是，这样的圈子化既有这样的一个巨大的好处，同样也会形成一种井底之蛙的碎片化的社会情况。政治学里边探讨这样的问题的时候，提到过这样的担忧，说由于这种社群化的形成，未来的社会在碎片化的情况之下，就会由于隔阂产生偏见，而偏见会酝酿比较多的政治冲突。这样的一种担心并不是杞人忧天，它是现实的，因此我们如何来避免这样由于技术的社会改变所造成的新的政治风险呢？作为传媒人，很重要的一个角色扮演就是在这些圈子和圈子之间、群落和群落之间、碎片和碎片之间形成一个互联互通的公共空间。通过公共议题的提出、设置来形成在社会层面上的人们的互相理解、互相沟通、互相博弈，来形成社会化的认知。这就是我们所谓的媒介在未来社会生活、政治生活当中所扮演的重要角色，要起到联通的作用，让人们意识到你既是个性的也是社会的。对于别人的意见、别人的主张、别人的文化、别人的生活方式,我们既要保留对自己权益的理解,但是绝对要尊重和理解别人的文化,别人的价值主张也是有他自己的逻辑和自己的道理的,我们要保持最大限度的宽容和理解。

中国电视内容生产的潮流和趋势

时　间：2011年7月20日
地　点：上海交通大学闵行校区新图图书信息大楼8楼
主讲人：胡智锋

胡智锋

长江学者。中国传媒大学文科科研处长，学报总编、《现代传播》主编，博士生导师。入选国家教育部首届“新世纪优秀拔尖人才支持计划”（2004）。多年来致力于影视理论的研究，尤以电视美学、影视文化、电视传播艺术研究见长，在学术界享有很高声誉。社会任职包括：中国广播电视协会学术委员会委员，中国电视艺术家协会电视纪录片学术委员会理事，全国广播电视学刊研究会副会长等。

主持人：各位同学，我们今天的演讲嘉宾是国内第一位新闻传播学的长江学者、特聘教授胡智锋老师。胡智锋老师是中国传媒大学文科科研处处长、《现代传播》杂志社主编，博士生导师，曾经入选过国家教育部“新世纪优秀人才支持计划”。多年来致力于影视理论的研究，尤其以电视美学、影视文化、电视传播艺术研究见长，在学术界享有盛誉。下面让我们以热烈的掌声欢迎胡智锋老师。

胡智锋：今天我想以“中国电视内容生产的潮流和趋势”为题，跟各位交流一下关于中国电视发展历程的一个我的读解。

我对中国电视50多年有个一个字的概括，这就是一个“品”字，品质的品、品位的品。用一个“品”字我把中国电视的半个多世纪划分为三个段落，这就是宣传品为主导、作品为主导和产品为主导这三个发展的时期。

大家知道，中国电视是1958年诞生的。它在1958年的5月1日试播，9月2日正式播出。1958年，大家当代历史的常识可以给你们提供一些什么样的记忆呢？比如“大跃进”、“放卫星”，是吧？这是“人民公社”登峰造极的一个年代。大家请注意，正是在这样一个“大跃进”的年代，诞生了中国的电视。也正因为此，它不可避免地带有了一个生命体出生的时代性的印记和特征，这种特征可能延续至今。我们看看今天中国电视的景观，回溯它出生时候的状态，大概就能了解和把握它很多本质性的东西。

从1958年到1978年是中国电视的前20年，这20年发生了很多事情，中间经历了“文革”，还有很多共和国特殊的年份。1978年之后，中国电视与时代同行，进入了一个改革开放的阶段。这个阶段一直到今天又以新世纪为界，分为80年代中期到90年代中期、90年代中后期到今天两个段落。这三个段落被我概括为宣传品为主导、作品为主导和产品为主导三个阶段。什么是宣传品？我的研究把它界定为是以意识形态的宣传和意识形态的价值为诉求的一种内容。什么是作品？它是以电视从业者职业的、专业的价值诉求为标准的一种内容。什么是产品？它是以市场和受众的需求为价值诉求的一种内容。也就是说，宣传品主打的是意识形态的诉求，追求的是意识形态宣传的价值，那么谁来评价这种价值？我们说，“把关人”是他的领导，领导者决定了宣传品的价值。而作品是以同行的专业化和职业化的价值评判作为诉求的一种内容，评价它的是同行。产品则指的是以满足市场和观众价值诉求为标准的一种内容。衡量它的标准是什么？当然是它的产值，包括它的收视率、成本、投入和产出的比值。这样我们就非常清晰地把中国电视大的脉络作了一个分类。

首先回到第一个阶段，中国电视1958年至1978年，以宣传品为主导的这二十年。

这里问大家一个问题，1958年5月1日电视试播和9月2日正式播出的时候，中国北京能够收到电视信号的电视接收机，也就是今天再普通不过、家家都有的那个电视机有多少台呢？告诉你们，50台。所以可以想象，它只覆盖了北京中南海一带很狭小的一个区域，中国大部分的老百姓根本不知电视为何物。这就是今天蔚为壮观的、普及到任何一个角落的电视在初创时期的一个景观。也就是说在大众传媒体系当中，电视是那个年代诞生最晚、也是在艺术领域当中诞生最晚的一种样式。它出生得太迟，而且力量太弱。

电视在初创的时候是新的艺术样态的一种，列入了中国传媒体系和整个宣传体系当中。那个时候刚开篇的电视剧和今天的完全不一样。它是以演播室的形式播出，和现在的演播剧一样，一边直播一边播出信号，播完就没有了。所以现在我们看不到早期电视剧的形象，因为1978年之前都是直播，留不下影像，只有拍成胶片的留了下来。

20年当中，中国电视在慢慢地扩张。从一个北京电视台到20世纪60年代已经扩张到16家电视台，后来到改革开放，在中国的十几个大省已经有了电视的插转站，后来就变成了电视台。从业的规模也在扩张。但是总体上说，中国能够看到电视的基本上很少有家庭，基本上都是单位，而且都是些保密单位，或者一些重要的军工单位，它的覆盖率是非常有限的。所以说，电视在这个阶段没有自己的传媒特征，也没有自己的艺术特征，跟传媒的其他老大哥相比，电视基本上采取了亦步亦趋、模仿别人的一个特点。比如在文字风格上，电视学的是《人民日报》的“人民体”；在影像风格上，它学的是中央新闻记录电影的“新影体”；在播报方式上，它学的是中央人民广播电台的“广播体”；在报道方式上，它模仿和学习的是新华通讯社的“新华体”。所以从传媒来看，电视就是《人民日报》、新华社、人民广播电台和中央新闻记录电影的一个混合体。

再从艺术的角度来看，当时电视也是有音乐的。为什么叫中央广播乐团，因为它专门为电台和电视台生产音乐、录制音乐。当时的现场会有一个乐队，一边放电视，一边在奏乐，跟老式电影、无声电影的感觉差不多。现场有乐团、音乐，也有美术、舞台和美工，当时有一批美工在设计演播室的舞台。而电视更多的是学的什么？戏剧和电影。所以直到现在，电视媒体还习惯性地把节目摄制组叫成是剧组，哪怕它是新闻节目组。还有一个就是电影，很长一个阶段里，大家会把电视叫成小电影，就是因为它比电影的屏幕要小。这样的话在艺术体系当中，电视也没有自己的艺术特征，它只是音乐、戏剧、电影、美术的一个混杂版。所以说当时的电视艺术没有自己的特点。因此改革开放以前，在中国电视的初创阶段，它只有一种能力，就是强化意识形态的功能。它必须把自己在整个意识形态体系当中不可替代的地位放大，不然它会觉得自己存在的理由是不充分的，这是一个特别突出的特点。

当然这当中也出现了一些难得的创新。比如说在60年代文革期间，陈汉元先生就拍出过一部轰动一时的电视片《收租院》，片子的解说词还编进了中小学课本，影响巨大。《收租院》这部电视片是那个年代一个非常大胆的探索，是一个既不像电影、又不像演说、也不像节目的一个片子。里面提出了“解说词”的概念，这是中国人的一个创造，再后来就衍生出80年代所谓专题片的概念。

1978年改革开放以后进入80年代，中国电视的大环境发生了变化。这当中有几个非常重要的信息。第一，在科学技术上，电视的发射技术和引进技术有了大踏步的前进。我们从日本、美国和欧洲引进了先进的电视传播技术，有了存储艺术的磁带，这在那个年代是很宝贵的。大家可能知道以前老式的磁带，它是可以多次使用的。原来只能拍成胶片再转化成磁带，现在则可以直接用磁带来拍摄并多次使用，这就给电视留下了一个巨大的制作空间。电视素材拍摄完成以后，可以把这些素材经过剪切、加工，使它更好看、更精美、更有价值。电视的这种审美价值在这个阶段开始凸现，首先得益于它的技术能力和技术条件的变化。过去20年电视原始的直播变成了开始录播，这个阶段就有了电视作品的概念。电视从宣传品进入了作品阶段，电视人开始探索属于电视自身的独特和独立性。在过去它是依附于其他老大哥媒体、老大哥艺术，现在它要解脱出来，它要跟戏剧和电影“离婚”，要发展属于电视自己的传媒和艺术样式，要探索属于电视独立、独特的传媒和艺术特征。在这样一个大气候的推动下，我们说改革开放带来了很多新气象。

有两个标志是大家可以记录的，一个是1982年，中央决定把原来的中央广播事业管理局升格为政府内阁机构，改名为国家广播电视部。这是共和国历史上第一次把广播电视作为一个正部级的机构列入国务院的内阁直属机构，这个是很重要的。第二个标志是1983年。就在成立广播电视部四年之后，电影从文化部分离出来，1986年成立了广播电影电视部，1998年之后又改成国家广播电影电视总局。在这个改革当中，1983年召开了第十一次全国广播电视工作会议。在这个会议上，当时第一任广播电视部部长、毛泽东五大秘书之一、后来当过《人民日报》和新华社老总的吴冷西部长提出了一个非常响亮的口号：走自己的路。当时这个口号提得非常好，其实就是要把电视要做成自己的东西，不能做成跟电影、报纸和新华社记录影像一样的东西。具体来说，怎么走自己的路？他做了一个描绘，叫“汇天下之精华，扬独家之优势”。这个口号对中国电视的发展产生了长期深远的影响，是一个很重要的理念。在政策上，会议鲜明地提出“四级办广播电视”，这对中国广播电视行业整体的推动影响巨大。原来只有两级，即中央一级和省一级。这项政策提出的原因有两个，一个是考虑到党中央的声音传达不下去，老少边穷地区的人民听不到党中央的声音，还有一个很重要的原因是广播电视要做大，没有基层的支持是不可能的，而要想动员基层重视和投入广播电视，最大的一个政策就是给予空间，允许独立办台。因此“四级办广播电视”1983年一推出，两年之内中国电视台的数量就从16家增加到1986年将近一千家。到1990年左右，加上教育台和企业电视台，中国电视台的数量最高达到九千八百多家，这是多么恐怖的一个数字。然而广播电视行业又面临着新一轮的人才、理论成果、作品的匮乏。人们急于表达、急于探索电视，一定要推出电视自己的东西，可是由于电视扩张过于迅速，很多东西一时跟不上。所以说在20世纪90年代之前，电视台就是“没文化”的代言词，很多媒体人并不愿意去做电视。

1978年之后到90年代中期，历史记载有两个重要的段落，整体上是在探索有中国特色的电视独立、独特的传媒和艺术特征。具体来讲，20世纪80年代更多聚焦的是形式的探索，90年代更多聚焦的是观念的探索。在80年代的形式探索当中，有四种形式载入了史册，分别是专题片、电视剧、电视文艺或者综艺以及主持人，它们为后来的电视发展奠定了非常雄厚的基础。

首先说第一种专题片。它在陈汉元先生六七十年代探索的电视片艺术样式的基础上往前推进，到80年代突然爆发出一批电视专题片。这是中国电视人最具有中国特色的一个命名，也是80年代最风行的一个概念。之前没有这个概念，之后这个概念也在淡化。电视专题片是什么意思呢？其实就是特定的专题性内容的电视片。它短则几分钟，长则一个多小时，规格也不太一样。

在80年代的专题片当中，又有三种影响最大的类型：第一种叫风光风情片。改革开放七八十年代突然冒出的风光风情片，很快风靡了大江南北。那个时候乍暖还寒，刚粉碎“四人帮”时间不长，人们刚刚苏醒过来，期待重新获得做人的尊严，但是毕竟在政治和社会历史上涉及具体人的内容太复杂，没有办法表达。当一个封闭和黑暗的时代过去，最早出现突破的不是在人文题材的领域，而往往是在自然的领域。也就是说人们会首先寄情山水，用山川、自然来表达自己的一种情感和思想，所以风光、风情这个时候风行也是应了这个时代的一种特质。

《大连漫游》、《哈尔滨的夏天》和《三峡传说》、《岷江行》，还有《长白山四季》等这样一些电视片就在当时轰动一时。当年15首最受观众欢迎的歌曲有一半来自于电视专题片的风光风情片，其中“乡恋”是其中的标杆之作。这个时候，电视已经朝着自己的形式在创新，并影响了其他的文艺样式。如果没有专题片，我们很难想象中国大陆的流行音乐会不会起来。因为流行音乐起来，又伴随着所谓现代派美术这个潮流的涌起，这都是相伴相随的事情。所以电视开始反作用于其他的艺术和传媒样式，从这时开始。

第二种类型是专题片里影响巨大的历史文化片。这里有三部作品是可以载入史册的，两个“话说”，一个“之路”。一个叫《话说长江》，另一个叫《话说运河》。这两部专题片1983年、1984年在全国播出的时候，造成了万人空巷的局面。这两部片子的总撰稿人，就是刚才我说到的陈汉元先生。他把中国古典小说章回体的方式和现代传媒有机地嫁接起来，这是一个创举。他用章回体开篇、结尾，完全用的是古典小说的话说方式，最后是“且听下回分解”，模仿这种方式来进行解题。《话说长江》、《话说运河》分别都有二十多集，这在当时是一个破天荒的巨作。一星期播一集，用整整半年播一个片子，这是何等壮观的一个景象。我记得在《话说运河》当中，陈汉元先生把当时最著名的作家“一网打尽”，让每个作家写一集。总开篇的时候，他对着中国地图看了半天，想应该怎么开场。他待了一个晚上，最后灵机一动，发现地图上万里长城和大运河恰恰构成一个大写的“人”字。这成为中国专题片历史上经典的一大笔，从此以后这种写法也流行起来。《话说长江》用了另外一种方式，作曲家先谱好曲子，然后在全国范围内征集歌词，最后一个部队的词作家应征，这就是“长江之歌”。20多年以后，我策划了33集的纪录片《再说长江》。在决定它的样式和音乐设计的时候，我坚定不疑地说，“长江之歌”必须保留，要用最现代的器乐去重新演绎，但是它的主旋律不能丢，因为这首歌在80年代人们的记忆当中印象太深刻了。这是两个“话说”，一个“之路”就是《丝绸之路》。这是中日合拍的一部电视片，沿着丝绸之路做了一个全面的跟踪，历时3年，也是非常的浩瀚。这三部历史文化片把最现代的电视传媒和最古老的历史文化有机地嫁接起来，使我们找到了一种新形式的可能性。就是说，我们可以用电视的方式来重新解读传统文化、重新演绎传统文化，甚至把传统文化的方式转化成现代电视的表达方式，这都是一些创造性的形式探索。

第三种是政论片。把电视作为政论的武器，应该说是中国电视的一个独创。《话说长江》、《话说运河》已经有了思想的含量，再往前一步，就推出了政论片。政论片登峰造极之作是80年代后期推出的《河觞》。撇掉它的政治动因，《河觞》当时确实把专题片的一个支类——政论片提到了一个很高的地位。它巨大的影响力使得中国和海内外、全世界都在翻译《河觞》，因为都把它看成是当代中国的一种非常重要的声音和形象。

这是中国电视发挥它巨大作用的第一种样态，叫专题片，包括风光风情片、历史文化片和政论片。专题片的创造使中国电视扬眉吐气，找到了自己可以比拼其他老大哥传媒和艺术样式的一种新的形式。

第二种新形式是电视剧。电视剧一直到1978年都跟舞台剧完全一样。在一个狭小演播室里排演的剧很难能够超过大舞台和大荧幕。当然，人才也是问题。在这个阶段我们的电视人到国外学习，发现英国竟然能把莎士比亚的古典剧作拍成几十集的长篇连续剧；美国能把一个侦破小说改编成几十集的电视剧，还很有意思。当时我们就引进了几部国外连续剧，比如《加里森敢死队》，也引进了托尔斯泰、莎士比亚的一些剧。后来中国电视人就在想，我们没有必要跟着电影走，既然外国人都能把电视剧拍成几十集，我们也可以拍连续剧。有了这个动因，我们就从侦破剧入手，拍摄了第一部连续剧《敌营十八年》。尽管那部戏拍得很滑稽，但毕竟是第一部连续剧，所以当时就轰动一时。隔了没两年，电视人又突发奇想，说外国人拍莎士比亚，我们为什么不把古典名著搬上电视荧屏呢？当时马上就宣布，我们要筹拍《红楼梦》连续剧。这一宣布不得了，很多遗老遗少就开始发难了："谁要胆敢拍《红楼梦》，我以死相见"；"这岂不是歪曲和亵渎我们的经典吗？"但是我们这些电视人真有探索的勇气，在1987年竟然把这部戏拍出来了。当时大家一看，确实没想到拍得这么美，那批老朽的老专家也闭嘴不说话了，因为他们的确也下了工夫，花了三四年的时间，最后发现原来电视也是可以拍名著的。所以80年代在形式探索上中国电视收获颇丰，收获最大的两点，一是在样式上把单本变成了多本连续；二是由舞台化的剧转向现实题材剧，连续剧开始向当代开掘，逐渐在80年代电视剧成了当代最大的艺术样态，影响巨大，其他的艺术样态受到很大的冲击。

第三种样式是电视文艺。在80年代的形式探索当中，电视文艺的探索也是波澜壮阔的一个场景。1982年到1983年中国电视正处于一个热闹的状态，我们的电视人也在一个非常良好的时代氛围当中。他们想尝试用晚会的形式给老百姓过节增添些欢乐，1983年春节联欢晚会就在这种情况下出现了。其实起步的时候哪料到1983年春晚一出台举国欢腾，当年可以说大家谈的全是春节晚会。正因为电视春晚巨大的影响，很多家庭就急于买电视机。就这样，到1984年的时候，中国电视机的数量从1983年大概几百万台猛增到上亿台。紧接着1984年春晚请来了很多港台的明星，那时候两岸关系非常紧张，以春晚为契机，局面慢慢地被打开了。一直到今天，春节联欢晚会都是世界历史乃至人类电视史上收视率最高的一个节目。哪怕现在衰落了，依然是吉尼斯大全NO.1，绝对的第一。十几亿中国观众以及将近一亿海外华人都在一个时段同时看一个节目，全世界都没有这种景观。电视文艺探索了春晚等形式，从春晚开始到其他各种庆典节目甚至建党、建国都开始用晚会来庆祝，所以大型晚会成了电视的另外一种新形式，这个是以往想不到的。从此以后，北方过春节的三大民俗样式成了放鞭炮、吃饺子、看春晚。电视创造了新民俗，这是多么了不起的事情，所以电视一下就变成了大家都熟悉和关注的一个领域。

第四种新形式是主持人。1980年以前中国没有主持人的概念，1980年之后我们才从西方的传播学著作和西方的广播电视媒体当中听说了电视主持人的概念。之后在《观察与思考》栏目当中，中央电视台首次打出了一个主持人的名字，其实今天我们看，他是一名出镜记者。这是最早以主持人身份出现的一个出镜记者。此后几年主持人并没有火起来。一直到1983年之后，《话说长江》、《话说运河》的推出，两位老播音员陈铎和虹云，用浓重朗诵腔的播报方式以主持人的身份出现，这个时候主持人才变成家喻户晓的一个名称。之后主持人很快普及起来。在20世纪80年代到90年代初，中国电视有三位主持人作出了历史性的贡献，为主持人的行业建立了极大的功勋。一位叫宋世雄，体育评论员。第二个人是赵忠祥。第三位是倪萍。由于这些主持人的出现，这个行业、这个领域被改变了很多,中国电视有了人性化的符号,这是其他媒体和艺术家都比不了的。到了90年代,主持人中又出现了白岩松、崔永元,中国新闻类的主持人又起来了。因此中国的主持人成了中国电视重要的传媒和艺术符号,使得这种媒体成长为最大的大众传媒。

专题片、电视剧、电视综艺和主持人这四种新样式的探索,让电视80年代风光无限。到了90年代,我们开始向国际看齐。在开阔的国际交往中,中国电视实现了五种新观念的更迭。

第一种新观念是电视纪实的观念。电视纪实是90年代初期首先从纪录片领域中出现的。我们先前的纪录片一般是先摆拍,然后根据确定对象去做专题,拍出来很别扭。而外国记录片尤其是日本记录片工作者,记录一个人物会不间断地拍摄很久,于是我们开始有意识地模仿日本的纪录片,这个时间节点出现在1991年。当年一部叫《望长城》的专题片即将推出的时候,两种观念发生了激烈的交锋。传统的观念认为《望长城》依然是"《话说长江》体"的延伸,应当做成规整的专题片;另一种观念则主张让主持人现场说话,让人物更自然、更人性化、更接近生活。之后,两个版本即所谓专题版和纪实版都做好,摆在当时的总编导,后来成为中国电视唯一将军的刘效礼面前。最终播出哪一版呢?时任军事部主任的刘效礼最后拍板播了纪实的版本。没想到纪实版《望长城》播出以后轰动一时。一老一少两个风格迥异的主持人黄宗英和焦建成,一边沿着长城走一边串场,效果非常好。中国电视的纪实观念从此深入人心。电视纪实一下变成了一种潮流。从《望长城》开始,纪实体的纪录片风起云涌,电视纪录片逐步替代了专题片的概念,80年代新形式的探索在90年代悄然退场。而且纪实观念不仅存在于纪录片中,还向着新闻领域和其他综艺节目领域大踏步地拓展,很快各种电视节目样式都变成了纪实体的方式。

纪实和专题最大的差别有下面几条:第一,它从主题先行变成主题后行。传统的专题片一定要确定主题,把主题确定了以后再跟进。而纪实主义的纪实观念强调的是不要主题、先拍素材,根据素材再整理出主题。第二,传统专题片强调的是摆拍。摆拍有它的理由,比如保证效果、节省经费等。但是纪实片要求绝对不能摆拍,拍摄方式是跟踪拍摄,就是说不能改变生活自然的景观状态，这是纪实的要求。第三个不同是从记录结果到记录过程。纪实要求的是记录过程，可以不着痕迹，但是一定要用事实说话，而传统的专题实的东西比较少。第四个不同是从抓取情节到抓取细节。纪实强调的是细节而不仅仅是情节。细节是影像镜头本身细节的记录。纪实强调细节丰富，衡量纪实水平的是有没有足够多给人留下深刻印象的经典细节，这是纪实的价值所在。纪实能为未来的历史留下今天的细节，这是最宝贵的。这些就是纪实观念和专题观念的巨大差异。

第二种新观念叫栏目化。在栏目化之前，电视台是由大量的节目构成的，有栏目但是不普及。80年代之前电视是个稀缺资源，看不到多少节目。电视传输渠道也不行，信号质量差很多。那时候老百姓看电视总共就只有几个频道、几个节目，屏幕上雪花点，吱啦半天，可还是恋恋不舍，不忍离去。所以是“观众求电视台”这样一个状态。那个时候电视报是最发达的，因为只有看电视报才能知道电视台每天播什么节目，什么时候播。什么时候情况大变了呢？ 1983年春晚的诞生以及中国电视生产水平的日渐进步。现在中国电视机的生产已经不再依靠日本，海信、海尔等品牌的成长使我们不仅拥有了亚非拉国家的市场，而且占领了发达国家的市场。电视机的数量不是从几台变成几百、几千台，而是从几万台到几百万、几亿台，是这样一个增长速度。这一时期电视技术水平得到迅速提高，有线技术的突破、光缆的铺设以及电视卫星的发展使得可以接收的信号迅速增加起来，一个家庭能收到几十个频道。电视台增多了，节目量也变大了。从80年代后期到90年代中期的时候，电视节目已经成了过剩资源。在家家都能看到几十个频道、几十个节目的时候，人们开始频繁使用遥控器，这时候观众成“老大”了。电视台有一个滞后性，它习惯性地以节目为单位，所以在作品为主导这个阶段，以节目为单位进行编排的作品很少考虑观众的感受。而电视节目增多以后，观众有了更多的选择，这时观众和观众之间、节目和节目之间就有了竞争。节目逐渐从稀缺资源变成过剩资源，电视的播出开始紧缺了，所以必须按栏目化方式进行改造。栏目化就是一个“双规”的过程。这里的“双规”不是对贪官的“双规”，而指的是规格和规范，也就是要确定统一规格，规范性地生产。栏目化跟大批量的食品生产一样，首先要确定模具，得有规格。一个栏目三十分钟，由三个板块组成。每一个板块多少分钟必须严格要求，一分不能差一分不能少。这个阶段，很多节目的编导就需要慢慢地适应栏目生产的规范。当然在栏目生产中会出现新的问题，它跟节目生产的思维不一样，必须要成系列。标志性的成果是1993年的《东方时空》，它在确定的规格和规范性的生产中取得了批量生产的能力。从《东方时空》引进的西方"制片人"制度，开启了现代化电视栏目的生产方式。之后两年时间内，中国电视逐渐由单体节目为主变成了以栏目播出为主。所以现在的频道除了电视剧就是栏目，很少有单体节目出现，基本上就是栏目接栏目这样一种情况。这是中国电视一个非常大的观念转移，对中国电视的生产能力是个极大的提升。

第二种新观念是谈话观念。谈话观念对应的是播报的或影像的观念。我们说栏目化对应的是节目化的观念，纪实对应的是专题的观念，谈话颠覆的则是影像的观念。在过去，电视为了跟其他媒体和艺术样式不一样，强调自己的特殊性，永远说电视是拍出来的，电视的构成是影像。所以直到现在，电视也是最不重视声音的媒体。由于广播强调声音，为了证明电视比广播强，电视就特别不注重声音的设计。那个时候是技术崇拜的时代，电视的观念是"拍影像就是做作品"。我的一位学生在1990年曾经送给我一部片子，是拍新疆景观的，拿了全国的一等奖。整部电视片全是音乐和音效，一句解说词都没有。电视是不能说话的，这就是当时强调的电视观念。在国外有一种电视类型叫talk show，中国翻译成脱口秀。中国有一档比较成功的脱口秀栏目叫《实话实说》，它改变了整个中国电视的观念。它把影像观念变成说话观念，使说话也成为电视的一种特征。

第四种新观念是直播。中国电视经过20年左右的录播，质量有了很大的提高，但是新闻敏感性却有所下降，在重大历史时刻难有作为。所以我们又恢复了直播。开始在三峡截流、黄河小浪底和飞跃黄河做了三个演练，之后在1997年香港回归的时候正式恢复直播。这是中国电视一个新的崛起。大家突然意识到，直播是电视的杀手锏，是电视最有魅力的手段，是其他媒体无法比拟的一种独特的媒体样式。所以直播的观念就此替代了录播的观念。

第五种新观念是娱乐观念。娱乐对应的是宣传教化的观念。1998年，在湖南这样一个落后地区，突然冒出了一个湖南卫视，冒出了一个何炅和《快乐大本营》。在此之前，很多地方搞娱乐节目都没有成功，可《快乐大本营》火了。自此之后，娱乐旋风刮遍中国，湖南卫视也因此而走上了一大省级卫视的地位。娱乐风有力地颠覆了传统的教化观念，证明电视的目的是让老百姓高兴的，湖南卫视抓住了这一点。

从纪实颠覆专题、栏目化替代节目化、谈话替代影像、直播变革录播，再到娱乐颠覆教化，新观念迭出，可以说是两三年一轮。所以整个90年代的电视呈现出风起云涌、波澜壮阔的一个景观，震撼人心。在这个进程中，中国电视经过80年代四种形式的创新和90年代五种新观念的探索，创造和推出了一大批专业化、职业化的优秀作品。中国电视成为毫无疑问的第一大众传媒。从过去发电厂的质疑和保密单位的性质，到现在的第一大众传媒，电视已经傲然于传媒和艺术群雄之中。90年代中后期开始，由于中国经济社会开始进行中国特色社会主义的探索，特别是中国社会主义市场经济体制的探索，中国电视快速地进入全社会的各个产业领域和市场。在电视探索产业化、推出产品的路径当中，有两个时间节点值得注意。一个是1979年第一条电视广告的推出。上海电视台播出了中国的第一条电视广告，自此以后，中国电视开始进入双轨制的阶段，一边是事业，一边是产业。另一个节点是1992年“南行讲话”之后。当时的中央电视台台长向总理要求一个相对的自主权，即经费自主权。这个财政政策特权的获得，使央视快速地从一般电视台变成为真正的国家台，从广告年收入5个亿猛增到现在将近300个亿，央视最终成为改革开放以后整个中国成长速度最快的一家单位。由于广告和多种经营，中国电视行业有了快速盈利的模式，从一个贫穷、落后的行业变成一个社会羡慕的行业。这个行业不仅有政治特权，而且有经济特权。在八九十年代相当长的一段时间里，很多人以从事电视职业为荣，因此就云集了一批社会精英。正因为精英的云集，中国电视得到了人才的支持，获得了可持续性的增长。

进入新世纪以来，在市场化的前提下，有两个领域获得了内容生产，出现了一个新的潮流。一个是在新闻非虚构的领域，出现了民生新闻这样一个潮流。就是从过去的时政新闻为主导变成了以民生新闻为主导。民生新闻的贴近性使它吸引了广大观众的注目。它关注的是老百姓家长里短的生活和衣食住行的必备知识。另外一个领域是所谓的综艺选秀,这是一个亮点。以《超级女声》为代表的综艺选秀,使娱乐达到了一个新的高峰。从《超级女声》一直到现在的《非诚勿扰》,选秀成为最近10年持续时间最长的一个潮流。民生新闻和选秀,一个属于非虚构领域,一个属于虚构领域。这两种内容生产的潮流使中国电视真正创造出符合市场观众需求的产品,而不是传统意义上只拿大奖、同行认可的作品。整个观念发生了巨变。

今天的中国电视传媒面临着空前激烈的竞争和巨大的挑战,特别是以网络和移动媒体为代表的新媒体的博弈和竞争。在这种格局当中,中国电视人面临着宣传品、作品和产品三座大山同时压迫的窘境。所以中国电视在今天做得非常艰难和不易。在这种情况下,我对中国电视的发展依然充满乐观,这里有四句话想跟各位分享。第一,态度决定一切。这里说的是价值观问题,就是我们用什么态度、什么样的价值观来从事电视行业。是为了挣钱、出名、抱负,还是为了主持正义、实现某种社会价值?这个是不一样的。第二,细节影响成败。说的是执行力问题。综艺选秀节目一大堆,为什么湖南卫视的《超级女声》笑到了最后?赢在细节上。有的媒体是广告强、节目弱,有的媒体是节目强、广告营销跟不上,《超级女声》两项都可以,一结合它就是最强的。它的执行力超过了任何媒体,就是说它广告的伴随和节目的执行这两个团队融合得最好。第三,诗意提升现实。说的是审美观和艺术观的问题。电视很大的问题就是不讲艺术、不讲审美。一些栏目以真实为名义把一些血腥的甚至很恶劣的东西搬到了荧屏上,缺乏一些起码的审美观,不懂得如何用艺术的框架去修饰。所以电视强调真实的时候要注意到观众的承受力,如果它与观众承受力不能相容的时候,一定要注意诗意提升现实,要么把现实隐去,要么做马赛克或者其他的艺术处理,不能够原装地出现。最后一句是智慧改变结果、改变世界,说的是创造力问题。媒体发展靠的是有创造力的人。我们看到很多媒体像江苏卫视、浙江卫视以及湖南卫视之所以近年来崛起了,关键在于它们当家人的智慧,以及一系列各个层级有智慧的领导者和从业者。正因为他们创造性地在中国的特殊国情下开拓出自己内容生产的空间,才使得我们的电视荧屏还能留住观众。这样才能保证电视继续捍卫自己第一大众传媒的位置。尽管电视现在面临着危机和新媒体的挑战，但是我相信，在座的各位不论将来是否从事这个行业，一定会以你们的创造力和智慧改变这个世界。

嘉宾： 我的问题是春晚的地位问题。春晚产生于80年代，在当时得到了全国广大电视观众的喜爱，它有一个娱乐大家的功能。但是随着时代的发展、网络的出现以及电视台栏目本身的娱乐化，我们不缺乏娱乐活动了，那么春晚是否丧失了它最早的出发点，也就是为大家提供休闲娱乐的功能？

胡智锋： 这个问题提得也很现实。我个人是这样看的，春晚的确面临着媒介环境、文化环境和社会环境的巨大变化，今天的中国已经远不是20世纪80年代初期的中国，所以春晚的形态、内容、样式和功能肯定也要与时俱进。过去当你饥饿的时候，随便吃点什么，比如相声里说的"珍珠翡翠白玉汤"，你都会觉着很好吃。但是一旦衣食无忧的时候，你可能觉得什么都吃不出味道来。我想今天观众对于春晚最大的不满和最大的期待就在这儿。因为人们已经日常化地得到了太多文化艺术的信息，不像在一个相对封闭的年代，看春晚是个稀缺的东西。这对春晚来说，的确是一个巨大的考验，所以十几年前就有人对春晚是不是还有必要继续办下去提出了疑问。实践和现实给了我们一个肯定的答复，春晚已经不是要不要办的问题，而是怎样继续把它办得更有特色，更好一些，不断地探索符合今天时代需要的一种经典艺术样态。其实不是不可以突破，只是可能受制于很多因素。不管怎么说，春晚的历史功绩是可以载入史册的。它今天面临着生存的压力和困难，大家只要放平心态，不要再拿过去饥饿时代的感觉去要求春晚，把它当作一个普通的节目就好。其实降低要求就降低期望值，我觉着也挺好。

嘉宾： 您刚刚说，电视人的处境是比较尴尬的，因为电视的传播特点和接收特点决定了电视的内容更倾向于大众文化，而主流文化和精英文化得不到充分体现，那么我们要不要把频道分成公共频道和商业频道？这样我们在宣传自己态度方面可以用公共频道，需要娱乐和其他方面的话我们可以用商业频道。

胡智锋： 你说的这个问题其实在全世界都普遍存在。美国和欧洲的很多国家比如德国、法国都有这方面不同的一些探索，中国也曾经设想过公共频道等的概念。但是在现实当中，大众传媒的传播方式决定了它是以面向大众为主要特点的，它要以符合大众传媒的盈利模式去经营。所以说一种媒体如果用非商业性、非市场的方式去经营的话，除非政府买单。但政府买单的效果可能会使节目质量下降，这又会影响观众的情绪。电视在非商业化经营下，如果播出一些看似很干净但是不好看的节目，观众依然不会买账。所以这是一个世界性的难题。在探索电视干净的公共空间、商业化方式以及面向大众市场的内容提供之间，究竟选择何种模式？我认为靠一个单纯的“干净”是解决不了更多问题的，还是应该在符合市场选择的前提下，尽可能地去做具有公共意义的事。当然公共价值的实现有很多种方式，我觉得对于电视媒体来讲，应该设置它的法律底线和道德底线，行业的行规是比较重要的。在这个前提下，我认为公共的利益要实现价值，离不开市场的推动，除非是一些单独的、非大众传播的频道，比如专业性的数字频道、专项频道，或者公共基金支持的频道。但这里有一个问题，就是它内容的品质观众是否能够接受，这的确是个很大的困难。

电视批评

时　间：2011年7月26日

地　点：上海交通大学闵行校区新图图书信息大楼8楼

主讲人：高晓红

高晓红

中国传媒大学电视与新闻学院院长、教授。北京电视艺术家协会会员，中国新闻教育学会广播电视专业委员会会长。1956年10月生于浙江省杭州市，1982年毕业于中国传媒大学（原北京广播学院），先后获得文学学士和法学硕士学位。她结合多年广播电视新闻学教育教学经验，对广播电视新闻人才培养提出了一整套较为科学完整的教学体系。

主持人：大家到各个单位去实习的时候都会发现，你们的很多领导，电视台的很多主任、记者，都来自同一所大学——中国传媒大学。中国传媒大学的广播电视专业是全国最好的，电视与新闻学院是中国传媒大学最好的学院。今天我们非常荣幸地请到了中国传媒大学电视与新闻学院的院长高晓红老师。现在让我们以热烈的掌声欢迎高老师的精彩演讲！

高晓红：我今天的演讲题目是《电视批评》。批评，其实是“批”和“评”，不是说批判。我主要是就目前这几年我们电视的整体情况，跟大家作一个简单的交流。但是因为时间非常少，我们只有一个多小时的时间，所以呢，我就限定了一下范围，只集中在新闻类的节目讨论。

最近刘云山同志有一个讲话，其中最主要的句子就是：媒体要回答好解决好“为了谁”、“依靠谁”、“我是谁”。他谈到“为了谁”的时候，最主要是提到要做到一切为了群众，真心服务群众，而且要引导动员群众为实现自己的利益而奋斗。今天谈到电视，我觉得电视新闻最主要的是要建立四种意识，就是现场意识、舆论引导意识、国际传播意识和媒介融合意识。这些意识，如果说我们以前没有，或者说不大强烈的话，那么我们现在应该建立起来，而且要在脑海中形成非常清晰的概念。接下来请大家看三条新闻，是上个星期三四左右在中国广播电视大奖中评出的。我来请大家看看这三条刚刚评出来的大家认为不错的新闻。

（视频一：CCTV国际视讯　泰国：记者亲历交火惊魂时刻）

这是上个星期评选的中国广播电视大奖中的一则新闻。大家一致认为这条新闻可以获得大奖。因为大家看到，我们的记者在现场，她从双方对峙的两边都进行了报道。从这一边走到那一边的时候，中间是一个交火的区域。我们的记者呢，是沿着墙根这样走过去。大家可想而知，我们的报道记者已经这样了，那大家想想看拍摄的记者呢？报道记者还可以卧在地上，拍摄记者得站着拍，对不对？而且两边在交火。大家可以看到，今天的报道中现场概念特别强烈。现在国际很多热点区域，战争总是在持续着的，今天这儿打明天那儿打。但是记者是一定要到现场去的。现场呢，它意味着两个环节，一个是记者到现场去，就像大家刚才看到的，我们的记者亲历泰国战争的现场；再有一个就是，我们的记者去现场拍出的东西现场感特别强。

接下来，我请大家看现场感特别强的两条新闻。

（视频二：广东卫视　人质事件）

刚才这条新闻，大家看到现场击毙了劫持人质的那个绑匪。我们当时在评选现场的时候就问，这个是不是符合法律程序？然后他们说符合，当人受到生命威胁的时候是可以的。那么大家看整个这条新闻，现场的过程记录得还都是非常清晰的。当然这里面呢，肯定还是有问题的，像采访旁边一个围观的女同胞的时候，那个人可能因为是广东人，说普通话就说得比较慢，使得整个片子本来很紧张的节奏就拖下来了。所以大家做记者和编辑的时候一定要注意，就是说我今天这条新闻，我想要营造的整体是一个什么节奏。那种紧张的、那种节奏比较快的，我可能就不要这样的采访段落。好，那么接下来我再请大家看一条。

（视频三：东方红制漆厂突发大火）

以上是2011年评选出来的几条新闻。大家会看到，今天我们对新闻的评价有一个特别重要的标准，就是是不是有很好的现场感。现场意识在今天的广播和电视的报道中都是特别重要的。

我不知道大家每天是不是在听一些广播电台的广播。比如国际广播电台有个栏目叫《环球资讯》，好多搞新闻的人挺喜欢听这个栏目。它开篇的一段话就是“现场中国，直播世界。第一资讯，资讯第一。一刻不停，直奔新闻现场”，“我们跟随埃及和法国选手组成了联合科考队，来这儿寻找3 600多年前的法老雕像”，“我现在正在巴格达新机场为大家做现场报道”，“这里是环球资讯，现在正在直播的是联合国安理会特别会议”，“我现在正在澳大利亚美丽的邦迪海滩为您做现场报道”。大家看，整个这段开篇的话当中，特别多的词就是“现场”，然后就是“直播”。所以现场和直播的概念在今天的电视和广播当中特别重要。现在我们强调现场报道，大家有了这个概念以后，在未来的新闻工作中你就会努力去做。

我们现在有的时候提到直播的时候，好多同学概念中还是，直播是很奢侈的。老是觉得我们的直播是有很大的事情，比如说8月18日钱塘江大潮，或者是什么汉墓的挖掘，或者是建国六十年的阅兵，或者是广州亚运会的开幕，或者是上海世博的开幕，得调动特别多的人和设备来进行直播。其实，今天特别应该说的是，直播应该做到常态化，而这一点是我们中国电视界没有做到的。

在这儿我想请大家看三条几年前的新闻。大家知道，2008年年初的时候，我们南方很多省区发生了大面积的雨雪冰冻灾害天气。这三条新闻是在这件事情之后，也就是在5·12汶川地震之前中央电视台把自己所有搞新闻的记者召集在一起看的，都是地方台记者做的。每条新闻实际上都代表了一种报道的倾向。

（视频四：贵州电视台　2008年雨雪灾害天气　现场直播）

贵州是我们国家经济发展并不是非常好的一个地区，在2008年年初的时候，他们这个台做不了直播。然后刚刚去他们台的一个年轻的小记者，她有这个直播的意识。她跟工程技术人员合作，从贵州电视台的机房连线，一根一根线连起来，从楼上连到下面，然后走出这个院子，走到地面，最后选择了贵州电视台的一个大门儿，这个大门儿的不远处正好是一个较为热闹的十字路口。她就以这个十字路口为背景做了这则报道。在当年整个雨雪灾害天气的报道中，这个女孩儿送一条报道，中央电视台就用一条。因为从那时候开始，贵州电视台可以做现场直播了。这是一个很具有开创性的做法。

在中央电视台自己内部的记者研讨会上，放的第一条新闻就是这条。其实就是告诉所有中央台的记者，在今天的报道中我们一定要意识到一句话：现场报道和现场直播的时代来到了。接着我请大家看第二条新闻。

（视频五：杭州电视台　雨雪灾害报道）

为什么要看这一条？大家看到，我们现在，包括今天你看我们电视节目的时候会发现，可能有些记者意识到了我要做现场报道，我要去做直播。但是呢，那个记者像木头一样站在那个现场，“嘟嘟嘟嘟”地说一大堆。这条新闻给中央电视台记者看的时候，是要告诉他什么呢？我们做记者的，特别是做电视报道的记者，一定要努力拓展画面的表现力。那个杭州电视台的记者用手掌去量积雪。他如果不量的话，我们一眼看过去，就知道，哦，昨晚到今天大雪下得挺厚的。只是这么一个概念。但是当他走过去用手掌量的时候，他告诉我们，一个手掌两个手掌三个手掌。每个人都特别清晰地看懂了，看到了，确实是下了30多公分厚度的积雪。这个记者特别好地用画面来展示了现场的这些内容。

接着我再请大家看一条。

（视频六：中央电视台　直升机报道湖南郴州灾情）

当时这条新闻对我非常有触动。以前很多次出差到湖南，都觉得湖南挺绿的啊。这次这个雪，你看那个桥上，载重汽车一辆接一辆地滞留在那儿，而且每辆车上都积着厚厚的雪。当时确实不仅仅是我一个人被触动，可能很多当时的中国观众都被深深触动了。大家看到，那则新闻是白岩松在演播室里主持的，同时约请了国家部委的一位同志在交流。当白岩松在演播室里给他放完这段录像之后，那个国家部委同志的眼泪“哗”的就下来了。所以大家看，一些好的镜头，带领观众看到那些现场的情况，能够给人们留下很深刻的印象，打动观众。当然受众获得的信息，也就特别的清晰。

第三，我们的现场报道要把握最佳报道时机。因为是到上海来了，所以我请人家看一条上海台好多年前的报道，我觉得不错。

（视频七：上海东方卫视　“神舟五号”发射相关报道）

当年这个飞船发射的时候，你想想，在现场拍摄的，肯定有很多很多电视台都在那里拍摄，但是当年，关于这个题目的大奖给了东方台的记者。大家说为什么给她？这条新闻哪儿好啊？对，就是记者现场报道完了之后，镜头推上去，然后就开始发射了。对不对?从这条新闻中大家应该深切地体会到,就是我们今天倡导的大家应该注意的第三条原则,现场报道要把握最佳报道时机。不是说我站在现场,只要蓝天白云底下就可以做一个很好的报道。

第四条呢,我们说,现场报道一定要认真地选择现场,现场要具有典型意义。今天我们为什么要强调现场?在现场的意义,大家注意啊,其实当记者在现场的时候,就等于把我们记者在现场的所见所闻所思所想特别直接地报道出来,告诉观众我们不是道听途说,我们不是炒冷饭,我们不是听别人说的,我们不是一种间接地报道,我们是非常直接地把我们在现场看见的东西告诉你们。像原来,在我们的屏幕上,特别多的新闻就是先拍画面,然后看素材把新闻编出来,把那解说词儿给配上。这就是原来,特别是近三十年来我们一直沿用的做电视新闻的模式。但是今天被打破了。这个当然还不够。最近这五年,我觉得中国电视新闻还会有突飞猛进的变化,还会有一些跨越式的东西。大家看最近半年的国际报道,不知道是不是会有这样的体会。比如说去年,中央电视台特别强力做的事情就是在全世界布点。在全世界建了7个总站,50个国家的分记者站。最近这半年,大家看到很多很多的国际事件的报道,你都会发现一点,记者在现场。先不说最近这些报道好不好,它会有这样的或那样的不足,但是它至少做到了一点,就是我们在现场。

当然,在现场呢,记者总是有选择的。记者的态度和立场总是通过选择体现出来的。那么怎么来体现呢?记者选择什么不选择什么,实际上就是态度。这样表述或者那样表述,也是一种倾向性。先说什么后说什么也在一定程度上能够体现我们的立场。这样的语气或那样的语气这些方面都是记者来体现自己倾向性的具体的做法。不是说一条报道你都是非常直接的或者非常义正词严的或者非常愤怒的,不是这样的,而是客观公正地来进行报道。所以像现在的这样一些做法呢,都是体现倾向性的做法。

刚才我们说,第一点是现场意识,第二点就是舆论引导意识。说到舆论引导,最主要是在四个方面下工夫。一个是抢占第一话语权,第二是抓住议题设置权,第三是巧用新闻解释权,第四就是强化新闻评论权。这是我们今天实施舆论引导的四个很重要的做法。

有一次我参加中宣部的一个应急新闻报道培训班，在这个班上，是我亲耳听见的，它说“应对突发事件第一时间发布信息，第一时间发表评论，第一时间设置议题，抢占制高点，争取主动性，赢得话语权，连续不断地实施舆论引导，是中央对宣传工作的明确要求，体现了中央对新闻宣传工作规律的深刻把握和认识上的重大突破”。这是会议上特别清楚地说的。那我就在想，我们的记者在面对每件突发事件的时候，是不是能够在第一时间把握第一话语权呢？“七五”事件，我们在第一时间进行了报道，新华社率先在事发后一个半小时，也就是当天晚上的21∶29发出了第一条英文的快讯，赢得了全球首发。中央电视台在7月6日凌晨4∶40以口播和字幕披露了消息。早晨7∶00播出了图像新闻，随后呢，全球有54个国家和地区的108家电视机构采用了中央电视台节目信号和报道，但我认为，发布得还不够及时。大家想想看，中央电视台在凌晨4∶40有一条口播，然后早上7点的时候有一条画面。这些时间是不是我们都有看电视的习惯？4点40，谁会去看啊？早上7点发了一条画面，只发了一条画面。就是我们现在很多事情啊，它这个力度是完全不够的。那天其实早晨的时候没有多少人看到这些画面，好多人是在午间才第一次看到那个画面。所以说，我们的这些报道真的是不够及时。所以呢，我觉得“七五”那件事儿，还可以报道得更好。

当然，说到第一时间报道，现在还会有一些问题。比如说大家都知道去年八月份的菲律宾人质事件。这个人质事件就处理得有问题。当时的劫匪是要求媒体介入的，所以当时记者就有介入，但是后来菲律宾警察在调查取证的过程中，要追究两位记者和三家媒体的责任。为什么要追究呢？警方说这些记者和媒体在人质事件的关键时刻不停地对劫持者进行采访，导致形势恶化。马尼拉有篇报纸文章就这样说：失职的警察加上歇斯底里的记者等于人质的悲剧。大家要注意，记者应该是事件的观察者和记录者。但是在这件事情中，记者成为事件的参与者，甚至是制造者。这件事情应该说是我们记者现场做得不好的地方，过度曝光形成了很多社会的危害。所以我们说，记者是要有社会责任的。媒体在今天这个时代无处不在，记者的社会责任，一个是要尊重人的价值，二是要维护或者是宣传社会的功德。第三就是要促进社会的和谐稳定。

刚才是第一点，我们说要抢占发布权。第二点是抓住议题设置权。大家知道任何事情都是可以从不同方面解读的。你站在不同的媒体立场就可能会选择不同的议事角度。抓住了议题设置权实际上就抓住了这种讨论的方向，它可以大大提高舆论的引导力和影响力。我举个很简单的例子。比如说现在有些小区是商住两用的，矛盾也特别多。老百姓认为那些开公司的扰民，开公司的说这是商住两用的小区，我怎么就不能开公司呢。在北京这种事儿特别多。然后记者就去采访。作为记者，你采访完以后，调查了解情况之后，你看你的态度和立场是什么？比如说你有点儿偏向老百姓，说住在这个小区的老百姓真够倒霉的，天天被扰民之类，那你可能就会这样来设置议题："在六百人居住的社区里，扰民现象何时了"；如果说你采访完后，觉得老百姓比较无聊，太吹毛求疵，花这么少的钱住在这里面还要说这个说那个的，你有点偏向那个公司，你就会说："在商住两用的楼盘，不能办公司吗？"还有可能就是你采访完后觉得，真是公说公有理，婆说婆有理，这样吧，各打50大板然后咱们和谐相处吧，你就会说："在商住两用的楼盘，怎么和谐相处？"然后你就会举例，说中央绿洲那个社区，人家怎么和谐相处等等。所以，实际上就是说记者调查了解之后，你是什么态度，然后再去设置一个比较合适的议题。

大家可能还记得一件事情，就是2009年的中俄联合军演。那段时间的报道就特别有意思。我们媒体的标题是：中俄联合军演完成和平使命。香港有一个报纸叫《新报》，它说，中俄联合军演正如火如荼地进行，但另一边儿，俄罗斯却以走私为由扣查了价值21亿美元的中国货。这是它那篇报道中特别强调的两个方面。新加坡的《联合早报》说的是官热民冷，民间互信有待提升。印度的《时报》标题是印度构筑海陆空核能力，为了对抗中国。你看就这件事儿，不同的报纸它的说法和议题都是不一样的。大家一定要注意啊，就是现在，西方国家经常给我们设置议题。比如说我们的企业收购外资。本来这是一个经济行为，国外的媒体就会把经济活动上升到政治层面来热议，给我们国家的政治和外交设置了很多很多的阻力，所以在国际这个报道中，我们一定要抓住议题设置权，增强这种国际传播的能力。

第三点呢，我们说要巧用新闻解释权。怎么解释很重要，当下的新闻竞争已经不是对新闻源的竞争，而是对新闻解释权的竞争。新闻发布已经不是传媒人和新闻媒体的专利了。大家很多时候是通过手机短信、微博等等获得信息的。所以今天特别重要的，做媒体的人应该在什么地方下工夫呢？就是要在新闻的解释权上下工夫。怎么分析、怎么解释、怎么判断成了媒体竞争的焦点。

怎么解释？这里面非常有学问。比如说，美国在作战时宣传的时候，它经常会打着特别好听的旗号。当时它战时的媒体一般都得经过严格的新闻审查。但是它们不说我审查你媒体。它怎么说呢？它打出来的题目是，谁对我前方将士的生命负责？这就是它进行严格的新闻审查的一个理由。这样还特别能博得美国大众的拥护，对吧，因为它怕死人，谁家当兵的孩子都不想死。所以我们就愿意军方负责，军方你要严格地审查媒体。所以它就名正言顺地有了非常严格的新闻审查。

一般来说在报道中，大家要注意，解释的时候要有新闻视角和全局视角。我们有些报道啊，经常会是单纯的部门视角，或者是一种工作视角，用这种东西代替新闻视角和全局视角。这样的报道呢，一般来说还不够好。因为时间紧张，这里就不请大家看案例了。

一则报道，如果它能把问题提出来，那它这个报道经常会挺好看的。我来请大家看一段例子。

（视频八：网上关于三峡大坝的报道标题　2003年6月1日　三峡大坝固若金汤可以抵挡万年一遇的洪水→2007年5月8日　三峡大坝今年起可防千年一遇的洪水→三峡大坝可以抵御百年一遇的特大洪水→2010年7月20日抗洪不能全都指望三峡大坝）

这个记者问题抓得特别好，所以这个采访报道就很有意思。他把网上相关新闻集中在一起，然后一条条地往下念，观众就会觉得非常好看；而且他问题抓得很准。因此，大家要有问题意识。抓到一个问题以后来进行报道就非常有意思。

最后一句话就是要强化新闻评论权。大家知道现在各个电视台都会签新闻评论员。一件事情出来以后，会在第一时间请那些新闻评论员发表评论。最近大家在电视屏幕上都看到了这样的做法。这种评论的做法，以后还会进一步加强。

第三个意识，就是要有国际传播意识。大家知道，在全球化的时代，我们电视借助于新媒体，已经把触角延伸到了世界的各个角落。有了网络，有了手机，现在的报道就有可能是全球化的。而且现在的国际报道在我们今天的新闻中，占有相当大的比例。比如大家看我们这半年来的大事儿。从日本地震开始，一个星期之后就是利比亚战事，并且利比亚战事一直持续到现在。然后就是5月1日的时候本·拉登被击毙，接着又是泰国什么大选等等。你每天打开电视机看的时候，都会对国际新闻特别重视。

我们今天说到国际报道的时候，很多同学可能觉得，简单地说就是报道国际新闻。其实不是的，这国际报道呢，将来大家如果真是去做国际报道的话，你起码是肩负着非常重要的国家使命的。要做到四点：一个是要善于把中国的事情向国外说清楚；第二要及时地把国外的消息向国内报道；第三呢，要站在中国立场来解读国际事务；第四点就是在国际纷争中，能发出中国的声音，凸显中国的影响力。特别是后面这两条，我们有些同学可能没有特别多地去考虑。其实，当中国成长为一个大国的时候，这些地方都是要考虑的。

最后一点呢，就是要有媒介融合意识。在今天，不同的媒介会相互渗透，也会共同来做好宣传报道。

在最后的时候，我来给大家介绍一个小东西。现在在欧美一些国家，就比如我去年在美国一年当访问学者吧，我们的家里都会有一个小的那种数字录像机，我们叫它Tivo。这个东西是有网络的，它看电视的方式已经不像我们现在这样，每天等着看七点新闻联播。它都是选，选完以后就录在机器里面。Tivo目前是可以录制40个小时的节目，将来是不是可以80，或者120？都有可能。并且它可以在录两个频道的同时，观看第三个频道。你可以通过遥控器预约两个星期内的节目，一点，它在屏幕上可以显示出来。你就输关键词进去，比如说你喜欢看60分的节目，我就输60分，然后有关60分的节目就都跳出来了。你喜欢哪个摁一下，它到时候就自动录制了。所以，现在很多欧美的大学生，或者是白领，或者是公务员，他们现在看电视的方式都是回家以后就打开Tivo，都是自己录的。Tivo它实际上就是为每个人搭建了一个属于自己的电视平台。有同学可能说，在网络观看视频和这个Tivo是一样的。不一样！它有四点区别：一个是时间上,网络是点击过去,Tivo是预约未来,它是预约未来两个星期的。第二,互联网是对电视机构已经上传的节目进行点播,受限于电视文化机构的筛选。Tivo是对所有电视预告的节目进行选择。第三,网络视频是小屏幕的观赏方式,Tivo则是借助于电视的大屏幕的观赏方式,而且是很多人可以同时来观看的。第四就是互联网的这种视频呢,它有时候受到网速的影响,但是Tivo是录好的节目,你打开来一看,它是很流畅的。所以说,将来新媒体对电视还是有各种各样冲击的。大家以后毕业写论文的时候就要注意了。我已经看到一些同学的文章,说什么频道化生存是中国电视发展的出路之类的。我跟大家说,这种Tivo首先挑战的就是频道化生存,它对频道根本不在乎,它只对节目在意。另外现在我们中国电视广告的投放方式是一条广告穿插在电视节目当中,但是Tivo可以全部给你跳掉。所以呢,它会颠覆我们的频道化生存,颠覆我们的广告投放方式。而这些恰恰都是我们中国电视赖以生存的东西。所以新媒体将来会怎么发展,我们拭目以待。但是我想,更多的应该说,我们的电视应该可以和新媒体和谐共舞。

传媒经历 · 个案解读

《环球时报》：解读复杂中国，报道多元世界

时　间：2011年7月22日

地　点：上海交通大学闵行校区新图图书信息大楼8楼

主讲人：胡锡进

胡锡进

《环球时报》报社总编辑，高级记者。1993年至1996年在任《人民日报》常驻前南斯拉夫地区记者期间，数十次深入战区，是波黑战争中最活跃的中国记者，1997年出版《波黑战地采访手记》。1999年入选"中国十大杰出青年外事工作者"。2005年10月起，担任《环球时报》总编辑，强调中国媒体不要被西方媒体误导，希望媒体能独立思考，冷静建言，为政府决策提供参考。

主持人: 我们很荣幸地邀请到《环球时报》总编辑胡锡进先生担任我们这场演讲的嘉宾。胡总编辑在新闻行业有多年的沙场经验,他的身份除了总编辑之外,还是高级记者。大家可以看到,1993年到1996年期间,他作为《人民日报》驻前南斯拉夫地区的记者,数十次深入战区,是波黑战争中最活跃的中国记者,历经了枪林弹雨的考验。1997年,他出版了《波黑战地采访手记》;1999年入选"中国十大杰出青年外事工作者";2005年10月起,担任《环球时报》总编辑,强调中国媒体不要被西方媒体误导,希望媒体能够独立思考,冷静建言,为政府决策提供参考。今天,胡总编会就《环球时报》的重要理念做一个精彩的探讨,让我们热烈欢迎胡锡进总编辑!

胡锡进: 今天,非常荣幸能来到上海交通大学,能够把《环球时报》的一些经验以及教训、苦衷跟大家交流和分享。我今天主要是围绕《环球时报》的评论来讲。《环球时报》的评论在国内引起了很大争议,因为《环球时报》的形象本身在国内就有争议。我2011年2月份开了微博,我从来没上过微博,不知道微博是什么东西。我第一天就有了5 000多个粉丝,打开一看,全是骂我的。我说这真是沉重的一天,沉痛的教训。我2月25日开微博,3月1日上中央党校。其实我同时上了两个学校。每天上党校,讲的是社会主义一定要战胜资本主义,但微博上却在唱反调,所以这两股劲在我身上发挥作用,感觉到像冷暖空气在我头顶形成对流,雨哗啦啦地浇在我身上那样的一种感觉。我经历了,尤其是经历了这一段时间，也有很多感触，同时也更加坚定了我的一些想法、我所有的价值观。我51岁了，人的价值观形成后很难改变，我也不去改变它。但是怎样去表达价值观，怎样跟社会交流，这当中需要不断地探索。今天，我想就这一点跟大家交流。

今天我首先说评论。我不是学理论的，我是学外语出身，而且也不会写评论。我只知道新闻是一点点摸索出来的。我过去是一个战地记者，总是挖新闻，我认为新闻是最重要的。但是后来《环球时报》里需要有人写评论，没有人写，这就逼着我自己上手。逐渐发现原来自己也会写评论，就这么过来的。今天的新闻媒体，我看到同志们都比较年轻，可能是学生、一些年轻教师，我想告诉大家我的实际感受。我觉得今天我们处在一个评论的时代，我们如果去做报纸，做媒体人的话，真的是一个评论时代。

为什么这么说？因为中国有很多特点。首先，我们的内容相对匮乏，不像在西方和其他地方，内容很多，政府的东西、所有的东西都是开放的，每天都会透露给媒体很多信息。但中国不行由于某些原因，造成了我们内容的匮乏与不足。怎么办？我们只好抄外国的媒体。有人说《环球时报》经常抄外国媒体，这没办法，国内不报道、不告诉你，不抄外国的媒体怎么办？所以我们的空间就是评论，事发出来以后，评论可以是我们的，这是其中一个原因。第二个原因是互联网带来了很多信息，乱七八糟的信息，真真假假，这个信息比我们记者的能力大。比如京沪高铁一出事，乘客第一时间就在微博上发了消息，说出事了，记者再快也没他快，是不是这个道理？所以这严重冲击了新闻记者去拿独家新闻的可能性。而且还有一点，电视和互联网视频太发达了，很多人更愿意看视频而不是文字。所以说，我们处在一个评论的时代。

评论也能够造就人。大家现在能记住的很多媒体人都是写评论的，因为评论的空间大。我们的社会在转型，中国还有一些禁区，这些禁区需要一点点地突破。从哪里突破？从评论那里容易。所以中国媒体的发展过程，有点像一个练胆魄的过程。我们《环球时报》是比较胆大的，触碰了很多的禁区。中国现在确实处在一个评论的时代，而且这个空间很大，可以做很多事。所以我今天就讲一讲《环球时报》的评论，以及我对中国媒体评论的看法，并做一些客观的分析。

我对今天中国评论的状态，有这样一些看法和分析。中国评论最近20年出现了新闻批判的浪潮，这种新闻批判的浪潮主导了中国新闻评论的大方向，这是个基本的现实。我觉得它的兴起和成就都是非常明显的，尤其是在南方的报业，他们开了批判之先河，我认为他们确实对中国的评论作了很大的贡献，做得非常好。比如像《南方周末》等很多报纸，他们都做了很多这样的评论，做了很多过去我们没有过的尝试。不仅是评论，他们的报道也形成了一种批判的倾向，揭露社会的阴暗面，然后对其评论，而且质疑公权力的使用。在过去的中国，对于公权力，大家并没有公开批判的意识；今天对公权力的批判，要远远超过当年"反右时期"。现在媒体上对公权力的批判是非常公开的，分析事件产生的原因一般都是上升到公权力的滥用，或者说中国法制的短缺等等。大家想一想，在20年前，当中国一片赞扬声的时候，如果出现这种评论，对我们媒体的冲击是多么大。他们确实开了先河，起到了很好的作用。总的来说，这一类批判浪潮的兴起，首先要高度肯定，而且我认为做得非常不错。

在这之后又发生了一些事情，就是在他们的带动下，发起了这样一种批判浪潮和批判的媒体模式之后，在中国形成了一种跟风效应。很多市场类的媒体都放大了批判的概念，举起批判的旗帜，所以在中国形成了"批判竞争"。大家如果看媒体、看报纸的话，就会发现很多报纸都差不多。比如北京市要搞一个交通听证，第二天一大批报纸都来评论，而且评论的基调几乎都差不多。再比如红十字会出了事情以后，第二天所有的媒体也基本是一个调子，说郭美美背后一定有红十字会的人，这个红十字会的问题还只是冰山一角，应该还有更多的问题等等。他们说的都是事实，而且所有的媒体都会这么去做，只不过有的做得更严厉一点，说得更重一些，而有的则说得稍微温和一点而已。包括微博上也形成了这样一种氛围，整个舆论界都形成了一种批判竞争。

对于这一点，我认为批判形成了一种泛滥化，逐渐形成了互联网以及我们媒体话语的一种套路，有一点倾向于八股文的形式——所有的媒体都这样写，就不新鲜了。你们随便打开一份报纸，《现代快报》、《新民晚报》、《北京晚报》都这么写，没有什么区别。凡是在体制外的媒体，在都市内的、市场化的媒体，绝对不会一味地赞扬政府。这就是形成了一种话语体系，一种泛滥化的东西。在这当中，尤其会造成一些不好的影响，就是原来发起批判的一些媒体，或者发起批判的一些媒体人，他们为了在这种批判浪潮中继续保持自己的领先地位，被迫地说一些比别人更加激烈的话语。这种现象是很自然形成的，本来我先发起的批判，我是这方面的旗手，结果你突然也参加进来，什么《烟台都市报》、《河北青年报》，很多报纸都这样做，那我的地位在哪里？我既然不是表扬政府的，那我就要说得比你更尖锐一些。这造成了一种什么样的结果呢？就跟现实会形成一定的脱节，因为现实不仅仅是阴暗面。所以如果只说批判的话就稍微有点过了，他们批判的每一件事微观都是真实的，但是加在一起的时候，就会感觉到宏观上有点失实。时间长了，你会发现这个人、这个媒体有点极端了，跟我们的现实好像不是那么一致。所以我认为，过去有时候是真话，但今天有时候真实度就不如过去，甚至在个别的时候，真话就变成了假话。真理是什么？真理往前迈一步就会变成谬误，这种可能性是很大的，是存在的。这是第二点，就是说中国新时期批判的兴起、成就和问题。

接下来，我想说一下在这种情况下《环球时报》怎么去写我们的评论。我们提出了一个口号，叫“实事求是地写评论，理性地评论”。我们一定要站在一个理性的旗帜下来开展我们的评论，来解读中国、评述世界。我们能做到这一点吗？应该能做到，但是挺难的。

首先，社会有点不认同。社会觉得什么是理性的，什么是客观的？社会认为凡是批判的，凡是批判政府的就是理性和客观的；只要不是批判政府的，不是跟政府作对的，他就认为你不是批判，不是客观的。但凭着良心，实事求是来进行评论的时候，你慢慢会发现一个空间，会有一个哥伦布式的新发现。你会发现中国媒体的评论和中国媒体的观点，有一个两极化的趋势。这个两极化是什么？一个是我刚才说的批判趋势，这一极就是不断地批判；还有一极是传统的官方媒体，它就好像这些批判没有发生一样，继续按它原来的方式进行报道。这两个极端不断地发展，中间会出来一个巨大的空间。这个空间就是理性的、客观的、实事求是的空间。当时我们尝试去做的时候，就感觉到很多的话题没人去说，很多的点没有人去写，这就留给我们很大的空间。我们发现真话是最有魅力的话，也是最容易说的话，思想创新就会带来语言的创新。你们如果看一下《环球时报》的评论，就会有这样的感受。《环球时报》是以社评为主，社评是我每天去写的。我很有可能是中国唯一一个每天写文章的总编辑。这也不奇怪，因为《环球时报》是总编辑负责制，我是总编辑，就相当于社长兼总编，所以每天有很多事情。我们有700多个人，有中文版、英文版、有环球网，还有《生命时报》，每天都有各种各样的事情。但是每天晚上我会拿出一个半小时写社评。我写社评都是直抒胸臆，说的全是心里话、真心话。大家都说，《环球时报》的语言真有特点，其实根本不是语言特点，而是思想角度的特点。我想说，《环球时报》去做一些理性的评论，我们找到了一个空间。

我跟大家说一下，我们评论的实践具体是怎么做的。我刚才已经涉及一点就是"写"。我们《环球时报》评论有个编委，他们有个评论组，负责人叫王文，是《环球时报》评论的主持人。每天他们都会定一个题目，早晨题目定出来以后就来找我。我每天晚上上夜班，白天忙单位的其他事情——这儿闹人事纠纷了，那儿让工商罚款了，各种各样的事情；到晚上我就变成了一个编辑，跟同志们一起，每天晚上加夜班。第二天上午十点多我到单位，他们就把评论题目告诉我，今天准备做个什么样的社评，就是社论。他们把题目定下来跟我商量，我说行就行，我说不行那咱们一起来再商量一个题目。题目商量好以后，起草人就带着题目给很多专家、学者打电话，找材料。至少要给两三个这个领域的专家打电话，来了解他们的看法，同时要搜集一些材料，别人在这个问题上写了什么。到晚上的时候，这个人就把这些事情整理出来，串在一起给我写在纸上。到晚上我就看这个事情是怎么回事，然后跟这个人一起来写。有的时候这个人会写一个草稿，但草稿可能跟我们最后见报的时候差距很大，所以主要是搜集材料。搜集到材料以后，这个起草人就坐在我的电脑位置上，我口述他记录。但是这不是简单地记录，因为他白天了解了很多方面的情况，问了很多专家对于这件事情的态度，他会修正我的说法。我说这句话应该怎么样，他说专家不太同意这个观点，我就把这句话擦掉换一个问题。实际上是我们大家一起在写，这个人如果准备得越充分，修正我的话的能力就越强，参与度也越高。因为"这个人"经常换，二十四五岁新来的小孩，有时候也会参与到这里面来，不过他的修正能力就比较弱一点。看了专家的观点以后，我有一个思路，然后我就说，说的时候这个人会把社会的意见告诉我，修正我的想法，让我别太极端。有时候他的话我会听，有时候不会听，但多数情况下我会听他给我提的意见。我认为既然有一个人反对了我的说法，那么他一定有自己的道理。我的要求是我们需要这个社会的“最大公约数”，这个想法是《环球时报》的想法，也要跟社会大多数人的想法接轨，避免形成偏激和极端。这稿子正常情况下一个半小时写完，最快是40分钟写完，还有30分钟写完的。这种事比较着急，需要很快的速度，写完以后大家赶快看一看，有什么意见赶紧提。稿子写完以后干什么？还没完，编辑只是起草，他马上要把这稿子传给几个专家，让专家做第一读者。最初我们是请两名专家来看，因为影响越来越大，现在改成至少是三名，有时候是四名、五名专家帮我们当第一读者。这些专家都是中国一流的专家，比如汪晖、张颐武，张颐武经常给我们做第一读者，社科院政治所所长房宁也经常是我们的第一读者，还有《人民日报》的高级记者丁钢、张林贵等等。我们让持有不同观点的人来当我们的读者，而不是只让一种观点的人来当我们的读者，因为需要有相反的意见。《环球时报》每天的第一读者都是这样的人，他们看了以后给我们提意见，基本上70%的回稿都是在原稿上一个字一个字地改，我就会收到四五份，至少是三份被改过的评论。然后我会抽出一点时间，20分钟至半个小时，看他们是怎么改的，最后决定采用谁的改法，或者不采用谁的改法。因为他们有的时候改的是重合的，有的人改得比较极端，有的人改得太专业化老百姓读不懂，或者有人改得太引申了，不是这篇文章想说清楚的。但有的人改得非常准确，修正了我们的话，我们说得偏激的地方都给我们改正了。最后我就把所有的东西统到一起，又形成一篇稿子，这个稿子第二天就见报了。

同学们可以感觉到，如果我们以这样的方式来做报纸的话，得到的结果是什么呢？我们确实是在找这个社会的最大公约数，我们的报纸、我们的评论，绝对不会出现一个特别偏激的评论，因为在这个过程中，会有第一读者向我们提抗议，他会跟我们说，你这样做绝对不行。如果有人跟我们说你这样做绝对不行的话，我们肯定不会去用。比如有时候，有人观点跟我们不一致，他就会跟我们说，你的看法我不同意，但你们的说法可以自圆其说，并且提醒几个点请你们再斟酌。这样的评论就不会出现特别偏激、特别极端的东西，所以我们的评论就在中国的媒体中独树一帜。中国现在基本上把客观跟中立的标尺放在了批判点上，而我们是处在一个相对中立的位置上，虽然很多人认为我是偏左的。但是同志们，这个尺、这个坐标会逐渐回归本位，因为现在《环球时报》的评论人越来越多。

最后一点，我们的影响力。由于我们做得非常认真，一分耕耘、一分收获，我们的评论取得了一些非常良好的效果，中国社会正在大量阅读《环球时报》的评论；不仅《环球时报》的社评，我们很多其他的评论也受到了社评的影响。因为别人看《环球时报》社评写得这么严肃、这么认真，其他的评论也就会比较认真地写。不夸张地说，我们的两个评论版可以说是在中国最有分量、最有影响的两个评论版之一，我不说“最有”，我说的是“之一”。我们的读者确实非常多，而且有影响力的读者也非常多，能够收到大量的反馈。国外的媒体每天对我们进行大量的转引，《环球时报》的报纸没有一天不被外国报纸转引的。光说日本一个国家，每天他们的六大报纸，至少有一家在转引《环球时报》的内容。他们或者转引社评，或者转引《环球时报》其他的评论，这是我们在日本的记者回来跟我们讲的。我们通过google搜世界对《环球时报》的反馈，其中对我们社评的反馈量是最大的。大家想想，我们社评的影响力有多大？这是在国外。在国内，我们接到这样的反馈就更多了。我的微博有一半内容是我的社评内容。我发微博挺多的，每天发好几条，但实际上我很轻松。当我写社评的时候，顺便拿出两句话放到微博上去；或者我准备写社评前先在微博上写两句话，看看别人的反应。我们的编辑都看微博，从微博上看大家的反应，然后再调整自己的语言跟文章的构思，这都是我们一起做的工作，所以我们的社评获得了很大的影响力。现在我认为中国的评论，真正的好评论、特别有吸引力的评论不是很多，为什么？因为很多都是关于民生很细节的评论，比如像都市报中的评论就是很细节的，哪儿水管漏了评论一下，哪个地方停电了评论一下，哪个地方谁被打了评论一下，都是围绕这些评论。而《环球时报》的评论，是在一个战略层面上进行评论，就国家道路进行评论。而这方面的评论在中国特别少，也是因为大家有点不太敢评论，所以我们评论的影响力才会有这么大。我们经常会触碰一些敏感问题，这也是因为我们的价值观、我们实事求是的方法，使得我们可以去这样做。这些敏感问题一般人是不敢碰的，没法碰。

比如刘晓波获诺贝尔和平奖，这个问题很敏感，大家都认为不能写，但是我当时硬着头皮就写了。我觉得这事能说，说实话就得了，怎么想的就怎么说吧，我的价值观肯定跟西方的价值观不一样。艾未未被抓起来，这事一出来，《环球时报》第一时间写社评，连写了四篇。前两天我跟艾未未的朋友一块吃饭，是几个很民主派的人，他们说艾未未回来看到我们写的评论，觉得写得非常客观、非常好，我听了以后很高兴，就是我们能够这样去写。再比如内蒙古出事、新疆出事，我们都是第一时间写社评。只要赶上了我们就写，说的都是实话、真话、客观的话。什么是我们的价值观？我们的价值观就是维护中国，我们希望中国好，不希望中国坏，我们把真话说出来谁不愿意？我们也有这种承受力，不怕别人说我们不好。比如刘晓波事件，我记得当时写了这么一句话，“中国获诺贝尔的只有两个人，一个是达赖、一个是刘晓波”。我不去评论这两个人是什么人，我也不知道他们是好人还是坏人，也不认识他们，但我文章里是这么说的，“他们确实触动了中国社会”，是不是真话？刘晓波在示范一种对抗，他触动中国社会的一种方式是示范对抗，而没有在种种复杂问题的中国宣扬团结。我们写的还是刘晓波先生，但我确实没骂他。艾未未的也一样，我没有去骂他，我只说艾未未先生他到底该不该这样做？我认为艾未未也是触动了中国社会，一个人不能因为他搞了民主活动就获得法律上的豁免权，我认为不应该这样。每一个人都有可能出现问题，官方对他进行调查，有这样的权力。但司法一定要对他进行合法的调查，我们在社评中写道，“官方在这件事情中受到质疑，它的合法性受到了质疑，希望官方及早出来对社会的质疑进行回应。”但是，我认为目前中国的司法环境就是这样，没有西方那样严谨。就艾未未这个事件中司法程序的合法性和严谨性的程度而言，我认为是中国所有类似案件严谨程度的平均值，这是一个实话。中国要逐渐地进步，我觉得要先把这个事情说清楚。艾未未最后被无罪释放，这对官方就是一个教训，以后抓这些名人还是要把事情先搞清楚一点，别乱抓人。我说的是真话吧？所以，所有敏感的东西我都敢碰。

我们写评论，包括写社评，要表达的是一个复杂的中国，我在微博上自我标榜自己是一个“复杂中国的报道者”。我给《环球时报》定的一个最新的口号是“解读复杂中国，报道多元世界”。把《环球时报》合在一起，作为一个总题目就是——中国是复杂的，世界是复杂的。我没有想对世界说，我们中国是多么伟大、多么光鲜，我觉得就对世界说我们中国很复杂就行了。我觉得中国不像政府官员们说得这么好，也不像西方有些人说的那么坏，中国就是个复杂的中间物。所以我们心中经常有很多纠结，有很多复杂的感情。那么，《环球时报》就表达这种纠结和复杂的感情，而不是先有一个价值观，然后一定按照这个出发点去做。

嘉宾：现在很多人都说中国是一个没有信仰的国家，中国人是没有信仰的国民，那么我想请问，您的信仰是什么？您想把中国人民领到一个什么样的信仰轨道上？

胡锡进：大家说中国是没有信仰的国家，是从宗教信仰来说的。我觉得人的信仰需要一个符号。每个人的心中都有很多信仰，有很多追求，我觉得宗教是帮助你把信仰和追求做一个整理和引导的。其实我们冥冥之中都能感觉到有种力量在支配着我们，但是它告诉你他是上帝，他帮你引导、帮你梳理。所以我觉得，中国人的宗教信仰确实不像西方的那种大家公开的宗教信仰，在主流社会中不是个盛行的东西。但是你要说中国是个没有信仰的国家，这种话我没有认真去想过，但是我总觉得，中国很复杂，当我们下一个结论的时候要谨慎。你说中国就真的没有信仰吗？好像也难说。儒教对我们中国的影响很深，它没有完全地宗教化，没有仪式化，但是它在中国人当中有很深的影响。中国人主张积极的生活态度，主张一种克己奉公的宣扬。共产主义的革命理想，也对我们在信仰上有一些影响。大家想一想，你没有信仰吗？只要你们没有感觉到生活是毫无意义的，那实际上就存在着某种信仰，只不过这种信仰没有符号化。至于我个人信仰什么东西，我真的没有想过。但是我信仰一个东西，我觉得我爱这个国家。从政治层面来说，我确实爱这个国家。我是当兵出身，当兵过程中就不断教育你，要爱这个国家、要保卫这个国家。人年轻的时候，比如18岁被灌输的东西，会对你的一生留下很深的印象。我的这些同学们，直到今天我们都是朋友，经常接触，接触过程中大家都在互相影响。爱这个国家，每个人都要有一点责任。今天我有一定的平台、有一些机会，我就要利用这个机会，对这个社会更多地尽一点责任，不能把这个机会完全变成我个人的。我每天工作非常累，《环球时报》里工作时间最长的肯定是我们，每天上午我就来，晚上大半夜才走，这都是要尽自己的责任。我觉得这些东西都是一种信仰，可能不像宗教那么崇高，但是我觉得人能够普通也挺好，是吧？

嘉宾：我想问的是，讲真话需要勇气，需要付出很多代价。那么胡总您以前讲真话是否付出过一些代价？

胡锡进：这个社会讲真话会有代价，讲假话也会有代价；向前开拓是风险，在原地踏步不动风险可能更大，这是我的感受。讲真话会有风险，比如我曾经做过一个报道，是关于奥运圣火巴黎被劫的事件。我们通过外电看到圣火确实被熄灭了，记者也向我们做了证实。但是你们想想，当时2008年还没有现在这么开放，怎么报道这件事情？我们就让前方记者不断打电话，后方记者写，圣火怎样被熄灭了，暴徒如何猖狂等等，我们就这么写的。我们的头版照片就是中国学生跟这些暴徒厮打。标题怎么做呢？报纸复印好了，可没有任何指示，最后就得我来拍板，这时候就有风险。我们标题最后这么做的，好像引题是藏独分子猖狂拦路，拦截圣火，就是那个意思。然后第二句是“法国警方掌握局面无能”。主标题是“法国没保护好圣火”，直接否定。在这之前，没有这样直接否定法国的报道。报纸做好以后，我回到家都不敢睡觉，就在网上等消息。结果第二天一上互联网，头条写的全是这个东西。《人民日报》见了，有的人挺“右”的，说怎么这么写，中法关系不要了？当天CNN电视台举着我们的报纸说，中国民众愤怒了，中国人不高兴了。法国大使在好多地方开会就骂，《环球时报》是中国最民主主义的报纸，《人民日报》怎么能办这样的报纸？这种情况经常有，我们批评俄罗斯，俄罗斯驻华大使到中联部去告。《环球时报》还有没有党支部？他们当时这样批评我们。但是法国的事情没人找我麻烦。第二天，有了正面的消息，有人正面地给我们传递消息说大家反映不错。我一听来劲了，又写了一篇社评，被《人民日报》转载了。写的是法国没保护好圣火的内容，我们又冒了第二次险。结果法国人就恨死我了，后来家乐福的全球总裁来中国专门请我跟陈小川两个人吃饭。他跟我们说,家乐福在中国没法干了。我告诉他,《环球时报》讲了几句真话。第一句真话是法国没保护好圣火;第二句真话,我不知道家乐福是否跟达赖有关系,我不能说有关系,但也确实不能说没有关系,因为我也不知道。所以我们只说了一句话,家乐福卖的东西,95%都是中国货,家乐福的员工98%都是中国人,我们说的都是真话,别的我们不说。

《焦点访谈》是如何运作的

时　间：2011年7月23日

地　点：上海交通大学闵行校区新图图书信息大楼8楼

主讲人：刘庆生

刘庆生

中央电视台《焦点访谈》制片人，首席出镜记者。参与了近年来所有的重大新闻事件的报道，进过北川、玉树，到过福岛、仙台。在《焦点访谈》工作12年一直活跃在新闻一线。除了应急，就是曝光。主要作品：《西安宝马彩票案调查》、《广东走私冻肉调查》、《天津贷款道路通行费调查》等。

主持人：今天我们邀请的嘉宾是中央电视台《焦点访谈》制片人、首席出镜记者刘庆生先生。刘老师经验丰富，在中央电视台《焦点访谈》工作了12年，一直活跃在一线，曝光了大量的社会问题，做了大量的报道。比如《西安宝马彩票案调查》、《广东走私冻肉调查》，还有《天津贷款道路通行费调查》等等，这些调查都产生了很大的影响。记者是非常辛苦的，特别是像《焦点访谈》这类节目的记者，实际上有很大的风险。刘老师今天会跟大家交流一下，怎么样当一个好记者以及今天的电视究竟需要什么样的新闻记者。下面我们用热烈的掌声欢迎刘老师！

刘庆生：谢谢大家。我今天尽量讲一点大家需要的、对大家有用的信息，也给大家讲讲我的体会，以及我们栏目这一群人的体会。讲讲现在的中国电视新闻，特别是电视调查类新闻的一些基本要求，让大家对这类节目有一个准确、直观和有针对性的理解。今天我会着重讲讲《焦点访谈》是如何运作的，它的运作需要记者具备哪些素质。在座的大多数同学有可能走上媒体或者跟媒体有关的行业，这些经验或者说是总结会对大家有所帮助。

很多人会觉得《焦点访谈》是一个就事论事的节目。我们的确做了很多就事论事的节目，做了很多针对某一个事件探讨问题的节目。但是，探讨表征现象背后的问题，抓住问题的实质核心，这样的节目才是真正的好节目。而这类节目对于记者的基本素质要求是比一般的记者要高的。所以在谈到这个素质之前，我想先讲讲我们的运作。

我来说说《焦点访谈》的历史，1993年刚开播时它只是一个小栏目叫《焦点时刻》。《焦点时刻》当时是一个小组，放在早间播出。因为试水的效果很好，于是1994年的4月1日，《焦点访谈》正式开播，到今年已经是第17个年头了。《焦点访谈》开播之后最火的时候应该是2000年前后，从2000年一直到2005年以前，曝光力度非常大，动静非常响。随着新媒体的介入及传播方式的改变，《焦点访谈》似乎又变得不温不火，但它依然保持着中国电视新闻栏目里面的第一品牌，特别是中国调查类报道的第一品牌。它能作为一个品牌保留下来，跟它的运作是密不可分的。我们做了大量的舆论监督和探讨社会问题的节目，就是所谓的深入报道。你会发现除了报道一些城市淹水、矿难地震以外，真正吸引观众的，是那些让观众有所思考、产生共鸣、反应老百姓内心的节目。需要一批这样的节目：讨论社会问题并且是很精准地讨论社会问题、提出观点，最好这个观点还具有前瞻性。《焦点访谈》在它十几年的历程中应该说很好地起到了这样的作用。早年间，我们做了一大批关于粮食改革的节目，有效地推动了很多政策的出台。

刚才提到一个天津贷款道路的节目，那是我2009年1月份做的。当时我们没有任何的背景，节目的来源就是老百姓打来的电话。天津市的好多司机在很短的时间内，大量地、非常集中地给我们打电话，说国家的税费改革已经完成了，公费已经取消了，但是天津的养路费还要交钱。于是我们就去了解情况。天津是直辖市，做节目的难度不亚于上海，而且这个项目是天津市政府所有的，不是任何个人。所以对这个节目的把握就是非常难的一件事情。接到这样一个选题，我想问一下：如果是在座的各位准记者，你们做的第一件事是什么？有同学说，先调查。对，这是一招。那么调查的目的和依据是什么呢？考察的目的是确定信息来源。根据经验，当有大量举报指向同一事件的时候，至少这个事是存在的，只是这件事到底和国家法律法规有没有抵触，抵触在哪儿，这个需要研究。还有一个问题：查什么法律法规？怎么查？学新闻的并不都是专家，包括我。关于怎么调查，大家先来看看这个节目。

曾经有很多说法，说《焦点访谈》只打苍蝇，不打老虎。这个批评很对，也很中肯。我是这样理解的：首先,《焦点访谈》不是只打苍蝇,不打老虎。这件事情是天津市人民政府以法律文件的形式下达的一项收费,通过了地方批准,符合地方法律法规的一切程序。天津市是一个直辖市,省一级部门,这是一只老虎,但是我们毫不犹豫地做了这期节目。因为当它真正触及老百姓利益,又在国家允许范围之内的时候,是需要媒体出手的。接下来的情况很不好。节目播出后第三天,天津市人民政府召开了天津市人民政府发布会,核心意思是：天津贷款道路收费是符合法律规定的,天津市贷款道路通行费要继续收下去。我们采访的时候处长跟我说的是每年收14个亿,新闻发布会上政府公布的消息是每年36个亿。36个亿！如果不收政府就少了一大笔收入。但是我们探讨的不是该不该收,而是应该用什么样的方式,收多少,同时怎么把信息公开,对大家收得公平。这是我们面对的一个舆论环境,也是所有媒体要面对的舆论环境。而实际上我们在很多期节目中都遇到类似的问题。这个节目播出了,还有好多的节目没有播出,以别的形式——比如内参的形式呈现的也有。舆论监督在现实当中一定是一个博弈的关系。在实际工作当中,《焦点访谈》遭受了很多挫折,所有人都为《焦点访谈》哭过,包括我。哭过,但最好是可以不哭。不哭只有两种情况,一种情况我不干了,一种情况是我明白游戏规则,但还要接着干。我哭的时候是2003年,而这个节目是2009年做的。在天津市开过新闻发布会之后,我们又做了第二期节目。但第二期不能给大家看,因为是内参。在内参中我们做了对这个问题更深的探讨,节目播完以后,国家发改委价格司对我们节目给予了充分的肯定,同时私下告诉我们国务院领导对这件事情非常关注。最后的结果是,2010年的1月1日开始,天津市的这条收费取消掉了,至今没收。

在现在这样一种舆论环境下,在这样一种压力下,一个栏目,或者具体到一个记者,如何能够抗住压力,坚持自己认为对的目标去工作是非常重要的。这其中有非常多的艰难和危险,而比危险更为严重的是压力。事情曝光后,天津市所有的媒体失语,这很正常,任何地方出了事也一样。地方媒体受地方政府的管理,所以它不可能有太多作为。这个时候中央媒体要稍微超脱一点,特别是《焦点访谈》要去做一些事情。我在《焦点访谈》学到的一句话,也是我一直以来工作的格言：有利的情况和主动的恢复往往产生于再坚持一下的努力中。很多行业都需要这句话，特别是新闻记者，而且特别是做调查类报道的新闻记者，尤其需要这种精神。这句话出自1938年毛泽东写的论游击战的战略问题。在中国、包括全世界，做记者，特别是做调查类报道的记者，不就是游击战吗？作为新闻记者，在新闻现场你是正规军；但作为新闻记者，在行业里，特别是行业揭黑的时候，你就是游击队员。不管从你的专业素养还是从你对这个行业的了解、人脉的架构、地方的熟悉，所有的一切，你都是一张白纸，而你这张白纸要面对的很可能是在这个行业里干了几十年甚至一辈子的众多的人才，面对的是有非常强硬的背景，很深的根基的机构、政府或者个人。那么在行业里，记者就是游击队员。虽然是游击战，但是也要有战略眼光。

除了前期准备以外，还要一点非常重要——逻辑关系。访谈节目有个术语叫访谈三段论。访谈节目总长15分钟，去掉2分钟的广告、头尾演播室、片花，正片长10分钟。10分钟的片子就只能说三段，太多也承载不了。这个片子就有三个逻辑关系，第一个该不该收？第二个，怎么花的？第三个，该不该公开。这是三件不同的事情。收和花，这是两个概念，但它们之间是有逻辑关系的。而收、花这两件事和第三者又有逻辑关系，整个事情应该公示。其实这个片子就说了这三点。所以访谈三段论很简单，从节目架构上分析一下会更清晰：现象铺陈很简单，花一分钟说现象。比如这个新闻，如果做成新闻就是这个地方收钱了，老百姓不满意了。最简单的一句话，这叫新闻。我们再来看，老百姓不满意，他不满意的有没有道理呢？是老百姓错了还是政府收得不对？于是开始进入新闻背后的调查。老百姓不满意他只知道告诉你，我不满意，我觉得这费用高。但是作为记者你得去研究。这钱该不该收？而该不该收里面你又可以把它分成若干小的逻辑关系。所以刚开始做的时候特别容易把大的逻辑和小的逻辑混淆，因为实际上在一个调查类的报道里面，逻辑关系是最重要的。这个逻辑不仅仅是所谓的三段论的、大的逻辑，而是每一块你能不能找到小的逻辑。举一个例子，该不该收，我们提到了哪几块？第一块首先是平摊不平摊，抓一个点；第二块是有没有稽查强制收取，而实际上该不该收。

为什么我们要这么采呢？实际上，国家的法律法规就有这两条。第一条，不许将贷款通行道路费平摊到每一个车辆收取。第二条，不许强制收取。那么你就可以反过来找他有没有平摊情节,有没有强制情节。当然要通过事实,你所有的逻辑都是由事实而来的。但实际上在采访的时候,你是由这个法律基础来找事实。为什么说像这类节目前期的工作非常重要?因为如果你不懂这个行业,就可能会做成一个特别情绪化的节目。情绪化的节目往往是没有力度的节目,往往是找不到重点的节目。没有重点的节目意味着没法讨论,没有说到点子上。这是里面的小逻辑。由小逻辑构建一个大逻辑,然后再往前层层地推进。下面该说这个费用怎么收以及收的方式。我从来没有说这个费不该收,我只是说不应该以这种方式收。收费还贷是非常通行的一种做法,是我们国家的政策,但是你不能乱收,不能为了减少所谓的管理成本,就把这个负担平摊到每个老百姓头上。这对于老百姓来说至少不合理,对于法律来说,不合法。那么在这种逻辑关系架构下,你这个节目就会很清晰。

十分钟说长不长,说短不短。就贷款道路通行费这个事,十分钟说得完吗?说不完。在这条片子里面,乱收费是一个表象,后面有三块是深层次的原因。但是我们把这条片子整个地当一条新闻的时候,背后还有没有原因,还能不能往下深入呢?它背后是一个什么样的问题?核心的问题是什么?下面有同学说得非常好:钱怎么花的?总结《焦点访谈》这么多年的节目,其实有一些基本规律,现象、原因、谁在干?谁在干,这个很重要。再往下,怎么干的?怎么干的将揭示很多问题的本质,或者说为什么要干,干了之后有什么好处,说白了就是利益。所有的节目当你要有力度的时候,一定要揭示一个不正常现象背后的利益关系。无利不起早,这是一个最基本的原理。尽量地去抓住这个核心做你的调查,才是真正有深度、有力度的调查。否则就算你说了也不知道自己在说什么,也点不到别人的痛处。

那么要揪出这个利益,靠什么呢?方法有很多种。比如说需要你对国家政策非常熟悉,有非常清楚的把握。很多领域是无法做新闻的,真正可以做新闻的领域就那么多,是有规律的。所以国家的法律法规要掌握,社会上的游戏规则要掌握,要了解一个行业到底是一个怎样的运作方式。我们每一个节目在出发之前,特别是我不熟悉的领域,都要先了解。刚刚大家也都提到了,第一个,找法律法规;第二个,找专家。找专家主要是问背后的情况,而问专家往往问出来的是这个行业正面的情况。所以第三个你还要找业内人士。他可能不是专家,但他干了很多年,知道猫腻。你还得知道底下的人是怎么对付上面的,你才可能做这个节目,甚至才可能接近新闻现场。

天津贷款道路的节目是个公开节目,跟我刚才说的这个有点不一样。似乎你很容易到达新闻现场,到车管所去一下,大厅里都是交费的人。但是做的节目特别容易情绪化,而且一不小心会做得很难看。请记住一点,新闻除了揭示问题以外,为大众所接受一定是新闻的基本原理。所有学传媒的人都明白这个道理,要用各种手段、方法让你的节目更易于让人接受,更易于传播。有两种方式,一种是故事化。事件故事化、故事人物化,具体的人具体的事,听起来亲切。第二种方法就是这一类型的节目　　有观点、有逻辑。要么特别感性、煽情,要么逻辑性特别强。再深刻的节目,逻辑关系再清晰的节目,它首先一定要是一个好看的节目。只有好看了、易于接受了,人们才易于看、才看得下去。看下去了你才能把这事看明白,才能有内心的共鸣和冲动。所以传播的效果来源于这几点的综合。

下面我谈一下自己从业这些年来的一些感受。我毕业以后就在人物栏目工作,我觉得最简单,或者说最质朴的一个技能是兴趣,兴趣是最好的老师。我跟很多人说过我这辈子最大的满足不是一个个节目的播出,而是由这一个个节目拼成了我的人生。由于我的人生构成了,我发现自己在过想过的生活、在做喜欢做的事情,这就相当于茫茫人海中找到了一个性格特别适合你的爱人一样。所有的人都谈过恋爱,并不是所有的都适合。性格是说不清道不明的一个东西,工作不也一样吗？其实压力是客观存在的,当你不喜欢一件事情的时候,压力是会无限放大的。相反当你喜欢的时候,你会为了喜欢的东西和喜欢的人而忽视这种压力。

再谈谈新闻工作者素养的问题。个人素养这个词很大,素质的培养。要根据什么来培养呢？要根据你的行业来培养。比如说我在《焦点访谈》干了这么多年,我总结了几条作为一个《焦点访谈》的记者,或者作为调查类报道记者的几个基本素质:第一个,分析的能力。第二个,抓重点的能力。《焦点访谈》的节目就像一桌子的菜,你一眼扫过去,能不能一下子告诉我哪个菜最贵？你要有这样的能力,抓重点的能力。第三个,学习的能力。我们读书读了十几年,还需要学习的能力吗?需要,太需要了。作为我来说,我一点都不喜欢学习,但是恰恰因为我学习不好,我反倒要强调学习的能力。学什么呢?学生出了校门以后无非分为两类,一类是沿着学校的路子去做学问,这个要求成绩好。我有一大批同学是这样,比如说进高校当老师去了。高校需要学习好的同学,需要学书本能力强的同学。而我这里所说的学习的能力是什么呢?是学跟专业相关东西的能力。专业相关,不是简单的专业知识那么简单。做新闻记者最基本的根基是什么?或者我们的定位是什么?媒体的定位是党的喉舌,那么记者要做好宣传、要抓好尺度。最基本的国家法律法规、政策水平你得学习。再比如说行业规则的学习,你需要明白,要不然节目就没法做。而且我说的这个学习能力是短时间的。因为往往接到一个节目,前期论证三天,前期采访最多一周。当然也有那种跨一年、跨三年的时间来连续关注一个问题的情况,但是在单个的节目中可能也就是一周的时间,一个星期之内必须采出来。实际上整天在现场就是在学习。第四个,归纳的能力,就是逻辑的能力。《焦点访谈》更喜欢一些理工科出身的同志,或者说现在从业人员里面做得比较好的大都是理科出身。做一些具体节目的人可能更需要逻辑的能力,但并不是说学文科的人逻辑就不好,我们也有非常多学新闻的同志逻辑能力特别好。这是一种后天的培养和有意识地充实。如果不具备这几个方面的能力,可能干起来会很难、很痛苦。

下面回到正题,我不知道在座的知道"西安宝马彩票案"吗?我简单介绍一下事件的背景。2005年西安市进行了一次体育彩票的抽奖活动,奖品是4辆宝马车和十几辆奇瑞东方之子的车。在抽奖过程中,有一个叫刘亮的小孩抽中了一辆宝马车,于是他戴着红花满大街地宣传。第二天,彩票中心突然说昨天的这个小伙子是拿了张假彩票骗了宝马车的。小伙子不干了,他16岁,做保安的,血气方刚地一下子爬到现场的户外广告牌上,大声嚷嚷说体彩中心是骗子。当地媒体《华商报》的现场记者就把这一幕拍了下来,地方媒体先报道了这条新闻。现在我们来看新闻已经是新闻的时候,能不能做新闻,如何做?《华商报》一报道,中央电视台新闻部先去了,事件炒得非常热。很快《华商报》的记者也继续跟踪调查,他直接找了另外三个抽中宝马车的人。一查,所有人的身份证都是假的，都是托。再一问，谁雇你们来的？活动的组织方，实际上是组织方公开造假。最后，省体彩中心发行部的副主任杨永民被刑事拘留了，所有监管部门，包括省体彩中心主任、市体彩中心主任、发行部主任，全被撤职。这是个新闻，而且是一个深度报道的新闻、揭黑的新闻。前期《焦点访谈》一直没有介入，因为这个事件一直在由新闻推进。访谈，要么由一个现象挖下去，要么是独家。现在现象有了，问题也有了，甚至处理结果都有了。这时候，最高首长有批示，请《焦点访谈》持续关注此事。怎么办，只好先做第一期节目。内容是什么呢？别人嚼过的，我无非是给它还原。第二个追求独家。别人没有采访到的人，我把他采访到，把他的话全逼出来。别人没有采访到的细节，我把它刻画出来。但这事到这儿也就没法再往下做了。但是领导说不行，要求持续关注，必须做。那再怎么做？其实是有的做的。通过这件事情之后我再也不轻易地说第一个节目做完不做了。所以我现在特别喜欢系列报道。当时我们做了什么事呢？我了解了一下这个人的背景，这个人原来是浙江的，到西安市给原任的体彩中心主任做司机。我的第一个问题，一个外来人，他能够一个人吞下这四辆宝马车吗？不可能，一定是一个团伙，都有参与。第二个问题，这个人办过多少次类似的活动？我坚信他不是第一次就敢这么干。第一次手法就这么娴熟，胆子这么大，一下就把四辆宝马车弄自己兜里了？不可能。而且还有二等奖，二等奖14辆奇瑞的轿车好像有一半他都准备黑下来，只是还没有来得及黑，这事就东窗事发了。那我们接下来怎么查呢？找谁呢？绝对不找当地媒体。这个节目是个非常狠的节目，狠在情节上。这个节目做起来非常艰难，是我采访经历当中很难的一次。我不知道大家看节目的时候有什么样的体会？不配合。《新闻调查》在我之前就去了，我们二套的《经济半小时》的记者就在现场，没有任何一个记者能进到省体彩中心。而从头到尾只有我一个人做到了。

这个节目，我想谈两个方面的问题。第一个方面的问题，当新闻发生了以后，似乎已经被炒得很热了以后，我们有没有空间？其实你会发现新闻的空间很大。这么一个节目播出之后，我接着又连续做了两期，一共是四期，直到第四期才没有播出来。省委、省政府盖着大印要求我们配合工作，说他们受不了了。的确是，再往下查，有可能引发全局性事件。新闻的目的是什么，不是为了找事。

新闻一定是为了平衡，既要揭露真相，同时也要注意社会影响。你需要大的社会影响，但你不应该用新闻制造大的社会动荡，这是一个从业者的基本要求和原则。你需要有影响，但影响的目的是促进问题解决，而不是引发事端。我们有的节目，目的非常好，但效果不好。由于节目播的时机不对或者做得不对而引发事端。我相信任何一个做新闻的也不希望自己的新闻最后引发群体性事件和打砸抢烧。

这个新闻我觉得有两个方面值得注意。第一个，我认为一个新闻或者说一个新闻的所谓选题方向是非常多的，只是看你的个人认知够不够。这个话题再往下做，甚至可以做到发行彩票。刚才我说过，我做这个题之前已经有那么大的动静了，而做完之后呢？好像澄清了这个事情，该处理的都处理了。而当有一个力度足够大的节目的时候，又会对这件事情有一个本质性的推动。在此之前，陕西省专门成立了一个调查组，管文化教育的副省长牵头，公安把杨永民抓了查案子。这个节目播出的当天晚上，陕西省委书记召开紧急会议，成立了一个3·25体育彩票协调领导小组。两个省委常委加入进来，一个省政法委书记，一个是省纪委书记，两个省委常委再加上副省长，成立了一个更大的工作小组，把原来那个工作小组纳入其中。同时专门成立违法违纪查处组，就查这个案子。省纪委书记牵头，检察院抽调了100多人，同时还有后勤保障组、媒体组等等一系列这样的组。因为公证是在司法部，当天晚上，司法部部长召开紧急会议，第二天，司法部工作组到现场。省委、司法部两个工作组同时到这里来，一个社会新闻变成了追责事件。就是这个节目，变成了另外一个性质的问题。而仔细想想，这个节目说什么了吗？其实我觉得这节目什么都没查出来。我有结论吗？说他作假了吗？我甚至连杨永民本人都没采访。所以新闻是什么？首先新闻不是表面现象，这个大家认知都有了；其次，不一定是有结果的才叫新闻。新闻比案子要简单很多，法院审判案子必须要有个结论，而新闻不需要所谓的那种结论。但是有的时候在新闻领域没有结论就是结论，就是你新闻的点。你做这么一个片子，不就是想表现得什么都查不到，什么都不知道，什么都没有揭露出来吗？而什么都不知道也是新闻，有的时候这种新闻更触动人心、更让人震撼，因为它有更广的调查空间，给了受众更宽广的想象力。还有调查过程，我这样的节目基本上都是调查过程的罗列。你要有个最基本的判断,当事人不可能告诉你一切。什么叫新闻,有时候拒绝就是新闻,甚至可能是更有力度的新闻。这个节目着力表现的就是这种躲躲闪闪、欲盖弥彰,我就把工夫放在这里。当你目的特别明确的时候,一样可以做出特别的节目。这就是我们怎么对待新闻理解的问题。

而且大家要明白,新闻是进程式。比如说一分钟的新闻进程,报道一则消息,今天15°、明天30°、后天下雨,这种表面信息不叫进程。有一种进程是有媒体的力量在那里。当有值得大家关注的新闻出现的时候,新闻从业人员应该成为新闻的推动者。我说的是推动者,而不是炒作者,这是有绝对区别的。推动什么?眼光、角度和你的深度。这个节目就是非常好的例子。最后的结果是在我离开西安的时候,我采访的所有人,本来撤职了,后来全部被判了刑。这还不算什么,这一系列节目播出之后,大家再也见不到大马路上刮刮乐的那种抽奖,中国以法律法规的形式禁止即开型彩票的发行工作。当然这是所有媒体的共同功劳,但我们这个节目起了非常大的作用。一个节目的重要性不在于这件事、这些人,而在于对制度的建设有没有推动。天津道路通行费是这样,彩票案也是这样。推动一个制度的建设是非常困难的,需要花很长时间,持续不断地关注同一个问题,这是作为一个媒体、一名记者应当具备的一种社会责任感。

嘉宾: 刚才节目中您提到采访遇到很大的困难,那么最后您是怎么采访到的呢?

刘庆生: 大家可能关心我是怎么采访到的。其实大家可以想象得到,越是《焦点访谈》,越不好采访。而且我最怕的是什么呢?我跟很多人说过,我在采访中最怕的不是采不到东西,而是找不着人。试想一下,所有的人都说出差了,你怎么做这个节目?所以到一个新闻现场,第一步是要把人逼出来。利益受损方肯定很愿意出来。第二个,关键的损人方,如何把他逼出来这是最重要的。逼出来以后提问设计那是业务问题,而把人逼出来虽然看似不是业务问题,但是比业务问题要重要得多,因为逼不出来就没人跟你讲业务。但是我们做到了。刚才几种能力以外,做《焦点访谈》的记者还要有个很重要的能力——协调的能力。我们到一个新闻现场之后,最大的劣势是什么?似乎仔细一想都是劣势,西安我几乎没去过，我不认识人、不熟悉路、不了解这个行业、没有内线、没有本地线人，我甚至不认识领导，谁也不支持我，怎么开展这个工作啊？严重的信息不对称。那么在这种情况下，你剩下的是什么呢？你有优势吗？仔细想想，在体制内领导的批示是很管用的。但是领导的批示并不是万能的，当涉及人家身家性命的时候，领导批示越严重，他反倒越不敢配合。就跟《焦点访谈》一样，《焦点访谈》就是领导长期批示，批示不就因为这个事有力度吗？往往是力度越大越不敢跟你接触，越不敢说真话。所以协调关系的能力很重要。我在湖北台学到的第一句话，这十几年当记者我都觉得受用。第一，不要想着当专家，要想着当杂家；第二，当记者一定要学会交朋友。所以到一个新闻现场，不要老想着自己扛一面大旗，而要想方设法交朋友，寻找资源。

嘉宾： 在舆论监督中，有些事件中的优点和缺点都是微观的，然后你把它加起来造成宏观实体，我想问，《焦点访谈》所有的节目在正面报道和负面报道之间有什么联系？

刘庆生： 要谈这个所谓宏观和微观的问题，有一点大家一定要明白：世上没那么多坏人，或者说绝大多数都不是坏人。绝大多数人都是好人，千万不要抱着与人斗的这种心态去做舆论监督。为什么《焦点访谈》从来没跟人打过官司？一个原则，明明十分的话我说八分，留有余地。这样就于人于己都有余地，若想把人赶尽杀绝，那就什么都干不了。而这种尺度的把握也是对记者职业素养的考验。

所谓微观和宏观的问题，制片方有几个原则，第一个，采访新闻，特别是调查类报道、舆论监督类节目，对事不对人。这是一个最基本的原则。再细化一点，你的职务行为不要跟个人私生活混在一起。当你把握好这个原则的时候就不会出格。第二个就是播出时机的问题。我们现在渠道也很多，比如内参。有些节目是需要做内参的，有些节目则未必，得分清什么样性质的问题。现在所有的专家都在呼吁，像冠生园那种食品安全类的造假，就是要让它身败名裂。中国就是因为没有这样才导致这么多食品安全问题的出现，而它所贡献的GDP都是以人的健康为代价，这样的GDP对我们有用吗？我们能容忍吗？恰恰这个选题是最不该做内参的。但是有些选题我们可能要做内参，比如说涉及国家安全、涉及国外对中国抨击的时候，再比如可能引发群体性事件，会导致大的社会动荡的时候，你可能要送内参，去促成当地政府解决问题，而不应该公开报道。因为公开报道可能会成为导火索，那就麻烦了。因为我们不希望看到这样的情况，所以包括“七五”的很多报道，包括“3.14”西藏的很多报道我们都是以内参的形式送的，不宜公开播出。这涉及民族团结的问题，如果播出了之后，会把问题扩大化。所以说媒体的责任不是把所有的信息都公开。节目的本身要有度，传播上也要有度，度，我觉得才是一个媒体和一个媒体工作者最应该时时把握的。

当《焦点访谈》遇到微博

时　间：2011年7月20日

地　点：上海交通大学闵行校区新图图书信息大楼8楼

主讲人：敬一丹

敬一丹

中央电视台名牌栏目《焦点访谈》、《东方时空》的著名主持人，现任中国广播电视学会主持人节目研究会副会长，北京广播学院兼职教授，第九届全国政协委员。曾经主持香港回归、澳门回归、迎接新世纪、建党80周年等一批大型直播节目，连续3次被评为全国“十佳电视节目主持人”，并多次荣获“金话筒”奖。

主持人：一丹老师是中央电视台名牌栏目《焦点访谈》、《东方时空》的著名主持人，曾经主持香港回归、澳门回归、迎接新世纪、建党80周年等一批重大的直播节目。连续三次获得全国“十佳电视节目主持人”，并多次获得“金话筒”奖。现任中国广播电视学会主持人节目研究会副会长，同时也是我们上海交通大学的兼职教授，还是第九届全国政协委员。下面我们用隆重热烈的掌声欢迎一丹老师为大家演讲。

敬一丹：我今天的话题是：当《焦点访谈》遇到微博。我先给大家来一段字正腔圆的新闻播报。这是昨天下午发布的一个真实的消息。“据新华社报道，中国互联网络信息中心在北京发布了第28次中国互联网络发展状况统计报告，报告显示：中国网民规模到六月底为止，已经达到4.85亿，微博用户达到1.95亿。在半年的时间里，增长208.9%。”想必大家都是学传媒的，昨天已经看到了这条消息，我觉得我们赶上的这个时间怎么这么合适呢。本来到这个大讲堂，我就想和同学们交流《焦点访谈》遇到微博这个话题，恰好昨天这个报告发布，那此刻我们面对着什么呢？就面对着1.95亿微博用户、4.85亿网民，就面对着这样一个现实。刚才是新闻播报，那接下来我再用《焦点访谈》的语气，另外一种表达。如果是《焦点访谈》，可能就会这样说了：“面对着这样一个数字，《焦点访谈》作为在中国电视屏幕上活跃了17年的老栏目，作为面对着新媒体挑战的这样一个老栏目，它又该做出怎样的选择呢？”具体地说，作为《焦点访谈》的主持人，作为和《焦点访谈》一起走了这么多年的老电视人，我此刻心里有什么样的困惑，有什么样的不解，有什么样需要和年轻朋友交流的，这就成了我们今天的话题。

《焦点访谈》是一个什么样的栏目，我想对于年轻的朋友来说，可能它是从小曾经伴随过你们的一个栏目。这个伴随呢，小的时候不是你的选择，可能是你们家长的选择，是吧？我想大家可能也就20岁左右吧，对多数同学来说。《焦点访谈》已经17岁了，那就是你们刚刚学会看电视的时候。可能在很多人家就有这样的场景，每天晚饭以后，《新闻联播》、《天气预报》之后，一家人等着看《焦点访谈》，大家有过这样的体验吗？所以现在我走到大学里，同学们同我打招呼，通常会这样说，敬老师，我妈妈特喜欢你。然后我就会说，那你爸爸呢？然后那同学就说，我爸爸、我爷爷、我奶奶都挺喜欢你的。这我知道，他们都是《焦点访谈》的忠实观众、铁杆观众，都是20世纪90年代《焦点访谈》最像《焦点访谈》的时候培养起来的知音。接下来我要问的是，你爸爸妈妈、你爷爷奶奶都喜欢我，那你呢？其实我不是很自信的，因为现在很多同学们不怎么看电视了。可能从你们上了高中家里就不让看了，是吧？可能有同学说初中就不让看了，上了大学又没电视可看，后来发现电视也没什么可看，最后自己就选择不看，是吧？所以我觉得今天大家对《焦点访谈》还有点感觉，都是小的时候在家里，在千家万户，是那种气氛下培养出来的。我这个猜想对吗？现在面对大家我就很难很有自信地说“各位观众”，我只能称呼大家“各位未来同行”，下面我们就以研究的眼光来看一看《焦点访谈》。

为什么《焦点访谈》在你们小的时候，在90年代中后期，成为中国传媒的一种现象？在没有《焦点访谈》以前，“舆论监督”为何物对于很多中国百姓，尤其是很多偏远地区的草根阶层来说，还是一个生词。那是一种陌生的力量，是他们从来没有感受过的一种力量。还有这种力量吗？它不是行政的、不是法律的，它是舆论的、是来自媒体的，这种力量叫舆论监督。那时候不光是百姓，我们已经在传媒工作的人，也觉得在面对这几个字的时候非常地兴奋。我就是被这四个字感召来到《焦点访谈》的。在这之前，我在经济节目工作了一年，在《经济半小时》，这也是中央电视台最老的节目之一了。我那时做经济节目已经做到驾轻就熟。那年我已经40岁了，忽然间被一种力量吸引，这个力量就是中央电视台要开办一个以舆论监督为旗帜的栏目，就是《焦点访谈》。在那个时候人还有热情，也挺难得的。对同学们来说有热情那是理所当然的，可是对于一个已到中年的人来说还有一份向往、一份热情，是什么原因呢？就是舆论监督的这种力量。在90年代中后期，《焦点访谈》成为一种现象，而不仅是一个栏目。那个时候，老百姓经常会这样说，有什么不平、有什么冤屈，找《焦点访谈》去。给我们写信就直接称呼“青天”，这是什么现象？大家可以回想，你们小的时候走过的岁月，那样的媒体现象和社会面貌，就是人们对于刚刚出现的舆论监督类栏目寄予的期望啊。寄予什么样的期望？我想那个时候很多百姓就是在每天13分钟的节目里认识到了这种力量。这种力量不是来自行政的、不是来自法律的，它是来自媒体的，舆论监督的力量。可能在他的生活中，在政治生活中，以前不曾感受到这种力量。这种力量可以帮助他，让他有一个说话的地方，有一个可以寄托期待的地方，甚至是一个可以直接解决问题的地方。那个时候除了《焦点访谈》，全国几乎所有的省都有一个类似的节目被人们称作“小焦点访谈”。舆论监督在那个时候，在中国这片缺少舆论监督的土地，播了种，生了根。所以在那段时间里，新闻评论类节目、舆论监督类节目很成气候。在这之前，中国电视屏幕曾经成气候的是综艺节目、服务类的节目，比如《综艺大观》这类节目在播出的时候可以万人空巷。直到出现了新闻评论类节目、舆论监督类节目，那个时候人们才感觉到电视有这样一种“硬”的力量。我恰好就在那段时间走到了《焦点访谈》这个栏目里。

我回想，《焦点访谈》其实承载了民众超出对媒体的一种期待。很多人希望《焦点访谈》解决的事情，《焦点访谈》是无法做到的，有的涉及制度层面，有的涉及利益集团，有的相当复杂。而为什么那个时候人们对一个栏目有这样的期待呢？我现在觉得，就是那个时候中国在向民主法治这个目标走的过程中，缺少一些秩序，缺少一些渠道。由于一些方面的缺位，《焦点访谈》承担了远远超出一个栏目的这种期待。一个小小的电视栏目，曾经有三位国务院总理来视察，这是空前的，我不知道会不会绝后，近期还看不出有哪位总理又到某电视栏目视察的这种迹象。为什么从百姓到国家决策者都对一个舆论监督的栏目有这样的期待？大家研究电视、研究媒体现象的时候，我觉得《焦点访谈》这个现象是值得关注的。尽管近年来《焦点访谈》已经不像90年代中后期那么具有锋芒了，但是它毕竟曾经是一个存在。可能同学们就要问了，为什么《焦点访谈》不像90年代中后期那样显露锋芒，具有那样的作用了呢？这是我们现在依然在解的一道题。我想至少有这样几个原因，更深入、更深层次的原因希望大家去思考。至少有这样几个原因：中国的舆论监督环境在变化，舆论监督的环境在中国是一寸一寸开展出来的，那个时候我们每做一期《焦点访谈》的节目，我们舆论监督的空间又开拓出来一分。那是一分分、一寸寸开拓出来的，每开拓出来一分，可能就要触及一些人的利益。因此《焦点访谈》、舆论监督界不但要面对我们曝光的那些假恶丑的现象，还要背对着被我们触动的某些利益集团。它不是面对着一个方向，而是同时面对着不同的方向。大家也都知道，《焦点访谈》的很多节目是遭遇了说情，遭遇了很多我们看不见的工作，因此很多期节目没能在电视里播出。这种现象我们学习传媒的同学、立志当记者的同学，当你们真正到了媒体以后，就会对这个问题有所认识。学校的任何课堂可能都没法告诉同学们哪样的节目可能被枪毙，只有到了真正的媒体以后你们才会对这些东西有深刻的体验。《焦点访谈》一边在舆论监督，一边在开拓和巩固我们舆论监督的空间。所以坚持下来是很艰难的。舆论监督的环境也在不断变化，我们触动着各种利益的时候，都会对舆论监督形成种种阻力，这就使得《焦点访谈》不能像它初创的时候保持自己的锋芒，这是一个原因。

还有一个原因是媒体环境在变化。《焦点访谈》初创的时候，电视是第一媒体、强势媒体，没有哪个媒体像电视那样覆盖千家万户。那个时候，网络刚刚进入人们的视野，人们还看不出它会对传统媒体造成什么样的影响。直到后来，网络一点点地成长，应该说大家这一辈人是伴随着网络成长的，是和网络环境很天然的那种接近。网络发展起来以后，人们说话的渠道和以前大不一样。如果说以前人们对《焦点访谈》给予过重期待的话，那么现在人们有了多种不同的渠道可以表达自己的诉求。舆论监督、《焦点访谈》曾经起到了一个前沿带头的作用。而在这之后，舆论监督在所有的媒体，不管是传统媒体还是新媒体遍地开花。这也使得《焦点访谈》不像一开始那样一花独放、引人注目了。其实我自己也感觉为什么《焦点访谈》不像曾经那样有力度了呢？我查了一下，其实我们《焦点访谈》等舆论监督类节目从比例上说并没有下降很多。比如2011年上半年舆论监督类节目在所有节目中所占比例是25%，2002年曾经一度降到了17%，我们现在比2002年应该说舆论监督节目的量还增大了，但是我们并没有觉得《焦点访谈》好像重振了雄风，而是感觉《焦点访谈》在逐渐退步。当然要是和90年代中后期比确实在退步，那时《焦点访谈》舆论监督的比例曾经达到47%。有一次在和温家宝总理座谈的时候，我曾经把这两个数字汇报给温总理，一个是47%，一个是17%。我们在2002年的时候非常地不安，当时就请总理关注这种现象，支持舆论监督。之后《焦点访谈》在曲折中坚持着，现在就是这样一个状况。我希望大家的目光更客观，我身在其中，也许看不清。但是我想《焦点访谈》给大家这样一个印象，它在起伏中不再有当年的锋芒，就是因为百花齐放，它就不再像当年一花独放的那样引人注目了，现在舆论监督遍地开花。

还有一个目前我们面对的原因，就是新媒体的发展。新媒体的发展改变了媒体的生态，它带来的很多变化都是空前的。人们的诉求渠道、表达的便捷、言论的尺度和互动的频率，都比十几年前有了很大的变化，有些是我们当年根本想不到的变化。现在我们从事媒体工作，或者是研究媒体，如果离开了新媒体这个背景的话，就会觉得根本无从研究。所以《焦点访谈》在新媒体青春逼人的态势下，面对着很多挑战。《焦点访谈》过去有力量，而这个力量能超过现在咄咄逼人的新媒体吗？整个电视都面对着新媒体的挑战，何况电视中的一个栏目呢？所以《焦点访谈》的变化离不开大环境的变化，这是第三个原因。

第四个变化的原因是17岁对于人来说青春年少，而对于一个电视栏目来说，它就是一个老栏目了。我们中国的电视栏目很少有像国外成熟的电视台那样坚持几十年的，十年二十年就算老栏目了，多半是各领风骚两三年。很多栏目，特别是娱乐类栏目，三年两头就没了。主持人经常变脸，栏目也经常改版。当改版都成为一个常用词的时候，那对这个媒体来说不是什么好事，能坚持十几年就是老栏目了。但是一个老栏目的成长，它是有着生命周期的。当时投奔《焦点访谈》的那些人都是激情青年，现在都已经人到中年了。像我这样投身的时候已是中年，现在都快走向老年了。人的状态也在变化，那种战斗力、那种冲劲、那种被“枪毙”后立刻又往前走的那种劲头，都不如初创的时候了。它的战斗性也使得许多人受挫以后很受伤，伤不起的那种伤，所以有些人就慢慢地离开了这样的栏目。舆论环境在变、媒体在变、新媒体在变，这支队伍也在变。这些变化一直伴随《焦点访谈》走过了这么多年。到今年，17岁，《焦点访谈》过生日的时候，我特别想在节目里说一句话：今天是我们的生日。可是又想，就我们自己记得这生日了。我们还是别那么自恋了，就不说了吧。不说了吧，又觉得还是想说，觉得屏幕上说不方便，我就在微博上说了。

我是媒体人，有的时候并不觉得什么话都可以在电视上说，但是有的话可以在报纸上说，有的话更可以在微博上说。所以我在微博上说，当时没有想到我在《焦点访谈》坚持了这么久，回想起来也挺感慨的。现在想想我说这个话的时候，我在复习上路时的感觉，我不想忘掉我为什么上路，上路的时候心里要的是什么。这样说了以后，我就在微博里听到很多年轻人的呼应。其中有个年轻人告诉我，他们从小就每天和家长一起等待着看《焦点访谈》。就这样一个轻轻的、好像熟人一样的表述让我非常地动心。这样的交流是在电视屏幕内外实现不了的，于是我就还想听，我在微博里还能听到些什么，透过微博还能做些什么。于是就在“两会”之前，我通过微博来征询民意。在“两会”进行中，我会把自己的一些报道来告诉大家。然后也直接听到了大家的声音。在大家各种各样的声音中，让我有点意外，同时我又很想听到的是批评之声。我刚才跟大家说《焦点访谈》的变化，尽量让自己客观、冷静、自我批判。但是我再客观冷静，还是对自己栏目有感情的，也许还是没有观众那么客观冷静，所以我还想听到别人的批评之声。果然在微博里，我听到了那么多直接的声音。

2010年年底我们做了一个节目，我觉得这是《焦点访谈》近年来做得最好的一个节目，是关于河北省昌黎造葡萄酒的那个产业链。其实你说这个节目它是一个新话题吗？也不一定，关键是我们拍摄到了非常珍贵的，特别适合电视呈现的东西。我们第一次去的时候，拍摄到了很多证据性的东西，这是很难获得的。而更有意思的是我们的追踪报道就在节目播出的当天。制片人预感到这个节目播出以后，那里也许会有动作。于是，他就和记者们一块，在节目播出的当天又“杀”回了那个厂，悄悄地潜伏在那个工厂对面，谁也没有发现。然后就在那等着、看着，《焦点访谈》已经播出了，正在播出曝光他们造假的行为。他们当时是带着发射的设备的，那个时候技术也进步了。他们在那潜伏着，《焦点访谈》刚刚播出完，他们就看到工厂灯光下人影慌乱，跑来跑去。他们在干吗呢？他们在销毁证据，把那些商标、那些仿冒人家厂的纸箱烧掉。往里面看，火光、匆忙的人影，就这些东西，是很珍贵的，你抓了一个现形。第二天又播了一期节目，就把今天看到的给播出了，《焦点访谈》又显示出近年来很少有的力度。我想，《焦点访谈》是高举着舆论监督旗帜的，如果这一个礼拜都没有舆论监督的节目，我心里就觉得我有些事没做。但是，那个礼拜我觉得太有意思，就忍不住在微博里说"这两天的焦点访谈还算'给力'吧"？"当然我们已经很久不'给力'了"。其实我说话也挺慎重的，也没敢在微博里胡说八道。你比方说我前一句话表达的是我的成就感，我觉得《焦点访谈》做了它该做的事，我为我的同事有成就感。后一句话我又有点自责，"当然我们已经很久不'给力'了"，我觉得我这样说出去一定会得到很多人的理解吧。没想到在微博里，有的网友在微博里说，"没错，我们看了"。但更多的网友这样说，"这都算'给力'啊？这算什么'给力'，有本事你们说什么什么去啊"。给了我很多线索，而那些线索很多是我们在那个时候没法做的。微博的这种方式非常地直接，有时也非常地不客气，甚至有的很严厉、很刻薄，也有非常情绪化的表达。我为什么想听，为什么能够承受这些呢？我觉得，这些话不是对我一个人说的，而是对一个栏目说的。他们把这个栏目看成是政府的形象、看成是党的形象，所以不是针对我一个人的。只不过是你不正好在微博上吗，你不正好脸熟吗，我就跟你说好了。所以一个主持人是这样的，当你的栏目享有荣誉的时候，你可能分享的荣誉也很多；当你的栏目受到批评的时候，你也本该受到大家的批评。我很看重这个声音，这个声音能够让我冷静地判断自己处在什么样的位置上。不会盲目、不会过于自恋、不会对自己判断不清，避免这样一种现象。

《焦点访谈》在"两会"之前开了官方微博，现在是有829 000个粉丝，远远不及姚晨、刘烨他们。我天天在看排行，特别希望崔永元往前走，走到刘烨前面去。但是，微博关注度依然还是以演艺圈最引人注目的人为首。我特别希望有些媒体，有些有思想影响力的人慢慢地在微博里增大影响。比如说，我天天看小崔说什么了，大家看吗？看小崔做了什么、在号召些什么、影响着什么。然后我想，现在很多媒体，都在慢慢地接近、认识、运用微博，《焦点访谈》慢慢地也有了这样的自觉。比方说《焦点访谈》最近在征求大家的意见，就用微博这种方式问大家，暑假到了，孩子们在这个暑假里有什么样的麻烦，家长有什么苦恼？就是做一个很延伸的话题。过去《焦点访谈》，就是我们初创的时候用什么方式和大家联系呢？就是用最传统的信件，信封、邮票的方式，大家很久都没有摸过邮票了吧？那个时候《焦点访谈》铺天盖地的都是观众来信，我们每天有一个工作就是拆来信，一天是2 000多封观众来信，指名道姓的就有几十封上百封。你会觉得拿到信的时候是带着温度的感觉，会觉得这是很有意思的一件事。一个媒体、一个栏目，就通过这种方式，和那么遥远的一个人、一个生命联系起来了。给《焦点访谈》写信的人都有一个特点，就是信封后面的地址落款非常长，落款越长，越说明那里是角落。上海交通大学，这落款就太短了，说明它一点都不角落。而给《焦点访谈》写信的那些人呢，都是某某省、某某县、某某乡、某某村第二小组，还能比这更角落吗？这已经到底了，对于那些已经到底的人，能对屏幕上看到的这个栏目产生期待，这是非常有意思的事。慢慢地除了这种最传统的信件以外，我们又有了热线电话、短信平台。BP机也曾经是我们信息沟通的一种方式。平常我们不能开机，开机它就不停地响，我们只好调成震动状态，它又不停地震。同事说这东西可以放在老同志的腰上，能全天候地起到按摩作用。这么大的信息量不停地往这里来，后来台里就建立了一个信息平台，把那些声音分流到各个栏目。现在更是有了新媒体的方式，所以如今《焦点访谈》听观众的声音有很多种渠道，从最传统的信件到现在新媒体这种方式，其实这都是在帮助《焦点访谈》。

我现在就在想，微博对一个电视人、对一个电视栏目来说到底有什么用呢？像我这样一个对新技术极其恐惧、能躲就躲开的懒惰的人，都会不由自主地被它吸引，这是为什么呢？平常我手机的功能永远都开发不全，就用那几个最简单的功能。所有的机器，只要是需要碰按钮、按键的那种东西，我都是能不动就不动，应该是属于新技术恐惧症吧。那为什么现在我不得不正视微博呢？我想有这样几个原因：首先我很看重它有认识的作用，它对媒体人来说是认识这个世界、认识民情的一种渠道、一种方式，它有认识价值。微博上的语言显得很喧哗，只要你上去，人们七嘴八舌地都在说话，众声喧哗。这喧哗里面有许多都是很有价值的东西，当然这里面也有很多情绪化的表达，也有一些牢骚，甚至有一些骂人。但是你走在大街上，听到这些话，不也是一样各种各样的吗？我就想，可以把它当作街谈巷议，当作另外一种意义上的街谈巷议。由于没有真正地面对面，这种街谈巷议还多了一种率真。比如说，我去北京唐家岭采访，唐家岭是“蚁族”的聚居点，就像大家刚毕业，刚找到工作，在城乡结合部租个房子，先凑合着，一边工作、一边创业。这样一些年轻人的生活，就能反映出他们的命运。我想也许大家走出校门的时候也有人会去过一段时间“蚁族”的生活。我们在唐家岭看到的现象是什么样子的呢？城乡结合部农民家里的出租房，特别地拥挤。他们的生活已经降到最低的标准，仅仅够晚上回去睡个觉，或者稍稍有个洗漱的地方。但是很有意思的是就在这样的一个地方，在每个简陋的居室里面，我都能看到电脑。尽管他们的生活很贫困，但他们不是农民啊，没准白天他们就西装革履地在公司上班，我想他们一定能看到这是暂时的。这里有两个歌手让我挺感动的，有两句歌词是“我们什么都没有了，我们还有希望”。我把自己的感想在微博里和大家交流，我说北京有唐家岭，可能在其他地方，在上海、广州、杭州这些大城市，也有这种“蚁族”的聚居区吧？我那个时候很想做一期调查，我想这不是可以做一期新的采访吗？然后转瞬之间就有很多人告诉我，上海的那地方在什么新村、广州那个在哪里，杭州那个在什么地方，都给我有具体的名字，说你如果来采访的话，我带你去。大家想如果我要做新一期的采访，得派个记者先出去跑一圈，这个不是转瞬之间就完成了吗？

就在我欣喜的时候，我看到微博上有那样的人说话：“我告诉你干吗，你好带着城管把我们都赶走啊？”怎么会这么想呢？我想这个人一定是很受伤害，所以他不理解别人的善意，他更多地把别人想成是恶。然后还有这样说的：“敬大姐，你有点孤陋寡闻了吧，你就知道唐家岭，这样的地方不是全国到处都是吗？”然后就开始在那儿声讨我，好像我有什么过错一样。刚开始看的时候，我的天啊，我说一句话带来这么多种声音啊。可是我仔细一想，这对于一个媒体人来说是一个好事。我会听到对一件事的不同反应，这样我再在镜头前说话的时候，就会觉得自己更有判断，就不会说出很偏颇、很极端的话，就会照顾到各方面人的感受。有了微博，你就知道那么多人生活在阴影里，那么多人对这个社会有意见、有不满、有抱怨。但是我们看到它、认识它的时候要有自己的判断，不要让这些七嘴八舌给搞乱了。一个媒体人所谓的见多识广，就是听到各种声音，这就是微博对媒体人的认识价值。我觉得同学们在校园里还没有真正地走向社会，将来大家成为一个记者的时候，会了解有很多种途径可以走向社会，那么这是其中的一种。微博还帮我认识了很多陌生的、从来不曾想过的事情，所以现在我也是情不自禁地经常去看看大家都在说些什么。但是我也一定得控制自己，不能让自己变成"微博控"，保持一定的距离，保持一个适当的关系。

作为媒体人，微博还有一种发现的功能。在微博这个世界里，有很多被媒体人看重的线索，有的就直接变成了新闻。就拿这几个月来说，出现了很多微博事件。我并不是一个研究新媒体的专家，我作为一个很传统的人、一个传统媒体的从业者，都能感受到2011年上半年的很多媒体事件源自微博。大家先看"郭美美事件"。红十字会多少年的经营，在民众中形成了一种信任，应该说它干了很多的好事。一到有困难的时候，一到有灾难的时候，我们就会看到红十字会在行动。那么多年的经营毁于一旦，就算没全毁，也被郭美美害得够呛。但是这件事也太偶然了，你说郭美美她有多少恶意？她就是要黑红十字会？恐怕她也没有恶意，就是一个小女孩的炫富。那她愿意炫她就炫，关键是她炫在了微博上。微博的力量在郭美美这个事情上可见一斑，我觉得都可以成为一个传媒案例。一组照片经过微博传播、发酵，最后成为新媒体、传统媒体共同关注的一个事件，太发人深省了。红十字会哪里想到几天之内，自己没招谁没惹谁，就陷入了如此窘境。大家看郭美美这件事，也就发生在几天之内。6月21日郭美美在网上炫富，她的信息是"红十字会商业总经理"，引起关注；22日红十字会就发表声明了，说和她没有任何关系；接下来每天都有关于这件事的消息，每天都占据了相当多的报纸版面、广播时段，甚至电视的屏幕；到了7月1日，十天之间，商业红十字会停止一切活动，一个郭美美有这么大的能量，让一个机构都完了；7月4日红十字会开微博，它也要找个说话的地方。祸起微博，那么最后我也说话。连红十字会都被迫开微博了，然后在这上面做种种解释。这个事件中，大家能够感觉到最初的发生，仅仅因为一个微博。

还有“中海油事件”，中海油漏油最初也是一条微博，这个微博跟郭美美的完全不一样。郭美美是一个小女孩的行为，中海油漏油的微博是带着不安的。它说，在某某平台已经发生漏油，发生两天了，希望赶紧制止，大意上是这样的。很冷静，希望事情不要再发展。它用的词是制止，或者得到处理，很中性，但是带着一点不安，然后也是被迅速地扩散，直至后来所有的媒体都在发言。这件事最后发展成一个什么行动了呢？我觉得有段时间媒体都不是在关注漏多少油，造成多大伤害，有多少渔民受损。大家看到过有关渔民因为家里鱼死了，生活受到影响这样的报道吗？好像很少见到这样的报道。大家都在说你漏油了为什么不告诉我们，这是瞒报，是不尊重公众的知情权，这些成了媒体的焦点。我想最初发微博的那个人肯定也没有想到，他的微博最后成了这么大的一个媒体事件。公众知情权是评价的唯一标准，大家的矛头直指中海油对公众的态度，很多的文章和言论都在指责。漏油都可能发生，这是一个世界性的难题，但是事件发生以后应该怎样做、怎样对待公众、怎样对待媒体，成为那段时间内非常集中的话题。某些机构的媒介素养还是太成问题，这种媒介素养，就是如何与媒体打交道、如何熟悉媒体、如何熟悉新媒体。

我们说媒体人到微博里不是看热闹的，一个是关注它的认识价值，还有一个是发现的功能。微博里面有很多的新闻线索，比如中海油，我觉得这就是很有价值的新闻线索。微博像大海一样，就看我们有没有用一个媒体人的眼光去发现了。以前没有微博的时候，某个地方发生点事，一个有责任感的人想把信息发布出去该怎么办呢？找一个记者，记者不敢给他报，他得想办法找另一个记者；当地报纸报不了，他得找一个外地的记者，可能需要这种路径。现在不用了，微博已经成了一个“自媒体”，我自己就是这样，我有多少粉丝就有多少观众。人人都有话筒，人人都有摄像机，等于自己办了一个小媒体。所以现在很多新闻线索不用麻烦记者了，反倒是很多我们主流媒体的人要到微博上去发现线索、发现新闻、发现有价值的话题。这样微博变成了什么？议程设置者。它引导了话题、造成了话题、生发了话题。这个时候你反倒觉着主流媒体不像微博那样有活力了。微博里面的话题，三天两头在变，刚刚还为红十字会操心的时候，中海油就出来把它覆盖了。中海油这日子怎么过呢，过两天又一个事件出来把它覆盖了。不知道最近又有什么东西在发酵呢,高铁? 王克勤? 我还是他的粉丝,得赶紧看一下。这个世界里有了微博,我们就觉得很热闹;媒体人眼中有了微博,就觉着有很多东西貌似是可以在媒体上用的。总有一些事情在酝酿着,总有一些话题在产生着,所以我认为发现也是一种价值。当然我们特别强调的是要有自己的判断,光是发现新鲜事和吸引眼球的事,还不足以有价值。媒体发现的价值,需要我们有自己的判断,我们只是说它是一个可以发现的地方,当然这远远不是生活的全部。

对于传媒人来说,微博还有传播的价值。刚才我们说了发现,发现之后,不同的媒体都通过自己的途径和方式在传播。我们看到的这种传播起到了推波助澜的作用。一旦出了什么事,这时候无论新媒体还是传统媒体,无论广播、报纸还是电视,以往的竞争关系都变成了合作。刹那间,就让一些地方比如中海油成为众矢之的。所以我在和我们的官员交流谈到现代能力的时候,其中有一种能力经常被忽略,就是媒介素养。谈到媒介素养我往往会说,当你们面对媒体的时候,得有一种意识,“你和一个人说的话就是和天下说的”。这就是今天媒体的样子,媒体的生态就是新、老媒体结合在一起,既竞争又结合,它们以各自的方式面对着事件。所以在微博里去认识、去发现之后,媒体人的下一个方向,很自然的一个选择就是传播。用自己的方式去传播,他就会调动所有的媒体去传播自己的方式,传播相应的内容。我觉得微博有个副作用,它让人一心好几用,人好像总是心在别处的。前两天我碰见一人,他们大学同学聚会,他特别地不高兴。我说为什么呀,他说大家都很久没见面了,坐在那儿没说几句话每人拿出一部手机来,都在那发微博。人和人之间都见面了,不说这个,都在那儿告诉别人,我在和大学同学聚会呢。这就是人们想告诉别人的欲望太强,体会当下的欲望减弱。昨天我在北京参加了北京人民广播电台主持的一个大赛,叫全球华语广播创意大赛,今年大赛的题目叫“赢在创意”。这个大赛曾经是面向全国的,已经举办了四届,从这一届起开始面向全球,我每年都是评委。大学毕业以后我当了四年黑龙江广播电台的播音员,后来读了研究生,再后来又做了电视。主办方可能觉得我做过广播,又一直没有离开过话筒,所以请我去当评委,评的是广播节目。这些参赛的人员一部分是电台的在职人员,还有很多像大家一样是在校生。这些在校的学生让我非常惊讶，他们什么都敢想，什么都能变成广播节目。尽管做得不是特别有技术，不是特别圆熟，但是他们特别有“点子”，其实这就是个创意大赛。那么引人注目的是什么呢？是四年的变化，大赛每年都会增加一些与媒体相关的此类节目设计。广播是传统媒体，还是电视的大哥，中国电视就是从广播脱胎出来的。过去我们做广播的看待电视都用种不屑的眼光，电视什么样？一群乌合之众，咋咋呼呼的。我当时在黑龙江广播电台做播音员的时候就是这样看电视的，特别看不起。那时候电视刚兴起，学习好的，像重点大学毕业的都分到电台、报社，学习不太好的到电视台，最初情况就是这样的。后来电视蓬勃兴起，是在八九十年代以后了，媒体现在是此长彼消。电视兴起以后，广播衰落，一度衰落到已经没法活了。所以你看崔永元、白岩松都从广播转到电视了，以前他们都是广播人。他们倒不是没法活，是想更好地活着。我们同事中有很多是从广播转到电视的。广播也在慢慢地寻求自己的路，现在全国车辆九千多万，私家车就占了七千多万，这一下把交通台给带了起来，广播也慢慢找到了自己的生活方式，缓过劲来了。所以广播现在就非常注重创意，这个创意大赛从第一年开始我就觉得这些年轻人在自觉地把网络的因素引导到广播里来。这不仅仅是接个电话、发个短信了。比方说网络购物、网络征询意见，那都是太常用的方式了。四年到了2011年，在六十个进入决赛的参赛作品中，有六个是跟微博相关的，叫做微电台、微闻联播、微言论之类的。它有不同的角度，有的是新闻、有的是言论、有的是娱乐，都是从微博中吸取一些因素和广播作了结合。特别有意思的是昨天评了一天，到最后评选结果出来的时候一看，六个和微博沾边的创意全部获奖。现在年轻人对于新媒体的这种敏感，还有这种自觉和主动，就让我们看到它会多多少少改变老媒体的面貌。将来大家从业的时候，可能有的做报纸、有的做广播、有的做电视、有的可能直接就做新媒体了，那么和更新的媒体结合之后，也许会有更有意思的、更让我们想不到的、更改变我们生活和交往方式的新事物出现。这种自觉我想多半会是来自年轻人，也就是来自大家。将来我想我们在说自己是干什么的时候，有越来越多的可能不用说我是广播人、我是电视人，就直接说我是媒体人，谁知道将来这种媒体的结合会达到什么样的程度呢？就是挺难想象的，比方说我到《焦点访谈》的时候，怎么也没有想到今天我还要面对微博，我在这儿跟同学们交流的时候还会用这种方式来直播。

其实我有的时候挺惧怕新技术来得太猛，自己承受不了。我就自己在那儿倒计时，还有四年多退休，我就在想这四年媒体会变成什么样，会有一天让我都招架不了吗？我动手能力不强，对新的东西也不那么敏感，对新东西的学习能力也在减弱，我凭什么在那儿坚持着呢？想起来我都有点担心自己。我甚至都想让它慢点，让我们坚持着凑合到退休，接下来的压力让白岩松他们去承担吧，我都这样想过。那么现在呢，我觉得一个人在从业的过程中，在这么多年和电视相伴的过程中，到最后几年还能以这样一种方式，在这样的媒体环境里去工作，也是一件挺有意思的事。如果一直很单一地就在《焦点访谈》里，未免显得太不丰富了。正是由于我做过广播，中间借鉴了某些广播话筒前的工作；后来又干了电视，到电视最后几年又遇到了新媒体，这也是挺有意思的一件事。大家如果将来做媒体工作的话，在今天这样一种环境下会有更多的选择，这是一种幸福。可能同学们都选择惯了，觉得这是理所当然的事。可是如果和上一辈比较的话，问问他们年轻的时候、上学的时候、从业的时候，你问问他们的选择机会，就会感觉到今天面对着这么丰富多样、可选择的东西，这本身就是一种幸福。

嘉宾：我想问关于您在节目中所说出来的，还有想说出来的，以及不能说出来的，这三者之间有多大的差距，您可以给我们举一个例子吗？

敬一丹：这例子还真不好举，因为涉及节目的内容，我得把整个节目都复述。这时候就很考验一个人传播的能力，意愿是一回事，能力是一回事。有的时候节目到什么分寸，比如一个主持人说话到什么分寸、到什么火候，这也决定它有没有生命。也许你过了一点，它连生命都没有了，那么也许度的把握合适，它就活着。其实《焦点访谈》的生存也是一样，《焦点访谈》如果想“过把瘾就死”的话，它早就死了。我们当时有很多过瘾的机会，拍案而起、怒发冲冠，如果总是这种姿态，像“愤青”一样的话，就没有这个栏目了。其实正是它的分寸和度的把握，才使得《焦点访谈》活到今天。这里面挺考验一个人韧性的，当然我们也经常提醒自己别总强调韧性而忘掉了激情。我们《焦点访谈》和《东方时空》的创办人孙玉胜现在是我们主管新闻的副台长，他在给我们开会的时候连说了三个激情、激情、激情，把我们大家都震惊了。我们说了那么多影响《焦点访谈》保持锋芒的外部因素，我们也要问自己我们保持了激情吗，你是坚持到了最后，做了最后一份努力了吗？

嘉宾：我的问题是现在舆论节目的主持人很容易当法官、当评审员、当质检员，也很容易当警察，我觉得让主持人代我们出面去跟外界交涉，这样就能带起“3·15”、带起法律。对于这样的现象，你觉得作为国家电视台《焦点访谈》这样的新闻类节目主持人，当主持人或者记者遇到这样的问题后应该怎样把握呢？

敬一丹：你认为有些记者就像早期《焦点访谈》让人看成是法官一样，有的时候人们就觉得他比律师、比法官更厉害，在某些情况下。我觉得这是一个特定时期的特定现象。现在中国在建立秩序过程中有的地方缺位，缺的这个“位”有的时候就由媒体来填充。其实媒体是很注意这个分寸的，比方说拍摄是和执法人员一块到一个现场去，然后执法人员执法过程中我们去记录报道，而不是自己充当这个调查者，甚至是惩处者，这是一个错位。

嘉宾：中国一些节目的影响力不是那么持久，但是国外一些节目的影响特别深远，影响了好几代，比如说奥普拉的脱口秀影响了好几代人，但是为什么我们中国做不出这样的节目？我们中国也有文化，也有新闻专业的从业者，为什么没有做出这样一档节目？

敬一丹：我想这是因为中国电视还年轻，中国电视人的观念也年轻，包括中国电视观众的观念也很年轻。所以它要到一定的成熟度以后才能产生这种成熟节目，出现你刚才说的这种现象。中国还没有出现能够影响众多国人的那种电视人，就是现在电视物色主持人大家都能看出这个观念的年轻。说年轻还算客气，其实就是电视观念还没有，幼稚。比方说选主持人、播音员，在很多电视台，我想特别是地方电视台，它还是那种观念，那报新闻的应该长得像挂历上、年画上的那种人一样。其实这就属于电视观念的问题，想中国出现你所期望的人，我觉得不是没有希望。电视有待成熟，土壤有待成熟，现在不是进步了吗？像崔永元的出现让人们意识到什么东西是有价值的。有影响力的主持人出现，就使人们那种幼稚的电视观念逐渐会被放弃掉。现在到地方电视台看依然是让人着急，为什么着急呢？我在中国传媒大学当兼职的老师，经常是培训在职的主持人，然后我就非常奇怪，他们怎么总要生源呢？总是有很多地方电视台特别年轻的面孔来培训，年年都有。我就想，前两年培训的那些呢？一打听改行了，说女主播30来岁结婚了，退居二线了。照这样什么时候能产生像奥普拉这种人。这种观念年轻到幼稚，觉得年轻、漂亮、上镜，这就是标准，未免太肤浅了。其实电视本来不应该是这样的，所以中国电视还是太年轻。

《冰点》：明道与优术共舞

时　间：2011年7月28日

地　点：上海交通大学闵行校区新图图书信息大楼8楼

主讲人：徐百柯

徐百柯

《中国青年报》“冰点周刊”主编。1978年生于四川成都。1996年至2003年就读于北京大学，获比较文学硕士学位。毕业后供职于中国青年报社。2004年6月《冰点周刊》创刊，人物版设“钩沉”专栏，徐百柯主笔两载，“钩沉”被评为年度《冰点周刊》最佳栏目。其间文字在此结集成书。出版书籍《民国那些人》。

主持人：下面我们隆重地邀请我们非常年轻的媒体新锐、《中国青年报》“冰点周刊”的主编徐百柯。徐百柯主编1978年出生于四川成都，1996年到2003年就读于北京大学。徐总毕业后就去了《中国青年报》，现在是中青报《冰点周刊》的总编。现在我们大家以最热烈的掌声邀请徐主编为我们做精彩的演讲。

徐百柯：今天主要讲一下《冰点》具体操作的东西，希望对大家有点帮助。我今天先讲两个小故事来引出今天的主题词，然后我可能比较详细地讲一下《冰点》具体两期的操作，最后可能分析几篇比较有特色的特稿文本。

大家看到的这张图，是上个月《南方都市报》的《地球周刊》，他们编译了一篇堪称惊心动魄的特稿，叫做《怒海余生》。我念一下它的核心提示：去年10月，在酒精的刺激下，南太平洋一个孤岛上的三名男孩偷了一艘小船，准备出海探险，但不幸汽油与食物耗尽，他们流落在荒凉的海上，漂流51天方才获救。在此过程中，他们发现自己面对的最大威胁不是风暴、饥渴，而是对方。或者他们三个人一起死，或者其中一个人死，而让另外两个人活着。其中有一个男孩问另一个，如果我杀了他(指第三个人)，你和我一起吃了他吗？这是特稿的核心提示。特稿的细节是这样的，有两个男孩在绝望中，他们发生了严重的冲突，其中有一个手里有一把弯刀。当时我就很想扑过去，杀了他，那么这个少年回忆说，这是我这辈子头一次想杀人，而且当时是一个很好的机会，当时他的伙伴正好背对着他。但是,他为什么没有做这件事情,他后来的解释是什么呢?他说他在这种绝望的状态下突然想起教科书上读到的马丁 · 路德金的一句话:我们必须学会像兄弟那样生活在一起,否则我们会像傻瓜一样毁灭,所以他放下了弯刀。这篇报道我读了三遍,最让我震撼的是马丁 · 路德金的这一句话和这个男孩想起这句话的场景。就说,实际上教科书上一些最基础的、最原则性的一些东西或者一些话,在极端状况下可能改变一个人、两个人、三个人甚至一个群体的想法和做法。

这是第一个故事,那么第二个故事是关于《冰点》的,2006年的时候《冰点》停过一次刊,在复刊以后,当时有一位为《冰点》写过稿子的学者非常诚恳地对我讲了一句话:你们要坚持下去,要知道你们的坚持是有意义的。这名学者说,他平时接触到的一些《冰点》的读者,尤其是在基层的读者他们非常看重阅读《冰点》的时候带给他们的温暖,这种温暖让他们相信这个社会上不光有丛林法则。这句话给我的印象极深,一直到今天还会时不时拿出来想一想这句话。

丛林法则是什么?那就是弱肉强食,就是不择手段,就是"拼爹",或者我们用学术点的,就是工具理性完全压倒和吞噬价值理性。那么《冰点》提供的新闻能够让人看到我们世界上、这个社会中间还有另外一些没有被压倒的也不可能被吞噬的价值,那么我觉得我们作为媒体人是可以欣慰的。

《冰点》希望传递我前面说的那种价值,同时我们尤其强调要用一种好的文本和一种好的形态来传递这种价值。所以说,由这两个小故事引出我们今天的两个主题词,一个是"明道",一个是"优术"。我觉得好的新闻操作无非就是把这两点做到位。"道"是什么?简单地我定义是新闻的价值观、报道的价值取向、记者的价值追求。具体到《冰点》大家可能都知道,《冰点》的开山之作是王伟群的《北京,最后的粪桶》,实际上从一开始就亮明了视角,那就是关注普通人的命运。那么,我们作为一个中国人,我们同胞的命运是怎么样的,那些孩子、老人或者和在座同龄的人或者说那些构成我们社会中坚力量的一些沉默的大多数,他们的命运是什么样的。那么从关注人的命运出发,有很多最基本的价值,《冰点》一直特别着力地去维护,比如说悲悯,比如说同情,比如说宽恕,比如说正义,比如说自由。不是说每篇报道都会触及到这些核心的东西,但是十多年以来《冰点》的人员有变动，而这套相对恒定的价值观一直都在，或者说在新闻操作里面，只要涉及这些价值观的线索和题目会特别引起整个《冰点》编辑部的关注，这是“明道”。第二个说“优术”，“术”很简单，就是“术业有专攻”，新闻专业主题的操作包括采访的到位、写作的讲究、最后呈现出来文本的漂亮。实际上，《冰点》内部经常说，可能在非常现代化的媒体环境下《冰点》有时候更像一个新闻手工作坊。一份报纸发展到现在，比如说跑口的、跑线的、跑突发的、跑时政的、跑财经的，其实在大多数情况下已经是流水线化了，大家各有分工。但是《冰点》其实还是在坚持，我们的记者从两三百字的微点评到八千字的大特稿，之间每一个东西我们都希望记者能够胜任，并且每一篇东西都去精雕细琢。因为实际上我们内部有一个高度被认可的价值观，就是说你只有这样去对待你的报道、你的文字，你才能够让你的读者在阅读的时候把这篇东西当成一个东西。或者说，像中国传统文人一样当成工艺品在手里把玩、不断地阅读，从而让他的文本得到不断放大的效应。《冰点》一直强调的是新闻不止有一天的生命，所以说这样操作出来的报道，实际上我们看到，为什么一直到今天很多读者朋友还在说《冰点》几年以前甚至十几年以前的报道。那么，实际上他的新闻已经变成了旧闻，但是说当时写的文本它的认识价值和文本本身的价值还是历久如新的。

我简单地介绍一下《冰点》的历史。1995年的时候，是由《中国青年报》非常著名的编辑李大同创造的。现在回想1995年，很多人认为《冰点》是一种很怪的形态，当时中国新闻界没有这样的形式。80年代和90年代初，《中国青年报》有大量深度的报道，但是没有这种普通人视角、关注普通人命运的，更接近欧美传媒里特稿的文体。那么，实际上1995年创造这个版面，10年中最主要的形态是一个整版的大的特稿；那么2004年的时候《中青报》有一次改版，成立了《冰点》周刊，那么《冰点》就由一个版扩充到四个版。当时的四个版中一个是特稿，第二个版叫观察，第三个版是探索，第四个版是人物；2009年的时候，我们改了一次版，把当时第二版的观察版进行了改变。我可以给大家看一下现在的《冰点》，我们是每天12个版，每个星期三的9~12版是冰点，大概是这么一个形态，就是说当时2009年那次改版是希望创造出一个更具有独立媒体形态的一版，所以在一版设立了四栏的大照片，包括辟了《冰点》的头版头条做评论，我们叫《事件观》。

我今天特别想跟大家交流一下《冰点》的定位，因为实际上我经常会听到一句话是：这是一个办得很好的栏目，他们经常发一些揭露社会阴暗面的报道。我觉得这里面稍微有一些误解，如果你翻看从1995年以来的《冰点》特别是这些特稿，你就会发现《冰点》的主体不是这些我们新闻史上说的“扒粪式”、“揭露式”的报道，而更多的是基于很深的情感关怀或者说命运关怀的报道，那么这才是《冰点》最大的特色。《冰点》当然有这种非常出色的调查性报道，但是整个《冰点》的基调是落脚在这个“冰”字上面。李大同曾经描述过，2004年成立《冰点》周刊后，《冰点》其实是有分工的，观察版要更动态一些，但是在特稿领域我们一直是要长期坚持思想上、文化上的输氧，作为公民社会的组成部分，进行公民意识的培养。

《冰点》一直比较关注科学领域，从2004年开始扩版以后的《冰点》就设探索版面一直到今天，这实际上是一个很纯粹的科学版面，也是目前《中国青年报》唯一的一个科学专业版面，就是因为我们认为科学思维、科学精神它属于我们特别希望传播的价值观。所以，《冰点》一直有这么一个传道的情结，有这么一个传播这样价值观的情结。那么话说回来，刚才我们说的大家实际上这么介绍《冰点》，他们是想赞扬《冰点》，意思是你们做得还不错，我个人觉得这个话题做两层的解读：第一层，反映了我们当下这个传媒领域，这一类“扒粪式”、“揭黑式”的报道它的稀缺，所以大家会觉得这一类的报道是好报道，他愿意用这样的报道去描述你、表扬你；但是另一方面，至少我个人觉得，这是不是恰恰说明了更稀缺的一类报道，就是有命运感的、基于人性关怀的一类报道，这类报道甚至稀缺到了大家没把它作为一种类型来专门加以表扬的这么一种程度。我个人觉得，刚才那个话可以做这两层的解读，就是这种报道是更稀缺的，而这种报道恰恰是《冰点》安身立命的、我们最愿意展示给读者的一种报道。可以说《冰点》的特稿操作更看重新闻报道的认识价值、文本价值，我们希望找到这个时代的很多的经典意象然后把它放大，形象地解读，这属于特稿类型的职业追求。所以说，《冰点》不是一个完整形态的一份周报，它非常明确是一个特稿部，包括我们以前在《中青报》内部的名字实际上是《冰点》特稿部。这个意识我们非常明确，特稿类型的职业追求是什么呢？肯定喜欢重大的新闻题材，但是我们格外强调的重大的新闻也要从细处入手，坚持严肃，同时严肃要与讲求趣味结合。讲求趣味是故事的、细节的，我们一代一代编辑、一代一代记者传下来的口头禅是：故事、故事、故事，细节、细节、细节。杜涌涛给《冰点》概括了八个字：矜持态度，精致阅读。那么我的理解是，这八个字既是一种价值观，同时也是一个明确的操作法。我来给诸位念一段杜涌涛写《冰点》的一段话：我理解读者之所以在信息爆炸的今天，仍然愿意读《冰点》是因为他们并非想从这里寻找简单的信息，对他们来说《冰点》也许提供了一种观察不太一样的世界，也许触动了社会神经的某种痛觉，也许波动了大众内心深处的某根琴弦，也许点亮了寒冷小屋中的一盏人性的灯，总之《冰点》不是热点、不是焦点，《冰点》也不跟风、不摇摆，它性格温和，但持之以恒，一以贯之。

回到新闻操作，我个人非常非常坚信一点，平面媒体的未来还是在于“深度”，你要告知的是深层次的真相或者是某种特别深的逻辑。那么就得说到深度报道，实际上深度报道我认为可以把它简单地分成两个角度，一个角度是我们常说的去开掘真相，比如说动车事故了，那到底有多少死难者？到底原因是什么？第二个角度也是可能会被大家忽略的是我们可以深度地挖掘这个时代的经典意象。《冰点》不排斥前者，但是我们更专注于后者，就是深度挖掘这个时代的经典意象。

前面是我讲的第一部分，接下去讲第二部分，是两期《冰点》周刊比较具体的操作，基本上可以说是两次组合拳，整个《冰点》以四个版的篇幅，事先有统一编辑思路地来做一件事情。

这个是昨天的《冰点》周刊，这一篇报道(《永不抵达的列车》)据我所知在网上引起了非常大的轰动。实际上面临巨大灾难的时候，有很多操作办法，《冰点》喜欢的操作方法或者说我们特别受触动的是做特稿化操作。这个题相信大家也会看见，因为当时在微博上去寻找这两个人的帖子转得非常多，尤其是寻找陆海天的微博。当时我们看到以后，就觉得这提供了一个路径：我们可以去试图还原两个非常具体的生命，在他们最后的一天里面、最后的一段路程里发生了什么，这是我们选择这个题目的宗旨。具体技术上的支持还不是通过微博，是通过人人网，主要通过人人网找到了朱平和陆海天的大量的朋友、同学甚至是爱人。在这种大的事件、这么极端的题材面前，最好的写作方法是：你老老实实地写，不要玩任何的技巧。实际上，在特稿里面可以有很多的技巧，能够把从结构到叙述到你的引语做得非常漂亮，但是我们一直觉得像这类题目，最好的方法是老老实实去写，不要玩技巧。再广大的悲伤也比不上一个具体而微的悲伤。那么，我们套用到这边，我们知道至少有39个人遇难，192个人受伤，我们不知道这个名单是否完整，在这么一个大的人群内，这两个具体的忧伤是可以触动到人的。我们坚信这一点，也照这个去操作，包括大家看到的朱平这张照片，实际上我编记者稿子的时候就非常激动，第二天排版之前，记者说服了朱平的好朋友提供了朱平的大量的照片，大概有几十张，记者就在电脑前面一一演示这几十张照片，那个感觉非常难受，但是必须要选一篇。最后打动我的其实是这一张照片，右上角有一个光晕，显然是有意识在阳光里拍的这样一张照片。这不是她最漂亮的照片，但是我觉得这张最动人，它能说明一个年轻的生命有多美好。陆海天的照片我本来希望能有更多、选到更好的，但是我们的记者没能说服他的朋友给我们提供更多的照片，所以选择了这张大家看到的、在微博上流传比较广的。

说到这一篇，我随便举一条昨天晚上有人在微博上@我的，说是：要感谢你们这一篇让人战栗的稿子。他虽然没有追问谁该为朱平、陆海天之死负责，没有挖掘车祸背后的制度真相，但这样的文字会让更多人知道追问责任和挖掘真相的意义，在这个体制化深重的社会，唤醒良知与人性或许比批判更为重要。那个我给他的回复大概是这个意思：这篇东西在这么一个大事件面前尽了特稿的本分。

这是同一天《冰点》的一版，为什么我说这是组合拳，实际上在布置那篇稿子的同时这篇稿子也布置出去了，就是当时看到很简短的消息是：德国在1999年发生的一起车祸，也是目前为止世界范围内高铁的车祸。当时就想，我们通过特稿去还原那两个人的命运，但是我们应该从其他的角度去反思这场事件，那么可能德国这起事件是很好的载体。上面一篇《最优雅的祭奠》是《冰点》想作为社论出现的，就是说，我们有了特稿的呈现，有了技术性外在参照系的反思，需要一篇不是议论性的评论。它是一个动感情的评论，包括《冰点》内部的世界观的原则是写一些有温度的评论，或者我们内部开玩笑说是要性感的评论，就是我们希望创造出和现在大家大量阅读的时评不同的一种评论问题。那么我个人特别满意的是右边三条小评论。第一条是被遗忘的面孔，它实际上讲的是之前金珠高速上客车起火的事件，有41个人遇难。评论的核心是说你可能会说7·23铁路事故2岁8个月的幸存者项炜伊的故事，但大多数的人完全记不住这41个人，他们是因为7·23这个事故出来被冷落到一边，但是这41个生命我们同样应该去兼顾、去纪念。我觉得，虽然我们没有以一个大的篇幅或者说大的报道式的样态去呈现，但是它出现在这一天的版面上，至少我的内心有一种很安慰的感觉。

这是二版人物版，这是我们这一期报道里我唯一觉得遗憾的，就是说想了很多个人物的头条是跟高铁事故有关的，我们想找第一个发微博的这个人，但是没联系到；包括要写那个两岁多的小伊伊，但是临时被老总抽到头版去了，那天我们现场记者给头版写了项炜伊的故事；最后没有办法，就把右边的竖栏做了个假头条，然后取的名字是《7·23中的孩子》，实际上写了三个年幼的孩子和一个在怀孕妈妈肚子里七个月的还没有名字的宝宝。

这是我们探索版，四个版对高铁的选题是同步的，当时确定了一个原则就是科学版的头条应该有一个非常贴切的从科学的角度来考察这起事件的稿子。在第一、第二版都“实”的状况下，这篇是比较“虚”的一篇稿子。它是从科学哲学的层面来讨论人类的速度。这版还有左边的竖栏，是我们的专栏叫《地理大发现》，这期也是对应地写了美国的高铁为什么35年都上不了马，这里面有大量的论证、质疑经费，你会发现确实在一个程序上比较严格的国家里，（高铁）上马是一件很困难的事情。这是最新一期《冰点》我们是怎么处理7·23动车事故新闻的。

我再讲一期《冰点》是和上海有关的，这是去年11月24日的《冰点》周刊。静安区大火是11月15日，当时我们在21日的时候，那天是死者的“头七”，市民自发的祭奠，包括铺满鲜花的路，然后主要打动我的意象是上海城市交响乐团在现场演奏舒伯特的《圣母颂》，感觉这能够构成《冰点》深度阐述的意象。所以当时就请示了总编辑，他完全同意，但是他表示要控制在写现场不做引申。当时和总编辑达成一致之后，下午派出了记者出发到上海。比较遗憾的是，记者没有现场观察到交响乐团演奏，最后是通过记者的还原写的报道。那么最后写了这篇《上海在“圣母颂”中安静下来》，这个标题传递了我们的价值判断，在这个事件中，我们特别想从民众自发悼念中看到能让人安静下来、让城市安静下来的力量。比如说，记者写道：第一声提琴响起之后激动的人群迅速安静下来。除了交响乐，乐团还挑了三首歌，《爱的奉献》、《爱的代价》、《让世界充满爱》。合唱开始的时候，很多人加入进来，一个孩子因为没有歌谱就站到了指挥的后面，从他膀子下面吃力地看着歌词，这时乐团的人发现，围在他们身边最初很激动的人们不知什么时候已经安静下来，最后只是默默地流泪，后来有官员来到现场对他们表示感谢。这篇稿子的核心我觉得是表现公民社会如何用克制而有效的方式来表达集体性的哀思。那么，记者采访到一些非常点题的引语，比如说：我们来演奏不是来激化矛盾而是为了平复心灵，以我们特别的方式纯粹地致哀，其中一个团员说：不是哭啊、闹啊，是很文明地表达自己的情绪；也有人评价，这是很高尚的悼念方式，让人想起当年在“9·11”的废墟下面同样有音乐家带着几把小提琴自发演奏。实际上，这个题目还有一点打动人的就是，这个场景、这个故事，它发生在上海这么一座有很独特气质的城市或者用周立波的话说：很有腔调的城市，尤其引人关注。我们稿子里也写到了：在现场听完演奏之后，有人觉得自己真正地感受到了这个城市的“腔调”，虽然这并不是一场专业的演奏，但是这体现了上海的水平。还有人表达这样的感受：上海刚办完世博会，既能享受欢乐和成功也有承受不幸的能力，这表现出这是一个成熟的城市，这是当期一版的主打稿。

四版的特稿是这么一篇《大火痛袭香港》，写的是香港14年以前的大火，造成了41人死亡80人受伤，是“二战”以来香港遭受最严重的火灾事故。当时可能是在网上看到这样一则消息：一场大火让人想起了十多年前香港的那场大火，当时就觉得，这场大火的意象是《冰点》拿来和上海大火对比的。实际上，初稿出来后，对这场大火的描述已经非常到位，但是结构上有点本末倒置，对于这场火写得太具体、太多，但实际上我们不是为了写这场火而写，而是为了对照上海，说白了是用香港这座城市给上海上课。那么用来结构整个文章的逻辑就不是这场大火本身，而是事后的调查和处理如何体现了香港的法制、如何改变了香港，即结构决定素材如何使用。后来完成稿的开头是这样的：一场燃烧了21个小时的大火，成为香港城市史的分水岭。直到今天，香港最高法官胡国兴依然记得在火灾后的一个月自己被末代港督彭定康委任为嘉利大火火灾委员会主席，以独立于政府和受难者的第三方身份调查这次巨大的灾难。如今很多普通的香港人仍然记得这项调查，从那时起政府出台了两部与火灾相关的法规，并提供财政上的援助，火灾、调查、法律紧密相扣的程序，使整座城市得到了改变。1968年到发生这场大火之前，香港一共发生过22起5级大火，但是从那之后仅发生过1次5级大火。当11月22日被《中国青年报》记者问及是否对1968年的消防安全感到满意时，胡国兴法官仍然谨慎地回答有改善但不能自满和松懈。后来人民大学在职研究生新闻考试有一门《新闻采访与写作》，这篇稿子被做成其中的一道题，是要求分析选题特征并通过小标题分析写作思路。那么，我觉得至少出题的这位教授肯定从报道里找到了和我们一样的共鸣。当时我做的几个小标题是这样的：① 希望委任法官进行独立调查；② 公开报告书的内容；③ 报告以后政府部门必须迅速跟进；④ 设备、硬件远不如软件、管理；⑤ 引用美国一九一几年的某内衣厂大火的时候，美国某作家写的这么一句话：这个城市的每一个男人和女人都有责任。

我觉得有了这两篇稿子，上海大火这件事件上和刚才动车事件一样，第一，尽到了媒体的本分；第二，尽到了特稿的本分。而且比较有意思的是，我比较满意的这两期是反过来的，这一期是用特稿表现外在的参照系，用一版主打去做本土的更特稿化的处理，昨天的一期是用特稿去做本土的特稿化处理，而用一版的头条给出一个外在详细的参照系。

接着再说一下这一期的人物版。这一期的《人物版》本来想做的是现在的第二条《米老鼠改变中国》，这实际上想做一个尝试，之前《人物版》都是写真实的人物。去年11月18日正好是米老鼠80岁的生日，而且当时已经知道上海的迪斯尼即将开工，那么我们想做一个尝试，把米老鼠当成人来写。比如说，记者这么开头：当他3岁小孩的时候，在美国就有100万个粉丝占到当时总人口的1%；7岁时他被《纽约时报》认为世界公民，评语是：无论他在何处，希望的曙光都会突破云层，即便步入了中老年，他的社交活动依然频繁，65岁时他登上了中国的长城；70岁时，他应邀颁发奥斯卡奖；甚至在75岁高龄时，他还亲自按动了纽约证券交易所的交易铃。我们想尝试着像写一个真人一样去写一个拟人化的动画人物，稿子是尽量想处理得有趣，但是实际上编辑的思路是非常严肃的，我们是想从中国引进动画《米老鼠与唐老鸭》非常艰难的谈判开始写到现在，也就是米老鼠在中国发展的过程，恰恰证明了一点，越开放，越自信。最后引用了知名学者的话：如果说多年以前是中国人需要米老鼠的话，那么现在是米老鼠需要中国。这本来被设定为此版的头条，但是就在我们拼版的前一夜凌晨得知法学家蔡定剑去世了，蔡定剑当然是极有影响的法学家，而且他和《冰点》是非常有渊源的，包括《冰点周刊》曾经分为上下篇发表了他的长文《向新加坡学什么》，当时反响极其强烈，颠覆了国内对新加坡体制的许多误解。那么蔡定剑是一个什么样的法学家呢？他实际上已经肝癌晚期了，去世前不到一个月还出现在《城市房屋拆迁管理条例》探讨会上演讲。在他病危的时候有人去探望，临别时他说的最后一句话是：宪政民主是我们这一代人的使命。那么，这样的人物，人物版能不写吗？他当然是人物版最重要、最应该写的人物。所以，临时决定把蔡老师做头条，然后把米老鼠放到二条，而且给蔡老师做的标题是《他的背影映在中国宪政路上》，以表达《冰点》对他的致敬和怀念。

这是我讲的第二部分，通过这两期《冰点》比较详细地阐述了周刊的操作，第三部分要讲一些比较有特色的特稿文本。实际上最能体现《冰点》特色的，是七到八千字的大特稿。《冰点》被业界认定为最好的特稿平台之一。

这是上个月的一篇稿子《生命的礼物》，这个故事大家可能知道，题目来自微博，说的是两位重度角膜炎患者重见光明、两位尿毒症患者有了新的肾脏、一位肝硬化患者有了新的生命，这些幸运都来自一位因车祸去世的年仅22岁的湖北武汉大学学生，他的父母忍痛捐出他的器官，他们相信通过这样的方式，儿子就还活着，一直活着。那么，这篇主要想讲的是采访。本来父母是非常抗拒，一直不接受采访，当时记者反反复复说明来意，他的父亲都毫不犹豫地拒绝了，但最后记者告诉他：我只比您的儿子大三岁的时候，这个父亲沉默了一阵，然后记者说：您就别把我当成记者，当成您的儿子的同学吧，这句话让伤心的父母敞开了他们的内心，接受了采访。我想说的是，不同的记者有不同的风格、技巧，但是要有一个大的价值判断：第一，这篇稿子不会对他造成伤害；第二，这篇稿子出来以后，我能够预判会对他们有非常实际的帮助。报道出来以后，有大量不具名的电话打到《冰点》，捐款的人很多，某董事长看到这篇报道以后明确表示要资助这个家庭。

这是前两天刚发的《码头春秋》，我们记者郭建光写的。很多人和我一样没有概念，深圳这个城市有不少码头，它的码头是内河的漕运码头，主要用来运建材尤其是砖头和沙子。一直到现在，深圳的码头上还有大批的码头工人。郭建光具体采访的这个工人叫周光福，他在深圳码头上挑了19年砖，1992年正好是邓小平南巡的时候，他到了深圳，一直到现在他还在挑砖，从28岁挑到了47岁，19年来他挑的砖超过5 000万块，几乎相当于1 500节火车满载的重量。挑这么多砖，他至少走了15万公里的路，相当于绕着地球赤道走了近4圈，这几个数据是相当惊人的。当地媒体曾经报过这个数据，当时这些数据大到让我不敢相信，后来是我们记者到码头上和他同吃、同住，观察他每一天挑多少砖、工作多少个小时，最后记者一算，他认为至少有5 000万块，这个是肯定的，所以最后把这些数据处理到了开头。这篇稿子很多读者的反馈是看了非常感动，包括有很多读者对我们记者致敬。

最后稍微提一下特稿的写作，我觉得特稿的写作大概可以提炼出几个主题词：

第一，结构，尤其是对于像《冰点》这样的八九千字的大的特稿，一定要对文章结构有一个整体性的把握。两三千字的稿子有时候凭着一种感觉或者凭着一股文气，是可以一下顺下来的，不用过多地考虑结构，但是再长一些，从五六千字到八九千字，首先就必须考虑结构问题，而且这个结构问题不是在你采访完整理素材的时候才去想结构，而是在采访过程中间你就要有这么一种结构的意识，哪怕很蒙昽的结构意识。你可能要意识到这个人物将在我的报道里扮演一个线索性的人物，那么你当然要加强对他的采访，或者说一个事件、一个意象甚至几句对话，你在采访的同时有这个意识，这些对话、这些事件将在我的报道中扮演极为重要的角色，这种预判会决定你的采访。所以说，有时候你发现稿子写得不好，首先的问题是采访的不好，而采访的不好有时候是因为你没有一个清晰的结构。

第二，文体意识或者我干脆把它称作故事意识，一般的读者，不管层次高低，你要相信他是没法捏着鼻子去啃新闻的，尤其是这种几千字的大新闻，那么作为记者，你必须用好的故事去“勾引”他们。有的时候采访出来的东西天然地就有故事性，这当然是最理想的，但是还有很多时候，材料本身的故事性比较弱，需要你通过主观的调度去讲成一个故事。这个时候，讲故事是一种技术、一种能力。

第三，讲故事的核心是要能够见到人，哪怕是寥寥几笔，稿子里的人物形象必须要鲜明。做到这一点，有效的途径是好的引语，我们在处理年轻记者稿子的时候有两种倾向，一种是通篇是叙述没有引语，另一种是通篇塞满了引语，而这些引语往往是无关痛痒的。其实一篇好的报道里面可能需要不多的几句引语，但是这些引语会出现在最恰当的时候，出现的时候会给出最丰满的意味，这是好的引语。

第四，在写作过程中，最容易也最枯燥的是一叙到底，好的特稿一定是三种东西的结合：叙述、描写和引语。美国导演Woody Allen说过一段话，我看后感触挺深的，他说：作为一个电影人，如果我能够让人发笑，很好，如果我能让他们边笑边思考，非常非常好，但是如果我仅仅让他们思考，我就有麻烦了。实际上，同样对于大多数新闻报道来说，尤其是特稿这种感性的冲击或者说宣泄，常常是要优先于理性的冲击。当然《冰点》其实也不排斥有思想深度的文章，我们有一个归纳，就是说：好的稿子无外乎两种，一种是击中心灵，一种是打动头脑。刚才介绍的大多数的特稿可能是击中心灵的，但是实际上打动头脑的特稿也是《冰点》的方向。

刚才我说写特稿的四个方面，第一重要的是结构，稍微再举几篇说说结构。写特稿的结构，可以提供一种非常的写作方法，就是说你通篇可以扣着一个人，或者扣着一个场景，或者扣着一个意象，或者扣着一个故事，把人、场景、意象或者故事当成纵轴，其他所有在不同时间、不同空间的内容作为横轴不断往里面嵌入，这是一个有效的特稿结构，就是有了纵轴然后你不断地往里面插横轴，这是《冰点》的大量报道积累出来的有效的特稿的写作方式。

围绕人的，比如这篇《第334个名字》，简单说它是写天津医科大学遗体捐献的故事，刚开始头两稿都很零乱，但是里边的东西非常多，后来就找到了一位在现场见证了他的子女把他的遗体按照他身前的遗愿捐赠的一名记者。所有文章的开头和标题都在写这个老人，或者说这个老人的儿子围绕他的故事说，那么这是我说的第一种。

这是2007年记者张伟写的《赎罪》，这是我说的第二点，围绕一个场景来写的例子。《赎罪》是写一个年轻人他做假冰棍，后来又做假的湾仔码头水饺，最后良心发现到工商总局自首的故事。详细的我就不讲了，主要我想说当时和记者讨论这个结构的时候，你会发现如果按照时间顺序写当然没有问题，你可以写小伙子从一步步怎么造假到最后他去自首是可以的，但这是一种既不高明也很偷懒的做法。后来大家看到的这个报道他去工商总局自首当天下午的场景切入，纵轴是当天下午去自首的场景，然后写他的造假经历、他的反思、他为什么会良心发现这些作为横轴插进去。

这篇是围绕一个意象展开的，写地震之后二炮部队在四川修路的一篇报道，这篇为什么让记者去做，是因为一条只要38公里的路修了很长时间。我给大家念一念：6月，只差5公里就修到冒火山了，泥石流把80%的路段冲毁；7月，路第二次被暴雨和泥石流冲毁，修路的起点再次回到擂鼓镇；8月，依然暴雨连连，只有7个工作日是晴天或是阴天；9月，特大雷雨引发特大泥石流，先前修完的20公里路基仅有约800米基本可用，路又修回原点。实际上，这条短短的路包括二炮部队不断地去修这个路构成了一个意象，这个意象当时就让我想到了西西弗斯，这实际上是人类命运和天意去抗争的故事。这是一个能够让人汗毛倒竖的一个意象和题材，最后记者完成得非常漂亮。有两个反馈，二炮部队的老将军看报纸以后，老泪纵横，然后记者回来以后这条路修通了；当时指挥长、副指挥长中间空了一个座位是留给我们记者蒋薇薇的，在指挥场给她打电话，说：我们大家在给你敬酒。

《血船》既可以说它是围绕一个意象，以血船做标题；也可以说它围绕一个故事，三个农村妇女到县城里去卖血，她们坐着这个船，这条船在当地高峰时间有80%都是坐这趟船去血站卖血，所以这个意象整个《冰点》编辑部完全被击中了。写出来以后，我听说高耀洁医生在美国接受关于艾滋病的一个奖项，颁奖的时候她可能是大段地提到了这篇报道。

我觉得接下来的不是特别的重要，要不干脆到这里结束，多留一些时间我们可以多交流一下。

嘉宾：您刚刚讲到说《冰点》周刊可能会传播自己认可的价值观，所以我就想说，谁来定义好的价值观呢？就是这种良善的、正确的价值观是怎么判断出来应该被宣扬呢？然后紧接着的一个问题是，如果它有自己所要传播的价值观，那是不是意味着它是有自己立场的呢？在这样的情况下，它是不是能做到客观？

徐百柯：价值观的话，它肯定有复杂的层面和比较简单的层面，我刚才说的就是说我们乐于去传播一种价值观，可能更多地还是在一个比较简单的层面讲这个问题。比如说，当温州动车事故发生后，我们写这两个大学生他们的生命轨迹，那么我觉得这个传播的是一种激发人内心善的或者说悲悯的东西，它让人有一种温暖的和向上的力量。那么，第二个问题说的是特稿里面也会灌注思想，那么如何做到客观呢？我个人觉得有时候要克制自己的一些比较独特的观点，个人的观点要服从于基本的、客观的立场。

嘉宾：《冰点》也开了微博，《冰点》是属于比较“慢”的新闻栏目，要怎么应对微博的“快”？

徐百柯：《冰点》的“慢”和微博的“快”，我个人觉得完全没有冲突，更多地来说微博是我们去感知社会，像一个探头去认知社会的方式，包括我们也提到了我们有不少选题也是从微博上看到的，但是《冰点》的“慢”是体现在对微博上海量的信息进行分析和处理上的。也就是说，哪些信息会打动我们，是符合我们对新闻线索的判断和要求的，一旦认为它是符合我们要求的，那就去核实信息或者说进一步把微博信息扩充成一篇七千多字的特稿，这可能是《冰点》和微博的关系。

嘉宾：前不久在豆瓣上有一篇文章，创作理念和《冰点》的特稿很像，但是下面有网友的评论是：生和死是一件很私密的事情，死亡并不让我变得伟大或让我变得更加卑微，而这种创作方法会很温情，打动更多的人，但会不会侵犯死者的隐私权？而根据微博和旁人的理解都无法反映一个真实的人，而且微博上也有很多信息带有明显的标签化，这种做法是否违背了新闻的真实性？

徐百柯：我没有看到你说的那篇，所以我没法评价，我就说我知道的这些。我觉得不会侵犯人的隐私，有几点：第一点，记者要抱着善意去采访他的所有朋友，我们的意图和目的要和他有很坦诚的沟通。为什么朱平的细节特别多，陆海天的细节相对少，是因为我们记者和朱平的朋友建立了更默契的关系，获得了更多的信任，而在陆海天那边他的有些朋友确实像你说的，不想再去打扰陆海天。但有一个原则是肯定的，稿子永远低于当事人的利益和当事人的感受，当事人的利益和感受是优先的，所以说当你发现陆海天的朋友不愿意讲的时候，我们没有任何犹豫，当然尊重他的意见，不会去强行地让他讲。当然，不同的记者有不同的采访技巧和风格，甚至不同的人有不同的人格感染力，可能有的记者永远可以让采访对象说出特别动情的话，有些记者的亲和力会让人说很多东西。包括，朱平的报道，不知道你们有没有注意到这么一句话，她的老乡、一个年轻的小伙子说：我可能马上就要爱上她了。这句话当时说的时候，稿子已经上版了，记者才跟我说了这个事情，我就说能不能加进去？记者说不想再问这个小伙子了，但这小伙儿确实是这样想的，那我就让记者能不能再去问一下那个小伙儿，我觉得通过媒体的一篇报道记录下这么一段还没来得及展开而且马上就要展开的爱情，不管对还活着的小伙子还是对朱平都是一个很好的纪念。最后记者去问了，那个小伙子说他希望能写进来，所以最后加进来了。因此，我个人觉得，如果处理得好的话，是不会出现二次伤害的。

《中国达人秀》：梦想的力量，你我同在

时　间：2011年7月27日

地　点：上海交通大学闵行校区新图信息大楼8楼

主讲人：杨文红

杨文红

SMG上海东方娱乐传媒集团副总裁，分管大娱乐版块；兼东方卫视总监、尚世影业法人代表。

主持人：今天我们的传媒领袖大讲堂请到上海东方娱乐传媒集团有限公司副总裁杨文红女士。杨文红女士毕业于复旦大学新闻学院中文系，后来在上海电视台从事新闻工作，曾担任生活时尚频道的主编，后又负责上海电视剧频道，现在负责上海电视台的整个娱乐板块。下面让我们以隆重热烈的掌声欢迎杨总的精彩演讲。

杨文红：各位同学上午好，今天很高兴在交大与各位同学交流。因为听说今天来的很多都是研究生，所以在讲我的主题"达人秀"之前，我先介绍一下东方娱乐公司，希望在今天很多年轻的、充满活力的同学中找到我们以后的新同事，希望大家能够对东方娱乐有一个非常直观的认识。

我首先介绍一下上海东方娱乐集团成立的背景。应该说，这是SMG最为年轻的一个子集团。它成立于2011年4月1日，到现在为止，我们也就刚刚运行了3个多月。东方娱乐集团总体是对SMG娱乐板块业务进行整合而创建成立的。我们的目的，总体来说是为了资源整合与协同效益，也是为了打造全国知名的娱乐传媒公司。SMG下面所有的娱乐节目，是布局得非常全的。在节目内容生产方面，我们有全国非常有影响力的东方卫视、演艺经纪公司等等，互相之间的协同效益应该说也是很强的。而协同效应对一个企业来说意味着一个价值的提升，一个增量的提升，有时候可能就是成倍的一个增长。

东方娱乐的基本数据是这样的：总资产8亿人民币，年收入57亿人民币，占

SMG133亿的半壁江山，员工人数1 170个人。

SMG东方传媒集团有限公司目前是上海广播电视台下的一个集团。上海广播电视台分两块，一个是非经营性业务，主要是我们这个具有强大力量的新闻中心。新闻中心也是由两部分构成，一个是电视新闻中心，一个是广播新闻中心。非经营性业务还有我们负责宣传导向的一个总编室。那么所有剩下的，就是非经营业务之外的，叫经营性业务，将来可能在资本市场上有所作为的，我们叫SMG，就是东方传媒集团有限公司。

东方传媒集团有限公司下面包括13个频道、11个频率，以及其他业务。这些业务都是由频道作为它的基础定位所存在的，应该说各自非常独立，相对来说协同比较少，所以后来就整合成五大子集团。这五大子集团分别是东方购物、百视通新媒体、第一财经、炫动传播和东方娱乐。东方购物是国内最大的一个电视购物集团，在全国有很好的发展，今年的销售量要求达到80亿。第二个是我们的新媒体板块，叫百视通新媒体BestTV。第三个呢，在业界影响力很大，它之所以影响力很大，是因为它的频道、它的报纸和它的子集团的品牌是统一的，就是第一财经。那么剩下的这一块是我们谋求在创业板上市的，就是炫动传播。炫动传播中包括动漫的创作业务与少儿节目的制作，其中有大家非常熟悉的《喜羊羊与灰太狼》等电影的版权以及很多的电影创作。那么剩下的绝大多数的，就是我刚刚说的在总收入中占到半壁江山的东方娱乐。下面我就介绍一下东方娱乐的构成。

东方娱乐除了职能部门之外，由13个机构构成：其中有大家非常熟悉的东方卫视中心，它所依托的平台就是东方卫视；还有广告经营中心；影视剧中心；艺术人文中心；大型活动中心。这些是事业部，因为它不是公司，它的财务状况是由东方娱乐的总部来进行的。那么除此之外，我们还有很多的子公司。一个是新娱乐传媒，如果在上海的同学可能就会比较了解，就是新娱乐频道。新娱乐频道是今年1月1日正式公司化的一个频道。第二个是星尚传媒公司，星尚传媒原来叫生活时尚频道。它是2003年1月1日正式开始公司化运营的，也是SMG内最早进行公司化运营的频道，已经有了8年多的公司经营历史，所以你可以看到，相对来说，它搞得比较好，员工团队、企业文化比较独立。尚世影业有很多成功的作品，待会我会介绍，它是在2010年开始进行公司化运作的。五岸传播是我们的版权公司。东方之星是我们的演艺经纪公司。上腾娱乐是我们依托“我型我秀”这样一个重要的品牌所经营的音乐艺术公司。时空之旅是我们常驻的演艺公司，目前的马戏城，每天上演两场，一直在进行。然后就是亚洲联创，它所经营的是我们现在新兴的一个业务，就是音乐剧。目前我们的《妈妈咪呀》就是亚洲联创公司进行经营运作的。

那么总体来说呢，东方娱乐产业链结构比较复杂。我们的产业链架构，主要是要实现制播分离。通过制播分离来打通东方娱乐，或者说打通SMG娱乐产业上下游的环节。东方娱乐的核心业务有几块。一块是节目制作、内容制作。内容制作包括综艺节目的制作、时尚节目的制作、影视剧的制作。然后由这些核心业务，我们衍生出来与娱乐相关的衍生业务，也就是演艺经纪、大型活动、数据库营销、剧场演出、跨地域经营，还有非常重要的音乐产业。通过内容生产，我们获得两大经营收入：一个是广告经营收入，一个是版权经营收入。它们成为我们能进一步发展的一个最重要的来源。另外一个就是媒体市场。媒体市场在今天是非常繁荣的，有多渠道的全媒体市场，不仅仅有传统电视台，还有我们的新媒体。在这里我特别提一下，前两天我所面临的一个抉择。原来我们一部电视剧，比如《蜗居》生产好后，我们卖给北京台或者一些地面台。《蜗居》情况比较特殊，当时在销售时，考虑到它可能会在社会方面产生比较巨大的影响，我们卖给的电视台只有北京卫视加很多地面台。但一般来说，要销售给4家首轮卫视，4家二轮卫视，以及10家地面卫视，这样一个B2B的销售。现在我所面临的情况就不一样，比如说12月份尚世影业即将开机的《浮沉》这部电视剧。它现在所销售的对象，第一个当然是传统电视台，它们哄抢这部电视剧；第二个就是网络的独家视频卖给谁。《浮沉》我是卖给搜狐、优酷还是奇艺？这就是媒体市场较之前更为丰富的一个案例。应该说，广告收入和版权收入构成了我们主要的收入来源。这两个之间的配比也是很有趣的现象。一般来说，你在传统媒体获得的广告收入很高的时候，在媒体市场所能获得的版权收入可能就没有那么高；另一方面来说，你在媒体市场获得版权经营收入的比例非常高的时候，你的广告收入比例就有所下降。这个就是我们产业链基本的一个上下游的架构。

接下来就详细介绍一下我们的13个机构。第一个是东方卫视。东方卫视是一个卫视频道，覆盖8.5亿的观众。东方卫视最主要的问题就是定位的问题。我们有幸一直在上海，所以有幸一直被关注。东方卫视的定位之前一直在摇摆，是做新闻、做综艺、做电视还是做其他财经等等？可能说作为一个卫视频道，它就是一个综合频道，无非是更注重哪一细节。目前东方卫视有一个口号，经过了很多的考虑，也是基于达人秀的成功，我们的口号是“梦想的力量”。

第二个是艺术人文。艺术人文是我们高端音乐艺术的一个频道。它的代表作就是每天日播的《新青年》，影响非常好，也代表了新锐艺术的一个发展趋势。

第三个是SMG大型活动中心。它是一个内部的制作机构，大家外面知道的很少。大型活动中心每年承担国家的、上海市的或者国际的众多的大型活动。比如说世博会开幕式、世界游泳锦标赛开幕式和闭幕式，以及很多以前APEC什么的，都是由上海东方娱乐大型活动中心这个下属机构来完成的。除了完成国家这些重要项目之外，它还承担市场上的一些重要活动。

第四个就是我们的东方娱乐下面非常重要的一个地面频道——新娱乐。新娱乐当中有本地观众非常熟悉的、做了十几年的《相约星期六》。它作为地面频道单个栏目每年的广告收入有三四千万，所以使这个节目长盛不衰。当然它也是我们国内第一档相亲类节目，它今天所面临的问题是如何常变常新。还有就是《老娘舅》，民生类节目，另外就是《家庭演播室》。

星尚——我们曾帮它设计过结构，就是它能不能作为一个子集团公司。它可以围绕时尚品牌，做一个时尚的产业链。事实也证明了星尚是一个架构比较完整的公司。它的代表作有《星尚大典》，也做过很多在国内非常顶尖的时尚秀。应该说，我们最早关于时尚的频道就是星尚。记得2002年、2003年我在星尚的时候，每年都有许多各地的生活时尚频道来交流学习经验，大家觉得上海这个频道在业界是领先的，印象也非常好。

影视剧中心承担了我们集团三分之一的收视份额和三分之一的广告收入。它每年为我们集团七大频道提供影视剧，很辛苦。以前我是影视中心主任，现在的影视中心主任是个男同志，天天皱着眉头，非常有意思。这个七大剧场的指标全压在他一个人身上。SMG有一个非常严格的精神处罚方式——每个星期收视率是否达标都会公示出来，如果不达标，这个频道上面就划一条红杠。影视中心共七大剧场，所以被划的概率最高，所以他（影视中心主任）每天面临的压力也最大。我们达标比较高的给一个猎豹奖，比较差的给蜗牛奖，他最容易得蜗牛奖，大概已经有两面蜗牛奖旗帜了。由此可见，影视剧中心一方面为SMG贡献最大，另一方面压力也是最大的。目前在传统电视频道中占比例最大的节目仍然是娱乐类型。SMG是30%，全中国平均是40%多，有一些频道达到60%多，最低级的那些台可能占到百分之七八十。

然后说一下尚视影业。尚视影业的目标是打造华语影视"全产业链"。它的很多作品大家都知道。《蜗居》是一部非常有争议的作品，《杜拉拉升职记》在搜狐的点击量达到了两亿多，《媳妇的美好时代》也非常热播，这些都是尚视影业的作品。SMG曾经最辉煌的动画电影都是尚视影业投出来的：《喜洋洋》、《麦兜响当当》，还有《葫芦兄弟》。今天占据国产动画电影票房前几位的，都是由尚视影业投的。它原来就叫SMG影视中心，后来觉得不像一个商业品牌，就改为尚视影业。后来考虑到炫动卡通创业板上市的问题，我们把尚视影业中动画这一块全部移到了炫动卡通。尚视影业一直都有很多优秀的作品：我刚才说到的《浮沉》也是由这家公司投的；非常出名的小说《风和日丽》，这家公司也投了它的电视剧；《杜拉拉2》马上也要开机了。所以说，尚视影业在业界还是影响力很大的公司。那么第三块呢，尚视影业还有艺人经纪，我们拥有张嘉译、陈数等知名演员，电影方面有宁财神等。这些都是尚世影业的签约艺人。

广告经营中心是SMG旗下的广播电视媒体广告经营主体。我们有11个频率、14个电视台，所有的广告经营目前主要是广告经营中心来运营的。换句话说，全上海涉及广播电视台的广告经营都是由SMG广告经营中心来做的。2010年SMG广告创收额突破50亿元，仅次于中央电视台。可见，广告经营中心的作用非常大，我们主要的利润来源都是由广告经营中心提供的。

五岸传播公司是2004年9月份创办的，它是SMG旗下专门从事版权经营的这样一家公司。2004年5月份的时候我是兼五岸传播的总经理，来创办这家公司。当时黎瑞刚总裁说，我们要做两个转变。第一个转变是SMG要从一个区域媒体（上海媒体）变成一个面向全中国或者是亚洲地区的这样一个媒体；第二个是内容生产要实行自己生产，并能够走出去，能够向所有的华语媒体提供。这两个是非常高的目标。在2004年的时候，很多的媒体认为自己就是一个区域媒体，不是全国媒体，但我们在当时就提出了我们要做内容生产商，要做全国媒体。第二个目标实质上是版权销售。能够长期在屏幕上播出的、多渠道产生价值的内容，这是我们真正的价值，我们叫媒资价值。比如《蜗居》、《杜拉拉升职记》产生的不止是平台上播出的广告价值，它在很多媒体上产生的销售价值是它的另外一层价值。“喜羊羊与灰太狼”的形象本身就是一种价值。一个创意所能衍生出的产业价值是非常大的，也是基于这样的考虑，我们觉得要把公司做大、做好。一方面我们要在现有产品中提炼新的价值，另一方面我们要进行新的内容生产。也正是由于五岸传播一直的努力，使得SMG整体播出的产品还是比较标准的。它的客户网络遍及全国30个省市区和全球30个国家和地区，它立志成为中国版权市场的主导力量，成为华语节目国际市场营销枢纽。应该说五岸传播是电视版权销售标准化方面的一个制定者，现在也有很多国内各地的省市，他们希望走出去，就依托五岸传播公司来进行国际化销售。

上腾娱乐是SMG下属的专业音乐制作及娱乐经纪公司。连续5年创办《我型我秀》，成功打造了薛之谦、俞思远等艺人，累计发行流行音乐专辑20余张。上腾娱乐的老总陈耀川，刘德华的重要歌曲如《女人花》、《忘情水》都是由他来做的。应该说，我们拥有很多有价值的人才。

东方之星是以发展演艺经纪为主，电视节目与大型活动策划制作等为辅的成熟业务格局。大型活动有很多是造星的一个过程。东方之星成功打造了《加油！好男儿》、《加油！东方天使》以及《中国达人秀》。现场演出这一块是我们现在想试水的一个新业务，也认为它是公司未来非常重要的增长点。我们对未来的发展是三个“在”：在场、在播、在线。在线就是网络，在播就是电视，在场就是要在驻场演出方面有所发展。这也是百老汇给我们的一个启示。

时空之旅是由SMG、中国对外文化集团公司、上海杂技团以及上海马戏城联合投资的。“ERA——时空之旅”已连续演出2 000多场，票房收入2亿多元，中外观众达220万人次。这已经成为来上海旅游的一个重要的娱乐项目，这也是我们对在场演出的一个定位。在国际上，在场演出能够持续红火的有两大类，一个是杂技，第二个就是音乐剧。时空之旅就是做的杂技。音乐剧比较成功的是纽约和伦敦。后来我们跟中演公司商量，就下决心再做一家音乐剧公司，就是亚洲联创公司。亚洲联创公司是今年5月份正式注册成立的，但我们是从去年下半年开始筹备的。《妈妈咪呀》非常成功。我是看着这个项目从头到尾出来的，《妈妈咪呀》最大的价值不仅是为上海、为国内提供了成功的中文音乐剧，它最大的价值在于提供了我们学习音乐剧的理念和在《妈妈咪呀》中培养了一批人才。

这就是东方娱乐的构成以及它下属部门的一些情况介绍。那么除了强大的事业部和子公司之外呢，当然还有强大的职能部门，它主要是调配资源、服务各方，也是为了增加我们的协同效应。跟以前不同，现在我们的战略投资部很重要，它制定企业未来的战略方向和发展方向。我们的愿景是"领跑华语娱乐"，我们的目标是创办最具价值的娱乐品牌、最具实力的制作团队和最具效益的产业集群。2011年我给东方娱乐集团定的目标，一个是要在2015年使广告收入不要超过70%。现在东方娱乐里面，我们的广告收入达到了90%以上，在我们看来，这个结构是不够健康的。我们觉得作为娱乐产业链，广告收入应该只是一部分，更多的还是应该有其他的收入，如版权经营的收入、跨地域经营的收入等等。2010年到2015年，我们的复合增值率要求达到28%。我们希望在2015年能够成为收入百亿的一个媒体集团。

我们的价值观：首先是快乐，其次是诚信。现在因为很多娱乐节目产生问题，大家觉得娱乐是一种很低级的东西，所以我们的价值观还是应该立意高一点，"快乐、诚信、包容、利他"。从内部运营来说，我们要诚意创作，生产标准化产品，进行高效的管理，更重要的是要坚守责任。大家都是媒体的后备军，你们将来就会知道，责任是多么重要。我们的追求分为以下几点。第一个，将来的媒体方向是全媒体时代，要覆盖更多样的传媒形态，这是从传播类型上的一个考虑；第二个是要为用户开发更丰富的娱乐经验，这是从产品的角度来说，应该是客户至上；第三个从方向来说，我们要做具有国际影响力的骨干文化企业。我们觉得在今天中国经济发展到这样一个举世瞩目的情况下，我们下一步还会有更大发展，我们必须要给自己树立一个目标，就是要做一个具有国际影响力的骨干文化企业。这就是我们的使命感，同时也是对社会发展的一个使命感。当然更重要的是，不论从一个企业发展的规模来说，还是从一个企业的使命来说，我们要做一个有梦想的企业，这才是一个企业能够走下去的根本。

下面给大家介绍达人秀。“梦想”是我们的核心词汇，企业要有梦想，节目也要有梦想。中国达人秀，让梦想点亮现实。

首先我们看一下中国达人秀的收视表现，央视索福瑞的收视分析，达人秀在第一季的时候，收视率已经达到了很高的高度，总决赛时全国数据达到5.7，在上海是索福瑞统计以来收视率最高的一个节目。我们在做第一季的时候，一直在想，第二季如何提升自己。因为在做第一季的时候，它确实是一个特别新的样式，没有其他卫视有节目能和中国达人秀的新颖度比。但在第一季尾声时候，全国的达人秀都出现了。所以我们就一直在考虑第二季中国达人秀应该如何来做。事实证明，第二季中国达人秀效果非常好，依然取得了特别好的成绩，一开始就比第一季高，总决赛的时候更是达到了5.95的收视高度。

说到达人秀，很多人会说，“达人秀缺乏创意”，“中国缺少创作，都是从国外引进的模式”。这个我承认的，但我要说，如果没有30年前改革开放外国产品引进、合资企业出现的话，今天大家用的相机又哪里出现呢？很多基础的物质改善也都不存在了。文化也是一样的，我们首先要学习，然后培养出人才，最后才能自创产品出现。一定是这样的一个过程，而不是很简单的民粹主义。看看英国达人秀的价值观就会知道，这个非得学习不可。首先英国达人秀的BIBLE告诉我们说，要做好一个节目，要达到标准化的国际化水准。达人秀要在世界产生影响，它要有五六百个工种。当然老外情况跟我们不太一样，他考虑得非常细，“如果工人罢工了，应该有什么样的人来顶替”，他也考虑到了。做任何一档节目，就跟打仗一样的，战争当中随时出现的意外情况应该怎么样来处理。故事线的设计非常重要，然后还有群众演员、补席都特别重要。比如今天我在扫一个全景镜头的时候，后面有两个人被老师叫出去了，这个位置就空着了，应该随时要有人顶上去，这样扫出来的镜头才是完整的。这些细节告诉我们：一档成功的节目一定是由很多细致的细节构成的。但更重要的是它的价值观：“A celebration of a nation’s people in all their glory”，“国民的庆典，草根的荣光”。我们有这样的价值观吗？没有，我们提炼半天都未必说出这么好的话。我们这么多年的封建社会的积累，想自然而然的“人人平等”是不可能的。这种是平等的价值观，他认为这档节目是国民的庆典，草根的荣光，而不只是精英的存在，精英的自我娱乐，这就是这档节目基本的力量所在——它的价值观。第二句特别重要的话，“任何人，无论男女老少，不管何种才艺，娱乐至上”。它实际上告诉你，任何人可以做任何事情来娱乐，告诉你这是一档零门槛的节目。它是一档造星节目，但它不仅仅是一档造星节目，它不仅仅是为了发掘有可能带来百万美元收入的潜力股。很多人质疑说我们选人是不是看他将来的前途，从来不是，我们一直是有价值观的。这也是欧美达人秀教给我们的、节目存在的一些基本的力量。更重要的是后面这句话：“A show to make us feel good about ourselves and where we live”。我一直认为中宣部应该大力表扬这档节目，达人秀第一是让个人要有自信，第二是热爱身处的国家。我们确实也是照着这个目标去做的。

说到要热爱我们身处的国家，就要说说这档节目背后的人员选取的标准问题。它实际上是民众心声的一个反映。我们很高兴这次卓君获得了达人秀的冠军。卓君为什么会获得达人秀的冠军，很多人说我们有幕后黑手，卓君跳舞有那么好吗？首先他是一个草根、平民，一个从广西乡村来的人，你不能拿他的跳舞和获得国际奖的去比，他就是一种状态；第二个，卓君非常年轻、自信、很快乐，他代表着我们社会所需要的一个心态。同时我们也说，苏珊大妈为什么会获得英国达人秀第二名，苏珊大妈的唱歌有那么专业吗？是因为她是一个乡村歌手，在英国这个概念是非常具有象征意义的。2010年美国达人秀冠军也是一个乡村歌手，他的唱歌就更没法比了，但是乡村歌曲这种歌声具有质朴性和平静人心的作用，这也是他能够成为冠军的一个原因，他让大家找到了心灵的宁静，或者说我们这个时代太缺少这种东西了。这些都是这些人能够成为冠军的原因，也就是说他的成功是根植于他所出生的土壤。他不是平白无故出来的，就是因为有这个国家，有这个文化，有这个时代的需求，所以才出现了这样的冠军。

从达人的四要素来说，这是一个技术层面的问题。我们涉及的四个要素，第一个是主持人，这是很重要的，要随时对场上的情况做一个基本的反应，他是达人秀一个重要的组成部分。他不是很简单地来报报幕，发表一些粉丝不像粉丝、主持人不像主持人的感言的，他实际上是一个很重要的控场的人。第二个是评委，是很多观点的表达者，这个争议也很多，但争议本身也就意味着它是一个热点。第三个要素是场内观众。可以看到达人秀场内观众的反应是非常大的，在表演的时候要及时插入场内观众的反应，这是因为场内观众对节目惊愕的反应让你对节目更有想象力，对场上表演更具有想象空间，场内观众也更容易与电视前的观众产生一个互动。第四个就是场上的表演，其实它只是整个的四分之一。

那么我们做了什么呢？我们最重要的一件事情就是一切忠于宝典。除了机位的换法要忠于宝典之外，很多采访的提问方式、反应方式也是忠于宝典的。宝典中也提到你要热爱你生存的国家，因为每个国家的情况各不相同，所以达人秀到各个国家要有本土化的思考和实践。我们也做了这方面的尝试。第一个是强化民生，就设立了民生评委——周立波。为什么要强化民生呢，中国是一个转型社会，转型社会中面临的多元性所带来的民生问题可能是其他地方所没有的。达人秀不仅仅是一档娱乐节目，它更像是一个民生节目。民生评委周立波，他个人的经历也是非常丰富的，他自己语言很有张力，第二个他反应很快，第三他很敏感，所以他会根据场上选手的表情来问一些问题。很多人说你们的问题是事先设置的吗，有一些是事先设置的，比如说这人的背景；有一些不是事先设置的。因为你一定要让评委对选手有疏离感和陌生感，这样他才会有激动，所以很多大家质疑的问题都不是事先设置的。通过周立波的提问，也许很琐碎，却让你了解了选手是一个什么样的人，他从哪里来，他代表了什么样的社会阶层，他代表了什么样的社会群落。

第二个就是现场一定要事件化。第二季要和第一季有所区别，就是要事件化——让周立波打假。打假不仅仅是一件娱乐事情，它也是一个代表价值观的事情。我们会在现场碰到很多各种各样假的事情，而打假就体现了达人秀的价值观：你可以才艺不好，但你一定要是真的。

节目事件化就是人民大会堂巡演。一个节目要提升到一定高度，要让大家有仪式感，包括选手内心的仪式感，我们当时就讨论说要不要进人民大会堂。最早我们觉得，整个中国的舆论中心是在北京，如果我们这个节目只在上海演，就构不成一档全国性的节目，所以我们必须要走出去，走向北京，在舆论的中心开花，才算是一档全国性的节目。首先就是确定了要去北京。第二个问题是“要去国家大剧院呢还是去人民大会堂”？从操作层面来说，进人民大会堂是非常难的。其次，所有的设备要用里面的，而对我们这样一个高质量娱乐节目的录制来说，现场效果可能就达不到预期，这是我们很担心的。好在我们这里好多人去过人民大会堂，搞过各种发布会，所以大家想来想去还是要到人民大会堂，克服各种困难也要在那里演两场。人民大会堂太具有象征意义了，人民的代表才能进去嘛，你能说这些达人不是人民的代表吗？从这点来说，我们必须赋予他们本人一种庄重感。所以一到了人民大会堂你会看到，所有的选手都特别激动，前一天都特别紧张，很多人觉得到了这里我也就值了，达到了我的梦想。这个对于提升我们整个这档节目的立意也特别重要。只要你是有才艺的人，只要你代表了自己的许诺，你就可以进入我们最高的殿堂——人民大会堂。

在微博上大家议论最久的就是我们怎样讲故事。这是我们故事组导演说的两句话，“仰望天空——当代中国人的梦，审视大地——当代中国的生存状况”，这就是我们讲故事的所有的出发点。

在讲卓君之前，我先讲一下菜花甜妈。我们副总导演说，在讲所有人的故事之前，我们有一个特别重要的环节，就是和他们的第一次见面。这让我想起了和菜花甜妈的第一次见面，我们在宾馆，然后选手一个个进去表现才艺、说自己个人的状况。菜花甜妈之前也在别的节目出现过，她一直想着我要成为一个歌唱家，所以好多节目她都参加。她来达人秀唱了一段歌剧，但光唱歌剧对我们来说没有太大的价值，在她之前已经有四喜丸子了，要说唱歌，四喜丸子已经是这方面的代表，不需要菜花甜妈再唱了。她也很难过，自己在那里哭，然后导演就跟她聊，问她还有什么可以再表现一下的。她就很紧张，哆哆嗦嗦地说有一首歌是自己以前卖菜时候一直唱的，然后她一唱，我们就觉得非常好。就是她的这支歌体现了她的民生状况，一下子把她这个人刻画出来了。我们的故事组有时候要和一个选手谈三四个小时，并不是说非要选手变成一个我们所认为的人，而是说一个人身上的个性是多样的，我们要挑出他的一个典型性。学文学的都知道，你要挑出他的典型性，要把这个人物塑造起来，让这个人在全中国面前得到很多人心里的呼应。

然后是卓君。卓君的故事也是很戏剧化的。我们的南边组——我们分了很多组在找选手——找了一圈后发现实在是没人，后来就想看看在我们之前找过的人中有没有遗漏的，然后就把每张碟片拿出来看，就看到了这个小朋友。他特别好，很轻松、活泼、开朗，于是我们就把他找来谈一谈，就觉得他基本上是我们90后的一个方向，一个轻松、可爱、活泼的人。他很单纯，他就是做自己喜欢的事情，直到今天，如果你问他会成为一个职业的舞者吗，他说没兴趣，他还是要画他的动画。所以说他代表了我们90后的很多特质，另一方面，他也是我们大量的参与城市化的年轻农民工的代表。他的想法很简单，就是让全世界都知道，小山村有个街舞达人。他的梦想和现实间的差异所产生的这种感觉，令卓君这个人特别让人喜欢。后来媒体也都毫无悬念地选择投票给卓君。我们为什么让媒体来投票，因为全国各地的媒体代表了全国各地的审美取向，体现了当地社会发展阶段的一个趋向。

汤康敏，她是我们达人秀第二季第一期出现的一个人。一开始我不太喜欢这个人，觉得她就是爹妈让她干什么就干什么，不太能给予我们人性的力量。确实，我们导演组和她沟通的过程中，也让她自己在达人秀中成长。她其实也是一种典型，是很多有各种负担的80后的典型。她承载了父辈的希望，她父母上山下乡，后来又下岗，是当时社会变动中牺牲的一代，她父母对于她有很多期望。汤康敏就是这样一个代表。第二点是父辈对她传统文化的一个寄托，所以她在舞台上很辛苦，承载了周边人对她的期望。但后来我们就感觉到，她慢慢地在达人秀的过程中成长，摆脱了这种负担，觉得我应该实现我自己的梦想了。她后来自己安排的和现代摇滚乐合作，实际上就是中西文化的一种碰撞。她也希望让全世界看到现在中国年轻人的态度，希望我们以一个开放的姿态来迎接世界大同的这样一个状况。这是汤康敏，她身上承载的就是追求价值观。

胡启志是我很喜欢的一个选手，他具有神秘感。我们最早在达人春晚就用了他的钢圈，他的表演不仅具有力量感，更具有美感，也有神秘感。胡启志的才艺肯定是非常好的，但我们要确定他到底是一个什么样的人。我们不知道他从哪里来，他自己实际上也并不清楚他到底是什么样的人。他是一个流浪艺人，和父母关系不好，话很少，中文也不太会说。胡启志第一次来演出时也没说什么话，很有神秘感；第二次演出我们知道他祖籍湖南，跟父母离的也比较远。我们就觉得要让他知道自己父母所在这个国家的一些情况，所以我们在人民大会堂会演的前一天带他去了长城，也有人专门给他讲述长城的历史，让他对父辈生活的地方有所了解。第二天在人民大会堂会演的时候，他就说，“自己终于知道父母曾经生活在怎样的一个国家，希望父母能以我为骄傲”。说这些话的时候，他哭了好几次，这是一种由衷的感动。我们也将他定位为“一个海外华人的乡愁”，他也终于明白了“我来自哪里”。

那么我们第三季达人秀还要说一些什么呢？我们觉得达人秀最主要的三个字就是“中国人”，它体现了中国人在当下社会中的一种个性绽放，生命自强，以及要体现文化自信。第三季达人秀要体现的是更多元的梦想，更多元的人。第一季主要是体现大家的很多励志故事，第二季是很多的传统文化，希望第三季能够代表未来、能够体现青春中国。达人秀不仅要有创新，还要有传承。在青春中国中，我们要体现出我们的未来以及我们对未来的一种信心。它应该是中国文化的一种强烈的表达，另外就是东西文化的交融，大国民情怀。确实看到，在第二季当中像胡启志这样，他其实就是东西文化交融的历程。所以我们认为，第三季达人秀所要讲的，是一种超越种族、国家、历史的大故事。在讲关于达人秀的BIBLE当中，我们也给自己下了这样一个定义：我们第三季的达人不仅要体现我们民族的自信，国人的自信，要热爱我们生存的国家，我们还要体现我们这个国家的将来、我们自己的未来。

嘉宾：我想向您提两个关于达人秀的困惑。我经常在达人秀的微博或论坛上看帖了，然后很多人对达人秀第一季与第二季的评选标准有不理解的地方。第一季的时候，评委的评审没有太多的限制，而第二季评选明显严格化。还有一个明显的区别就是第二季更多地打情感牌，只要背后有故事的就很有希望入选，有些真正有才艺但没什么故事的选手，就很有可能被刷下去。

杨文红：其实我们不存在第二季打情感牌的问题。我觉得第一季留给大家印象最深的，其实还是一些情感的故事，比如鸭脖子夫妻、孔雀男，还有刘伟。在达人秀第一季的时候，才艺方面强的人比较少，有很多人只是想到这个舞台展示一下。当然也有一些人像孔雀爸爸这种有比较意外的故事，他的故事本身就是特别感人。所以我觉得，这句话应该反过来说，就是第一季我们倒是更突出情感。为什么呢，因为第一季大家对达人秀没有基本的认识，我们第一季的总体定位叫作“励志中国”。所以像刘伟这样的，他才艺方面一定很突出吗？但他的那句话确实震撼了所有的人，“要么赶紧死，要么就快乐地活下去”，所以他最后能够走到最终的舞台。我们希望第一季能够成为励志中国的百科全书。那么到第二季，达人秀已经有很大的影响，才艺方面突出的人也比较多，所以只有专业选择也是不够的。我刚才说的BIBLE，就是我们谈任何问题都不能离开这个基点。达人秀是一个零门槛的节目，但是你的才艺一定要打动人，而不仅仅是你的才艺足够好。这就是我们的一个基点。

嘉宾：我们平常上课的时候也会讨论说，东方卫视是一个非常丰富，但又气质模糊的电视台。刚才您又提到，现在的口号是“梦想的力量”，而梦想是抽象的、飘忽的，那么未来具体是什么走向？谢谢！

杨文红：其实只要是一些情感方面的词汇，它都可以说既是具象的也是抽象的。大家经常提到说，印象最深的是湖南台的“快乐中国”，那么什么是快乐，这个也是要定义的；江苏台的“幸福中国”，什么叫幸福，这个就更复杂，所以都会有很多不同的议论。你说的这个气质模糊，一直是存在的，这个是由节目类型来定的。我们频道应该是什么走向，就是刚才我们讨论到的，我们是做财经节目、做新闻节目还是做影视剧、做娱乐？但实际上对于东方卫视来说，从另外一个角度，从经济的角度来说，如果一个卫视频道做成一个专业化频道，从广告收入来说，肯定是有问题的。那么它就一定是个综合频道，关键是要以什么样的气质来贯穿整个频道。东方卫视之前最强的气质是新闻，我们在任何重大的新闻上，只要国家允许，都会去报。新闻的气质应该贯穿到我们的娱乐节目和我们的影视剧创作中去。我们的影视剧创作应该是关注都市化进程的，或者反映当今转型时期的社会矛盾的，或是关注当下生活的这种影视剧创作。像《蜗居》、《媳妇的美好时代》、《杜拉拉升职记》等等都是这种类型。这就是我们东方卫视的影视剧，而不是什么穿越剧之类。那么，第三个就是从娱乐的角度来说，达人秀你说它是一档娱乐节目吗，它其实更像是中国现状的一部百科全书，它是很多中国民生问题的一个集中体现。所以在娱乐节目当中，我们也应该体现当下中国人的生活现状。如果我们能够用梦想的理念来照耀我们的创作，同时又能够关注我们的现实，这就是东方卫视下一步要做的事情。

秒报时代的《21世纪经济报道》盈利模式创新

时　间：2011年7月29日

地　点：上海交通大学闵行校区新图图书信息大楼8楼

主讲人：邱克军

邱克军

南方日报报业集团副总编辑，兼南方日报社社长。21世纪报系总编辑，全国青联第七届、第八届委员会委员，广东省青联第七届常委，广东省政协第八届委员。

主持人：各位同学，大家早上好！今天请来的嘉宾是南方报业集团的副总裁、南方出版社社长邱克军。一提起南方报业集团，大家立刻就会想到赫赫有名的《南方日报》、《南方周末》、《南方人物周刊》、《南方都市报》、《南都周刊》，这些媒体在我们社会的各个方面，从政治到经济到文化都产生了巨大的影响。南方报业集团是中国报业最值得骄傲的旗舰或领军媒体，我们今天能够邀请到邱总感到非常荣幸。下面掌声有请邱总！

邱克军：我今天讲的就是"秒报时代的《21世纪经济报道》盈利模式创新"，报纸我们称之为秒报时代，有这样的一个过程。

一、改革开放报业的辉煌与式微

1. 报业辉煌的四个阶段

首先是1992年开始的扩展潮。1992年，邓小平南巡的讲话，是新中国有计划的市场经济的发端，带动了全国的有计划的市场经济，用看得见的手来调控一个计划比较强的一个有市场味道的经济。报业那时候也是，从1992年开始扩版了，就是4分钱四个版，大家看来看去就是4分钱四个版，而且也没什么广告，就是这样养起了一张平面媒体。我们的信息源就仅此一家，什么消息都是隔天的消息，不像现在是秒报时代了。

第二个市场化程度的发展潮就是1994年开始的自办发行。那时候邮局发行的好处就是很规范，可以发到每个办公室、个人家里。但是个人家里的投递主要是自办发行。所以有些日报，特别是广州的，就开始了自办发行。因为那些邮局可以到达每家每户，估计从时效上，日报是当天中午以后的时间了，但是自办发行到达率十分准确、精确，而且送到家门口的时间是很早的。

第三个就是1996年都市报的兴起。《南方都市报》是1995年创办的，1996年许多都市报开始兴起了，一直到21世纪初是都市报兴起的热潮。

第四个就是财经媒体的崛起。财经媒体的崛起是什么时候呢？ 1998年到今天。因为它的标杆——胡舒立的《财经》杂志是1998年创办的，跟着下来2001来就是我们《21世纪财经报道》的创办，接下来是2003年上海《第一财经日报》的创办。加上原来的《中国经济报》、《经济观察报》，形成财经媒体的竞争格局，就是1998年到2011年这几年间。

2. 秒报时代的到来

让大家痛苦的是，我们正在创办的平面媒体已经有400年历史了，而我们的市场化程度还不到十年，就是从1992年到2000年还不够十年，我们的新媒体就出现了。

我们说的旧媒体（包括我们版面上能看到的）报纸是400年的历史。《21世纪经济报道》是2001年创办的，《第一财经日报》是2003年创办的，《财经》杂志是1998年创办的。胡舒立离开《财经》后，到了财新集团，和浙报集团创办的《新世纪周刊》去年还是前年创办的，平面媒体大概是400年的历史。

我们怎么看这个半新媒体呢，我们认为这个半新媒体是电影、广播电台和电视。我们称之为半新媒体，是因为他们的平均年龄75年左右，电影是比较早的，广播电台、电视稍迟点，前后加起来加权平均数的话就是75年左右。半新媒体就比我们平面媒体略胜一筹，平面媒体在凌晨1点钟的时候基本上是最后截稿了。半新媒体它的时效要比我们平面媒体灵活得多，特别是很多电视台现在开始了直播频道，直播频道会让更多的媒体知道现场情况，而现场情况就能看到记者的敬业程度和报纸的风格。

我们觉得新媒体就是互联网、手机，博客，还有微博等。这些新媒体的出现也就5到20年时间。5到20年的时间是什么情况呢？我们中国的平面媒体能够走上市场化也不到20年，但是新媒体的存在也将近有20年了。那它们和我们是同台竞争啊，这里怎么办？比如说我们所看到的是京沪高铁原来的4天3事故和温州动车特大事故的微博直播，还有《东方早报》和《广州日报》对微博内容进行整理和二次传播，很多平面媒体的新闻信息源，很多内容都在微博上。

这个是《广州日报》整理的微博直播车厢脱险的经历。跟着下来，这篇文章大家应该都看到，7月25日发表的一篇评论，主要是说微博在这次事故上起的重大作用，还有我们体制内媒体的尴尬，第三个说到我们不是看客，我们是乘客，意思是说并不是我们的人生在现场经历了那场事故，但是我们心灵上在现场经历了这场事故，我们不能置之度外——这篇文章的三个观点。所以大家看到后，就知道这个事件最后的结果怎样。昨天晚上，我们南方传媒集团在上海开会，我过去的路上跟《21世纪经济报道》的编委说，前天温家宝总理在现场的讲话，要彻底地、真诚地、坦诚地把事故的真相公布于众，向人民做个交代。我问，你说是哪一方面成分最大，是平面媒体促成的成分大，还是网络、微博促成的成分大？他说当然是微博，可能是微博时代已经到来了。但是微博时代的到来又给大家一些思考：可能大家心理上有些感觉，它能够接近真相，能够多角度地观察事物，能够把蒙蔽的事物公布出来。但是有些东西也是很可怕的，比如一些人为的事件，不管是郭美美事件也好还是其他事件也好，都是些很纠结的事情。所以这块值得大家思考。

刚才的概念主要是旧媒体、半新媒体和新媒体，但新工具和旧工具在20年里做了个分水岭，我们就把互联网、博客、MSN、QQ称作旧工具了，因为旧工具互动性不算太强，范围比较窄。我们说的新工具就是像facebook、twitter、校内人人网、开心网，还有最近的微博是新的工具。他们的自主新闻和公民新闻的特点比较强，差异度比较广。不认识这些新工具是很被动的，比如江苏的局长在微博上搞私约。还有我们也看到中央党校，高级领导干部也开微博，这是不可避免的现象和潮流。

我算是比较早的微博主，新浪开微博是2009年8月份上线，而我开微博的时间是2009年的11月9日，那天就算是新浪的CEO曹国伟、新浪的总编辑陈彤、还有搜狐的张朝阳，都没开微博。当时其他的门户网站包括腾讯、搜狐，这些都是2010年4月份到5月份才上线的微博。2009年11月9日开了微博后，刚好11月12日是中山大学的85周年校庆，在广州星河湾大酒店举行。然后呢，11月12日那天晚上我就直播了中山大学85周年的晚宴。首先是把晚宴的消息用第一条微博公布，第一条微博公布后就招来了批评性的评论——原来中山大学在这么豪华的地方举行晚宴！我也是中山大学毕业的，也没邀请我，我估计那是一场民间秀，不去理它。然后我又把北京大学的博导、我们中山大学中文系毕业的陈平原教授对中山大学校庆的意见发上去，他说，你中山大学不要经常搞那种金钱性的捐献，建议中山大学搞学术捐献，不要老看着钱，这个捐献100万，那个捐献500万，那个又捐献1 000万，这的确是很高兴的事情，但要是把著作权、学术权捐献给中山大学，捐献给图书馆，搞这些东西会高档些。我当时就发了这个评论，引起了很大的反响，第二天平面媒体就将这个公布出来了。

有时候微博的速度要快很多。有一次广州铁道局的董事长，新任的姓徐的董事长，我们的一把手带我去吃饭，他就透露了武广高铁的一个消息。那个消息得到是3月14日，我在第二天中午12点就发到微博上去了，广州铁路局公布是3月19日，所有的平面媒体都是3月20日才公布，在微博上比他们早了6天。所以微博的时间就是秒报时代，它的时间是以每分每秒计算的。但是大家开微博的时候要有些社会责任感，在一些事件传播的情况下还是稍微考虑稳妥一点，但该播的话还是要播。微博是一种生态。微博时代的到来，对整个新闻生态和社会生活都起到一个很大的促进作用。

3. 报业盈利模式的特殊性

大家会知道，我们买件衣服，买个青菜，买瓶矿泉水，它里面包含的价格因素是什么？价格的构成若在它的利润水平线、盈亏水平线之上的话，里面就一定包括这瓶水的成本、包装的成本、运输的成本、管理费的成本和臆测利润率的成本，这就构成了一瓶矿泉水的定价。但是在我们报纸上，你就找不到这种价格的构成，这种要素。你在上海的市场上，如果用一块钱买一份报纸的话，你连它的印刷费、纸张费都不够，那它怎么会是正常的商品呢，它只能是一种特殊的商品。报纸靠什么生存？计划经济时代就靠四分钱四个版的发行来生存，日子过得也挺好，因为它属于特殊的专控商品。

但是到了1992年以后，这种格局就被打破了。它扩版了，各家报纸都在扩版，如果你不扩版，那你的报纸就卖不出去了，这1块钱的选择性就很强。我们到一家报摊的话，你选择哪份报纸？我们当然心中的品牌选择是非常强的，比如我现在在上海，我看《东方早报》，它是大品牌，有质量的保证，我闭上眼就知道它好。但当两份报纸同在一家报摊上，新闻内容的价值可以画等号的情况下，那你这1块钱的选择性就很麻烦了，你是选择《东方早报》还是《新民晚报》？如果《新民晚报》扩版的话，版数比《东方早报》多的话，可能我就买《新民晚报》了，特别是市井的市民。所以它扩版你不扩版不行，所以就形成了扩版潮，那整个市场就扩版了，价格从5毛钱提高到1块钱一份的日报。

但是最终的话，非一般商品的差异主要在于它的品牌价值差异，品牌价值的差异与它广告价值的差异是相辅相成的。因为像《21世纪经济报道》的话，现在的广告价值是26万多，彩色版，从原来十几万提到现在。《21世纪经济报道》的广告价格为什么要提呢，我们不提是不行的，如果我们不提这15%，客户就不认同你这张报纸，可能觉得你这张报纸肯定遇到问题。宁愿你提高价格，然后折扣上优惠点。当然我们不做这种虚高价格来骗读者、骗客户的事情。

报刊的发行费，肯定构不成整个报业集团的收入，因为作为一个报社的收入单就发行的话，那你这个报社可能遇到了市场的危机。《南方日报》属于发行、广告齐头并进。但更多的都市报是广告主导，像《南方都市报》，1块钱可以买到它的88版，甚至108版。

盈利模式现在出现了什么问题呢？特别在21世纪初到2005年后，所有报纸的广告出现了下滑和扩版成本上升的困境，这个困境导致什么呢？像《南方都市报》每份报纸的成本是2块5左右，而我们卖出的报纸是1块钱，但是到我们《南方都市报》手上的报款是7毛钱一份，那剩下的差距就是1块8。这1块8的差距跑哪里去了，怎么来补，只能靠广告来补。还好《南方都市报》形势挺好，今年十几二十亿的广告，远远超过它发行的营收，利润可观。

二、《21世纪经济报道》的环境分析

《21世纪经济报道》这份报纸目前在全球已经有11个记者站，最近还在扩张，在纽约创办的一个叫做《21世纪经济导报》的刊物，其发行量、广告，都还不错。

1.《21世纪经济报道》的诞生

说到我们这份《21世纪经济报道》，它生于2001年的1月1日，其实它就是

随着新世纪的第一缕阳光诞生的，当第一缕阳光照射到地球上时，也照射到《21世纪经济报道》的身上。它为什么走一生二、二生三、三生五的日报过程？因为当时我们怀疑中国的经济总量，能不能支持一份财经日报的发展。大家可以想象十年前中国的经济总量是多少，我这边没有数据，但我知道广东的经济总量大概是1万亿。到现在，去年是4.5万亿，增加了大概4倍。2001年的时候是周报，2003年的时候是周二报，2005年的时候是周三报，就从周一、周二、周三跳到周五，到2008年的时候完成了一个准日报的过程。这张报纸2001年创办，2002年开始盈利，2003年的利润就有600多万，而现在又是600多万的十倍了。一般办一份日报要先亏三年左右，但《21世纪经济报道》用它稳健的步伐在第二年就盈利，第三年利润就很好，现在已经是第三年利润的十倍了，这样一个发展的历程。

《21世纪经济报道》的理念是"新闻创造价值，以深度新闻为纲"，以这样的价值来打造新闻理想。以深度新闻为纲主要就是做它的调查性新闻报道，调查性新闻报道在它所有的版面上都呈现。我们每天都有一定指标，头版三条基本都是调查性报道。除了"第一访谈"那块，《21世纪经济报道》主要还是以调查性报道作为战略领先的优势。这是其他媒体没有做到的，其他媒体主要是知性类，只是一些重要的新闻。当然我们在改造的时候，尽量使其信息量更丰富，但不是以知性新闻占据我们的主导地位，我们是打造新闻精品店而不是新闻超市。如果新闻超市的话，就什么都有，而新闻精品店，就只能看到它新闻精品的东西。

2.《21世纪经济报道》的市场价值

我们说到它的市场价值，就包括报纸价值的特殊性，就是一个报纸自身的特殊性，包括几个方面：一方面是报纸自身的新闻价值，另外包括其新闻价值所打造出来的品牌价值。《21世纪经济报道》的市场活动是不可复制的。我们的读者群体为全国所有中心城市白领以上的高端人群，特别是企业的中层管理者，国务院和部委办的决策者。现在发行量最大的就是华北地区和华东地区，北京是中南海和各个部委的办公室。我们所有新闻呈现出的东西不是在其他报纸能够看得到的，特别是一些调查性新闻。据编委介绍，我们这份报纸的财经版和金融版，一个月内可能导致十家上市公司品牌被报道。因为我们呈现一些上市公司应该披露而没有披露的东西，一出来之后，证监会就先调查清楚。每个月都有这种情况，每个月都有十家左右的品牌情况，这就是它新闻的一个价值，这个价值是我们基于对公众负责的态度来做的。

3.《21世纪经济报道》宏观与微观环境分析

1998年到今天，财经媒体的竞争格局是一个惨烈的格局。《财经》杂志、《21世纪经济报道》、《第一财经日报》、《经济观察报》和《中国经济报》，我们当时称这五家报纸为同台竞争的财经媒体，这五家报纸的竞争有时候十分惨烈。有时候我们在纠结中国的市场能不能支撑平面媒体的生存和发展。因为我们不像上海的《第一财经日报》那样，从它出生那刻起就是周六报，从周一到周六都出这张报纸。我们先是周报，然后是周二报、周三报、周五报。

大家对市场的竞争是这样的，如果从收入的角度来说，所有的特别是大公司、大企业的投放，如果不认可我这份报纸价值的话，你就不会投我这份报纸的广告；但是你投我这份报纸广告的话，你就有个选择。我们这些报纸在同台竞争的过程中，大家都做市场活动，而做市场活动有时候竞争是非常惨烈的。比如说"博鳌——21世纪房地产论坛"，是2001年创办的，那时候是我们《21世纪经济报道》整个收入中另外一个收入的诞生。我们请了个秘书长来做21世纪房地产论坛。做到第三年，有一家新的财经媒体诞生了，他就干脆跳槽到那边去了。竞争残酷到什么程度呢，他也让同样的人来举办"博鳌——21世纪房地产论坛"，这个房地产论坛把我们的商业模式完全copy过去了，客户也被他们弄得差不多。但最惨的一个情况，(因为他原来也操作过我们这份报纸)他干脆知道我们是哪一天(因为我们做房地产论坛，一定要预告的，不能捂在那里，捂在那里就找不到广告商了)，举个例子啊，我们是7月3日到5日，他来个7月1日到3日，在同一间酒店，举办"博鳌——21世纪房地产论坛"。而且商业模式、请的专家、面对的客户都是一样的。还有什么更激烈的竞争呢？他对那个酒店说——你这个酒店就把我会议的现场保留3天，我给租金，那些背景板、报到处、外面那些彩旗等，都帮我保留，我们费用照付。这样我们就很痛苦，他们要清场，我们怎么再搞一个自己的博鳌房地产论坛？但没办法，他们已经谈好了，那年是最尴尬的。我们的客户参加完他们就回去了，哪有时间参加我们的。而且有的客户过来的话，就问究竟是哪个博鳌房地产论坛？我们应该在哪里报到？当时有两个报到处，一个是他们前三天的报到处，一个是我们的。但是我们也没办法，只能做更多的引导工作，说这是我们的博鳌房地产论坛，那个是前几天搞的。这个仗打了好几年，现在那个博鳌房地产论坛已经不存在了，我们这个生存了下来，而且发展得很好。

三、《21世纪经济报道》盈利模式之比较

1. 中国财经媒体的竞争格局

传统媒体和新媒体的关系就是一种草地、羊群和狼群的关系。草地就是我们平面媒体，平面媒体被互联网这些新媒体、半新媒体吃得差不多了，因为我们为他们奉献内容。最早时候我们是不讲价钱的，你转载就转载，你转载率越高，我们平面媒体的影响力就越高，我们当时以网络的转载率作为考评指标。这些门户网站升起的时候，我们不知不觉地把它们给养肥了，把羊养大了、把狼养大了，然后他们倒过来吃我们。在我们醒悟过来的时候，已经没办法了。

有个事件大家可能知道，就是《解放日报》向全国的媒体发了个邀请，要建立一个全国平面媒体同盟，坚决拒绝给网络媒体转载所有平面媒体的文章。这个同盟后来不攻自破。这个东西是没办法的，网络媒体没有直接的采访权，但也已经做了，微访谈也好，视频的专访也好。

现在我们也会对网络媒体说不，什么叫说不呢？我们要价也比较高，我们南方报业集团曾经试图通过一个出口卖给网络媒体，价格大概是两三百万。但《21世纪经济报道》一张报纸和新浪谈，谈下来差不多接近一千万。后来谈到，你如果给一千万的话，我就给你独家，要注意的是这种独家不是永远独家，是在时效上独家。比如我们晚上12点到1点交版，交版的时候把电子版交给门户网站。最后也没谈下来，没谈下来就算了吧，就是六百万么，我们还可以卖给搜狐、卖给腾讯，而不是只卖给新浪。但总比以前两三百万好多了，我们已经向网络媒体说不，不能让你平白无故转载内容。

2. 一个传媒集团的盈利模式样本分析

平面媒体盈利模式的样本分析，就是发行主导、广告主导和市场活动的突破。现在我们《21世纪经济报道》在盈利模式创新上，就走了市场活动的市场化道路。这是我们南方报业集团各项收入的收入比例图，图中我们可以看到里

面91.6%都是我们的主业收入，就是报刊收入。这种收入结构还是比较危险的，如果你的平面媒体走下坡路的话，马上就会变成一个附属，这块还是一个比较痛苦的选择。所以我们还在进入其他行业，一个是我们要考虑上市，一个是房地产领域我们也进入了，在全省也会做联网的直播，现在正在扩张。

四、《21世纪经济报道》盈利模式探析

1. 商业模式的"非常道"

我们《21世纪经济报道》在商业模式上有个"非常道"。从收入结构上说，收入和利润的构成以发行、广告和新闻内容二次售卖，市场活动和俱乐部收入构成了总体6个亿的收入。其中，硬广（直接的广告）收入占了大部分，但是其他部分上升速度很快。在《21世纪经济报道》2003年的经济报表中，衍生品收入只有300万，不占主流，但是到目前已经发展到占收入的主要位置。因为从2003年300万作为衍生品，到2005年4 000多万再到2007年7 000万左右，现在达到了将近1个亿的市场收入。1个亿中包括市场活动的收入和俱乐部会员的收入。从原来的300万到现在1个亿，达到总收入的25%，经历了超常增长，目前已经是我们的主要收入之一。

2. 盈利模式的"道"与"术"

《21世纪经济报道》盈利模式的"道"与"术"就是《21世纪经济报道》自身的新闻创造的价值。以深度新闻为纲，"中国道路、全国价值"这样一个新闻理念，打造出这样一个中国商业报纸领导者的地位，体现出来报纸本身的品牌价值。同时，还要延伸其品牌价值链，包括目前市场活动中所包含的大块收入，还要注重其可延续性。现在我们每年30多个市场活动，如果每年都一成不变还有什么意思？如果不继续打造自身品牌，就不会有21世纪博鳌房地产论坛从2001年到2011年这11年经营收入的飞速增长，就不会得到客户的认同。所以要不断打造活动的品牌价值，延伸报纸自身的品牌价值链。这是在细分市场中应得的市场份额。

3.《21世纪经济报道》的市场活动

《21世纪经济报道》的市场活动分为两大部分：一部分是商业项目，是综合性的论坛和屏显；另一部分是博鳌21世纪房地产论坛中植入的中国地产金砖奖、21世纪资本年会、中国酒店金枕头奖、中国品牌价值管理论坛、最佳中国企业公民评选以及中国经济年会。中国经济年会是经济领袖的颁奖；中国最佳品牌价值论坛主要打造中国品牌，特别是中外顶级品牌。

最佳中国企业公民评选中又植入了中国企业公民论坛，中国企业公民论坛是2003年在上海首次举办的，引起了全国很多大型企业的反响。这正是他们所需要的，所以引起了共鸣。从此每年开始举办这个论坛。很多大型跨国公司非常感兴趣，他们要担负起企业公民的责任，特别是一些污染性企业和社会责任感强烈的企业，特别需要这个论坛。

前面说的是市场活动中的商业项目，下面是市场活动的公益项目。在硬广下滑和客户真正需求下的公益项目，特别是5.12大地震后企业需求产生了很大的变化。《21世纪经济报道》的广告很多都是靠跨国企业来投放的，主要利用我们来打造品牌、推动品牌发展，很少投放具体产品广告。2005年夏普广告超过千万大关，占我们的第一位。2006年随着金融业的崛起，夏普开始后退，到2007年IT业下滑，其广告量明显就掉下去了，汽车业开始占据鳌头，并坚持了好几年。汶川地震后各企业开展公益事业，产生了新的效益，他们认为公益活动是其打造品牌的另外一个途径，对品牌的推广产生很大的作用。在硬广时期，所有跨国企业对财经类媒体是有定格的，比如奔驰中国或者宝马中国，其在中国广告投放中是有结构的，对综合性报纸、网络媒体、财经类媒体是固定的。但是在品牌打造上是不一样的，是品牌建设部或者公关部出钱，只要方案好，300万、500万，企业都非常高兴。雪佛兰每年给我们200万做红果品乡村教育计划，中国平安每年200多万做乡村小型图书馆计划，以及关爱留守儿童等项目。这些项目对其品牌建设非常有利。这块投入就不会受到硬广方面额度的限制，由企业的老总说了算。

4.《21世纪经济报道》市场活动的成功奥妙

我们市场活动的成功是源于我们报纸采、编共同努力对公信力、影响力的打造，另外就是我们市场活动品牌的打造，最后就是客户对品牌的认同，特别是博鳌房地产论坛的打造，让人们觉得每年参加都会有新的价值。

2010年是我们《21世纪经济报道》10周年，我们做了一个特刊。做特刊也是一个报纸的盈利模式之一。特刊的含金量是很高的。一份报纸每天上午考虑一个选题，并增加一些深度报道在里面，最多三五天打造一天的报纸。但是我们特刊打造需要两个月左右，比如说27日出了一个108版的特刊《发现中国》，我们在11月份就开始策划，12月份开始做全面的采访工作。特刊的价值在于流传的人群比较广，而且都是核心人群，阅读率很高。同时，流传的时效长于平时的日报。我们在出特刊方案的时候，同时把方案给市场部，广告部和市场部拿着方案去招商，一份报纸有时候可以招到七八百万以上的广告额，这也是我们盈利模式创新之一。在12月27日出特刊之前，我们在北京搞了10周年的活动。在活动现场，我突然发现2011年元月1日是我们报纸新10年的开始，也是21世纪人类第2个十年的开端，我当场就闪现了出新年特刊的想法，于是就出了《下一个10年——中国与世界》。这个概念已经植入了21世纪商业评论的年度活动当中，并且当时拉来了300万的费用用来做市场活动。这种活动我们的毛利润大概在50%左右。今年是我们加入WTO的十周年，很多东西值得我们回顾，所以我们以《下一个10年——中国与世界》为主题做了入世十周年的系列论坛。

5.《21世纪经济报道》的市场效果分析

《21世纪经济报道》的盈利模式中市场活动分三点，包括它的社会效果、经济效果和可持续性。它的社会效果得到了社会的认同，包括商业活动和公益活动，并打造品牌；经济效果从当年300万到现在近1个亿的收入；可持续性就是得到客户品牌方面的认同，吸引客户每年来参加。我们目前固定的客户都会参加，并且投放固定的广告。

五、财经媒体的盈利模式前景

我们在受到平面媒体以及其他领域的竞争之外，还有新媒体对我们的威胁。《21世纪经济报道》目前的盈利模式受到挑战。根据现在的情况，我们认为，我们目前模式的领先地位是不可复制的；中国目前经济媒体的增长速度会给财经类媒体一个上升的空间；对应新媒体的竞争，除了现有竞争者的竞争，潜在竞争者、替代品的竞争，我们的解决方案就是平面媒体要收纳更多的新媒体，包括目前所存在的《21世纪经济报道》、《21世纪商业评论》、《理财周报》、《福布斯》（中文版）、《环球企业家》，平面媒体加上我们的网络、手机、数据库。我们拥有很多的驻外记者，要是200个记者每个人都帮助我们更新数据库的话，数据库的售卖会得到很多的收入，会比我们现在所有的收入都要高。我们的梦想是希望变成中国的彭博社。彭博社的商业周刊也很赚钱，但最后还是卖掉了。彭博社的主要收入将全球几万名记者提供的数据组成数据库，每个2万美元，再乘上30万就是60个亿。其收入比所有平面媒体加上市场活动都要多得多。我们中国现在就缺少这个，但是我们《21世纪经济报道》正在往这方面打造。

六、研究结论

在报业盈利模式上，《21世纪经济报道》做了很多创新，特别是市场活动、俱乐部活动方面已经成为我们报纸主要营收和利润来源之一。通过创新盈利模式，就逐渐摆脱了传统报业对发行、广告的过分依赖，拓宽了盈利渠道，在激烈的市场化财经媒体竞争中获得了相应的地位，探索出了一条可持续发展的道路。

嘉宾：感谢邱总跟我们展示了《21世纪经济报道》的规划和方向，与此同时，我们知道《第一财经》也很成功，并得到了政策以及其他方面的支持。请问《21世纪经济报道》与《第一财经》相比，主要有哪些优势？

邱克军：《21世纪经济报道》诞生于2001年1月1日，《第一财经》是2003年。后者的优势在于出来就是日报，并且与电视相结合。我们的优势还在于传承了《南方周末》以深度新闻为纲，平面媒体调查的优势，这是取代不了的。一财成立的时候把我们当时的王长春编委等几个骨干挖了过去，同时也把我们的一些理念带过去了。《21世纪经济报道》的优势还在于体制的优势，当然了，双方各有千秋。一财的体制优势在于它占据了一个电视台，我们在央广传媒方面有优势，另外我们在俱乐部方面做得也挺成功，我们在市场活动上的成功目前还不可复制和超越。虽然人才流失不可避免，也带走了一些经营之道，但是我们理念、体制不断地打造提升，这是超越不了的。另外一个优势是，我们《21世纪经济报道》开始是一张报纸叫做《21世纪经济报道》，后来加上《21世纪商业评论》，2007年又创办了《理财周报》，后来又成立《福布斯》(中文版)。只能说各有各的优势。我们的体制优势原来从一张报纸发展到一个报系，到目前21世纪传媒。我们的管理层是自然人股东，这个是他们做不到的。

嘉宾：《21世纪经济报道》的覆盖面多集中于一线城市，有没有计划向二三线城市扩展？

邱克军：我们《21世纪经济报道》全国有13个复印点，在长三角、珠三角等中心城市都是和当地综合性日报同时上摊的。我们作为财经类报纸不比综合性日报，很多印刷厂的印刷时间都是把我们放在上半夜，先印《21世纪经济报道》再印当地的综合性日报。虽然发行量不比《新民晚报》等，在上海的发行量只有几万份，但是我们的覆盖面还是挺高的。我们在成都有新闻中心，覆盖重庆、西安、云南、贵州，从属于深圳新闻中心分管。

我们的报纸可能有点不好理解，你在广州找不到我们的记者的。总部没有记者的报社是一个很奇特的报社。我们广州的新闻是由深圳新闻中心来管。深圳新闻中心分管整个南方地区，包括大西南。二三线城市发展一直在推广，但是目前还没有布局，中心城市每天都会买到我们的报纸，拉萨等地方就会迟一些。我们中心城市主要考虑到达率，如果是隔天的话新闻就旧了，如果平面媒体达不到的地方，更多的会在网上订阅我们的报纸。

学术前沿 · 智慧火光

社会网中的传播学问题

时　间：2011年7月22日

地　点：上海交通大学闵行校区新图图书信息大楼8楼

主讲人：祝建华

祝建华

长江学者，香港城市大学英文与传播系教授，传播与新媒体硕士专业主任。自1998年至今任职香港城市大学英文与传播系，为传播与新媒体硕士专业创始人。先后获国际传播学会等颁发的七项学术荣誉奖。现兼任美国《人类传播研究》等3家SSCI期刊编委，北京大学网络实验室访问教授、中国科技大学客座教授等。

主持人：我们今天的嘉宾是我们尊敬的长江学者、中国著名的传媒研究学者香港城市大学媒体与传播系的祝建华教授。祝建华教授从1998年至今任职香港城市大学媒体与传播系，是传播与新媒体硕士专业的主任和创始人。祝教授有很多的学术荣耀，他先后获得国际传播学会颁发的七项学术荣誉奖，现在兼任美国《人类传播研究》等三家SSCI期刊编委，北京大学网络实验室访问教授、中国科技大学客座教授等。祝建华教授对中国的媒体有非常精深的研究，也有非常犀利的分析。让我们以热烈的掌声欢迎祝建华教授！

祝建华：我今天想讲三个问题，在开始以前我先给社会网进行一个简单的梳理，然后挑三个相对有关的问题讲一讲。因为我的主题是研究社会网，认识社会网方面的经济问题、政治问题、社会问题、传播问题。作为一个传播学者，我准备给大家分享一下社会网当中传播学研究的传播问题。我挑的三个问题，一个是新闻网的基本特征，也就是我们平时讲的5W问题；第二个是社交网的使用；第三个也许是我最想提出来的一个问题，就是可持续性问题。

社会网是指Social Network，首先要分清有网上和网下的、线上和线下的。从传统讲我们都是生活在具体的物理世界或是现实世界的小的社会网当中，同学、家人、朋友，将来还有同事、其他的志同道合者，关系非常紧密，交往非常多，但是规模不大，大家互相都知道的。现在我们讨论的社会网是虚拟的、大规模甚至是海量的，互相之间大部分并不认识。如果去细分的话，在社会网Social Network这个名词下面包含了少说有十几种，譬如在线游戏（在座的也许有些同学曾经玩过，也许现在还在玩）、购物网、知识分享网（这指的是专业的、科学家之间的科学协作网，这是几十年来一直有人在研究的。在现在的互联网背景下，科学协作有更大的空间和新的特征）等等。

但是这些都不是我想讨论的，相比之下，这三类网和传播学的关系是最紧密的，一个是社交网，或者是好友网、友情网、情感交流网等，这类网最大的一个特点是双向的，或者叫无向的。为什么双向又是无向呢？因为它的对立面就是单向的，或者是有向的。另一类是新闻网。我会举一些大家熟悉的例子，无向的人人网或者是QQ网，在外国更流行的是Facebook、MSN。大家一定都有账号，这些账号都有一个特点，就是你的好友和你是互相联接的。你若想把其中一个人加为你的好友的话，你要发出请求，对方一定要同意，不同意的话就没有这种关系。有的人可能有几千万的好友，那他怎么可能一下子建立起几千万的关系呢？其实他如果和几千万的用户建立了好友关系，这种关系就不是几千万，是几百个亿了。因为这些账号都是计算机制造出来的，它在制造这些账号的同时也就自动地给他（把关系）建立起来，就是我们常说的“僵尸账号”。而与之相对的，有向的或者是单向的，就以twitter或者是微博为例，你可以关注这个网当中的任何一个人而不需要对方同意；同时别人也可以关注你，也不需要你的同意。这样的话这种关系就不是对称的。

那么在这两者之间，还有一种，就是分享：技术分享、资源分享、正版盗版软件、正版盗版视频、音乐、文件等。我们到现在还在研究的一个网，是北大网络实验室创办的Maze，就是一个技术分享网。在座的同学也许听说过，也许曾经使用过，如果回去问下你们的师兄师姐，他们当年大部分的资源都是从那个网来的，那就是一种分享网。在今天这个时代，譬如说在美国上市的LinkedIn，也是这样的一个网，豆瓣也有点那种形态，YouTube、优酷同样是这一类的。

从另外一个纬度来区分这些网，就是看他们的开放程度。谢志强（江苏“微博开房门”的男主角）事件的悲剧其实就发生在他弄不清一对一的网和公开网之间的区别。那个事情一出来，其他用户马上就一针见血地说领导把微博当作了QQ，其实就是一个小疏忽弄出了这么大的一个事情。在两者之间，其实现在的哪怕是一对一的网，或者是完全公开的网，都有这种功能，就是你可以定义或者设置你的好友范围是群或者是公开的。这种分类的意思在什么地方呢？虽然在座的各位应该对这种简单的道理都非常了解，但对于上一代的领袖们他们也许需要知道一下，避免再犯同样的错误。我把它列出来的作用就是在非常复杂、非常多样化的网络时代，社会网时代中，给大家提供一个观察、比较、思考的框架。

在国外也经常有人在比较和争论Facebook和Twitter之间的异同，哪个更有前途，哪个是要变成“明日黄花”。在国内，一开始大家都很关注和看好人人，而现在则最关心微博。其实在这种比较中，有一点像是把苹果和橘子进行比较，两者的信息开放程度和功能是不一样的。我前天上午在北京的中国人民大学做了讲座之后，下午去了新浪微博，倒不是从那个见面会上了解的，而是事后有人告诉我，微博也应该有所扩展，把它打造成像Facebook一样的平台。我个人并不看好这种做法，当把一个无向的网发展成一个有向的网的时候，其实你放弃了很多原来赖以生存和快速增长的基本条件，这是后话。我觉得大家以后再看网的话，先把任何一个新的网、或是旧的网放到这个框架里看一看、想一想，它和其他需要比较的一个网或是一组网之间最本质的差别是什么，它本身的生命力和特长在什么地方。

社会网是一个大热的现象，各种人都在研究。社会网络分析研究其中以社会学家为主，也有人类学家和我们传播学家。传播学家在Social Network Analysis中一直是非常活跃的。大家也许知道这个社会网络分析起源于美国，有五六十年甚至是七八十年的历史。在这当中形成了一个学会，叫作International Network for Social Network Analysis，INSNA。这个学会的上一任会长一直做到今年2月，他就是一个传播学者，George Barnett。在分析社会网的一些工具当中，早年有几个用得比较多的工具，也是一位传播学者写的。所以从这些细节上看，传播学者在社会网的分析当中一直是非常活跃的。

Social Network Analysis分析的就是我一开始讲的这种线下的、小规模的、真实身份是互相知道的社会网。在这五十年、八十年的研究历史中积累了很多相关的理论概念和理论观念，其中最著名的一个叫弱联接，Weak Ties。像Weak Ties这种观点、这种现象按我们一般的常理和逻辑是演绎不出来的。这个理论产生在找工作的背景下，经过实证研究发现，找工作的信息来源不是来自好友、铁哥们、圈内的人，而是来自萍水相逢、偶然相撞的人，这种关系就叫做Weak Ties。如果按常理去推的话，是推不出这种关系的，这就是实证研究的重要性和逻辑演绎的局限性，我们认识世界都应该走实证观察的道路。

总的说来，这是一个非常古老、非常成熟的学科，但是面临现在这种线上的、海量规模的网，经典的Social Network Analysis其实是力不从心的。那么在这十来年，同时涌现出另外两个有一定联系，但是基本上还是非常独立的研究方向：一个是从自然科学尤其是物理学，加上一部分数学家发起的，叫做Complex Networks，复杂网络。这个相比社会网络不是那么流行，但是也许同学们在偶然的情况下也听说过、看到过。

复杂网络不光研究社会网，也研究生物网、计算机技术网、计算机病毒，研究传染病、细胞、食品，什么都研究。因为他们关心的是网络背后的结构，而不是关心具体的物理和社会意义。这种学科也很自然地注意到了互联网，因为互联网是每个人，包括科学家们天天生活所面临的问题。他们给社会网研究带来了很多新的数学模型。我们一般讲的社会网，动辄几百万、几千万、几亿用户，Facebook现在有5亿多用户，新浪微博有1亿多，QQ也许是全国最大的社交网，大约有二三亿。它们的数量级都是在七位数、八位数，甚至九位数的规模。正如之前所说，传统的社会网分析一般处理的都是几十个人、几百个人在经典的社会网分析中已经是海量的，而从几百个人跳跃到几百万、几千万，这是不可想象的工作。正是在这种背景下面，Complex Networks给我们带来了很多用来分析这种大规模、海量网的数学模型。另外，计算机，特别是Information Retrieve，信息抓取专业，提供了大量从网上前台和后台抓取信息的工具。我们三年前在香港城市大学建立了互联网挖掘实验室，从文字上看也是在做网络挖掘。

再简单地总结一下，经典的社会网给我们提供了很多理论和概念，Complex Networks提供了数学模型，而互联网抓取和网络挖掘给了我们数据和分析的工具，这三者的结合是我们现在用来分析和了解社会网的主要途径。

从社会科学讲到传播学，从我个人来讲，传播学一直是社会网分析中非常活跃的参与者。2003年有两位传播学家，Peter Monge和Noshir Contractor，写了一本书叫做*Theories of Communication Networks*。当中列出了大概二三十个用来分析传播网的理论概念和理论假设，这些理论不完全是传播学者所创，相当一部分主要是由心理学家首先提出的，我们传播研究者是把这些理论用于对传播模型的分析。传播学者在研究社会网方面是有相当长的历史和传统的，也有相当丰富的理论工具。当然我们在数学模型和数据的搜集方面，并不是强项，我本人也是在这样的一个大背景下做了一些社会网的分析。传播学又分为大众传播和人际传播，像之前提到的学者Peter Monge和Noshir Contractor都是做组织传播出身的，应该算是人际传播这个分类当中。我们做大众传播的话，最常见的几种分析方法中，一个是The Diffusion of Innovation，创新扩散，这个大家都很熟悉；另外一个Research Paradigm，就是所谓的news diffusion，或者是flow of information，这种研究在80年代初我念大学的时候非常冷。当时由联合国教科文组织出面，组织了对全球新闻流通的分析，这种研究的分析单位是国家。全球有一百多、近两百个国家，这些国家与国家之间通过新闻报道互相了解，这就构成了全球的新闻流通网。用网络的语言来说，每个国家就代表了网络里的一个节点，互相的新闻报道就是节点与节点之间的联接。这种研究发现全球的新闻网是有向的，因为中国可以报道美国，而美国不一定报道中国；另外它还是有方向的，有向和有方向在英语中一个叫direction，一个叫value或sign。sign是正和负的，一个国家报道另一个国家可以有很多正面的报道，也可以有很多负面的报道。在研究国家形象上，更多负面报道比完全没有报道的负作用更大，所以量和值是两回事。

这就形成了一个很大的研究课题，也从中提出了重要的政策问题，要建立一个对等的、平衡的（平衡讲的是正面和负面要平衡、对等是发达国家与发展中国家之间的报道要平衡）国际新闻流通新秩序。在这样的大背景下，我觉得譬如在一些大的国家，以中国为例，有几十个省份；或是在美国有五十个州，在州与州之间或是在省与省之间的新闻报道本身其实也有一个流通的方向、流通的倾向和整个结构是紧密还是疏稀等网络问题。所以我在1995年做过一个中国三十几个省互相之间报道的新闻流通的研究，这个研究就是把国家之间新闻流通的框架放到一个大国中，以省与省作为分析单位，每一个省在这个网里是一个节点来做。那时候互联网还刚刚兴起，我们的研究还是以传统的内容分析方法人工做，几个研究人员前后工作了大约有半年以上的时间，分析了三十几份报纸以及从1955年到1995年这40年的报道。后来的发现和国际信息传播秩序是非常相似的，比如中国的沿海地区是被报道的对象，但是沿海地区对内陆省份的报道是非常少的。从历史演变的过程讲，20世纪的50年代东北在新闻流通中是中心点；但到90年代，自然就是广东和上海了；北京始终是一个全国的聚焦点，这是不言而喻的。很快地互联网就成为不光是省与省之间、个人与个人之间信息交流的中心。当时我在北大计算机系做客座教授，我们用数据挖掘、网络挖掘的方法采集了8亿个中国的网页，在做人工分析的时候搜集了几万份报纸，做了半年。我们用计算机的手段一个月抓了8亿个网页，然后来提取网页之间的Hyper Links，超链接，然后再根据超链接所在IP地址的位置，确定他所在的省份，最后建立了中国互联网在省区范围内互相连接的拓扑结构图。我们有一些模型例如“Tea pot”茶壶模型、金字塔模型等，然后再把网页内文字的语义提出来；最后还把中国省与省之间人口流动的数据引入，这样就形成了一个从传统媒体到技术网、到互联网的语义网，再到人口这样的四个网。这四个网之间，有一定的关系但是也有一些断裂，这不是现在最热的社交网、微博网，但这是我们理解社交网或微博网背后基本信息流动的来源。

下面我举两个比较著名的研究，分别是分析Facebook和Twitter的。与我们传播学或者传媒工作关系最密切的就是这两类无向的社交网（Facebook）和有向的新闻网（Twitter、微博）。我之所以用Facebook和Twitter做例子，是因为国内的人人网和微博的发展还比较晚，他们数据的公开程度还不够。比如人人网和微博到底有多少用户，公司是把这个当成最高绝密在保护的，这对学术研究的人来讲则带来相当的困惑。而相对来说Facebook和Twitter这些数据则是相对公开的，而且研究也比较深入。在国内现在也有一些人在研究Twitter，但是还是以商业研究，或是以研究来推动微博为主要目的的。两个月前，我在北京中国传媒大学参加过一个社会网分析和传播学研究方法的论坛，交大汪小帆老师也去了，他讲了一个群众智慧的问题。其他大部分的演讲者都是来自互联网公司的，包括新浪和一些网络营销公司的明星人物，我是其中唯一一个对于微博和整个社会网提出疑义的人。大家都一致看好，非常激动，充满着乐观情绪。这种充满乐观的情绪其实从1998年第一次科技泡沫到现在出现过无数次。我从第一次泡沫到现在看到过三五次这样的泡沫，所以也许比那次与会的其他嘉宾更知道现在讲的东西。十年前同样的话我也讲过，只不过是针对不同的网络平台而已。

回过头来讲社交网络的特征。社交网的研究也比较多，我举其中的一个例子，是巴西的3个学者做的。我在这里讲的是一个叫Orkut的网站。Orkut是Google旗下的一个网，最近Google又推出了一个Google+，有些人写文章说Google终于进入了社交网。写这个文章的人我不知道是谁，但是我相信他一定比较年轻，因为他不知道这其实是Google第4次进入社交网。Orkut是其中一个，Google还有Buzz、Wave，大规模推的网就有4个。Orkut大概有六七年的历史，在拉丁美洲和印度等地其实是非常流行的。在拉丁美洲至今最大的网可能不是Facebook而是Orkut。那么他们这个研究相比其他对Facebook等社交网研究的强项是什么呢？它不光是把用户的网页、好友的链接都下载下来，还通过一个Orkut的合作单位进行合作，把这些用户使用的行为记录下来，这是在后台的数据。我们做互联网分析一般有这样的分别，前台的和后台的，前台的数据是公开的，谁都可以去做。后台的数据指的是网民从这个网站登录以后他点击的步骤，从什么地方开始，进入什么网站、什么网页。把前台和后台的数据结合起来，就能完整地反映出用户对社交网使用的真实情况。他们的这个研究就报告了很多别人无法报告以及过高估计的数据。比如，他们发现一般的用户在社交网上花的时间其实是不超过10分钟的，像这种数据只有通过把后台点击记录提取下来才可以知道。当然也有人概14%的用户是所谓的“高用量用户”，他们每天挂在上面超过1个小时，但是实际上其中大部分人的动作很少。另外一个很重要的发现是，所有的行为、每一个点击当中的92%是消极式地观看、浏览，拿现在的流行语说是“围观”。我们讲社交网是现在Web2.0用户自创内容的一个最重要的平台，每个人都可以有自己的天地，在每个人的天地中自己说话。但是实际上在这里做的创造性内容，留下文字也好，提交图片、录像或者是其他动作也好，其实占的比重并不高。正因为这种研究把前台和后台的数据结合，它才能够知道其实绝大部分的动作还是浏览，这和Web1.0时代的行为有什么区别？没有区别，一模一样，只是更为精准一点，能浏览到的东西都是自己想看到的东西而已。

我再简单地介绍第二个研究，是Twitter新闻网。Twitter的研究也很多，差不多在2009年的时候有一组韩国学生发表了一个报告，*Is Twitter a social media or news media*。Twitter到底是一个社交网还是一个新闻网。今天在用微博的人可能会觉得这是一个傻问题吧，但其实两者的分化在一开始不是那么明显的。整个互联网从Web1.0到Web2.0都是这样一个过程，当有一个技术平台出来以后，它真正被用户当作哪一种媒体来使用，这其实不是网站的设计人员所能决定和控制的。用户在不断地使用中加以重新定义和定位。Twitter从结构上和Facebook存在着单向和双向的区别，但是如果网友们都互相加关注，它也可以从双向的变成无向的。就是每个人关注别人，而被关注的人立刻返回一个关注的话，那么它和Facebook也没有区别。但是几年用下来后，他们研究的结论是Twitter是一个news media而不是social media，主要的证据是人们“互粉”的比重只有20%。新浪微博研究部的人告诉我他们的比重远远高于20%，高于的原因之一在于他们在用户界面上不断地推出“你们俩同时关注的人”、“你关注的人中有多少人在关注你”、“有多少人没有在关注你”等等。通过这种推介的手段，他们提高了互粉的比例，如果没有采取这些措施，新浪微博上用户互粉的比例也不会高于Twitter。当然通过推来的互粉和主动建立的互粉之间应该有所差别，这是留给下一步的研究去证明的。

2011年上半年，有一个在Cornell念书的中国留学生吴少玫，和Yahoo的几个研究人员合作做了一个对Twitter的研究，研究的标题是*Who Says What to Whom on Twitter*。这个标题大家非常熟悉，我们研究新闻传播学的应该都知道拉斯韦尔的“5W”的模式：谁（Who）、说什么（Says What）、通过什么渠道（Through Which Channel）、对谁（To Whom）、取得什么效果（With What Effects）。这几个研究者都是主修计算机的，像后面的Duncan Watts，其实原来是个物理学家，他是复杂网络这个学科的创始人之一。他们在分析Twitter的时候自然而然所运用的理论就是拉斯韦尔的。这不是偶然，而是他们专门查找文献时发现大众传播理论中拉斯韦尔的“5W”最适宜于用来解释Twitter。同时他们还运用了另外一个概念，也是我们读新闻传播非常熟悉的，就是Two steps of flow（两级传播）和Opinion leader（意见领袖）。大家有机会看这篇文章的话，你也许会和我一样有两个感觉：一个是为我们的传播学而自豪，我们的学科不是像有些人认为的“新闻不是学，传播不是学”，我们是有一定理论基础的。第二个感觉是惭愧。同样的问题，本来是我们学科的问题，为什么是别人来做，而不是我们自己。

再回过来讲一下他们的主要发现，*Who Says What to Whom*，谁在发言、谁在听、在讲些什么东西。在Twitter和微博上应该也是同样的规律，发帖的大部分是普通用户，因为普通用户的比重巨大，但是以平均的活跃程度来讲，普通用户是很低的。譬如，他们把用户分成两大类，普通用户和精英用户，而精英用户又分为明星、媒体、机构，还有些所谓的专业博客。在200天的Twitter记录中，普通用户平均每人发表6个帖子，也就是平均每个月发一条，这个比例是很低的；最多的是媒体，媒体不是一个人而是一个机构，平均1天发5个帖子；其次是这些专业博客，平均每人每天发一条；然后机构，所有的产商、政府、团体等，2天发1条；明星的关注度最高，但是发的帖子在精英用户中最少，平均10天发一条，所以大家为什么这么迷恋明星其实是一个很有趣但也很反常的现象。当然明星大部分的帖子都不是自己写的，而是由他们的助理们写的。像姚晨已经有900万的粉丝，所以没有必要多写，当然也难说这900万粉丝里有多少是“僵丝”也不知道。

他们的发现中另外的一个重要的结论是意见领袖，在过去的大众传播时代有，在现在所谓的小众传播、分众传播、Web2.0时代同样存在。有50%的帖是来自精英的，其中的15%最早来自媒体，剩下差不多一半最初来自于媒体，但是由意见领袖作二级传播、三级传播的。所谓的意见领袖不是刚才讲的这些精英分子，是普通用户；但是相比其他的普通用户来说，他们转发的帖子更多，关注的人更多，所以他们被关注的人也越多。这也在相当程度上告诉我们不要简单地把大众传播画上一个句号，它的基本规则在Web2.0的时代还在不断地被复制。

网上帖子的寿命有多长呢？这在以前经典的大众传播时代很难被估计和

预测，但是由于Twitter和微博这样的平台，现在这是可以被预测的。大部分的帖子都是很短命的，在一个帖子被发出的两三天之内，它的转发率就已经从1下降到了零点几，公众精英、各种精英之间的衰减，用数学的语言讲这是一条Exponential decaying，指数衰减的曲线。这些曲线的形状是一样的，仔细看的话，在精英的帖子里边，媒体的帖子最短命，而相对来讲，专业博客帖子的寿命更长。另外一个发现也挺有意思的，就是说这些精英们互相之间的转发，专业博客互相之间的关注和转发率最高，其他三种精英分子对专业博客的转发率也是最高的。

我读这篇文章有两个观察：一个是意见领袖仍然非常重要，第二是专业博客的影响力实际上是大于明星的。虽然微博上关注的前十名中有八九个都是演员或是球星，但其实他们的影响力是远远被高估的。这也许因为在他们的粉丝里有相当多的"僵粉"，大概20%。如果是在十万以上到一百万以上的，也许他的僵粉比重与他粉丝的数量是成正比的，所以明星们的影响力是远远被高估的。

最后一个问题是我最想讲的问题，是社会网（包括社交网、新闻网和其他的分享网，也许网游不包括在这个名单里，网游会一直持续下去）到底能持续多久？前几周正逢IBM创立一百周年，美国非常有影响的杂志*The Economist*发了一篇文章，一方面回顾IBM的一百年，同时也预测今天的IT公司里哪些能活一百年。他们预测了这3个公司：Apple、Amazon和Facebook，认为它们能活一百年；其他的像Dell、Cisco、Microsoft都被认为是短命的，活不了多少年；而Oracle和Google则是前途未卜，做得好也许能活一百年，做得不好也许就会退出历史舞台。在这里面，我不敢对Apple和Amazon评论，但我对Facebook能不能活20年都有疑虑。就在*The Economist*做这个预测的同时，大家也会在新闻中看到，Facebook在美国、加拿大、英国、挪威、俄罗斯的用户增长数已经在下降。我们说任何一个新产品、新事物的增长都是一个S曲线，而它已经到了那个饱和点的拐点，如果在创立至今只有7年时间就已经到拐点的话，它还能Keep going for another 93 years（继续坚持93年）吗，这其实是一个很严峻的问题。

在中国，微博现在非常火，半年前它还不如人人，现在已经是远远超过人人了。但是各位不要忘记在18个月之前中国当时更火的还不是人人，是开心。在座的现在还有多少人玩开心吗？不玩了，为什么不玩了？玩过了，天天玩种菜和偷菜，玩到后来发现还是假的是吧？所以互联网上的一个特征，我相信大家都能体会得到，就是来得快去得也快。今天很火的东西，两年以后大家差不多都快忘了，所以一百年是非常遥远的时间，千万不要相信"一百年后能活下去"的预测。人人网是五月初上市的，上市以后的股价到今天已经跌了60%。它上市时号称有1.4亿用户，其实它每个月的流量始终只在三千万左右。LinkedIn是美国一个专业的交流分享网，是五月中旬上市的，它到现在也掉了30%。而与此同时作为市场平均数的NASDAQ（纳斯达克）的升降则相对基本平稳，说明投资者对社交网并不看好，或者说上市时泡沫太多，现在正在挤压这些泡沫。

我不是不看好社交网，而是说社交网的生命力其实是一个还没有被充分证明的故事。我们回顾一下这个有四五百年工业社会历史的现代社会是怎么起来的。亚当·斯密的劳动分工是整个现代社会赖以生存的、最基本的一个原则，没有劳动分工就没有今天。在劳动分工的大背景下我们来看看大众传播事业的发展，最开始是人——都是用户直接接触事件；然后慢慢地出现有消息来源、意见领袖，他把所看见、所听到的故事传达给周围的人；后来又出现了专业的媒体。大众传播最后形成的模式是有信息来源收集消息、转给媒体、媒体发布给公众这样一个模型。今天，我们除了这些传统的信息来源、媒体和受众以外，又冒出了在网上直接建立和发布的机构和专业博客，然后再加上搜索引擎。所谓的社交网、新闻网，Twitter也好、Facebook也好、微博也好，其实就是一个搜索引擎，或者是另外一个专有名词叫Aggregator，节省者。背后的技术是一模一样的。从它的发生到现在，说的远10年，说的近两三年，它充满了很多未知数，能不能在一天之内就把我们已经使用了400年的劳动分工论一下代替呢？所谓的劳动分工论就是需要有专业的编辑、记者、技术人员来整理、发布和维持这种信息传递的生产和提交，而现在这些工作都被专业的和业余的草根或者是精英分子所替代了。这种事情能做多久呢？

老徐（徐静蕾）曾经是新浪博客上的女王，如果你去看她的新浪博客，最后的一条是在2010年11月12日写的。我们把老徐发帖的数量按照时间排列，这个曲线是呈衰减的。这并不代表老徐没有写，而是她转移了阵地。但是对大部分人来讲，老徐不是偶然、不是例外的，是常态。这是我们做的新浪博客的研究，1万多博客主的写作生涯大体上都是这样的衰减指数，大概在3年以后，最开始写的人当中可能只剩下5%左右。新浪博客或者其他博客平台，是一个“铁打的军营流水的兵”。这个阵地还在，在上面写的人一波走了一波来，到什么时候这个网站会慢慢地枯下去呢？当有新的平台出现和成熟后，很多人会流向那个地方去。博客也许就被社交网和现在的微博给分摊了。那么再过两三年，也许不需要两三年，一定会有新的平台出来，那个时候微博和社交网还在不在，其实都是一个大的问号。

为什么要研究持续性的写作？社会网也好、社会媒体也好、整个传播事业也好，其实都是这样一个产业链。我把它分为五个环节：第一个环节是内容的创造、制作。在大众传播的时代，也就是在座的各位未来领袖们去掌管的是专业的媒体。专业的媒体做的也就是内容的创造，现在这个创造是由很多业余的、自发的人在那里做义务劳动，他们的下家当然是我们的用户、受众。没有用户这些创造是出不来的，这种自娱自乐的创造不会持久。有了用户后，他们的下家才是广告主，没人看广告主是不会投钱的，有了广告主才会吸引风险投资者的兴趣。刚才举的一个例子，人人和LinkedIn上市后的不景气，就反映出投资者对这些内容所吸引到的观众和这些观众所能吸引到的广告主的投入是有相当保留的。有了广告主才能投入媒体，这个媒体就是平台和它背后所需要的各种资源，有了平台才能养活这些创造者。在这个生态链的各个环节中，我认为从创造者到观众的环节是最薄弱的，就是因为在这种社会网中，都是用户自发的、业余的、免费的奉献。这和我们熟知的社会分工原理是完全不一样的。也许亚当 · 斯密的理论已经过时了，也许这400年来我们所赖以生存的模式真的需要修改，也许现在这个时间还没到，我们现在看到的也仅仅是这三五年的东西。

所以总结一下，社会网，尤其是新闻网虽然很火，但据我个人的观察是有虚火，或者是很虚、有泡沫，而且是相当大。新浪微博也许今年，也许明年上市。在座的你们不一定炒股，但是如果你们亲朋好友在炒股，可以建议他们等一等、看一看，不是我跟他们过不去，而是在所有我们需要考虑的问题中他们只展现了一个，就是热闹。但是在热闹的背后呢？比如我们看下Twitter，Twitter 2007年开始到现在有4年的历史，我们看到这些数据告诉我们，真正在Twitter创造的，它们用户的互动性、参与性其实都是相当有限的。也许大家说这是外国，我们中国人和外国人不同，有很多热情找不到出口，而Twitter提供给我们出口。但是，我估计1年后不会有这么大的热情，一个原因是像大家玩开心一样玩到后来发现也就这样，一个是Twitter上会出现各种各样的网络营销事件、各种各样包装和控制的事件。因为Twitter本来就是一个草根，自下而上的东西发展到这个程度、形成这样的规模后，自然而然地会引来商业利益的参与和操作，包括政府、政治的渗透和管制。所以也许在1年以后或是18个月以后，大家会发现上面的东西越来越不是你当时想象的东西。再加上也许到时候会有新的增长点出来，大家的兴趣又转移了。到底是团购还是LBS（Location Based Service），这些我们都看不到。也许有人说是轻博客，轻博客我并不看好，因为我们的需求其实不是这么细分的，不需要再在社交网和微博之间建立一个过渡层。

嘉宾：老师您好，我有两个问题：第一个是，当开心网火了之后，腾讯就有偷菜、抢车位；当有了新浪微博，腾讯就有腾讯微博。您怎样看待腾讯这种“一直去模仿，从未被超越”的行为？这种行为为什么得不到有效地遏制？第二个问题是，随着大众越来越重视个人隐私，您认为网络用户实名制的未来是怎样的？SNS网站是不是应该在保护用户个人隐私方面做些什么？

祝建华：关于第一个问题，其实你提到的所有网站和还没提到的网站都是抄别人的，只不过是A先抄了别人，B又抄了A，然后C再抄B罢了。在商业上讲，抄袭这种行为只要不涉及版权的都可以做，主要还是取决于用户的接受程度吧。第二个关于隐私的问题，其实确实是个大问题，是会给社会网降温的一个原因。尤其是在国外，尽管它们的法制比较严密，至今暂时还没有任何一个涉及社会网的个人隐私案件带来灾难性的后果。但是只要有一个案件胜诉的话，就会给这些社会媒体带来灾难性的后果。我不是研究这个问题的专家，从个人主义来讲我也不赞成过度地干预和管制，但是我知道管制恐怕是一个对所有用户都不可避免要采取的行为。当然在不同的国家、不同的法制体制下面，有的国家用更理性的、严格界定的法律方法进行管制，而有些国家用强暴的、不合理的方法在管。管制的方法不同，但是管制肯定是越来越严的。

嘉宾：我们知道人际传播是面对面、一对一的传播形式，但是在像Facebook、Twitter的产生之后，这已经完全和最初的传播定义相违背了。那么我们是否可以看作类似于Facebook的交流形式是一种新型的、虚拟的传播形式？或者是我们可以将其归类于另外哪种类型的传播形式呢？

祝建华：你提的问题大概有一半是新的、一半是旧的。我们先讲社交网。大部分的研究发现，社交网的主要功能是把线下的现实关系搬到网上。当然有点区别就是Facebook大家用的是真名，在人人网或是其他网上人们会喜欢用些化名、笔名，但是这些笔名和化名朋友之间还是知道的。这实际上反映出来的，用学术名词叫homophyly，就是人与人之间的同质，这是社交网起步时的基本原则。从这一点上讲，这和面对面的人际交流没有本质区别，只是一个平台从面对面的变成是远程的，从见面的变成是虚拟的。

问题的后半部分则是新的。随着技术网的发展，原来你在人际交流中，任何新朋友都是你见得到的；而在社交网上加的那些新好友都是虚拟的。这些虚拟的交友之间，所遵循的社交规则其实在大部分情况下还是沿用着我们平时评判朋友的一些基本原则，比如信誉、信任程度。现在做的社交网和社会网研究中，大家讲得最多的关键词就是一个credibility的问题，好友与好友之间的推荐，评判对方信任程度所看重的要素，其实和我在线下的还是一样的。

再讲回新闻网，我们现在知道，至少一般的新闻是来自二级传播的，这些意见领袖当中相当一部分，我们或许是直接认识或者是有一定的理由去相信他的。从这些研究中发现，其实新闻网，包括Twitter、微博，它们所遵循的传播规则，和我们熟知的、线下的二级传播也是大体一致的。所以现在肯定没有完全的证据说明，社会网的发展颠覆了我们人类社会这么多年来已经积累的传播规则。当然不可否认的是它提出了很多新的东西。

多重危机，发展模式转型与传播研究新视野

时　间：2011年7月30日

地　点：上海交通大学闵行校区新图图书信息大楼8楼

主讲人：赵月枝

赵月枝

长江学者，加拿大西蒙弗雷泽大学传播学院副院长，全球媒介检测与分析实验室主任，全球传播政治经济学加拿大国家特聘教授。传播学批判学派研究中卓有成就的华人学者之一。1997年至2000年在美国加州大学圣地亚哥分校传播系任教。2000年9月重返母校加拿大西蒙弗雷泽大学任教。主要研究领域为传播理论与社会理论、传播政治经济学、国际传播、传播政策、文化产业、传播技术与社会发展等。

主持人：各位同学大家早上好！今天我们请来了敬爱的赵月枝教授。赵月枝教授是长江学者，她是加拿大Simon Fraser西蒙弗雷泽大学传播学院副院长、全球媒介监测与分析实验室主任，全球传播政治经济学加拿大国家特聘教授。主要研究领域为：传播理论、受众理论、传播政治经济学以及传播政策、文化产业传播技术与发展等。赵月枝教授是华人中间在传播学研究中对批判理论有极大贡献的学者。下面我们很荣幸地有请赵月枝教授！

赵月枝：虽然我的职位看上去那么主流，现在又加上了上海交通大学兼职教授的职位，实际上我认为我自己是来自一个边缘国家的边缘学术的学者。当然我以前也大言不惭地讲过：中心不一定没有盲点，边缘不一定没有亮点。实际上加拿大有着很有影响力的传播学者，例如英尼斯，他是以研究中心和边缘的关系著称的。现在我们大家把某些思想当做中心，比如说新自由主义思想，在60年代被认为是极其边缘的。所以，今天的边缘可能成为明天的中心，今天的中心可能成为明天的边缘。刚才主持人已经稍微介绍了一下我的批判的学术，那我就接着这个话题讲下去。我的演讲题目是：多重危机，发展模式转型与传播研究新视野。我要给大家带来的是一个全球的、批判的、非二元对立的也是非线性的一个学术视野。我在这里希望达到的目的是大家可以开始想象关于传播研究范式转型的可能性。当然这是一个长远的任务了，我也知道在座的可能不是都准备做传播学研究者，可能要进入业界，但是我认为对于业界也是很重要的一个命题：你以什么样的立场和视野来看这个世界。真正的新闻业务都没有认识和观察世界能力重要。

说到危机，我们现在遇到的危机说实话真的不是新的，虽然它的形式是新的，它的表达方式是新的，但是危机本身不是新的。这使我想起上个世纪二三十年代的危机，在监狱里的意大利马克思主义者葛兰西说过这样一句话：经济危机为新的思想的产生和新的问题的提出与解决提供了机遇。我们中国人也是这么说的，危机，有危难的时候正是有新的机遇出现的时候。但这要看我们怎么样思考，怎么样抓住这个机遇。这是一个呼唤新的思想的时代，呼唤一个新的解决问题思路的时代，最重要的是呼唤新的问题提出的时代。我觉得不管是做学术也好，还是做别的也好，正确的问题比用正确的方法解决不正确的问题更重要。前面葛兰西提到的危机是上个世纪二三十年代的危机，还有一个更直接的危机，也是实际上导致我们今天的危机的，是20世纪70年代资本主义危机。在世界范围内，当时的石油危机大家虽然没有经历过，却可能都有所知。正是美国战后资本主义的危机导致了当时非常边缘、非常极端的新自由主义意识形态的形成，并被主流的政治经济势力利用。有一个很有影响的西方批判学者大卫・哈维，他就出了一本小册子叫《新自由主义简史》，他在那本书中就讲到六七十年代的危机，特别是西方福利资本主义的危机。西方的资本家实际上是为了逃避本国工人们不断上升的、对剩余价值分割的份额，而把资本投到第三世界、投到中国以逃避本国的民主，这个过程就是新自由主义意识形态兴起的过程。新自由主义意识形态就是强调市场的重要性，它的本质不是说国家不要干预，相反，国家是要干预的，但是国家干预（哪怕是用武力干预）是要为资本积累创造条件，除此之外，在福利和其他方面不要干预。换句话说，新自由主义不是不要国家干预，而是说国家可以代表资本去干预，为市场开拓道路，但是国家在社会福利即社会保护和下层民众利益保护方面要撤退，这是国家为我所用的逻辑。新自由主义意识形态形成，资本积累的方式从原来福特主义的方式到了后来弹性积累的过程，大家应该是经历过的。大家以80后居多，应该说是新自由主义时代的产儿。以前有句话说吃狼奶长大，我觉得你们在座的是吃新自由主义的奶长大的一代。正因为你们是喝着新自由主义的奶水长大的，你们是在新自由主义的鱼缸里游泳的鱼，你们更应该把自己揪出来，想一想，这摊水是怎么样一摊水，新自由主义意识形态和它构建的世界政治经济结构是什么样的，它塑造了什么样的权利，它又使什么阶层、什么样的人得意，什么样的人不得意，这个是需要考虑的。

当然我前面讲到的是国际的层面，从我们中国国内的趋势来说，这三十年，我们中国经历了思想解放的三十年，也是改革开放的三十年。我们是从内部自我改造了，但实际上这个过程也是市场自由主义意识形态形成的过程，也是使我们国家与资本主义资产积累模式转型相衔接的过程。大卫·哈维的那本书上画了四个头像，其中有一个就是我们国家的改革开放总设计师邓小平，他的书里有一章把中国与世界资本主义的重新接轨叫做“中国特色的新自由主义”。当然这个是有争论的，我个人也不是完全同意，我觉得他的描述有许多是比较粗浅的，但是他起码抓住了这样一个事实：我们自己认为好像是出自自己内部原因的一个改革和西方资本主义转型是刚好衔接的一个过程。中国所走的吸引外资和以出口为导向的发展道路正好与国际资本主义的新自由主义转型和从福特主义到弹性积累模式的相衔接。大卫·哈维在那本书里也描述了，西方社会在这个转型的过程中，社会财富的分配是如何从原来两场世界大战之后相对的平等（也就是下层民众占的份额比较多）回到了一战之前的更不平等的水平。所以对他来说新自由主义的转型就是从一个主导的政治经济的精英恢复自己由于福利国家的崛起而失去的阶级权利的过程。所以中国与西方资本主义经济的整合模式在给自己带来不平衡发展的同时，实际上也从客观上缓解了资本主义的积累危机，也就是70年代的危机。

关于70年代的危机的应对，西方资本主义是通过把资本投向第三世界，尤其是中国的方式，就是空间上的资本的扩张，再到资本积累深度层面上的扩张，比如说金融资本主义的崛起和信息、媒体、传播领域被更深刻地卷入资本积累的过程。最近的例子就是我们的默多克先生经历的一场危机。这个也不是偶然的，因为整个西方资本主义转型的过程中，克服危机的过程其中有个方法就是把原来不是那么商业化的传播、通讯、媒体系统包括整个文化系统，更多地纳入资本积累的轨道。默多克的帝国就是在新自由主义转型过程中形成的。大家知道美国的广播电视体系是由三大家寡头组成的，默多克的福克斯广播系统成为打断寡头垄断的第四家。他为了进入美国市场是做了巨大的努力的,然而英国的小报对商业利益的追求到了极端的地步,现在这个事件爆发也从某种角度上意味着传媒信息领域新自由主义危机的全面总爆发。当然这个危机一直在进行,只是这次借由默多克的事件爆发了。话说回来,资本通过中国在地理上的扩张和刚才我说的资本积累向媒体和文化传播领域的深化,这两点被我在美国的同事在他的《信息拜物教》那本书中说成是资本主义克服危机的两级,中国是一级,传播产业的商业化、商品化是另外一级。这两个作为克服危机的手段,在70年代使资本主义的经济模式得以持续。与此同时,美国的社会分化、贫富不均这个问题也加深了。我们要注意的是危机并没有导致社会动荡,当然他有抗争,不久前,美国的公共服务人员公会的罢工大家都是知道的,但是它没有导致社会动荡的一个重要原因就是:沃尔玛以中国劳工低工资和环境恶化为代价的廉价商品冲抵了美国劳工工资相对减少的影响。这个观点还不是我说的,是《经济学人》里有一篇文章里说的。中国对美国国债的大量持有又使美国能够长期保持低利率,这样一来美国老百姓的购买力实际上提高了,也就是说,他们虽然从资本家那里通过劳动获得的份额实际低了,很多美国下层劳动工人要打好几份工,但是由于中国提供了廉价的商品和信用,他们可以继续他们的消费主义的生活,当然这个是不可持续的,次贷危机就是一个很好的证明,也就是说上次解决危机的那两个方法现在又成了危机的根源。

回到刚才的话题,那么在考虑中美经济形成结构性的中国生产、美国消费,中国是债权国、美国是债务国的"中美国"共生关系的同时,我们也不得不考虑,中国维护社会稳定面临的巨大压力与美国社会的相对稳定之间也存在着某种内在的关联。中国在通过出口廉价商品积累外汇成为美国债权国的同时,也把社会问题与环境问题留给了自己,在这两个领域出现了赤字。在与此相关的中西方传播政治中,一方面我们自己在庆贺中国的GDP总量升为世界第二位,另一方面,西方的媒体特别是美国的媒体对中国的环境污染、中国的人权问题提出了站在道德制高点上的批评。在这个层面上说,西方可以说是"占了便宜又卖乖",也就是说他们从经济上获得了由中国廉价劳动力获得的好处,更不用说资本家的积累了。但是从道德意义上,我们中国又被置于被批评的位置。所以，我们现在才有那么多的努力，要走出去，要软实力，要中国形象。可是光从形象这个角度是不一定能解决问题的，因为我们的发展模式本身，把自己置于资本主义体系的生产链低端，当我们要靠出卖廉价的劳动力，甚至于有些劳动力连基本工资也拿不到的时候，怎么做形象都是很难的。有句话叫“巧妇难为无米之炊”，当我们自己在生态、社会方面的问题比较多的时候，是很难去美化自己的形象的。

关于这些问题，我所讨论的是从结构的角度去考虑，如何开阔思路，提出新的问题，尤其是关系到我们刚才说的发展模式的转型问题，怎么样的发展模式能使我们中国不再是被动层面的发展。

我觉得当下的危机不仅仅是政治经济和社会层面的，而且是文化和生态层面的，这两个层面实际上是更根本的。为什么呢？文化，大家可能会理解为文化产业，博物馆里的东西，实际上这是物化理解的文化，真正的文化是人和人之间、族群与族群之间的包容与共存关系，是人类学意义上的文化。讲到危机，在挪威发生的恐怖主义事件，事实上是右翼的危机。右翼是对社会族群包容性的挑战，在欧洲大陆一直阴魂不散，在北美也一样。这个就关系到族群间共荣的问题了，这个是深刻的文化危机。还有就是生态上的危机，比如全球气候变暖，非正常的天气越来越多，人和自然的关系到了不改变我们的发展模式就无法修复、人类就无法生存的境地。这些危机构成了我们所面对的当下世界历史现实，这些危机展露了消费资本主义发展模式的不可持续性，急切呼唤我们在发展模式转型的关键时刻开拓学术研究新视野、实现研究新范式的转变。这个听起来耸人听闻，但是除了这个比较宏观的模式，我也真的想不出来用什么别的语言来说了。

在西方，我们刚刚以挪威为例说到在整个欧洲大陆右翼思想的崛起，这个危机同时也使左翼思想有了新的发展。一个很有思想的世界体系学者沃勒斯坦，2010年在《新左论坛》杂志上宣称：“问题已经不再是资本主义制度如何能修补自己和重新向前迈进，而是它会被什么样的制度所取代？什么样的秩序会从这样的混乱中出现？”为此，他呼吁，就我们希望构建什么样的世界体系和如何转型进行严肃的、开放的和真诚的学术对话和辩论。沃勒斯坦还进一步指出，当整个世界体系里的不同势力处于极度不平衡和多变状态的时候，小规模的社会动员就会有非常大的影响，而这正是复杂理论所指的“蝴蝶效应”。因此，他说：“这是一个政治主体能动性可以战胜结构决定主义的时刻。”大家知道沃勒斯坦是一个世界体系理论的学者，他是比较强调结构性的力量，由他这么一个人出来说“主体的重要性”，我觉得这是非常有意义的。我在1980年上大学那时候，很重要的一个口号就是“从我做起、从现在做起”。我觉得这个口号真的是非常有意义，它就是强调主体性，每个人在结构中主体性的一个话语。你们在座的可能会需要一个新的范式，但是你们也需要“从我做起，从现在做起”。

传播学在这一领域并不是没有贡献的，我这里要提到的是传播学者罗伯特·麦克切斯尼和另一位批判学者福斯特又重新提出了口号“不是社会主义就是毁灭主义”。这个话并不新，当年卢森堡就提出过“不是社会主义就是野蛮”，但这个话语是不断被加入新的内容的。东欧的理论学者齐泽克在分析了当代资本主义的危机和多重矛盾之后更是旗帜鲜明地宣称：“Communism, Again!”齐泽克认为，有四个对立的矛盾使资本主义社会关系不可能永远被再生产。第一个是生态灾难。其次，我们现在提倡把所有的知识产权化，他认为这是不符合人类共同体的理念的，也就是第二个矛盾——把人类知识通过所谓的知识产权私有化的不合适性。第三个他就说是科技的发展，尤其是生物工程的社会和伦理影响。最后提出的不可持续的就是新形式的社会隔离。这里提到的隔离不只是阶级，还有种族的、有族群的、有性别的等各种隔离。齐泽克认为，在这样的背景下，新的解放性政治主体将不再是某一个特定的社会主体，而是不同主体的爆炸性组合。他还说，经典的形象是无产阶级“失去的只是锁链”，而今把所有人团结在一起的是“我们面临失去一切的险境”。当然这些你可以说是危言耸听，但是我觉得警世危言是值得听的。

讲到中国传播研究思路和挑战的问题，在这儿我引用另外一位杰出的同事H·席勒的话，他提出了一个问题：“最重要的是，传播学的研究议程最终将会是由被压制的民族、阶级、种族、人民的表达的需要来决定。在这种情境下，还有什么比对那些维新的、更有人性的社会形式而争斗的人有用而更给人以动力呢？”这是他在1983年在美国的主流传播学杂志上关于批判学派的研究综述的文章的结尾处说的。而我对这个问题的看法就是现在传播研究需要的范式转型的一些基本立场。第一就是我们要重现乌托邦的想象，这个乌托邦就是理想的市场社会的乌托邦。而我们要思考的是要不要讨论、要不要遮掩中国现在的问题。

在这儿讲到经济学家们的成本计算，他们说：尽管中国的发展要付出代价，是要付出一代人的幸福，当然不包括经济学家自己的幸福，但是只要蒙头冲过去，前面就是美好的秩序：产权清晰，交易公平，司法公正，社会和谐。这个听上去和当年的共产主义理想没什么大区别了，而能冲过去的前提是在这个过程中注定成为"代价"的那些人，而他们最好是在浑然不觉中被"付"出去。在主流经济学家的算计中，这是已经形成的路径依赖下，走向辉煌的未来代价最小的选择。如果你是被牺牲的，然后你还不用叫，不用抗争，别人为你设计好了美好的未来，然后我们都跟着。这让我想到有句话叫：你挥手，我前进。现在是不是到了经济学家们挥手，我们前进的时候。这个确实是值得我们思考的。所以"重新想象乌托邦"意味着对一种在全球反殖与反资运动中所形成的一种超越资本主义社会关系的理想社会的可能性的期待。它先相信历史不会在资本主义和自由民主这里终结，并且坚持一种试图实现自我社会价值的人类劳动的力量，这是一种不为了别人的剩余价值，不为了那一点点的工资而劳动的力量，与一种试图将劳动降格为市场交换商品的力量正在进行斗争。

现在对于中国过去的讨论，在中国的学界也有很多。我这里引用的是两篇文章的名字，也是新左论坛上的文章："The Future of the Past"，还有一本是一位海外学者的书，叫做"The Battle over China's Past"。在这方面，我们改革开放的历史，尤其是改革开放时期的学术历史以及我们传播的历史都是非常历史虚无主义的。我们从西方引进传播学，就一切都从西方引进，然后基本上我们自己的传播历史就被割裂了，而现在西方的学者却开始重新理解和研究中国的历史，包括中国近代以前的历史，尤其是宋代以来的历史。很有影响力的西方学者阿里吉超越了以西方为中心的历史观和资本主义现代性叙事，他在《亚当 · 斯密在北京》中对中国发展模式进行了超越了西方中心主义的世界政治经济史分析，希望"中国的崛起象征着一个契机，一个摆脱迄今为止的以压迫和剥削为基础的国际秩序的契机"。阿里吉希望中国能走出一条"非资本主义的市场经济"道路，他对这种发展模式有具体的描述：这种发展模式以内在的发展，而不是对外贸易为主导,不是通过剥夺下层民众和社会公共财产来积累,主要依靠人力资源而不是不可再生的自然资源,而且政府通过大规模的民众参与,也就是大众民主,来制定政策。相对于西方世界曾经赖以发达的方式而言,这是一条从社会的角度更加公正,从生态的角度也更可持续的发展道路。那么怎么去探索,我觉得就是在座的这一代的责任和义务了。我觉得新的思想解放需要我们将传播的研究放回到中国人探寻其独特现代化道路的历史的过程中来加以审视,这是一种更宏大的历史观。它一方面排斥媒介中心主义的局限,另一方面也强调在内外互动中来理解中国革命与发展的历史,将中国传播问题看作是世界体系结构与意识形态变迁的一个组成部分。这听上去很宏观,但这是一个基本的立场。实际上当你们把自己的传播始祖追溯到施拉姆的时候,你们也是把自己纳入到西方的知识结构体系里面的,只是他是西方某一种、现在被认为是主流的西方知识结构体系。我这里说的是把自己纳入到整个世界的体系里,而且是批判的、对中国的另类现代化建设有更多的认识和承认的这样一个理论体系。不要以为你们自己研究的就是微观的问题,实际上谁都离不开世界体系。所以需要反思的是,我们三十年引入的传播体系,就是施拉姆的作为冷战科学的传播体系,那些传播与现代化叙事是在怎么样的西方的或者说资本主义转型的语境下的一种社会科学。对中国来说,这就涉及我们如何理解中国革命和中国国家、中国新闻制度形成的历史。

我觉得很重要的一点是我们不能割断中国的传播历史来做研究,只是把西方的传者、受者、受众引进来,然后就解决问题了,不能采取历史虚无主义的态度。比如说我们天天在说social media,我也常常被问到西方的social media,我就想说这和我们历史上的“群众办报”是不是有什么联系啊?去年我去人大办的一个健康传播的班讲课,我就在想,我们国家五六十年代的健康传播在联合国也是被推崇的。墙上贴着像“消灭血吸虫病”的标语也是很有效的健康传播不是吗?我们的健康传播为什么非从别人那儿开始呢?要这样的话我们永远在别人后面拾人牙慧。关于公共领域的也一样,我们中国当年所声称的无产阶级公共领域,应该说从某种角度也是挺公共的,但是是在什么样的语境下转化成现在这个样子?我们现在重提公共领域应该抱着什么样的历史态度?这也是值得思考的。现在我们提到公共领域的时候,不仅把阶级性和公共性历史辩证的关系给忽略了，而且好像认为所谓的公共领域的主体就是公共知识分子、媒体人自己还有他们所认同的代表中国民主主体的中产阶级。这是非常值得考虑的。

还有一个就是我们的传播研究如何有社会的视野。很重要的就是把社会重新引入传播研究的范畴，不要只做媒介中心主义的研究，不要只是看到国家与市场对立、社会与国家的对立，而是用一个多元的、各种权力相互构建的视角。说到将社会重新引入，在国际上，特别是我们国家的社会学，已经开始了这方面的研究。我很喜欢的一个美国社会学家麦克 · 布洛维在波兰尼和葛兰西这两位截然不同的理论家的基础上发展了社会学马克思主义。关于波兰尼的理论，我建议大家有空的时候读读《大转型》这本书，这本书对自我管制的市场的分析是非常深刻的。而且很有意思的是他的书是在二战以后出的，在19世纪的追求自由市场的乌托邦导致了两次世界大战，于是他乐观地认为再也没有人会相信自我管制的市场了。但是可悲的是，这本书出来以后，也就是福利社会建立起来以后，新自由主义的反扑使人们又回到了比以前更激进的乌托邦的理想，而推动这种理想的思想就是新自由主义思想。我个人有一个观点，中国在改革开放的时候，把哈耶克引进来而不把波兰尼引进来是一个极大的历史错位。因为波兰尼认为追求“自我管制”的市场自由主义乌托邦必然摧毁社会，从而导致被激活的社会的自我保护运动，有时候这个自我保护需要通过国家的立法，有时候通过社会的自我组织。他把这个市场自由主义推进的过程和社会自我反抗的过程描述为“双向运动”。我认为中国现在正在进行的演变用“双向运动”这个过程来解释会非常地有意义。这也不完全是我个人的观点，我在《国家社会》那篇文章里讲到了这个观点，不久以后我就在王绍光教授的文章里读到了中国社会的“双向运动”。他就用波兰尼的理论来解释中国现在的社会自我保护运动，这个运动很多是针对市场的毁灭性破坏的。大家会想到三聚氰胺，大家会想到很多事情，在这个过程中，社会起来反抗市场的极端主义的时候是需要国家保护的，是需要国家立法的。这个框架就不是自由主义市场对立国家这么个框架可以解释的了。而我们大家很多人都是在市场自由主义的框架里来理解国家，觉得市场的崛起会限制国家的权力。关于这方面我没有时间展开讲，但是我觉得很重要的一个思路是重新解释和理解社会的事业，然后在传播学的研究中更多地关注社会。

布洛维的是从两个理论资源里面构建他的社会概念,一个是波兰尼的active society,一个是葛兰西的civil society,在梳理了这两个概念以后,布洛维就提出所谓的社会主义就是社会至上主义,就是使国家和市场从属于自我管制的社会。我们现在的社会是以劳动者为主体的社会,这是我们国内的几位学者在一本叫《我们的时代》的书里写到的,我把这两个加在一块。我自己认为的社会主义就是使市场和国家从属于自我管制的、以劳动者为主体的社会。我自己在《传播在中国》这本书里面认为:在当代中国,为社会主义奋斗的努力,不仅存在于官方的口号,更存在于不同社会力量通过对这些口号的挪用,从而使国家和市场服务于社会需要的过程中。但不是所有的人都从这个框架来理解中国的社会运动,也不是所有人都把重新构建中国的社会当做他们的理想目标。但是这些都不重要,关键就是你如何从自己的理论立场出发,来理解中国正在进行的社会的抗争和转型。我觉得重新理解和构建这个国家和社会的关系,很重要的是要重新定义"主体"。谁是中国社会的主体?我觉得中国的传播研究是非常有沿海城市中心和中产阶级倾向的,我觉得我们应该克服这个倾向,不要自然而然地把中产阶级定义为天然的民主战士。

我在前面讲过了媒介中心主义和技术决定论这么一些框架,比如说我问你是研究什么的?回答是,我研究的新媒体。为什么不是说研究的新媒体条件下新的社会表达呢?因为新媒体的实质是"物",我觉得应该回到以人为主体的研究,而且要重视劳工和农民作为社会传播主体的研究,毕竟中国人的大多数是劳工和农民。《新青年》在1920年"劳动节纪念专号"中曾写道:"20世纪的劳工运动,已经是要求管理权时代,不是要求待遇的时代了。无论如何改良,终不是自由主人的地位。"这是1920年提出的伟大理想,但是现在我们的工人们依旧在唱"讨薪歌"。所以可以想象和今天的现实距离是有多么远。

当然最后还有一点,我们要重新开拓传播学研究的思路。我实际上已经在前面提到了这个意义的问题。我们的传播研究在超越制度拜物教、媒介中心主义和技术中心主义的时候,要回到意义层面,什么是生活的意义。我们的研究要有一个把政治经济这种宏观上的制度分析和文化的研究,也就是意义的研究、日常生活的研究、主体的研究相结合的批判研究的道路。实际上,意义的问题是现代化一直没有解决的问题，是西方现代化主流科学一直纠结的问题。我引用美国社会学家和汉学家赵文词的观点："一个完全建立在实用契约关系和个人利益基础上的公民社会概念必然是不稳定的"。因为新自由主义的理性是建立在所谓经济人的理性上的，但是这个理性是有缺陷的，所以赵文词认为"现代西方社会理论从未能解析现代市场与那些不知何故使其得以运转的前现代道德传统是如何调和的这个问题"。赵文词本人就是研究宗教、意义和那些不能被自由主义理性经济人这个概念所包容和包含的社会问题。这个概念在我们片面理解公共领域和市民社会里都是存在的，所以他强调在一个更高的层面上重构公共领域。"公共领域概念并不一定非得与西方特定的一整套经济与政治结构结亲。它假设民主可以有不同的形式。与其说中国这样的一个社会必须变得像西方，毋宁说西方自己需要寻找振兴其公共领域的新途径。在现代或后现代条件下探索使公共领域制度化的新途径，把中国和西方以一个共同的追求联结在一起。"这是从一个西方学者的视野看问题。实际上赵文词不是我所理解的西方的批判的马克思主义者，他是一个真正的西方的自由主义学者。他尚且能这样理解，也就是说对中国社会的批判应该是与对西方社会的批判结合在一起的，而我们以前老是说我们还没有赶上西方呢，西方的问题和对西方的批判与我们无关，实际上我觉得不应该是这样的理解。

我们要开拓后危机时代传播研究新视野，需要我们展开想象，去构建新的传播学。这个新的传播学可以用新的词汇，我在传媒大学讲课，一个博士生激情澎湃地说是公共传播学。而我在复旦大学童兵老师的带领下建立了当代马克思主义新闻与传播研究中心。这个听起来很怪的说法，其实一点都不怪。

在这样的语境下我们如何重新构建传播学，我这里会讲到四点。第一个很重要的是超越西方霸权主义知识体系，寻求基于"南方认识论"的"认知正义"。这里的南方指的不是地理上的，而是我前面所引用的那些被压制的国家民族、民众，他们的立场，以及在这种立场上建立所谓的"认知正义"。也就是说在知识层面、认识论层面来重新理解权力关系，那么意味着在认识论上颠覆现代西方霸权知识权力体系，进而在本体论和价值论上重新思考存在问题和生命的意义问题。关于这方面有很多理论资源，我们中国也有很多，包括我们中国的革命理论和学术资源。与此同时，比如印度也有很多优秀的学者，我经常引用的一本书《Provincializing Europe》把欧洲行省化，意味着什么呢？意味着摆脱欧洲中心主义。最新的一个理论家，葡萄牙的一个学者基于“世界社会论坛”的实践，提出了自己的理论。他的这套新的理论提出了“认知正义”的概念。他说：如果不能在不同的、相互竞争知识体系间建立一种平衡，所有旨在倡导社会正义的政策都会深化社会不公。为什么要有“认知正义”呢？因为西方资本主义和西方文化霸权的全球建立过程也是西方知识体系排斥、挤压、甚至消灭世界其他知识体系的过程，这一霸权知识体系构建了如下五个层面为核心的简约主义认识论：单一的知识体系及其严密性标准；单一的线性时间观；通过建立单一的社会分类逻辑及相关的社会性别、种族等范畴掩盖劳资关系和统治与被统治关系并使社会等级与区别自然化；单一的普遍和全球尺度，而且是建立在西方的普遍，不是其他国家和民族的普遍，而且是建立在他们自己想象上的普遍；单一的资本主义生产率和效益标准，把基于市场力量的增长率作为最优选择。什么叫进步，什么叫速度，什么叫生产力？这样的一套简约主义的认识论就导致了特定的有关蒙昧与科学、落后与先进、低劣与优等、地方与全球、非生产性与生产性的二元对立。南方认识论或者说批判的认识论所倡导的是由多种知识体系构成的知识生态，倡导多维的时间性和历史的多向性，多重的主体性与承认，多样的普遍性愿景以及多元的生产性标准，这是一个认识论上的革命，因为一个范式的革命没有认识论上的革命是不可能的。

第二点要说的是提倡多元的知识体系并不是构建东西方文明二元论和文化本质主义，而是意识到不同的知识体系之间的背后的权力和权力的抗争，统治和被统治关系。南方认识论不是倡导反现代、反科学、反民主的立场，这个非常重要。森托斯说他希望构建的是不同知识体系之间更平衡的关系，但不是说一种相对主义的关系。他不是要赋予不同的知识体系以相同的合法性，也不是笼统地要在任何具体的社会实践中反对等级分层。这是因为，如果所有的知识都有同等的价值的话，那么所有基于这些知识的社会转型都同等地合法，法西斯也是合法的，那这是不可接受的。

还有一个很重要的学者阿玛蒂亚·森，一位获诺贝尔奖的穷人经济学家。

他虽然是经济学家，但同时也做很多人文社会方面的研究。关于身份问题他有很多分析，他强调身份的多重性和复杂性，反对文明复杂论，反对文明的割裂，强调文明间的交融和不同区域文明对人类文明共同体的贡献。这样的理念是相信人类共同体的，而不是文明对立的。同时他认为现有的理论和知识成果已经是东西方和南北方知识和实践交融的结果。我们的数学用的是阿拉伯数字，当你把现代数学说成是西方的时候，我们已经进入了东西方对立二元论了。

对于当下的中国来说，这意味着：避免将文化多样性的想象限定在全球资本主义体系内部，也就是说不是仅仅停留在你的消费主义和我的消费主义的区别，你的大品牌和我的大品牌的区别，你的好莱坞大片和我的好莱坞大片的区别，这些区别其实没有区别，更重要的是消费主义文化和非消费主义文化的区别，我觉得这种才是真正的多元。所以我们要避免将文化多样性的想象限定在全球资本主义体系内部，避免在中国与美国之间、同一游戏规则内部进行零和游戏的层面上来认识"中国崛起"，而且要寻求用社会主义的全球化替代资本主义全球化，这里我引用的是林春的话。他的意思是我们需要的是一个超越现在发展模式的道路。

第三点是超越以英美为原点的"中心辐射式"研究议题。我们在座的传媒领袖看准的都是英国和美国，而对此外的传播现象关注的很少。这次我在北京就收到了新华社的一位像你们一样刚刚毕业不久的编辑的求救。他需要找一些第三世界的学者，写关于全球传播新秩序的文章，但是他不认识任何一个第三世界的学者。是啊，因为现在大家更多地关注英美的学者、西方的学者而很少关注西方以外的学者，才会出现这样的状况。我们中国在谈走出去、崛起，就需要和第三世界的学者接触，我们怎么去做这个知识准备是很重要的。

最后一点放在国内就是超越城乡割裂，走新乡土主义的路线。这也就是说我们如何在地缘政治上超越城市中心主义；在社会学意义上，如何深入基层，进而"上山下乡"把研究对象从都市中产阶级转移到广大的工人、农民和边远地区的少数民族；在方法论上如何从技术中心主义和制度拜物教转移到人，回到人的层面，然后进行作为不同社会群体的人的研究。因为传播学也好，新闻学也好毕竟是人学。

从新闻历史中寻找智慧

时　间：2011年7月20日

地　点：上海交通大学闵行校区新图图书信息大楼8楼

主讲人：郑贞铭

郑贞铭

台湾中国文化大学新闻研究所教授，哲学研究所硕士班新闻组主任，《香港时报》董事长。曾在台湾师范大学、辅仁大学、香港珠海大学新闻研究所等校任教。曾历任中国文化大学新闻系主任、新闻研究所所长、社会科学院院长等。主要著作包括《新闻学与大众传播学》、《新闻采访与编辑》、《新闻采访的理论与实际》、《中外新闻传播教育》、《无爱不成师》等。

主持人：各位同学，今天我们邀请的是一位非常重量级的嘉宾，他是台湾中国文化大学新闻研究所的教授郑贞铭老师。郑贞铭老师在我们新闻传播学界享有盛誉，他曾任《香港时报》的董事长，曾在台湾私立大学，辅仁大学，香港珠海大学等新闻研究所任教，曾任中国文化大学新闻系主任，新闻研究所所长，社会科学院院长。主要著作包括《新闻学与传播学》、《新闻与编辑》、《新闻采访的理论与实践》，还有《中国新闻传播教育》等等。郑老师在新闻传播学界地位非常高，在台湾有很多著名的学者，包括加拿大、美国的一些报业老总都是郑老师的学生。今天我们非常荣幸地请到郑老师为大家做精彩的演讲，我们用热烈的掌声欢迎郑老师！

郑贞铭：我今天来跟各位同学报告的题目是《从新闻历史中寻找智慧》。历史是一条长河，所以历史的原貌当然没有办法去照原貌去恢复、全然地恢复。可是历史上许多的相通的道理，既不相同却又相通，那个道理我们要思考，要学会从历史中寻找智慧。我常常讲一句话，承先是为了要启后，所以我们回顾是为了要前瞻。回顾历史所发生的几百年的新闻史的事情，有许多是非常值得我们今天来做审视的。我们怎么样透过这种梳理历史、认识历史、进一步地解释历史去产生更大的智慧来处理我们今天以及往后的事情，我相信这一步努力是非常值得用一点心来做的。

傅斯年曾经讲过，上穷碧落下黄泉，动手动脚找资料。一生为故国招魂的历史学家钱穆教授也曾经讲过一句话，他说人类受苦正因为传统的价值不但不能够更深入，而且愈来愈简化。我们人类今天最重要的一个问题就是你的心究竟摆在哪里。你的心究竟在哪里，这是今天人类要稳定今天的社会往后去发展的一个最重要的一种思考，这是钱穆教授说的话。我现在回归到我们两三百年新闻传播的历史，至少有许多非常值得我们思考的往事。它们写了光辉历史，在这个光辉历史里面可以给我们所有有志于传媒工作的朋友去思考、去借鉴、去效仿。

我曾经写了一套书叫《百年报人》，一共有六册，就是写了一直到今天一百年来中外历史上最值得我们去了解的一百位中外的报人。我这个报人是一种广义的解释，实际上就是媒体人，包括报纸、广播、电视、广告、公共关系、新闻学术等等，都包括在内，一百个值得我们去研究、去学习的他们的奋斗历史以及他们的光辉事迹的媒体人。在这个世界报人里面，我归纳一下，这些个人大体上特别值得我们借鉴思考的有下面这几类，各位也可以作为你们自己未来在传播媒体界、学术界努力的一个借鉴的参考。

第一类的人，觉得非常值得我们从历史中了解的、非常值得我们佩服的就是他们为新闻事业做了开路的先锋，这是第一类我们可以在历史上寻找到的非常重要的人物。他们的故事太多了，我今天只能够从中间挑几个来提一下。

在这些作为开路先锋的人物中，各位都知道美国最有名的被称为“报业拿破仑”的普利策先生。普利策先生年轻的时候跟赫斯特竞争黄色新闻，到了晚年他非常后悔。他眼睛瞎了，后来他是用自传口述的方式写了他的回忆录。他说他对过去为了赚钱而从事黄色新闻，贻害了社会国家跟许多人，觉得非常惭愧、后悔跟遗憾。在他的晚年，为什么普利策先生在新闻史上有那么崇高的地位？就是因为他在晚年做了两件非常重要的开路先锋的工作。第一个，各位都知道是现在世界有名的普利策新闻奖，这个奖就是要鼓励所有的新闻工作的朋友。你们都应该了解到新闻媒体的影响力，所以要做些有意义的、正面的，对文化、对社会、对历史有贡献、有价值的事情，所以他这个普利策奖就变成美国新闻界最高的荣誉。你今天在美国新闻界服务，能够得到普利策奖就是表示对你一生的肯定。成立这个普利策奖，让他成为一个伟大的开路先锋。另外一件事情，各位晓得，普利策是在1912年成立了美国哥伦比亚大学的新闻学院，美国哥伦比亚大学的新闻学院是美国历史上第二家新闻学院。第一家是1908年的美国密苏里大学的新闻学院。4年之后第二家，哥伦比亚大学成立了新闻学院，就是在普利策先生当年捐款的一百万美金的基础上成立了哥伦比亚大学新闻学院。各位要知道，在1912年的一百万美金不是今天的一百万。他在自己的演讲中说，我对全国最有贡献的就是一定要成立一所非常非常优秀的新闻学院。他说像医生、律师都有专门的学院，培养新闻工作者能够没有这种非常优秀、杰出的新闻学院吗？所以他决心成立新闻学院。今天美国舆论界的领袖特别是在纽约重要的媒体，像《纽约时报》、美联社、合众国际社、ABC、NBC、CBS所有重要媒体里面重要的主管几乎都是哥伦比亚大学的毕业生。他们可以说影响了一个正态的新闻传播的路子。所以普利策的这种工作可以说是我们人类新闻事业的一个开路先锋。

《纽约时报》的创办人雷蒙，他一开始创办《纽约时报》时就下决心让《纽约时报》成为一个对人类文化社会有贡献的一份报纸。这个理想在美国《纽约时报》的报头上有一句到现在都还在刊登的话中可以体现出来，我想各位同学都非常清楚，“所有的新闻都是适合刊登的新闻”。换句话说不适合的，或者夸大的、渲染的、造谣的、八卦的这些在《纽约时报》上是不会出现的。《纽约时报》在前阵子有个很感动人的新闻，就是说它曾经在几十年前登过一个新闻，后来新闻主角的后代觉得登的内容是不真实的，侮辱了他的祖先并进行抗议，结果《纽约时报》还刊登了道歉启事，为几十年前的一条新闻的错误它今天还会登一个道歉启示。《纽约时报》的发行人萨尔兹伯格先生到台北的时候，我们也见了面，他强调《纽约时报》坚持一定要走真正知识分子的路，为社会负责。

再比如创办《读者文摘》的华莱士，《读者文摘》主要给人的是一种和平、善良、向上的一种生活境界，所以它才能够销行几十个国家，销行得这么普及。在美国判断你这个家庭有没有水准，一个很重要的判断标准就是你这个家庭有没有订《读者文摘》。因为《读者文摘》是适合你这个家庭里面的每一个人看的，从老年人到中年人到妇女到儿童都可以看，内容都是有益的，而且文字非常浅显，它为刊物里的每一个字负责。不要说英文版的《读者文摘》，连中文版的《读者文摘》都是这个样子。《读者文摘》中文版的社址是在香港，有一次我到香港跟《读者文摘》中文版的总编辑林太乙女士见面。林太乙是林语堂先生的女儿，她告诉我，她说我们收到读者的投稿，台湾当时的司法院长林洋港先生在一个地方讲的一个笑话。这篇笑话虽然只有三四百字，可是我们不知道是不是林洋港先生讲过的笑话。她说我们为了这三四百字，打长途电话从香港到台北去求证，她说打了五次才打通，林洋港先生亲自接的这个电话，他证实是在哪一天，哪个时候讲的这个笑话，而且内容是怎么样的。全部证实之后，《读者文摘》才发表这篇只有三四百字的短文章。所以你可以知道一个正面负责的媒体，它心中对读者的态度、读者在它心中的分量。它是以公信力为生命力的，这一点我们都可以看出太多太多了。像《TIME》杂志的创办人鲁斯先生，这些都是他为培养人的国际观办的杂志。美国没有全国性的报纸，但是美国有全国性的杂志，甚至有世界性的杂志。我们都知道，这些人都是在媒体历史中为人类开创历史做开路先锋的工作。

那么第二类的，我简单地把它题为是开创新闻事业的一个王国，目的是为了要服务全人类。所以当大家知道美国美联社成立的时候，这个《鲁滨逊漂流记》的作者说美联社这个单位曾经有一句非常有名的话形容它，“世界上只有两种光亮会普照这个大地，一个是天上的太阳，一个就是地上的美联社。”那个时候全世界的媒体几乎重要的国际来源都是要靠美联社的，我们每天看的报纸，订的电视新闻、广播新闻，许多的资讯来源都是来自美联社的，所以它们的旗帜是要向全球服务，服务全人类。我曾经到亚特兰大参观CNN的总部，亚特兰大这个CNN成立的时间并不算太长，但是CNN今天的新闻也是普及到全世界、全球。他们的一个抱负跟理想是新闻是一种服务，如果这个服务能够到达全人类的话，那就更是他的理想。我所有提到的人以及很多很多没有提到的人，你认真去读他们的回忆录，或者去读他们的传记，你会得到非常多的启发跟感动。

第三个类型，我把它称之为是为新闻界树立了典范，树立了风格，树立了令人尊敬的一些精神。他们不一定地位要很高，可是他们做出来的事情是一种典范，所以这一方面的事情当然我相信是更多了。我在华盛顿参观《华盛顿邮报》，那么我是想去访问当初水门案件中的三个《华盛顿邮报》的记者，结果我去的时候已经有一个记者离职了，已经离开了他的岗位。有一个记者还在，我访问到了，另外一个记者当天刚好有重要的事情，出差到外面去了。后来我又读了这个《华盛顿邮报》那个时候的董事长，现在已经过世了，格雷厄姆女士的一本回忆录。她讲到当年为了水门案件所有奋斗的经过。格雷厄姆女士跟尼克松总统是好朋友，可是当她的记者知道尼克松可能涉入到水门案件的时候，回来向她报告，说这个新闻要不要发表，能不能发表。格雷厄姆女士回他一句话，她说，“我只问真实”。我只问这个事情是不是真的，如果是真的，即使尼克松总统是我的好朋友，照样发表。当时尼克松以总统的权力对她做了很多的威胁，她不为所动。《华盛顿邮报》本来在美国历史上、报业史上地位还不算是那么高的，过去那个时候最高的是《纽约时报》。这个事情之后，《华盛顿邮报》跟《纽约时报》并驾齐驱。就是这种典范，为了真实，她勇于担当的精神写下了人类历史、新闻历史上非常可贵的一章。

各位都知道从大陆去台湾有一个老报人，就是现在台北世新大学的创办人成舍我先生。我相信各位听过这个名字，应该知道，他在南京创办《民生报》，批评报道了当时的行政院长汪精卫下面的一个秘书处贪污。因发表那个新闻，得罪了汪精卫，汪精卫就威胁说要关他的报社，要他道歉。成舍我先生不为所动，因为事实是真实的。结果汪精卫看看没办法了，他就派下面一个好朋友，那个朋友也是成舍我的好朋友，一个中间人，来替汪精卫做调解，跑去见成舍我。他说，明天开始你不再报道吧，不再评论，那过去的事汪精卫说就算了，也不再计较了。那个朋友临走之前说了一句话，他说老成啊，我劝你还是不要再报道了，因为你一个新闻记者跟行政院长去碰啊，最后会碰得鼻青脸肿。他是行政院长，就是等于国务总理这样的一个地位。结果成舍我听了这个话非常生气，他就对那个朋友说，我的看法跟你刚好相反，我认为我作为一个新闻记者跟行政院长碰，最后得胜的一定是新闻记者，不是行政院长。因为我可以一辈子做新闻记者，他不可能做一辈子的行政院长。这是一种正气凛然的报人典范跟风格。成舍我先生也是我的老师，我在政治大学新闻研究所修过他的课，他是非常让人敬佩的一位报人的典范。他在台湾批评蒋介石，蒋介石把当时南京《救国时报》的一个社长关起来了。关起来之后，成舍我先生就公开地为他的老朋友声援，他说了一句话，“他虽然没有人缘，但是他有人权。像这样子你们把他关了又不审，又不判，又不放，像这样完全是违背人权的事情，是一个违反真正的民主精神的一种作为。”所以蒋介石一直不让他办报嘛。他在北京、在南京各地办了很多很成功的报纸，可是到了台湾，蒋介石就不让他办报，最后他没办法才去办世新，世界新闻大学。可是刚开始的世新只是一个职业学校，后来变成专科学校，再后来变成学院，现在才变成世新大学，是这样来的。

所以我们在历史上可以看到第三种类型的人物，就是他们为新闻界树立了许多令人尊敬、令人佩服的典范。我有一个老师叫曾虚白教授，其实你要讲台湾这六十年来最受人尊敬、最让人推崇的新闻界的前辈是我这个老师曾虚白教授，他活了一百岁。他做了新闻媒体的各种工作，都非常成功。他在上海办《大美晚报》，那个时候上海流行一句话叫做“《大美晚报》，吃饱睡觉”，你不看《大美晚报》你那天晚上就睡不着。他办得非常成功，到台湾办电视、办广播、办通讯社，办中央通讯社、办新闻教育、办政大的新闻研究所、办国际宣传，在新闻局做过副局长，台湾的电视就是他建立的。当时台湾蒋介石政府里面“副总统”是陈诚先生，他反对台湾办电视。在那个时候啊，几十年前，他说台湾要过刻苦奋斗的生活，他说看到很多西方国家的电视是靡靡之音，所以他反对办电视。而蒋介石就派了曾虚白老师到世界各国去考察电视事业，然后回来之后这个老师就做了一个很长的报告，他的结论是台湾应该办电视，不能够脱离最新的媒体，可是台湾应该学习英国的BBC，日本的NHK，以公共电视为主。所以今天台湾的电视很多的乱象是一开始步骤走错了，走到商业电视的路子上。今天台湾的电视其实很多也是问题丛生，也是非常商业化，我们的公共电视办得太晚了。当时台湾只有三个频道，台视、中视、华视，三个无线电视。如果马上成立第四个公共电视频道，人们的收视率就养成了。现在办得太晚了，台湾有五六十个频道之后才想起政府应该有一个公共电视。现在是办起来了，可是人民没有收视习惯了。虽然花了蛮多的钱搞公共电视，可是公共电视的功效就比英国的BBC、日本的NHK等等都差了非常之多，所以没有远见是不行的。

第四个我们在新闻历史中可以找到的典范就是为新闻学术奠定了不薄的基础，这个也是非常重要的。113年前这个世界上还不承认新闻是一个学术，新闻只是个技术，不是学术，所以它没有资格在大学里面成立新闻系。台湾也是这样，傅斯年先生在台大做校长的时候，当时我们很多人主张说台大应该办新闻系，傅斯年校长否决，否决的原因是什么？他说新闻只是一个技术，不是一个学术。新闻无学之论，各位同学一定也听过对不对？在这样的一个环境背景中，我们能够有一些先贤有这样的眼光。

我最近在台北《中国时报》的副刊发表了一篇很大的文章叫《我的新闻大梦》，引起相当广泛的注意。这篇文章里面我提到在113年前美国的报人威廉斯博士创办了美国第一所新闻大学密苏里新闻学院。他原来是一家报纸的老总，待遇很好，可是他把一家待遇很好的老总的工作辞掉了，去创办密苏里新闻学院。为什么呢？我看他的回忆录也非常感动。威廉斯说，我相信报业与民主政治的前途是息息相关的，“如果继续再办报，我只能办一家好的报纸，可是这个世界上民主政治的前途需要很多好的报纸，所以我去办学校，要跟很多有志于新闻学的年轻人共同研究新闻，共同来研究办报，将来办出更多更好的报纸，这样民主政治才有前途。”我很欣赏也很佩服他的话，所以密苏里新闻学院就成为全世界第一家设新闻学院的大学，而且它不但是新闻学院，它一开始就为新闻教育指出一条非常正确的路。它认为新闻不仅是一个“术”，新闻也是一个种“学”。如果新闻不是一个学，在新闻界工作的朋友，你们没有尊严、没有学术根底，你们永远只是技术，要维护新闻这个行业的学术尊严，这个行业才有尊严。所以开始研究新闻学，开始培养很多很优秀的学生。美国很多大型城市像纽约我刚才讲的很多新闻人，像著名的专栏作家、著名的主编等从哥伦比亚大学毕业的很多，但是美国中小型城市的媒体主持人、社长、电台台长、电视台台长，他们都是密苏里新闻学院的毕业生。

当然各位现在开始读很多有关大众传播的理论。传播学的泰斗、传播学之父施拉姆博士，1960年我在斯坦福大学跟他做了一次访问。去年是他的一百岁诞辰，他已经往生了，我纪念他的诞辰，写了一篇一万多字的文章来纪念他。如果你去研究他的生平跟历史，你就知道学术研究是多么重要的一件事，也是一种终生奉献的理想。所以我觉得第四类特别值得我们追忆学习的人物就是他一生为新闻传播的教育，或者为新闻传播的学术，去从事辨别的工作，或者发扬光大的工作。我刚才说过我的老师曾虚白教授做了很多媒体的工作，政府要他去做官，他拒绝，他说我就是要做一辈子的中国的新闻记者，这个例子当然不止是我们国内的，国外的更多。

我要举例说的第五种类型的人物就是我一生就是做一个杰出的记者，做一个记者就是我一辈子最光荣的荣誉，大体上西方国家是有这个观念的，所以在他们的媒体界我们可能很少听说什么名社长、名总经理，可是我们总能听到名记者。我们很少听到什么名大学校长，什么名系主任、名院长，我们只听到名教授。有一次在美国的经历给我留下了很深刻的印象，我跟一个大学校长见面，我们交换名片，我看他左边印着名字，占左边很多的地方，第二行是某某大学教授，第三行是很小很小的字“兼校长”。在新闻界我们可以看到很多的风范也是这样子。我相信大家都知道美国最有名的新闻电视的主播，现在已经退休了，沃尔特·克朗凯特先生，几十年成为美国最具有公信力的人。美国民意调查要选出二十个美国最有影响力的人，沃尔特·克朗凯特在他当红的那几年连续当选。我刚刚讲的《华盛顿邮报》的格雷厄姆女士，以及像这个《纽约时报》的萨尔兹伯格先生都在20人名单之内。对全美国最有影响力的人，新闻界传播界就占了三个，有时候总统都还排名在他后面。因此真正有志的新闻工作者也要做个名记者，我们不是做官的。沃尔特·克朗凯特是美国最有名的一位新闻电视主持人，当时美国的民主党、共和党都争取要他做民主党或者共和党的总统、副总统的候选人，他都拒绝了。他说，我认为我这一生做一个成功的新闻记者远比总统对社会还有更长的贡献跟服务，总统你可能任几年就下台了，你做得不好，像尼克松一样，像水门案件牵涉到这么多。我觉得是他们留下一个很好的风范，就是做一个很好的新闻记者。

我们大家都知道萧乾，萧先生说我不能决定我的死法，可是我可以决定我的生法，我怎么死的我不知道，可是我可以决定我怎么生，我这几十年要怎么过，为什么样的理想去奋斗，我自己可以决定。我觉得这是很动人的一句话。

你们知道美国密苏里新闻学院曾经有一年选过最佳的外国报纸，就是用美国人的眼光看，全世界它要选一份最好的报纸，外国的，不是美国的，大家读过这段历史，我们的《大公报》。《大公报》的总主编张季鸾先生，他亲自到密苏里大学去接受这份荣誉。张季鸾先生所提出来的“四不主义”，我不知道各位印象是不是很深刻，至少在台湾，张季鸾先生的“四不主义”被奉为一个非常重要的精神标杆，这四不主义就是不党、不卖、不盲、不私。不党，我们是为全国的老百姓讲话，我不偏袒任何的政党；不卖，我这个媒体需要新闻的任何东西，新闻评论也好，新闻报道也好，绝不出卖，不能要金钱来出卖我新闻人的灵魂跟人格；不盲，我不盲目，不能够人云亦云，所以新闻人要有很丰富的知识，要有很好的分析能力跟判断能力就是这个道理。否则你就很可能盲从，所以他说不盲；不私，我不为任何私人的利益，报纸上的、电视上的，任何时间、任何篇幅，都是属于公众的，不是属于个人的。到现在为止，《纽约时报》有个很重要的原则，它的原则是什么？“报人不见报”，《纽约时报》所有重要的人、所有重要的活动绝不在我自己的报纸上来报道。我不能利用我自己的报纸，但如果老板要利用，那太简单了嘛，对不对？我有一件重要的事情想报道一下，怎么不可以报道呢？但是《纽约时报》一百多年的历史中唯一的一次破例，就是《纽约时报》的创办人过世了，在《纽约时报》上登了两栏底的小新闻：本报创办人昨天过世。《纽约时报》的创办人他毕竟还是纽约社会里面很重要的人物，他今天过世也是属于大家的，这件事情的关键也是属于大家的嘛。但是它也没有夸张的报道，它就登了个小小的两栏底的新闻。作为一个报人要知道我们现在所掌握的权力，掌握的影响力，其实是来自大众的，你不能自己私用或者滥用，这是一种从新闻史中可以学到的风范和风格。

成为好的新闻记者就是你好的成就，所以美国最伟大的记者恩尼 · 派尔，大家知道他在世的时候做战地记者，深入部队，写出部队里面基层兵哥们的心声。那个时候恩尼 · 派尔在二战期间所写的专栏，几千万个读者，几百万个家庭都要读。所以他死的时候，美国用比照总统过世的那个仪式来安葬恩尼 · 派尔，他成为一个军事记者的典范。

从以上我随便举的一些人物，跟他们不同领域为我们所作的贡献，我想有几点在这里跟各位同学做参考。第一点，我是认为有很重要的几件事情是我们今后确定要非常努力的，第一个要确确实实地为新闻事业、新闻传播事业做定位，当然它是一种商业，它要赚钱，而且事实上我也赞成媒体要赚钱，因为没有经济你就不能独立，你就没有独立的新闻，也没有独立的评论，就是你先要有经济的独立，才能有独立的新闻跟新闻评论、言论。可是你不能说以经济挂帅，以赚钱为最重要的、第一优先的考量。因为新闻事业的本位，我个人的看法它毕竟是一个文化事业，是一个社会教育事业，所以它的使命跟一般的企业是不同的，它当然要讲管理、要讲契约、要讲赚钱，可是你一定不能把这些东西当成是第一位的。这是定位问题。

我昨天晚上特别找出一小段当年梁启超先生在《时务报》上发表的第一篇跟新闻学有关的文章。梁启超先生生前曾经支持过海内外的、他自己主办或者支持过的刊物有17种之多，写下了1 400万字的文章。人家评论梁启超先生，认为他的文字“人人心中所有，人人笔下所无”。他说的东西每个读者看了都觉得深获我心，就是人人所有。人人笔下所无，你要去写同样的东西，你又写不出像梁启超先生这样的文笔。所以他的生平、他的文章，至少我在台北教书的时候，我规定学生一定要看《饮冰室文集》，这是梁启超的代表性作品之一。他的有关新闻学的处女作叫做《论报馆有益于国事》，他是把报刊比作喉舌、耳目，功能应该是“去善求通”，这个是他对新闻工作的一个看法，我个人是很认同这样的一个看法。只要对中国新闻史、世界新闻史有点涉猎，你们知道早期的报人都是以文人自居，都是以国事自居，对我们社会、对我们国家都是非常有使命感的。我觉得对新闻的定位要确定，这样子才不会迷惑。

这几天各位看到这个《世界新闻报》的新闻，你们翻译成默多克，台湾翻译成梅铎，他最近发生的事情实在是值得新闻界大大地反省。他就是因为过度的，说得好听点是企业化，说得不好听点是盈利嘛，所以他才会用这样的各种不择手段的窃听方法、八卦的手段、去侵犯隐私的方法，把所有人应该有的各种生活上的权益、隐私权等等全部剥夺。新闻界做到这个样子，实在是非常糟糕的事情。默多克这个新闻发生后，我有一天看到我的一个老师陆以正先生为这个事情写的一篇短文章发表在《联合报》，他的题目叫《梅铎人，你们何必作贱如此》，我看了以后真的是深有感触。所以我认为新闻事业、新闻传播媒体的定位问题实在是一个很根本的问题。

第二，从几百年中外新闻传播历史上来看，我个人认为新闻自由是重要的。你们知道有一句很有名的话，绝对的权力造成绝对的腐败。所以西方的民主政治把新闻列为第四权，就是说新闻界的责任就是制衡政府的权利，所以你要为老百姓讲话，你要制衡政府腐败跟贪污。有一本小说我不知道大家有没有看过，得过诺贝尔文学奖的，叫做《权力的滋味》。我花一分钟时间很简单地介绍下这本书的故事，它讲一个年轻人非常有理想，对社会的现状很不满，最后他自己下结论说他要革命，要推翻现有的政府。结果他照自己的理想去做，一步步去做，最后他成功了，他真的成功了，他也变成了这个国家的领袖，讽刺的是什么呢？就是他做了这个国家的领袖后，慢慢地，他也开始变得腐败、变得独裁、变得专制了。最后他贪污专制的程度比上一任被他推翻的人还要厉害，结果他自己又变成人民要推翻、要革命的对象，就是这么一个简单的故事。所以第二点我认为新闻自由重要的原因就是因为我们都不是圣人，每一个掌握权力的人最后都可能会腐败。

那么第三点我要强调新闻工作专业性的重要。大家知道世界上只有几种行业是被公认为专业。医生是专业，律师是专业，会计师是专业，有的国家教师也是专业。那么我觉得新闻传播一定要是一个专业。专业是什么？它有几个最基本的要求，第一个要求是你一定要受过完整的、很好的专业教育，不是阿狗阿猫谁都可以做的。你做新闻工作，如果你对新闻学的基本理念、基础的学术知识没有掌握的话，你纯粹是技术，这是不够的。台湾好的媒体它招考的工作人员，当然也有一些不是新闻科系毕业的，但是对这些不是新闻传播科系毕业的，他们报馆都会给他们三个月的职前训练，就是这三个月里你们要先上课，上的课都是跟新闻传播知识有关的课，而至于其他专业课你们都已经具备了。第二个所谓的专业是一定要重视这个所谓的专业荣誉。第三个所谓的专业你一定是以服务为目的，谋生在其次。做医生的人你最重要的责任是要把病人看好，不是说斤斤计较，那个钱的问题放在第一位，这样你就没有医德了嘛，所以医生就非常重视医德教育。新闻为什么要重视新闻伦理、新闻道德的教育？一样的道理，所以要以服务为主，谋生其次。其次就是说所谓专业就是要有专业的规范和伦理道德，一定有一套标准。当年威廉斯创办密苏里新闻学院的时候，我印象最深刻的时候就是我走进密苏里，推开大门，右边一块很大的铜版，上面就镶了威廉斯博士自己规定的守则，一共八条。这个守则他当时只是给密苏里的师生共同遵守的，但是后来被全美国的新闻界接受，再后来变成全美国新闻界的道德准绳。他这个守则里面最后一句话是什么？终身奉献。真正有理想的人就是我刚刚讲的，是终身奉献的，我这一辈子就是贡献给新闻学，给新闻事业，我没有其他的想法。

第四点要强调的就是新闻自律的重要。是的，我们是监督的媒体，媒体监督行政、立法、司法三权。但是，我请问你，谁监督你呢？你在那里监督别人，谁监督你呢？你自己新闻人行使这样的权利，你有没有滥用权利呢？这个就牵涉到新闻工作者除了道德规范以外的一种自律的精神。自律的精神当然包括很多，也有包括法律，也有包括众律、他律的。我们说有一把道德的尺，那是无形的一种自律。这个自律是重要的，很多先进国家成立新闻评议会，新闻自律的组织，让社会各方面非常有代表性的人物组织这个新闻评议的组织，来评议你这个媒体是不是遵守新闻应该有的新闻道德。比如说某些东西可能对青少年的成长影响很大，那可能教育学家跟心理学家、儿童心理学家提出意见，请你在报道或者做某些新闻节目的时候参考。这个不是限制你的自由，这是你在尽社会责任。我们是非常强调新闻自由的，可是我们也绝不忽略新闻自律，新闻自由和新闻自律就好像手的手心手背，不能分开的。你也不能只讲自由而不讲责任，不讲自律。

第五点我要强调的是我们的本行，就是新闻教育的重要。我认为新闻教育不是一种廉价的教育。我特别要说一下，好的新闻教育是要投入非常多资源的，像美国有些办得好的新闻学院就跟医学院一样，你们看办个医学院还要办个医院啊，要投入多少？那我看有一些学校，好像开了两个教室，请了两个老师，好像它的新闻系招牌就挂起来了。这么廉价，怎么可能办得好新闻教育呢？所以它绝对不是廉价的教育。

新闻教育不是教育的教育。我们当然要实习，要对媒体的很多操作很清楚，可是更重要的是要有理论基础，否则的话我们不用办大学研究院了，办个职业学校就好了。

新闻教育也不是孤立教育。什么叫孤立教育？新闻学院一定要开设在一个综合大学里面，这个新闻学院才比较容易成功。什么叫综合大学？就是新闻学院的学生也能够选很多别的系、别的学院的课，政治的、社会的、经济的，他有兴趣的都可以去修，他都可以去听演讲，他可以知道很多的知识。

新闻教育第四点我认为不是一种僵化的教育，它随着时代而随时调整它的课程，调整它的教学方法，它不是僵化的。所以一个大学你看它的教育理想是不是很对，你看它的课程表就知道。它到底开些什么课，课程跟教学方法，这是一个非常重要的新闻教育的问题。如果课程不合理，或者教学方法不对，新闻教育也不容易成功。

新闻教育不是一种功利的教育，新闻教育也不是一种速成的教育。曾经有一阵子很多人主张新闻学要跟医学一样要七年，前四年在打学识的基础，然后有一年到媒体去实习，再有两年学新闻学的基本知识。前四年其实在学语文，在学各种背景知识，政治学、经济学、社会学，那些很广泛的人文和社会的基础。所以如果你要真的照这个理想走的话，是真的要七年。所以它不是技术教育、不是廉价教育、不是孤立教育、不是僵化教育、不是功利教育，也不是速成教育，我认为新闻教育是专业教育、是人文教育、是伦理教育、是通识教育、是全能教育，更是一个终生教育，最重要的一点是终生教育。所以包括在座各位，你们毕业了，不要认为我已经从新闻学院毕业了。如果你要做一个好的新闻人，你要终生学习、终生教育，因为时代是在进步，知识也是在进步，学校只是一个短暂的、暂时的结束，这样子的话我们才可能出现最优秀的新闻工作者。

最后一点我要讲的就是从历史中体会到的媒介素质的重要。媒介素养主要是指全体国民的教育，因为每个人都会看报纸、看电视、看杂志、听广播，所以这些阅听人对于新闻媒体有一些基本的知识。有基本的知识才会有良好的收视习惯，才知道怎么辨别新闻里面的真与假。更进一步地，还要形成一种督促新闻界进步的力量。拥有非常高水准的阅听人，好的阅听人是非常重要的。你不要认为阅听人没有力量，其实改善新闻界一个很重要的力量之一就是来自广大的社会民众跟阅听人。你们一定读过这段历史，赫斯特和普利策竞争，始作俑者是赫斯特，把纽约的社会搞得乌烟瘴气，搞了十几年。但是你们有没有研究最后赫斯特他的王国为什么一夜之间垮掉？因为当年美国麦金莱总统在一个地方演讲，当天赫斯特的报纸社论鼓吹暴力，他说你对社会有任何的不满，可以采取任何的方式，包括暗杀也不为过。这是非常耸动的一个黄色新闻的作风啊，所以凶手当天看了这个报纸的社论后，就跑过去，麦金莱总统正在演讲，凶手把他枪杀了，结果后来从这个凶手的身上搜出这份赫斯特的报纸。所以纽约市民马上发起一个"拒绝赫斯特报纸"的运动。赫斯特报纸嚣张了十几年，一夜之间垮掉了。你们读美国新闻史这段故事你们一定知道，后来代之而起的是什么？就是以庄重著称的《纽约时报》。《纽约时报》就是这个时候起来的。所以希望社会大众的这种对媒体的认知发挥一个正面的力量来制衡媒体。坦白说我们是媒体人，我们自己要自省，除了自己自省外，外面的力量也是促使我们反省的一个很重要的原因。从历史上我会觉得我们大家来共同培养阅听人的这种对媒体正确的认知，也是新闻媒体走向健康道路的一个很重要的方法。

新闻的真实与真相

时　间：2011年7月19日

地　点：上海交通大学闵行校区新图图书信息大楼8楼

主讲人：尹韵公

尹韵公

中国社会科学院新闻所所长、党委副书记。《新闻与传播研究》杂志主编，《中国新闻年鉴》社长，国务院学位委员会新闻传播学科评议组召集人、国家社科规划办新闻传播学科组评审委员，博士生导师。1989年1月至1997年10月在国务院研究室工作，1997年10月调至中国社科院工作至今。研究领域为新闻史和新闻理论，专著有《孙权传》、《中国明代新闻传播史》、《昨天与今天——历史学新闻学论文集》等。

主持人：我们非常荣幸请到我们的尹韵公教授。尹韵公教授是中国社会科学院的新闻所所长、党委副书记,《新闻与传播研究》杂志主编,《中国新闻年鉴》的社长,国务院学位委员会新闻传播学科评议组召集人。当然这些工作都很重要,但是我觉得尹韵公教授他让我们最钦佩的地方不是有这么多的光环,而是这么多年以来他以身作则,以他自己的学术研究,给我们中国的新闻与传播事业树立了一个榜样。所以我们今天非常荣幸地请到了我们这样的一位领军人物——尹韵公教授,我们大家热烈欢迎!

尹韵公：我今天给大家讲的题目是关于新闻的真实与真相。无论是中国新闻界,还是其他国家的新闻界,恐怕经常碰到的一个问题就是真实与真相。这个问题是非常残忍的一个问题。

比方说,我们最近看到的《世界新闻报》这个事件,真实是否已经出来了,但真相是什么还并不清楚。《世界新闻报》这个事情,我认为就我们搞新闻的人来说是个非常生动而鲜活的教材和案例。这么一个大家觉得是有优良革命传统的英国传媒行业怎么会出这么大的问题?以一种不管是窃听丑闻还是其他丑闻,这种很不光彩、很不体面的一种方式来结束一个168年报纸的生命。以这种方式来结束的,恐怕在世界新闻史上都找不到第二个。但是事件只能说明英国这个事实的真实性,但是这个背后,比方说既然是西方国家有新闻专业主义理念,报纸的独立性又那么强,又那么敢于揭露事实,那问题是英国《卫报》那个记者为什么要花5年时间才可能把这个事情弄出来，而且还是个资深记者。是英国《卫报》和《世界新闻报》有竞争关系吗？现在还不清楚。这是一个疑问。还有一个疑问，比方说，默多克的新闻集团的这种窃听丑闻不是一时，也不是一世，那么多人，涉及时间又那么长，默多克过去又能够摆平，这次摆不平，为什么？非常让我惊讶的是，这次是英国上层联合起来像过街老鼠一样打默多克，为什么？当时有些报纸找我写东西，我说你们要让我用目前新闻学、传播学一般的观念来写这个事情可能还好办一点，问题在于这个事情本身还在发酵，还在发展过程中，根据我对西方新闻事业的历史和对它们的观察来看，这个里面肯定有很多幕后交易，很多真相的问题，还没有浮出水面，恐怕要浮出水面才更好办。昨天的报纸，你们看，已经渐渐地浮出水面了，宣布逮捕了默多克的一个高管，12个小时保释出狱，英国工党领袖呼吁要肢解默多克集团，恐怕最后的真实目的逐渐要出来了。

在新闻界有一个值得注意的事情，有时候我们报道的真实与真相是不一样的，甚至有时候是完全相反的。可能你看到这个事实是甲，结果最后真正浮出水面的东西是跟甲完全相反的一个真相，是乙。这一点我们所有学新闻的人一定要学会观察和思考。现在我推测可能是默多克在英国的发展势力太大，你想英国传媒业它占了40%的份额，而且默多克又不是英国人，他是美国人，出生在澳大利亚加入了美国籍，但是默多克为什么从澳大利亚到美国去发展？因为澳大利亚的传媒政策和美国是不一样的，澳大利亚的政策规定，第一，办一家报纸可以，但是你在一个城市或一个国家办另一家电视台不行，你办电视就不能办报纸。但是美国可以，美国的传媒政策和澳大利亚不一样，但是美国有一条，你必须是美国公民，所以默多克只能是加入美国国籍。美国的传媒政策是只要你有财力，你可以办报纸，也可以办媒体，还可以办广播电台。所以默多克可能在英国势力太大，人家要把它拉下来，现在是群起而攻之，默多克最后能不能成功摆脱，现在还不知道，还要看这位老头的丰富经验和智慧了。但是也可以想象到默多克确实能力很大，他手下的主管居然当了一国首相的新闻主管和总编，他有这么大的影响力和权势。外媒说，卡梅隆首相在短短几个月内跟默多克集团什么高管会见26次还是28次，私人宴会、首相官邸宴请2次，可见他们之间的关系密切到什么程度。但是今天卡梅隆首相是否一下说翻脸就翻脸，也是参与了痛打默多克集团的成员之一，是他没办法，还是英国上层，权势集团包括警方已经在幕后有了交易？这个真相现在还没有完全浮出水面。这是我说的第一个例子，而且这个例子我希望我们在座各位一定要非常仔细地关注这件事情的进程，它对于我们认识西方社会、西方媒体乃至西方的政治是非常有帮助的。

我再举第二个，由近到远就是美国击毙本·拉登。本·拉登被击毙，这肯定是真实，但是如何看待这个真实？这需要我们来仔细辨别。美国的上层是个非常智慧、非常聪明的统治阶层。

历史的经验是值得注意的，大家看过有个片子叫《珍珠港》，日本拍过，美国好莱坞前两年还是三年也拍过一个大片，叫《珍珠港》，美国和日本曾经联合拍过一个片，叫《Tora Tora Tora》(《虎！虎！虎！》)，山本五十六大将指挥了偷袭珍珠港，最后下达攻击珍珠港的命令就是“虎、虎、虎”，所以美国人对山本五十六就像现在对本·拉登一样，是恨之入骨。

在太平洋战争期间，大概是1942年还是1943年的时候，美国的窃听手段是非常高的，它破译了日本的密码，有一天他们知道了山本五十六的行踪，说山本五十六到前线去视察，几月几号，几点起飞，最后几点钟到，美国人全盘掌握，掌握了怎么办？美国军方有一部分将领说，干掉他，但是另一部分将领说，不行，反对。为什么反对？反对的理由是什么？美国人真是聪明啊，反对的理由就一条，如果我们打掉了山本大将，日本选出一个比山本大将更厉害的将领，美国怎么办？山本，美国已经跟他打了好几年交道了，对他的战略战术乃至个人性格、爱好，他们都掌握，那美国要重新和一个日本将领打交道，如果他比山本还厉害怎么办？那是不是给我们美国人自找麻烦？反对理由可以成立。那怎么办？美国就把日本海军、陆军、空军拉了个名单，一个个比对，从他的战略思想，从个人性格，最后比对完了，认为没有一个可以超过山本五十六，可以干掉他，最后就把他干掉了。

当然，其他的后话就是美国人为了掩饰这个真相，因为当时日本人已经感觉出来了，美国人怎么知道山本大将的行踪的？是不是我们的密码出了问题？但是美国人很聪明，美国人打掉山本五十六以后封锁了所有的消息，不报道这个真实,真实消息不报道,只说在某年某月,击落了飞机一架。在战争期间,击落一架飞机算什么啊?然后在那一个月两个月的时间里美国派了大批飞机,在打掉山本五十六的那个领空去巡航,然后每天还要报道我们什么什么时候例行巡航。结果日本人观察了一两个月,认为我们的密码没有问题,山本只是遇到了意外。美国人很好地保守了这个军事机密。后来听说有一个参战的军官在咖啡馆说漏了嘴,然后美国军方把这个军官迅速送回了美国,一直找人监管,直到战后。

我讲这个事情是说明什么?是说本·拉登。美国FBI、中央情报局一年多以前已经把他几乎锁定,但是一直不动手,为什么?一定有它的思考。就像它对山本五十六一样,你看报道出来以后,扎瓦希里能不能超过本·拉登?有的说可以,有的说不行,美国击毙本·拉登也很有意思,时间、宣布也很有意思。本来是4月30号还是5月1号,几乎是两个斩首行动吧,头一天是把卡扎菲的儿子、次子赛义夫给打死了(后证明是虚假消息——编者著),第二天是把本·拉登打死了。赛义夫被打死迅速报道了,但是本·拉登被打死是在一个星期以后,选择了一个非常巧妙的时间,选择了什么时间?是威廉王子大婚的第二天,我估计美国人是怕如果宣布出来,恐怖分子要偷袭英国王子的婚礼,所以我说奥巴马给英国皇室最大的礼物就是把本·拉登的消息封锁了一个星期。你们去看一看,世界所有的重大事件都是非常有意思的,无论是它的新闻事实的事件发布到新闻背后都有一连串的故事。

我刚才实际上已经说了,新闻真实与真相恐怕是个世界命题。每个事实与真相的后面跟时代的问题是连在一起的。那么在中国今天有没有呢?我相信还会有。比方说今天中国称号世界老二,我经常说,世界老二真的不好当。不要以为是世界老二就沾沾自喜,认为中国怎么怎么不得了,难说得很。上天保佑中国,给了中国三十年战略机遇期,我们的民族很好地抓住了这个战略机遇期,发展了自己。其实历史对中华民族非常苛刻,从1840年到现在,历史给中华民族的发展空间非常窄,有时我可以感觉到窄的可能只有一条缝可以钻进去。珍惜中国的发展机遇,抓住中国的发展机遇,对中华民族来说是个非常大的课题。不是我们今天才想发展,我们过去也想发展,但是中国多次没有抓好。所以今天我们抓住战略的机遇期,发展自己那真是今天一个非常大的任务。而抓好这个战略契机，它一定要具备很多条件，在所有的条件当中，它一定要有几个最基本的和最根本的条件。我仔细想过，无论是以前还是现在，对中华民族的未来发展最重要的一条就是稳定，那正是胡锦涛在“七一”讲话中所说的，没有稳定什么事干不成，只有稳定才会有发展，才会有好的发展，才会有快的发展。但是问题恰恰出在这里，中国现在又处于改革的攻坚期、发展的黄金期，但是同时又是矛盾的凸显期。中国出了这么多矛盾，这与中国发展的根本要求和稳定是不一致的，那么处理好稳定和解决掉这些矛盾问题和麻烦的关系，这也真是考验大智慧的事。

现在我们同学所遇到的环境和我读书那个时候遇到的不一样，你们现在都有手机，我1978年进大学，到了1981年的时候还是1980年，中国很多是手摇电话，音质极差，整个中国所有电话加起来还不如美国纽约长岛一个地区多。而今天中国的电话数量是全世界最高的。现在大家看到高速公路，中国习以为常，我第一次见到高速公路是1986年到日本访问，那时中国连一寸高速公路都没有，那现在中国高速公路总里程已经超过日本。我相信我的感受比你们、比在座的各位80后、90后要体会的多啊。那时我们看好莱坞影片，看到了美国的家庭，家家户户都有汽车，哎呀，我们那时都感叹，那对我们来说肯定都是遥不可及的梦，中国什么时候才能发展到那一步啊，都觉得不可能。但是有个外教老师到北京跟我们学生讲课，说你们现在中国很好，不要西方发达国家的小汽车，北京骑自行车很好嘛，锻炼身体，你们都不知道大量的交通对城市市民怎么样。我们学生都私下说，你真是站着说话不腰疼，你发展起来了还不让我们发展，你家有汽车了还不让我们享受，现在才知道人家说的真是对的。这事说明什么问题，富国和强国的思维和穷国弱国的思维方式完全是不一样的，等你成了富国和强国以后你才能够理解他说的话，你没有富起来，肯定理解不了他。我说现在是差异很大，那个时候老外到了中国来，我们都说那时候我们的民族是弱势国家，我们又死爱面子活受罪，不希望老外到北京以外的城市去采访，生怕他报道了我们的负面。所以我们都把他引到上海、北京、广州中国发达地区去采访，不要到中西部去采访，因为中西部太贫穷太落后，对中国的形象不好，对外宣传效果也不好。但是你们发现没有，现在完全调了个。胡锦涛在世博会开幕式上发言说中国是最大的发展中国家，下来以后一个跟中国非常好的外交官跟我们外交部的官员说，你们要我们做工作说你们是发展中国家，我们现在深感越来越难说服别人，别人一到北京、上海、广州中国所有省会城市一看根本就不相信是发展中国家。所以中国现在反而动员西方国家的媒体你们不要到北京、上海停着，你们干脆到中国的中西部去吧，去看看贫穷落后的一面。以前不要人家去，现在是我们反而动员人家去。所以什么叫真实，真实是有时代性的，它跟一个时代所反映的问题有关，还跟一个民族的性格、开放、自信程度有关。那个时候只能说我们不自信，而现在我们可能比那个时候自信。

我说了，中国作为一个世界老二不好当，13亿中国人是一个非常大的市场，有非常好的胃口。中国现在只要对哪个商品感兴趣，多看一眼，那个商品应声而涨；只要对那个商品瞥一眼，那个商品肯定是应声而跌。但是很多报道我都不太认可，有时候在网上可能还能查到一些有用的东西，比如说WTO谈判，世界WTO那个告状，百分之六十以上都是针对中国，这也有问题那也有问题，都跟中国有关。中国这种补贴其实有的补贴都不是那么回事儿啦，中国根本不清楚能有什么补贴，老外有时候不了解，按照一种传统的思维方式认为有。但是现在中国作为一个老二，在经济上来说它有经济的参与权，但是它没有游戏规则的制定权，这是我们最大的一个麻烦。1840年打开中国国门的鸦片战争，其实英国人有一句，就是贸易自由开放，你要不开门我就用炮轰开，我逼得你自由贸易。自由贸易有什么不好，中国人无话可说开了门，但是那时中国人是最怕世界自由贸易的。现在我说反过来了，2010年温家宝在英国，在欧洲的一个会议上喊自由贸易，喊得最响的是中国，不是其他国家，现在搞贸易保护最厉害的恰恰不是中国，而是其他国家，这也是对中国未来发展的一个非常大的挑战。当然中国现在也逐渐开始从一个世界经济的参与者变成一个世界经济游戏规则的制定者，逐渐在进入角色、深入角色。既然他们说中国老二你要负主要责任，那么你要我负责任必须要给我一个很好的位置。

你们看，前两天的报纸报道说美国参谋长联席会议主席马伦有一句话非常有意思，我不知道大家注意到没有。几年前马伦说中国是正在崛起的大国，这次他上了飞机，一看座舱，一看这个仪表他就知道这个飞机到什么程度，他非常专业。人家国家参谋长联席会议主席是个飞行员，一上座舱就知道飞机的质量，所以马上就改口说中国是世界经济大国，他那个大国实际上是强国的意思。中国早就是世界大国，论国土面积、论人口，1840年就是大国，毛主席在《论持久战》里就说过一句话，中国是大国，但同时也是弱国。日本是小国但同时又是强国，大国对中国来说没有意义，只有强国才有意义。中国只有强国的意义没有大小的意义，因为大小是历史已经形成的。你们在网上搜索，马伦在人民大学答记者问，有个学生问：你们为什么对台军售？马伦最后说了一句，你们这个学生怎么还关心这个问题？最后，实际上他意识到这个话不对，“我只是开个玩笑而已，玩笑。”我认为马伦当时已经失态，因为一个学生提对台军售问题，对一个中国学生是很正常的问题，正好说明了学生是关心国家的发展的，他为什么不可以提？你怎么说人家不该提这个问题？你怎么能说人家该关心不该关心这个问题呢？这个对参谋长来说我认为是不合适的。但是这个里面反映出一个信号，中国一方面发展成了老二，对别人产生了威胁。你们看昨天《参考消息》的报道，有个调查中心说，世界上大概百分之四十六的人对中国的发展表示担忧，担忧什么？可能是对中国的不了解，或者是对西方国家的宣传长期以来接受。我去年年初接待了一个巴西刊物的总编，两人一男一女到新闻所来找我，说着说着差不多快说完了，最后跟我插科打诨说了一些话。他们是第一次到中国，他们就说我们来中国前还上了保险。当时我就问了一句，怎么来中国还上保险啊？然后我一下反应到，我说人身保险？生命保险？那个男的没说，那个女的笑了，她说是。我马上说，关于中国的报道，我敢断定你们一直是看的西方媒体的报道，你们肯定没有看中国新闻对自己的报道。他们马上承认说确实如此，她说我们在拉美看不到你们中国的报道，我们只能看到西方国家对中国的报道。后来我就跟他们深入交流抓住这个话题，我才发现，你们可以想象，西方国家对中国的报道长期以来负面的占绝大多数，那对所有外国人产生的影响就是这样。所以对中国最直接的宣传效应，谁对中国说这样好或不好，最好的办法就是让这个人到中国来，或者中国游客到外国去。马伦最后说了一句实话，他说一个人对中国的印象不能看书面报道，或者坐在办公室里看材料，到一个国家亲身去看一看。所以我想一个奥运会，一个世博会，说明了什么？只能说明对中国而言，西方国家过去长期以来那种负面的关键词，比方说“贫穷、落后、愚昧”这三组关键词在西方国家的报道里恐怕要逐渐或者说彻底消失。但是中国要做好自己的工作，中国做不好自己的工作可能也要遇到麻烦。但是中国做好，难度是非常之大。大家都是搞传媒的，实际上传媒世界、传媒领域里边，西方国家确实占上风。中国现在的国际地位与它在世界传媒中的地位肯定是不相称的，所以中国的战略机遇性与中国的传媒如何发展好自己，还有中国如何说明自己或者介绍自己，那是有密切关系的。而且，可能要做好一种打算，可能我这个时候是危言耸听，可能我这个人忧患意识太强，就是中国未来五年的发展，很可能对中国极其重要，如果这五年我们冲过去，那真是苍天保佑我们这个民族。但是我相信中国这个民族，我们一直都说勤劳、智慧、勇敢，但是也不排除我们这个民族有时候也会在发展道路上找不到头、找不到北，这种情况也不是说没有。就像1911年中国推翻了清朝以后整个民族实际上也是找不到北，不知道朝哪儿发展，不知道我们的方向在哪里。

最后我要谈一点“关于新闻真实和新闻真相”作为结语。第一个观点就是新闻一定是揭露和报道真实的；但是报道真实的东西不一定是反映真相，这是第二点；第三，只有把真实和真相逻辑地联系在一起，可能才会对新闻和新闻背后的故事完全地理解。作为记者，作为新闻工作者是非常容易做到报道真实的，但是要挖掘真相，那是非常困难的，这需要记者非常艰辛地付出努力。就像斯诺当年，所有中国的媒体对红军的报道完全是另外一个样子，所有当时的中国媒体，谁也不知道是什么样子。只有斯诺历尽艰辛到了延安才把整个中共、中国红军的事实真相报道给了这个世界，所以这个世界才会对中国共产党、中国红军有真正的全面的了解和认识。斯诺秉承的就是一定要报道事实，但是同时也要报道真相，他真正地把真实和真相完美地统一起来，所以他才会成功。我想把这个送给在座的诸位，希望你们也能成功地做一个这样的记者。

嘉宾：您刚才在演讲中提到说外国人对中国存在一些偏见，对中国不了解，还有误解。那我这个问题是我们国家的媒体要向世界展示一个真实的中国，中国的媒体和

BBC、CNN这样的媒体相比，竞争优势在哪里？应该怎样发展才能让它的声音更好地传递，以塑造一个真实的中国形象？

尹韵公：这个跟我们生活中的常识的现象有点儿近似，谁有一点钱，谁发了迹然后周围的邻居就开始注意他。你不信，你看看上海的胡同里面，大家都差不多生活，谁也不关心谁，如果这个胡同里面，哪个孩子考上什么什么大学，或者出国，或者当了什么高管，或者挣了什么钱，他马上就会成为这个胡同里的新闻。这个道理如果放大了以后对中国来说也是，中国现在这几年不能说没有声音，跟过去比，应该说还是好了一些。现在汉语热，大家看到的，汉语热折射出了中国因强大而受到关注。一个人如此，一个国家也如此，因为你的强大而备受关注。

他们老媒体可能是因为传统的势力，CNN我不知道，但是BBC我知道，有些关于中国的报道是非常不专业的，而且是严重失实报道。因为我们传媒大学有些老师回来，他们都不相信BBC敢这样做新闻。比方说2008年奥运会的时候，BBC记者在北京传回报道，是什么报道呢？那BBC记者在北京街头碰见一个老农似的这么一个人，问他知不知道北京奥运会。然后他用山东还是北方话说：俺知道、俺知道。他说了俺知道就是我知道，但是BBC记者在英国的报道就说是"我不知道，我不知道"。类似这样的例子还可以举很多。

嘉宾：您之前说的一个观点，新闻是历史的草稿，和您今天说的新闻的真实与真相有什么相关之处吗？

尹韵公：这位同学你可能看到我写过的一篇短文，我说过，新闻是历史的草稿。为什么说它是草稿？因为历史是经过筛选的，而它要把不正确的，新闻的东西也有不正确的报道，历史它会筛选过来。所以新闻是草稿，它不可能是成稿。就像我们经常说的话今天的新闻是明天的历史，昨天的新闻是今天的历史，这个道理是一样的。

全球化、世界文学与翻译

时　间：2011年7月22日

地　点：上海交通大学闵行校区新图图书信息大楼8楼

主讲人：王宁

王宁

上海交通大学人文艺术研究院致远讲席教授，我国外国文学与比较文学、文化研究及翻译研究等多个学科领域著名学者。1992年8月至2000年2月任北京大学英语系教授兼比较文学研究所教授，北京语言大学比较文学研究所所长，比较文学与世界文学博士点第一带头人和首席导师。2000年12月起任清华大学外语系教授、英语语言文学专业博士点第一带头人兼首席导师、人文社会科学学院学术委员会副主任兼外语系学术委员会主任。

主持人：今天我们邀请到一位重量级的嘉宾——我们上海交通大学人文艺术研究院的讲席教授王宁老师！作为双聘教授，王教授同时也是清华大学外语系学术委员会主任。王教授在学术方面建树颇丰，是国内发表国际期刊SCI、SSCI最多的学者之一，在国内外国文学和全球化的研究方面享有盛誉，2010年王宁教授当选为拉丁美洲科学院院士。下面我们用热烈的掌声有请王宁教授演讲！

王宁：各位老师、同学们，今天很高兴在上海交通大学第二届中国传媒领袖大讲堂跟大家作这么一个报告。你们前几天也听了不少演讲，大多数都是媒体的。他们可能也都是从自己切身的体会讲一些担任记者的经历等等。当然我讲的这个题目也是跟传播学非常有关的。

一、引言——全球化、世界文学与翻译

我们可能知道"全球化"这个术语，它本身按照美国的新马克思主义理论家Fredric R. Jameson的看法，也是个传播学的概念。"Globalization is a communication of concept in which different places are linked up." 不同地区通过网络连接起来，仿佛我们生活在一个地球村当中。地球村这个概念，最早也是加拿大的社会学家Marshall McLuhan提出来的，即Global Village。

世界文学跟传播学有没有关系呢？当然也有关系。因为有很多著名记者都

走上文学的道路，甚至获得诺贝尔文学奖，比如获得1954年诺贝尔文学奖的海明威，Ernest Hemingway。海明威曾经是《多伦多明星报》的记者。当时他为什么会用那种闪电式、电报式的对话来写作呢？因为他年轻的时候受过记者的训练，要求用非常简练、准确的语言写新闻报道。正是由于这样的训练，他才把电文式的报道方式融合在他的小说文体中。当时诺贝尔文学奖给他的颁奖辞是"他对当代思想的影响以及他雄浑有力的风格最后影响了一代作家"。正是基于这样的影响，海明威获得了1954年的诺贝尔文学奖，进而从美国走向世界，成为世界文学大家。

那么"世界文学"跟"全球化"是通过什么来联系的？一个重要的桥梁就是翻译，Translation。前两天我听赵启正先生的报告，他提到意大利一位学者说，Translation is betrayed。尽管语言经常背叛自己，Language betrays oneself，但是翻译可以使民族文学走向世界，成为世界文学。这就是我们今天一个半小时内的话题，"世界文学"、"全球化"与"翻译"。

首先看一下全球化的概况。我们都知道，"探讨世界文学语境下的中国文学的地位及其研究"，也是中西比较文学界的一个重要理论话题。它的意义主要体现在这么几个方面：第一，可以促进国际上的学术交流。因为我们已经生活在一个硕大无比的地球村当中，我们所经常面对的已经不完全是我们自己身边的人，而是全世界的人，特别是通过网络。第二，促进我们了解西方学术理论前沿对于中国的关注。随着中国经济的迅速腾飞，中国的世界大国地位也已经确立。我这几年经常在国外演讲，一些西方听众的提问非常具有挑战性。有人说"Do you think China is a super power?"我说，"No."他说，"Why?"我说，"Because there is some difference between super power and great power. China is a great but not a super power. Because super power is superior to others, but China is peacefully rising without threatening others."大家才知道原来是这么一回事。然后他说，"Are you a spokesman of Chinese government?" I said, "Well, I wish I could. But actually I am not."我们要经常使用语言作为一种传播媒介，通过与西方以及国际同行的交流和对话，把中国文化和文学界的成果推向世界，最终实现文化全球化的战略利益。就是从东方边缘向西方中心推进，消解单一的中心，这就是我们最后的目标。

既然我们注意到这一课题的重大意义，那么我们必须面对下面几个理论问题。

第一，“全球化”以及它在文化上的反应。提到全球化大家首先考虑到经济问题、金融问题，特别是2008年以来的全球金融危机使大家更为清楚地认识到——中国已经没有其他选择了，中国已经被绑上全球化的战车。如果你在全球化的时代，会知道全球化造成的一个后果就是原来贫穷的人越来越贫穷，原来富裕的人越来越富裕。全球化的一个法则是：20%的人是直接受益于全球化，80%的人服务于全球化。在文化上也是这样。

第二，面临世界文学的建构。既然是中国文化走向世界，那么中国就应该在国际的学术领域内有自己的话语权、有自己的声音。过去我们提到所谓“世界”文学，就是指欧洲的几个国家的。意大利的一位对世界文学进行质疑的学者说，“所谓世界，最多只是在莱茵河畔的”，就是指德国跟法国文学被称为世界文学，美国文学都不包括在内。后来由于战后美国的强大，美国好几位作家获得诺贝尔文学奖，使得美国文学也逐步走向世界，欧洲文明主义演变成为西方文明主义，因此我们要对世界文学进行重新建构。如何建构呢？就是要依靠翻译的能动作用及其转向，这是我们目前的一个状况。

如今我们面临的一个问题就是，全球化语境下中国的人文社会科学处于什么样的地位？毫无疑问，中国经济的飞速发展以及北京奥运会、上海世博会的相继成功，使得中国在国际社会的“政治大国”、“经济大国”的形象得以进一步确立。现在越来越多的西方知识分子对中国感兴趣，但是令人不安的是，中国学者的研究论文在国际人文社会科学领域的学术和文学期刊上，无论就其数量、质量或者影响力而言，都相对落后。比如我们的新闻传播学界在国际上很没有发言权，这和我们中国的媒体如此发达形成了一个鲜明的对比。所以很多人认为我们中国的人文学者在国际学术界是不是患了失语症，尤其体现在中国文学的翻译体系研究中。当然我们不能同意中国文学患了失语症这种看法，但是也不得不承认，在国际学术期刊上我们很少见到中国学者发表的论文。这也就是为什么各大学都在搞一些指标，目的就是要看看我们这个大学的学者在国际学术期刊上，特别是SCI、SSCI发表论文的数量到底如何。我是中国最早引进SCI、SSCI这两个数据库的，所以很多人一有意见就来攻击我，我说“我不引进，别人也会引进的”，我们中国要走向世界，必须走这条路。我们中国学者在国际上发表论文比较难的还有个原因是，意识形态和语言文化霸权的因素。但是我们中国学者的主观努力也远远不够。我们生活在一个全球化的时代，不管承认与否，我们都无法摆脱全球化的阴影。

很多人看来，全球化现象的出现实际上是某种程度的西方化；而在欧洲人看来，全球化则更是某种形式的美国化。因此法国的哲学家德里达干脆认为，“全球化”这个术语不准确，他主张用法文的“世界化”是le monde，mondialisation来代替Globalization。

全球化的理论建构

也许你们要问，“既然西方学者已经对全球化做了全方位的研究，那你有什么看法呢？”我本人通过对西方学界研究的关注和分析，再加之全球化在中国的实践，不妨提出我们的理论结构，可以从七个方面来概括全球化的特征：

第一，全球化是作为一种经济一体化的运作方式。

第二，作为一种历史过程的全球化。作为一种历史的过程，它并不是20世纪才有的，而是在1492年哥伦布发现美洲新大陆的时候，就开启了资本的全球传播。民族工业在全球化的过程中被消灭掉，世界市场进一步扩大。如今在西方国家市场上，出色的产品并不是由当地出产，而是原料在遥远的地方经过加工，然后在世界进行行销。所以民族的市场将被世界的市场所取代，这就是历史过程的全球化。

第三，作为一种金融市场化进程和政治民主化进程的全球化。随着financial marketlization, political democratization has also come out，也出现了政治上的民主化，特别是目前在西方的自由主义经济市场。

第四，作为一种批评概念的全球化。这就是我们人文学者经常在谈论的。前几天听到我的老同事张颐武也在谈全球化和中国文化，他就是当作一个批评概念的全球化，critical concept of globalization。

第五，作为一种叙述范畴的全球化，用它来描述一种当今世界的网络化的状态，属于全球地球村的状态，所以它属于叙述范畴，narrative category。

第六，是作为一种文化建构的全球化。全球化使文化出现了两个极致，一方面是文化愈加趋同，像好莱坞大片进入第三世界国家的市场，打破了民族电影的垄断；另一方面，民族文化在逐步地走向世界，比如说日本的文化、韩国的电视剧、印度的电影、巴西的一些文化，都逐步在向世界的中心进发。这就如美国的后殖民主义理论家霍米·巴巴所说的，一方面是全球化，另外一方面又是一种"少数人化"。这种少数人化就消减了全球化的西方中心主义的特征，使得边缘的文化也能够走向世界。所以我们也就发现全球化带来的并不完全是文化的趋同，同样也带来文化的多样性。

第七，全球化作为一种理论的话语，专门探讨那些具有普世意义、普世价值的现象。这么一来，全球化就有一种文化、文学和批评的概念，不仅仅是经济问题，也不仅仅是一个政治问题。

应该承认，全球化也是马克思主义最早研究的现象。我的一个美国同行艾瑞克·德瑞克和我在1998年得出了相同的见解：马克思、恩格斯是世界上最早探讨全球化研究的西方思想家和理论家；从事全球化与文化问题的研究必须从马克思主义创始的源头开始，特别是《共产党宣言》。在《共产党宣言》中，马克思、恩格斯均已窥见了全球化过程中隐含着的种种矛盾。在描述资本的无限扩张给精神文化生产造成的巨大影响时，他们就颇有见地地指出："物质生产是如此，精神的生产也是如此。各民族的精神产品成了公共的财产。民族的片面性和局限性日益成为不可能，于是有许多种民族的和地方的文学逐渐形成一种世界的文学。"所以世界文学也就是由马克思和恩格斯在他们的《共产党宣言》中把它规范化了。

那是不是可以说马克思和恩格斯最早提出世界文学呢？也不是，还有比他更早的，歌德。歌德认为世界文学受到了中国文学的影响，所以我想世界文学的源头还是要到中国来找，2009年我在哈佛大学演讲时就强调了这点。当时我和美国哈佛大学研究世界文学的头号人物还进行了一个对话。我演讲的题目是"Chinese literature as world literature作为世界文学的中国文学"。这个话题有两个方面，一方面是世界文学的起源，从中国文学来的；另一方面是，中国文学如何走向世界，即讨论世界文学与中国文学的关系。我们现在再看马克思、恩格斯所说的世界文学，在更为宽泛的意义上来说，是一种世界性的文化。马克思、恩格斯当时用的术语是intellectual production，“知识的生产”。它包括文学，包括整个文化、人文社会科学的、知识的生产，是一种世界性的途径。因此从文化研究的角度来研究全球化和世界文学，就必须从阅读马克思的《共产党宣言》开始。后来许多西方的马克思主义理论家和左翼知识分子的研究都是基于这一点的。

二、世界文学概念的历史演变及涵义

马克思、恩格斯使我们研究世界文学具有了合法性，但是马克思、恩格斯并不是世界文学最早的提出者。世界文学的概念最早是由歌德于1827年正式提出的。当时年逾古稀的歌德在读了一些包括中国文学在内的非西方文学作品后，总结得出这个概念。我们在座有学中国文学的吗？你们都知道歌德当时读了哪几部中国作品？你们肯定会想是不是读了《红楼梦》、《三国演义》，是不是读了李白、陶渊明？都不是的。这些作品当时都没有翻译成外文，倒是一些名不见经传的作品，比如最早翻译成英文的作品《好逑传》、《玉娇梨》。这些东西在今天研究正统中国文学史时，可能被视为不登大雅之堂的作品。但是歌德当年看了这个作品以后激动不已，他说，中国还有这样的文学作品！可想而知，文学、诗歌已经不是民族的独有财产了，应该是人类共有的精神财富。这一点在各个地方的、所有时代的、成百上千的人那里都有所体现……民族文学现在算不了什么，世界文学的时代已快来临。每一个人都应该发挥自己的作用，使它早日来临！所以歌德提出“世界文学”的观念确实是受了很大的其它因素的影响。Goethe was a German writer and polymath. Goethe is considered to be the most important writer in the German language and one of the most important thinkers in Western culture.《歌德对话录》和Eckermann的对话录里面就提到过世界文学。我们中国的著名美学家朱光潜先生在50年代就把《歌德对话录》从德文翻成中文，对中国的文学理论家和批评家都有着重大的影响。可见，翻译的作用是非常大的。

歌德是最早用这个术语的，但歌德并不是世界文学最早的先驱。在他之前，世界上不同的民族和国别文学就已经通过翻译开始了彼此之间的交流和沟通。在启蒙时期的欧洲，甚至出现过一种世界文学发展的方向。我们都知道启蒙时期最早在欧洲，特别是在法国、英国，但是在当时呼唤世界文学的来临只是一种乌托邦式的幻想。It's a sort of Utopian. 歌德提出的世界文学也是一种Utopian concept，后来马克思、恩格斯在《共产党宣言》中用这一术语描述作为全球资本化的一个直接后果的、资产阶级文学生产的世界主义特征。马克思、恩格斯把他们的乌托邦知识生产的世界性规划到全球化的进程当中。

显然，马克思主义创始人在这里清楚指明：随着经济全球化步伐的加速和世界市场的扩大，一种世界性的文学已经诞生。但是这种世界文学绝不意味着世界上只有一种单一的文学。我们今天从学科的角度来看，世界文学实际上就是比较文学的早期阶段，它在某种程度上就是产生经济和金融全球化的过程。比较文学这个术语最早也是在德文中出现。英文是comparative literature，它是从法语上过来的，实际上也是一种错误的命名。但也没办法，已经约定俗成了。法语是Littérature comparée，“比较的文学”，实际上不是文学，是比较的文学研究。在德文中Vergleichende Literaturwissenschaft，比较的文学学研究，这是最精确。你们将来如果学德语的话，很多问题就可以迎刃而解了。一种世界性的文学和文化知识的生产已经出现后，这就赋予我们以一种开阔的、超越民族或者国别视野的全球视野来考察文学。也就是说，我们今天如果来重新审视《红楼梦》，就可以判断《红楼梦》究竟是一部仅仅在中国的民族文学当中产生影响的民族文学作品呢，还是一部在世界上产生巨大影响的世界文学作品？我们大概一比较就可以看出《红楼梦》是一部世界文学的作品，最初是在中国诞生的，从中国走向世界进而成为世界文学作品。通过什么途径？通过翻译，所以翻译的重要性是不可忽视的。为了在当前的全球化时代凸显文学和文化研究的作用，我们自然应该具有一种比较的、国际的眼光来研究文学现象。这样我们就能在文学研究中取得进展，就能够取得突破、取得一些具有原创性的进展。

如果说上面提及的这一现象开始时只是一种具有乌托邦色彩的世界文学的话，那么在今天的全球化语境下，随着世界文化和世界语言版图的重新绘制，世界文学已经成为一个我们无法否认和回避的审美的现实。我们每天实际上也都在阅读世界文学。当然我们都知道这是广义的文学，包括我们阅读的一些报纸上的、博客上的文章。博客现在还算不上精英文学，也许将来网络文学总有一天也要被精英文学所接受。文学研究者自觉地把本国的文学放在一个世界性的语境下来考察和比较研究等等，这些都是造成我们今天为什么要重提世界文学的原因所在。它已经出现了这样的现象，我们无法回避。

这一切都说明，在今天的语境下重新强调世界文学的建构有着特别重要的意义。此时世界文学的内涵和外沿已经大大地扩展了，它逐渐抛弃了早先的乌托邦色彩，带有了更多的社会现实和审美意义。我们今天所说的世界文学已经不是一个遥远的乌托邦概念，它就在我们的身边，并且对我们的文学理论、批评和研究有着直接的影响和启迪。我们完全可以理直气壮地针对一部作品发问：它究竟只是在本民族的语境下有意义，还是一部能够跻身世界文学、知名的传世佳作呢？

比如说就评价我们上海的作家。上海的作家大概能够被称为世界文学的作家，你们数数哪几个？老一辈的，巴金。巴金的作品曾被翻译成法文，这里有一段故事。大家知道巴金的名字是怎么取的？巴金的名字就是巴枯宁（无政府主义者的鼻祖）和克鲁泡特金。因为巴金早期也崇尚无政府主义，无政府主义有个重要的特点就是主张世界主义。巴金也是个世界主义者，他年轻的时候还曾经学过世界语。跟他一起学世界语的还有一位大家，可能你们已经把他的名字都忘记了，叫叶君健。叶君健的世界语水平比巴金的好多了，可以直接用世界语写作。但是在今天，人们记得的是巴金还是叶君健？是巴金。不知道你们有没有读过《安徒生童话》？如果读的话，就会发现译者是叶君健。叶君健的译本是从英文，参考了丹麦语翻译过来的。所以即使你掌握了所谓的世界语，你也不一定能够成为世界文学大家。反之，即使是用民族语言写作的，如果你写的东西、你的探讨具有世界性的意义，别人也会把你的作品翻译成外文，使你成为一个世界文学大家。

另外几个大家你们还记不记得？比如说，30年代自己也可以翻译作品的张爱玲。张爱玲实际上在50年代、60年代的中国文学史上是没有地位的。张爱玲首先是在美国被汉学家发现的。美国耶鲁大学的中国现代文学讲座教授夏志清1959年写了一本书叫*A short history of modern Chinese fiction*（《中国现代小说史》)。在这部小说史中,夏志清着重推出了三个人。一位是曾经作为海派作家的沈从文,一位是我清华大学的老学长钱钟书,还有一位就是张爱玲。他认为这三位作家是代表中国现代文学的最精华的部分,其他的鲁、郭、茅,巴、老、曹都是共产党的宣传机器。当然,夏志清的这个说法有一定的偏激性,但是也对中国现代文学的研究产生了很大的影响。所以现在我们在新一代的中国文学史的编写当中,已经有了钱钟书、沈从文和张爱玲的地位。

我们都知道,在今天的文学研究中,传统的民族和国别文学的疆界已经变得越来越模糊,没有哪位文学研究者能够声称自己的研究只涉及一种民族或者国别文学,而不参照其他的文学或社会背景知识。因为跨越民族疆界的各种文化和文学潮流已经打上了区域性或全球性的印记。从这个意义上来说,世界文学也就带有了某种“超民族的”或者“翻译的”意义。世界文学还可以用旅行的文学来表示,traveling literature。由此看来,世界文学远远不是一个固定的现象,而更是一个旅行的概念,traveling concept。

在其旅行和流通的过程中,翻译扮演了重要的角色。可以说,没有翻译的中介,一些文学作品充其量只能在其他文化和文学传统中处于死亡或边缘化的状态。同样,在世界各地的旅行过程中,一些本来仅具有民族或者国别影响的文学作品,经过翻译的中介,将产生世界性的知名度和影响,因而在另一些文化语境中获得持续的生命或来世生命。

翻译有的时候就是背叛,实属不得已而为之。要获得受众的接受,有的时候需要背叛。这也就是为什么《红楼梦》翻译成英文之后,两个版本两个遭遇:一个版本是我国的翻译家杨宪益和他的夫人Gladys Yang戴乃迭合作翻译的“忠实版本”,叫*A Dream of Red Mansions*,“红楼的梦”;另外一个版本是英国的汉学家David Hawkes和他的女婿Minford 翻译的*The Story of the Stone*,“石头记”。你们说哪个更忠实?有人说《石头记》,是的,《红楼梦》最早的故事就叫《石头记》,所以它是忠实的。但是《石头记》的译文并不是很忠实,我们从语言的角度来看不忠实。David Hawkes完全用一种叙述的语言、为当代人所能接受的语言把它一气呵成。比如说外国人很难懂的一些诗词、一些典故,Hawkes都用当代读者能够读懂的简单的英语把它带过去。而杨宪益采取了什么方法呢?他加了很多注释。我们在阅读的情况下是最不喜欢看注释的，注释越多越不喜欢，读者喜欢一气呵成。所以杨宪益的这本译著，只能躺在英美大学的图书馆内被人家查阅一下。而David Hawkes那本译著*The Story of the Stone*甚至可以在飞机场的书店买到，那里的书店都是很畅销的书才能买到的。

可想而知，翻译可以使一部作品在另外一种语境下获得来世生命，即continued life。而一些作家的作品如果没有经过翻译的中介，就永远只能在某个特定的民族、语言当中被边缘化甚至死亡。这也就是为什么20世纪有一百多位获得诺贝尔文学奖的大师，但是在今天只有少数作家的作品为我们所诵读。另一些作品也许会在这样的旅行过程中，由于本身的可译性不明显或者译者的误译而失去其原有的意义和价值，因为它们不适应特定的文化或文学接受土壤。这就说明世界文学始终是一个动态的概念，它在不同的时代和不同的语境中可能呈现不同的形态。所以我提出世界文学应该是一种复数的，可惜中文当中没法解释，因为中文没有单复之分。但英文可以用world literatures，用复数。因此，以一种国际公认的标准来评价不同的民族和语言所产生出的文学作品的普世价值，就成了包括诺贝尔文学奖在内的不少重要国际文学奖项所依循的原则。但是正如全球化在不同的文化语境中的实现，很大程度上取决于它与本土实践的协调，人们对世界文学的理解和把握也不尽相同。在看到文化全球化的加速发展时，我们往往只会看到其趋同的倾向，而忽视其多样的特征。实际上，文化多样性在全球化的进程当中更加明显。

诺贝尔文学奖最年轻的获得者是Orhan Pamuk，土耳其人。他是哥伦比亚大学的讲座教授，比较文学的教授。帕慕克的代表作品是《我的名字叫做红》。我想假如没有翻译的话，Pamuk是不可能成为世界文学大师的，因为这本书是用土耳其语写作的。土耳其语世界上有多少人懂？假如没有翻译的话，Orhan Pamuk今天最多在美国教书而已，教教creative writing。但是由于翻译，Pamuk作品获得诺贝尔奖，并被翻译成56种语言，成为一名世界文学大师。

在承认文学具有共同美学价值的同时，也应当承认各民族或者国别文学的相对性。因此在对待具体作品时，不妨采用一种文化相对主义的态度来评价产生自不同民族和国家的文学。在我看来，将文化普遍主义与文化相对主义两种态度结合起来，我们就能得出较为公允的结论。一种世界性的文学正是通过不同的语言来表达的，因此世界文学也应该是个复数的形式。我写过一篇文章，*From single world literature to world literatures*。中文的话，就表达成"单一的世界文学走向复数的世界文学"。我们应当有两种形式的世界文学，第一是作为总体的世界文学world literature，单数；其次是具体的世界各国文学world literatures。前者是指评价文学所具有的世界性意义的最高水平的普遍准则，就是总体的世界文学；后者则指世界各国文学的不同表现和再现形式，包括翻译和接受的形式。这里我主要是从理论的视角来讨论前者，世界文学作为单数的、作为它的文学创作最高的境界——经典性。

在讨论世界文学是如何通过生产、翻译和流通而形成时，美国学者David Damrosch在"什么是世界文学艺术"中提出了一个专注世界、文本和读者的三重定义：第一，世界文学是民族文学的简单折射；第二，世界文学是在翻译中有所获得的作品gain in translation。假如说翻译过去以后并没有使它更加畅销，并没有使它成为经典，那不是世界文学；第三，世界文学并非一套固定的经典，而是一种阅读模式，是超然地去接触我们时空之外的不同世界的一种模式。我们通过阅读世界文学，可以了解另一个遥远的国家正在发生什么、了解那里的社会文化和风土人情。

既然世界文学是通过不同的语言来表达的，那么人们就不可能总是通过原文来阅读所有这些优秀的作品。因为一个人无论多么博学，也不可能学遍世界上所有的主要语言，他不得不在大多数情况下求助于翻译。因此翻译在重建不同的语言和文化背景当中，就扮演了一个十分重要同时又必不可少的角色。我们明知道翻译是背叛，但是也不得已而为之。否则的话，你一个人不懂这么多语言怎么办？只好求助于翻译。在过去的几十年里，后殖民文学试图证明，即使在同一种语言，例如英语之内，文学创作也愈发呈现出多样性的特征，国际英语文学研究便应运而生。因此，世界文学的概念再也不是确定不变的了，因为它在各国文学的发展史上已经发生了演变。所以我在这里修正一下Damrosch的三个定义，重新提出我的定义。首先，我提出世界文学是东西方各国优秀文学的经典之总汇，Damrosch消解经典，我强调经典；第二，世界文学是我们的文学研究、文学评价和文学批评所依据的全球性和跨文化的视野以及比较的视野；第三，世界文学是通过不同语言文学的生产、流通、翻译以及批评性选择的文化历史演化。

假如说我们不阅读别人的著作，又怎能提出自己的观点呢？即使你没有抄袭别人的东西，但如果你和别人重复这也不是创新。所以为了解别人，我们就必须要阅读别人的东西。但是也许又碰到另外一个悖论，你们有没有感觉到，读的书越多就越难以写作？很多话别人已经说出来了怎么办？那你就要想办法和别人对着说，看看他说的有哪些不对的地方，我对他进行批判，进行讨论。虽然上述三个因素都完全能够对世界文学的建构和重构做出贡献，而且都值得我们做更进一步的深入探讨，但是我在这里着重讨论另外两个问题。

三、评价世界文学的标准

世界文学并不是世界各国文学加在一起叫世界文学，它有一个标准，那么有哪些标准呢？由于文学是一种独特的意识形态，因此对此的评价难免有政治和意识形态倾向性的干预。尽管如此，判断一部文学作品是否属于世界文学，仍然有一个相对客观公正的标准。

按照我本人的看法，它必须依循如下几个原则：第一，它是否把握了特定的时代精神；第二，它的影响是否超越了本民族或本语言的界限，要经过翻译，不被翻译它不能成为世界文学；第三，它是否收入了后来的研究者编选的文学经典的选集；第四，它是否能够进入大学课堂成为教科书；第五，它是否在另一个语境下受到批评性的讨论和研究。具体来说：

第一，伟大的作品必须把握时代的精神。比如说我们都知道，波德里亚、歌德、托尔斯泰、易卜生、乔伊斯与中国的曹雪芹、鲁迅等具有世界性影响的伟大作家，他们的作品不仅超越了特定的时代和地域，而且还被全世界范围内的人们所阅读。所以他们就得以成为世界文学。也有一些例外，易卜生、乔伊斯之所以不能获得诺贝尔文学奖，是因为他们过分的超前性，与当时、当地的批评风尚格格不入。所以他们并未得到批评家的重视，但他们有可能被未来的研究者所发现，因此仍然具有来世的生命。这是他们真正的价值。

第二，伟大的作品必须超越国别或者民族、语言的界限。任何一部文学作品要想成为世界文学，必须走出自己的国门，为本国或者本民族以外的更广大的读者所诵读，甚至为使用那种语言的外国读者所阅读、所研究。这样一来，翻译就起了重要的作用。拙劣的翻译也会对一部作品在另一语境的流传起到负作用。一部原本十分出色的作品，经过拙劣的翻译反而在另一语境下黯然失色。这样的例子在中外文学史上并不算鲜见。无论如何，不经过翻译仅仅在本国、本民族或一种语言中流传的作品，是绝对算不上世界文学的。

第三，文学选集的编选对于一部作品的经典化过程有着不可忽视的作用。在英语世界，有两部文选，一部叫*Norton Anthology*，一部叫*Longman Anthology*。尽管这些主编并没有要对它进行经典化，但是入选的作品自然被认为是经典化了的。这些著名的文学选集已经对世界文学经典的形成作出了不可估量的贡献，至少对进入高等院校的文学专业学生起到了世界文学启蒙教育和传承的作用。

第四，世界文学的编选工作另一个重要的作用就是为文学专业的学生提供教材或者教学参考书。我们在大学的中文系有一门课程叫“世界文学课”，也就是“外国文学作品选”。教材是周煦良教授主编的《外国文学作品选》，一到四卷。尽管周煦良教授1984年就去世了，但他的这部《外国文学作品选》仍然是目前最具有经典性的。这对于我们研究者把中国文学放在一个世界语境下的考察和评价是必需的。根据上面提及的公认的标准，中国的文学学者也编选了具有自己特色的多卷本外国文学作品选，从而使得不同外语的学生也能在有限的时间内对世界文学的概貌有个大致的了解。因此通过考察不同语境中所出现的不同版本的世界文学选，我们大概不难得出这样的结论：世界文学可以有不同的版本，尤其是不同国家的文学研究者对于文学经典的选择自然有自己的独特标准。但是无论如何，在每一版本的世界文学选集中，像但丁、莎士比亚、歌德这样公认的世界文学大师的作品都不会被漏掉。而次于这一级别的二流大师或者一些有争议的作家，往往会出现在某一部文选中，但却被另一些文选编者所忽视。这就说明了判断世界文学的相对性。

第五，任何一部伟大的文学作品都会在不同的语境下和不同的批评、研究区域中产生批评性的反响，哪怕你对它是反对的。我们都知道莎士比亚，莎士比亚成为世界经典作家也不是一帆风顺的。莎士比亚当年就经历了著作权的危机，世界研究莎士比亚著作的学者不相信英国有个叫莎士比亚的人写出四大悲剧、四大喜剧。他们认为这个作品肯定不是莎士比亚写的。因为莎士比亚没有上过牛津、剑桥，也不是贵族出身，而是出身贫寒、最早在剧场里跑龙套的，他是如何写出这样伟大的作品呢？所以他们认为有三个人有可能写出：一个是Samuel Johnson，编写世界上第一部英文大辞典的，他的拉丁文非常好；还有一个可能是Ben Jonson，他的语言文字非常典雅；还有可能是Francis Bacon，他的拉丁语也非常好、知识很渊博。他们就是不相信莎士比亚能写出来。到了20世纪还有人在批判莎士比亚，而且都是大师级的人物：一个是俄国的托尔斯泰；还有一个是英国的萧伯纳，但是最后莎士比亚还是公认的第一号大师。所以哪怕批判他、反对他，也说明他的影响之大。如果一部作品发表后没有任何反响，那么这部作品肯定是失败的。即使已经引起很大争议的作品，也至少说明了该作品所具有的批评价值和客观的社会和美学影响。但若是一部作品在另一语境下，仅仅在一般读者中短暂地流传，而受到批评界的冷遇，那么这部作品也很难成为世界文学。

综上所述，评判世界文学的标准既有其绝对的普世性标准，同时这种标准也因时、因地显出其不可避免的相对性。不看这种二元性，仅仅强调其普世性而忽视其相对性，就会走向极端；反之，过分强调世界文学的相对性，而全然忽视其共同的美学原则，就会堕入虚无主义和相对主义的泥淖，这是一个悖论。

四、世界文学语境下的中国文学及其翻译

我们为什么要谈世界文学？最终的目的要使我们中国文学走向世界，成为世界文学的一部分。毫无疑问，全球化给中国的文学和文化研究带来了两方面的影响：积极方面在于它使得文化和知识生产更接近于市场经济机制的制约，而非过去社会主义计划经济的管制；但另一方面，它也使得精英文化生产变得越来越困难，甚至加大了精英文化与大众文化之间的鸿沟。在当今时代，形式主义取向的文学理论已经被更为包容的文化理论所取代。任何一种产生自西方语境的理论，要想成为普世性的或者具有世界性影响的理论，那就必须能够用于解

释非西方的文学和文化现象。同样，任何一种产生自非西方语境的理论要想从边缘走向中心，进而产生世界性的影响，那它不得不首先被西方学界发现并被翻译到英语世界。这也是没办法的事情。

在过去的一百年里，在西方文化和文学市场的影响下，中国文学一直在通过翻译的中介走向现代性认同，进而走向世界。但是这种走向世界的动机多少是一厢情愿。外国文学作品大量被翻译成中文，但是中国的作品很少有走向世界的，最后就造成一种翻译的不平衡。你们今天到上海的外文书店去看，看到的大量都是翻译成中文的外国文学作品。当然也能看到一些中国文学作品被翻译成外文，但是买的人很少，大多都是学外语的人买的，外国人买的很少。你到国外去看看，那就更少了。久而久之，在那些本来对中国文学情有独钟的西方汉学家看来，中国现当代文学并不值得研究，因为它过于西化了。值得研究的只是19世纪末以前的中国古典文学，这是许多西方汉学家的看法。因此在很多中国保守知识分子看来，这种朝向世界的开放和现代性说不定是将中国文化和文学殖民化的历史过程。在这方面他们认为"五四运动"应该是全盘西化的罪魁祸首。但是在我看来，这无疑是不同于西方的、另一种形式的现代性，中国式的现代性。其中一个独特的现象，就是大量的外国文学作品和理论被翻译到中国，极大刺激了中国作家的创造性想象。中国现代文学与世界文学的距离已经变得越来越小了。这是翻译的第一个作用，使中国文学接近世界文学。

一些五四作家，如鲁迅、胡适和郭沫若等，通过翻译大量西方文学作品，强有力地解构了传统的中国文学话语。经过这种大面积的文化翻译，中国现代文学更为接近世界文学的主流。同时也出现了一种中国现代文学经典，它既不同于中国古典文学，也不同于西方现代文学。在编写中国现代文学史时，我们应该充分地意识到翻译所扮演的重要角色。但是这种形式的翻译已经不是传统语言学意义上的语言文字之间的转换，而更是通过语言作为媒介，文化上的变革。所以我们认为，林纾的翻译也是有很大贡献的。他和不同的合作者翻译了一百多部作品，中国早期的外国文学翻译作品几乎都出自林纾之手，这也为后来的重新翻译奠定了基础。这是中国文学走向世界的第一步。

另一方面，世界文学始终处于一种旅行的状态中。在这一过程中，某个特定民族或者国别的文学作品具有了持续的生命和来世生命。这一点尤其体现在中国近现代对西方和苏俄文学的大面积翻译。我们可以说,在中国语境下我们也有自己对世界文学篇目的主观能动的选择,中国也有自己不同的版本。当然我们的判断和选择曾一度主要依据马克思主义经典作家对一些西方作家的评价。现在看来,之于西方20世纪以前的经典作家,这样的判断基本上是准确的。但对于20世纪的现代主义以及后来的后现代主义作家作品的选择,则主要依赖我们自己的判断,或者依赖于这些作家实际上在西方文学界所处的客观地位。正是由于这种主观的能动选择,才使得世界文学在中国不同于其在西方和苏俄的情形。

我们都知道在“五四”时代,一批中国作家曾经受到无政府主义和世界主义的影响,其中的一些人如巴金和叶君健,他们甚至自学了世界语。而且叶君健还尝试着用这种人造的语言来进行文学创作。但是最终因为这种所谓的世界语,既没有进入世界性的流通渠道,也没有为世人所使用,而未能实现使中国现代文学成为世界文学的目的。

我们可以说,超民族主义在中国也有着自己独特的形式。在旧中国,当中国处于贫穷状况,中国文化和文学因为自身的落后而难以跻身世界文学之林时,我们的作家就大量地将外国先进文学翻译成中文,从而使中国现代文学得以从边缘向中心运动,进而走向世界。

今天当中国成为一个经济和政治大国时,一个十分紧要的任务就是要重新塑造中国的文化和文学大国的形象。在这一方面,翻译又在促使中国文学更加接近世界文学主流方面起到了更为重要的作用。但是在当下,中国的文学翻译现状又是如何呢?可以说与经济上的繁荣表象形成了鲜明的对比。迄今只有为数不多的古典文学作品被翻译成了外文,而当代作品被翻译的更是凤毛麟角,有的作品即使被译成了外文,也大多躺在大学的图书馆里,鲜有人问津。这自然不能完全归咎于翻译,其中的复杂因素是非常多的,有西方意识形态对中国的封杀和媒体对中国的妖魔化的因素。但是无论如何,我们当下翻译的重点无疑要从“外译中”转向“中译外”,尤其是要把中国文学的优秀作品翻译成世界主要语言——英语。这样才能真正打破全球化所造成的语言霸权主义的状况。在这种

“中译外”的过程中，为了更有效地实施本土全球化的战略，我们尤其需要国外汉学家的配合帮助，这样才能有效地使中国文学走向世界。

显然，如果我们从今天的角度来重新审视五四运动带来的积极后果和消极后果，我们完全可以得出这样一个结论：在把西方各种文化理论思潮引进中国的同时，五四作家和知识分子忽视了文化翻译的另外一极——把中国文化和文学介绍给外国世界。同样，在“砸烂孔家店”的同时，他们也把传统儒学中一些积极的东西破坏了。这便预示着中国当代出现的信仰危机。为什么现在儒学又重新火爆起来了？现在当我们没有信仰的时候，我们又不得不乞灵于我们的老祖宗。所以现在中国政府为了传播中国文学和中国语言，也以孔子来命名，在海外建立了300多个孔子学院。因此，我们确实要深刻地检讨“五四”运动之于今天的意义。在中国语境下的文化全球化绝非是要中国文化殖民化，其目的倒是恰恰相反，要为中国文化和文学在全世界的传播推波助澜。在这一方面，弘扬一种超民族主义和世界主义的精神倒是符合我们的文学和文化研究者将中国文学推到国外的目的。因为正是在这样一种世界主义的大气氛下，世界文学才再度引起了学者们的兴趣。为什么世界文学现在再被提出来呢？因为我们现在处在一种全球化中。

我们从事国学研究，不管从事文学研究还是文化研究都离不开语言的中介。但在形成中国现代文学经典的过程中，翻译所起的作用更多的是体现在文化、政治和实用主义的目标上，而非仅仅是语言和形式的层面上。因此，中国现代语境下的翻译所承担的政治和文化重负大大多于文学本身的任务。毫无疑问，全球化对文化的影响尤其体现于对世界语言体系的重新绘图。在这方面，英语和汉语作为当今世界的两大语言，最为受益于文化全球化的进程。众所周知，由于美国综合国力的强大和大英帝国长久以来形成的殖民传统，英语在全世界的普及和所处的强势地位仍然是不可动摇的。它在全世界各种语言中仍然名列第一。人们不禁要问，全球化给汉语这一仅次于英语的、世界上使用人口最多的语言，带来何种后果呢？我们已经注意到，汉语也经历了一种运动。从一种民族的或者国别的语言，主要为大陆和港台人使用，一种national language逐步变成一种区域性的语言regional language，同时也为新加坡、马来西亚等国的华人所使用。

最终将成为一种主要的世界语言major global language，甚至在北美和欧洲的华人社区也广为人们使用。汉语目前在全世界的普及和推广，无疑改变了既定的世界文化格局和世界语言体系的版图。汉语现在也很重要。而中国学者对中国现代性的建构同样也消解了带有西方中心主义印记的单一现代性的神话，为一种具有中国特色的、另类的现代性的形成奠定了基础。因此，全球化时代的到来更是导致了民族或者国家的疆界以及语言文化的疆界变得愈发模糊，从而为一种新的世界语言体系和世界文学经典的建构铺平了道路。在这方面，我想中国学者应该做出自己的独特贡献。

全球化与全国化——当下文化趋势

时　间：2011年7月21日

地　点：上海交通大学闵行校区新图信息大楼8楼

主讲人：张颐武

张颐武

著名评论家、文化学者。北京大学文化资源研究中心副主任，北京大学中文系教授，博士生导师。研究领域包括中国当代文学、大众文化和文化理论。主要理论专著有《在边缘处追索》、《从现代性到后现代性》、《新新中国的形象》、《全球化与中国电影的转型》等；大众阅读出版物有《思想的踪迹》、《一个人的阅读史》等。

主持人：大家好，今天上午我们请来的是张颐武教授。张颐武教授是著名的评论家、文化学者，北京大学文化资源研究中心副主任，北京大学中文系教授、博士生导师。研究领域包括中国当代文学、大众文化和文化理论。主要理论专著有《在边缘处追索》、《从现代性到后现代性》、《新新中国的形象》、《全球化与中国电影的转型》等；大众阅读出版物有《思想的踪迹》、《一个人的阅读史》等。下面我们掌声有请张颐武教授为我们做精彩演讲。

张颐武：谢谢各位，非常荣幸今天有机会跟各位来交流。我想讲的题目是"全球化与全国化——当下文化趋势"，主要从两个方面来解释。一个是全球化，这个大家都比较熟悉，另一个是全国化，这个不太好了解，我后面会与大家进行探讨。首先我想讲五个问题，第一个是全球化带来的结构重整和文化冲击。第二个中国发展的全球文化意义，第三是全球化与全国化的文化影响，第四是当下文化的趋势，最后讲对未来的展望。

演绎中国形象之变化的三张图

我们首先从几张照片开始讲，通过这些图片来对全球化进行一下了解。第一张图片是20世纪80年代的一幅著名油画——画家罗中立的《父亲》，这个可能大家都听说过。这幅作品非常感人，之后变成了中国形象的一个典型象征。

这幅画是按照天安门城楼毛主席画像的尺寸来画的,非常有震撼力。我当时看了也很感动,因为我觉得画中老人非常像自己的父亲。在那个时代,粮食比较匮乏,我父亲五年时间不吃细粮,把白面米饭都留给我吃,这可能是我个子高的原因。虽然两个父亲的命运不同,但是都有面临过匮乏的境遇,这是当时中国命运的一个集中表现,画里的人也具有很好的象征意义,让人看了很有感触。第二幅是希望工程《大眼睛》,画中人物是苏明娟。这反映的是中国慈善机构的问题,虽然现在我们很多慈善机构暴露出各种各样的问题,但是我们也不能因为这样就不捐款,该捐的时候还是要捐。这幅画是当时《中国青年报》记者谢海龙拍摄于20世纪90年代,苏明娟的大眼睛象征着山里孩子对外部世界的渴望和对自己命运改变的期望。我还记得当时我与一位美国教授在街上走时,他看到这幅画问我情况,我解释这是希望工程的宣传画,他立刻给我200美金要求我捐掉,足以证明这幅画的感召力和影响力,它也体现了中国社会要求开放和学习的现状。第三幅是2005年《新闻周刊》封面刊登的章子怡照片,她代表了中国21世纪初的形象。当时,中国许多超级明星都选择去国外发展,要走向全球,走向世界,而所谓的“世界”指的就是美国,而不是埃塞俄比亚。在更早的80年代,还有一位“走出去”的明星,她就是陈冲。在当时的中国,她作为“百花奖”得主,在国内已经是响当当的一线明星,但是她还是放弃机会去国外发展。相反,同时期在国外发展的还有一位女性,就是大家所熟知的刘晓庆,实际上,她在国内的地位远不及港台明星高。这使得越来越多的人选择出去,但小有名气的还要数陈冲。回头来看章子怡,她应该是21世纪初走向世界的最高点,她已经拿到“金球奖”的提名,也参演了美国一线大片,是相当成功的。虽然国内对她有很多非议,但不可否认,21世纪的中国形象很大一部分是由章子怡和姚明来代表的。这张封面照片中的章子怡表情乐观、奔放、大胆,穿着上也很有特点,上身穿中国旗袍,下身则穿牛仔裤,而背景是代表典型中国城市元素的长城和东方明珠。中国人由脏乱、落后的印象逐渐向求进、聪明的形象转变。

但是21世纪以后这个情况有点改变,明星不是都要去好莱坞发展,而是回到国内来发展。比如范冰冰在戛纳电影节上穿的仙鹤装,实际上是穿给国内人看的,来证明她的国际影响力。她通过国际市场作为中介来展示其在国内市场上的魅力。同时，国际品牌也请她这样有国内能见度的人来做代言，以打入中国市场。说得不好听一些，叫做挟洋自重，好听一些就是走出世界，回归中国。再如IPAD，虽然是洋品牌，但是很多都是在中国生产，纽约是它们产品增值的关键，这就是全球化，绕了一圈又回到中国。"达芬奇事件"一出来之后，很多国人对他们的造假行为很是愤慨，而这个事件在一定程度上又反映了国人对国际知名品牌的购买需求之大。以上讲的这些，实际上就是中国全球化的过程，从封闭走向开放的一个过程。所以可以说，走向世界其实就是回归中国，这是一个重大的改变。比如说很多服装企业也是这样一个做法：一些国内二三线品牌想要扩大品牌影响力，于是他们到意大利去搜寻一些做得很好、历史很早的手工作坊，并花重金将这些品牌购置回来，开在自己原本土服装店旁边，并聘请这些意大利人做设计师，这样就成功地将本土品牌转化成为国际品牌。

反映中西方关系的两个焦点

这里有两个焦点事件，一个是全球性危机到核复苏。全球性金融危机从2008年奥运会下半年就开始暴露，对全球经济形成重创，直到现在美国失业率还很高，欧洲也受到重击，爱尔兰也一样，而冰岛已经彻底垮掉。目前美国正在就提高国债上限问题进行激烈讨论，但也没有一个具体结果。现在全世界的人都在买美国国债，所以美国经济一出问题，全世界人民都跟着着急。美国现在的经济状况还是很复杂，相比较而言，中国的经济情况显得要好一些。所以说世界格局在发生重大变化，而其中，中国正在从过去只是一个"亮点"成为今天的一个最瞩目的"焦点"。而美国对中国的好奇、谅解也演变成为敌视，前一段时间的一个美国大选调查就显示出美国人对中国的印象非常坏，对中国人的抨击也很厉害。中国的崛起带来了整个世界的结构重组，但这个重组是一个非常漫长的过程，还没完成。在此之下，全球化面临着一个新的转折点。

另外一个焦点就是奥运和世博的成功举办。虽然举办这些国际活动被许多人说成是劳民伤财的行为，但是没有这种大型活动来标识国家的崛起，整个国民的心态是无法获得平衡的。像前段时间网上流行一个调侃中国奥运开幕式成功举办的段子说，"这种开幕式其他国家办不了，因为有钱的没有中国人多，人多的没有中国人有钱,既有钱又人多的没有中国人听话,所以只有中国才能将奥运开幕式办得如此宏大。”这个说法看似是开玩笑,其实非常有道理。中国这样一个结构和社会机制创造了一种集中精力把中国建设起来、并且在一个大平台上重新分配利益的可能性。所以说,奥运会算是中国发展史上一个里程碑式的关键性转折点。即使从未来看,这个事情的意义还是非常巨大的。世博会也是如此,即使明知道拥挤、失望,人们也愿意来现场体验一下这种真实感。

我可以用两首歌来说明中国发展变化的情况,都是刘欢所唱,一首是1993年的《千万次的问》,一首是2008年的《我和你》。第一首歌是电视剧《北京人在纽约》的插曲,当时很多认为中国没有希望的人都去到国外寻找发展机会,对于繁华的纽约充满仰视和憧憬,就像歌词所写的“千万里我追寻着你,可是你并不在意,你不像是在我梦里,在梦里你是我的唯一”。

第二首的《我和你》,唱的其实也是中国和西方关系。但你会发现,这时候的中西方关系已经发生了翻天覆地的变化。“我和你,心连心,同住地球村。为梦想,千里行,相会在北京”,已经由原来的“千万里追寻着你”变成如今的“相会在北京”,这就说明世界的结构在发生着重大的改变。

但在国际地位迅速上升的同时,国人获得尊重的速度并未得到相应程度的上升。不仅如此,中国的参照系也在发生着变化,20世纪80年代与印度、巴西比,现在与西方发达国家比,以前的年轻人是出于无奈才选择出国谋生,而如今是有钱了才出国。

标志全球化结构重整的两个事件

在国际格局发生重大转折的背景之下,我们每个人应该如何去定位自己,定位未来?这需要更多文化上的思考。这波全球化是从什么时候开始的呢?实际上有两个象征性的事件。第一个事件是1989年11月9日的东欧剧变,简称“119”,形成了后冷战时期的新的世界格局。随着柏林墙的倒塌和东德的垮台,全球化的步伐开始,东欧、苏联都自觉或不自觉地加入到了全球化的进程。而中国的全球化进程比上述时间还早,实际上从20世纪80年代初就开始了。毛泽东于1971年打开中美关系大门,即基辛格访华以后,这时候中国其实是属于西方阵营的。当时的中西方处于蜜月期，虽然价值观不同，但属于战略联盟的关系，与西方国家一起反对苏联。从此世界连为一起。

第二个事件是，2001年9月11日发生的美国五角大楼遇袭的国际性大事件，简称“911”，这在当时看来是十分震撼的。这个事件说明了在全球化的进程中，存在一些人的反对声音，这些人就是恐怖分子。“911”事件以后，世界格局发生了非常深刻而重大的改变，事件以后就发生了美国对伊拉克的战争。

全球化进程中产生的六个流动

第一个流动是资本流动，简单说就是钱的流动。物价上涨、珍藏品售价奇高等都是资本流动的结果。举个例子，20世纪50年代时画家齐白石的画只需要8块钱，但是现在被炒作到4亿人民币。资本一般由有钱的地方向没钱的地方流动，全球的资本向新兴的国家流，比如中国、印度、巴西、越南、斯里兰卡等等，而中国是全球资本流向最多的国家，主要原因是中国的市场前景大，有钱可以赚，这也是中国的一个最大优势。我们还可以发现，现在西方很多国家对中国“成见”很深，但是不论怎么唱反调，彼此关系一直没有决裂，归根到底是因为他们的资本要在中国赚钱。

第二个是人口的流动，主要包括三点，即技术移民、投资移民和非法移民。我国人口流动最为明显的一个表现就是农村向城市化的进程加快，越来越多的农民工选择进城打工，造成大量人口流动。中国城市化有一个很大的特点就是“离土不离乡”，这与印度的贫民窟有很大差别。中国的城市化可以说是全球规模最大的人口流动。除此之外，还有一个大的人口流动就是国人向国外流动。现在，到新西兰的奥克兰、加拿大的温哥华等城市你会发现，几乎10%左右的人都是华人。还有一个表现就是旅游人口的流动，越来越多的国人愿意出国旅游。虽然在国外旅游的中国人被称为“臭豆腐”，即有待提高的素质文明为国民形象带来了一些不好的影响，但是不得不承认，中国人所具备的强消费能力无疑是旅游国家的经济助力。

第三个是商品的流动，主要是从中国向国外流。以富士康为例，位于深圳的富士康总部有员工40多万，这是一个非常庞杂的工业体系。中国的生产规模和能力是不可小觑的，并且正在发生两个转型，一个是由原来的低端生产向高端生产转型（由肥皂毛巾向电子、数码产品转型等等）。另一个是由出口主导向进口主导转型，商品从国外向国内流，经济实力的增长带动国人消费需求的提升。于是，各种名牌服装、红酒等奢侈品纷纷被国人买进国内，带动了商品向内流动。但是在商品快速流动的同时，出现了一个问题，那就是盗版、赝品和毒品等的流通、跨国交易等等。

第四个是技术流动，这个不用多说，大家都了解。

第五个是信息流动，互联网、社交网站、信息革命都是从IT行业开始发展的。20世纪70年代的信息革命与中国有很大关系。这要提到一个人，他就是比尔·盖茨。大学肄业的他成立了微软公司，事业从个人电脑开始崛起，让电脑成为一个个人应用的东西。互联网革命是改变我们生活形态的革命，最近新兴起来的团购就是一种互联网革命。交易成本的下降、中间环节的节省造成了价格具有竞争性，比如淘宝、当当、卓越等等。

第六个就是意识形态的流动，产生了文化上的冲击，从低端上看是消费主义，从高端来看就是全球反恐。文化上的冲击主要有以下几个表现：第一，消费主义带来的价值转变，也就是说由生产型社会向消费性社会的转变。这个不用多讲，以前的社会是生产型社会，大家都省吃俭用，叫“新三年旧三年，缝缝补补又三年”，但是现在却讲扩大再生产，拉动内需，促进消费。第二是大众文化的兴起使精英文化受到冲击。第三是虚拟现实的兴起，对真实世界造成冲击。很多3D游戏的制作，使得虚拟世界比真实世界还真实，这造成了更多人愿意宅在家里；或者说当虚拟世界的幻想遇到现实时，大多数人会陷入绝望。第四，环球公民和本地公民之间的鸿沟和裂痕。西方的政治文化、企业文化现在都非常灵活，他们谈论的环保、动物权利等话题，都与本地民众保持着一样的立场，他们的做事规则不是来自信念，而是来自公关，非常灵活。这里有一个很典型的例子就是麦当娜，20世纪80年代美国风气保守，她亦对外宣称自己“像处女一样保守”；随着社会的发展和开放，她便将自己定位于热情奔放。现在大家都在讨论环保慈善等话题的背景下，她也跟着脚步领养了很多小孩，关爱艾滋病人。她永远是潮流的引领者，比时代趋势快半步，公关形象做得非常好，很灵活。

全球化进程带来的三个问题

第一是普遍性和特殊性的问题。这一直是一个困扰。比如某地有个习俗，把牛尊为圣物，当地人都不吃牛肉。这个时候，麦当劳到当地后虽然把牛肉改良成羊肉食品，但还是遭到攻击，被当地人指责说炸薯条的油里含有牛油成分，也是对当地文化的不尊重，其后麦当劳表示了道歉。其实，从多元文化的角度来看这是非常正常的现象，但并不能成为普遍性。第二，自我和他者的关系问题。另外还有一个是知识与价值的关系问题。

下面我们接着讲全国化与全球化的问题。中国在全球化发展中呈现出几个特点，主要是外部全球化、内部市场化、发展高速度、低廉劳动力、低廉土地价格等等。

中国大城市在高速繁荣，下面给大家展示重庆、青岛、上海等几个大城市的图片。这是台湾某电视台运用过的一组图，这些城市看起来都非常有香港、悉尼、伦敦的气势和繁荣。另外还有北京新中央电视台、鸟巢、国家大剧院等新建筑的相继建造。

还有一个值得说的就是以《英雄》为标志的中国式大片，它与好莱坞大片是同步的。一方面《英雄》开始有一个中国市场，中国电影从去年到今天约有100亿的市场，这不算多。2006年中国的票房为6亿，其中张艺谋一部电影就占2.4亿，市场相对不大。而现在，电影业已经呈现一种爆炸性的增长，市场价值达到100亿。以《阿凡达》为例，仅此一部电影就在中国创造了15亿的票房，相当于近3亿美元，这对美国来说也是一个相当庞大的数字。好莱坞开始渐渐重视新兴国家，尤其是中国市场，《功夫熊猫》就是为了满足中国市场拍的。除此之外，好莱坞还为迎合巴西市场，拍了《里约大冒险》，为迎合印度市场拍了《贫民窟的百万富翁》等等。目前，美国社会对中国的"崩溃论"和"威胁论"，尤其是后一种论调还是存在的。后奥运时代中国崛起的现实带来了问题化，中国的发展给全球带来了困扰。这种困扰并非是中国主观上的威胁所引发，而是中国的发展在客观上不可避免地引起了其他国家的敌视和不满。

中国全国化的几个特点

中国的全国化，最初是媒体所提出的一个概念，到底什么是全国化？我认为大体有这么几层含义：一是大量劳动力，包括农民工、白领等的大规模流动，向超级大城市聚合。30年来这个大趋势与全球化有密切的联系。“全球化”的分工推动了中国数亿人口的“全国化”；同时，中国的“全国化”又支撑“全球化”的进一步前行。世界必须承认，“中国制造”改变了他们的生活方式，比如奢侈品的普及、中等收入者的消费提高等等。很明显，中国的“全国化”成了“全球化”的一个支柱。二是中国三、四线城市的崛起。这个趋势必须高度重视。比如，近两年来的搞笑电影《三枪拍案惊奇》、《大笑江湖》，在网络里被骂得一塌糊涂，但他们都有2亿左右的票房，原因就在于二线、三线甚至四线的城市居民纷纷到电影院看电影了。电影是一个典型征兆，使“全国化”不仅向超级都市聚合，还有分散的力量。一些小城市借30多年中国发展之力，呈现出大繁荣景象。特别是原材料和能源的价值重估也带来了机会。尤其是2009年以来，西部地区的经济增长速度比京沪穗等大都市要快，中国出现了新消费群体。“民工荒”、“蚁族”、“逃离北上广”也是不同侧面的映证。这股新型力量在聚合与分散中形成积极影响，也会带来一些麻烦，现在这股力量正往三四线城市扩展。

中国的下一个目标就是要实现全国化。我们目前的现状是，北京、上海等超级大城市赶超美国纽约，但是开车出50公里以外却发现什么设施都没有，什么都不方便。中国早期实行的是计划经济全国化，农民阶层、工人阶级等都付出了巨大的牺牲；现在要实现的是全国化的均等化，促进中小城市的发展繁荣。目前，中国各中小城市由于紧邻大城市，辐射效应渐显。比如，我有一次乘坐高铁到山东枣庄开会，下午会后直接坐高铁回北京，晚上就能和朋友一起吃饭，这种时效性还是让人感到非常乐观的。枣庄当地的领导也跟我说，有了高铁，他们就可以借助枣庄的台儿庄大力发展旅游业经济，到达北京、上海两地也仅需2个小时左右。高铁与飞机还不同，飞机只是点对点，而高铁可以将沿线的一系列城市都带动起来。因此可以说，空间结构的改变实际上为二、三线乃至四线城市的发展带来了前所未有的机会和机遇。这些城市在中国未来发展队伍中占有很高的地位，这也是全国化发展的力量所在。

中国的全国化进程速度非常快，以大连的著名企业万达为例，他们在全国各大中小城市都设有城市综合体，比如万达房产、万达影院、万达广场等等。而且万达大多都是带着沃尔玛去的，70% ~80% 的店铺都是万达自有，而且进驻了许多奢侈品牌。小城市的万达与大城市的万达基本上也没有太大的区别，这为三、四线城市起到了推动作用。再举一个例子，贾樟柯的著名电影《小武》，以前小城市的生活是非常压抑、单调、闭塞的，但是现在有了互联网，在网络面前人人平等，人们的生活发生了改变。

在中国的全国化进程中，西方国家变成一个中间环节，起到了中介的作用，不再是我们追逐的目标，而是变成了西方人追逐中国。许多西方的大品牌都把中国作为一个巨大的市场，无论是奢侈品还是普通消费品，都将中国视为一个机会，一旦这个国家的消费能力释放出来，爆发力是非常巨大的。在达芬奇的营销观念中我们就可以深切体会到这点，但是达芬奇造假事件的曝光又显示出他们的无知，愚弄消费者最终被央视曝光。然而看到那位负责人在镜头前哭诉我又感到很感慨，因为作为那个时期的中国人，创业是非常艰辛的，很值得同情。他们冒充意大利品牌的做法虽不可取，但是其奋斗史还是值得肯定的。这个事件也再次凸显了一个问题，中国不再把西方看成是一个终极目标，而是一个利用的中介。这是中国全球化发生变化的一个表现。

目前的现状是，中国的全国化在拉动世界的全球化。中国过去的三十年，是全球化创造全国化。然而当下却是全国化拉动全球化，以前是别人赶着我们跑，现在我们拉着别人跑。这是一个很大的改变。原来，我们"立足本土"是为了"走向世界"，总是说"越是民族的，就越是世界的"；然而今天，我们的"本土"就是"世界"，而且是世界最有活力、创造力、想象力的地方。我们看到现在很多港台歌星都去大陆三、四线城市赚钱，获得了非常丰厚的利润，这也就是全国化的一个最好表现。

全国化进程中的四个现象

在后奥运、后世博时代，我们国家在全球化和全国化进程中，暴露出很多问题，其中一个最具代表性的就是，我们的人民幸福感处于低迷状态，尤其是80后和90后一代更是如此，这是值得我们关切的一个问题。现在年轻人的幸福感很差，是因为没有经历过苦难的岁月，对艰苦没有一个直观的体会和理解，对幸福的要求很高，造成幸福感差。第二个问题就是年轻一代的自我认同感发生了错位。如此一来，就引发了四种现象的产生：

第一，中产收入者的崛起。最突出的一个表现就是星巴克继大城市之后，向二、三线城市的不断渗透，这是中国资本全球化后中产阶级崛起的一个标志。十几年前，在汤姆·汉克斯和梅格·瑞恩主演的一部美国电影中，我看过汉克斯拿着一杯星巴克咖啡从书店旁边走过的时候，非常羡慕，觉得帅极了。当时北京还没有星巴克，自然就认为能坐进星巴克喝杯咖啡是一件十分享受而高雅的事情。但是到现在我发现，星巴克遍地都是，小资情调肆意，“不是在星巴克，就是在去往星巴克的路上”。这就是国内中产阶级，尤其是二、三线城市中产阶级崛起之后的一个表现。

第二个现象是随着游戏产业兴起后，“尿不湿一代”崛起，即80后、90后的成长和崛起。奇幻文化盛行，少年写作奇才频现。代表人物就是韩寒、郭敬明等等。这一群人最早是在21世纪初通过新概念作文崛起的。到现在最大的80后已有30岁，90后也有20岁，他们现在是中国年轻一代的主力。他们有着以下几个特质：在文化方面，他们表现自我的想象力重于表现社会的生活；在经济方面，他们重视财富的分配重于重视财富的积累；在社会方面，他们关注人类的普遍问题重于关注中国的特殊问题。80后最早的一批人是看《还珠格格》长大的，这个片子创造了全球华人电视的奇迹，从以前老大妈的苦情电视文化中开拓出年轻人青春电视文化。现在湖南台又开始放《新还珠格格》，两部片子的比较正好经历了1998年到2010年、从80后到90后的这十多年时间。客观来说，琼瑶的剧作的确在电视荧屏上创造了一个神话，而《还珠格格》成为80后一代成长和崛起的一个典型标志。以韩寒、郭敬明为例，看《还珠格格》长大的可以称之为“还珠一代”，他们深受影片的影响。正如影片中所渲染的气氛一样，与主角小燕子的性格一样，80后一代内心有些胆小，但是又去嘲笑社会，他们蔑视权威、无拘无束，但是又在规则之内行事，这预示了独生子女一代和互联网一代的成长经历，影片的无厘头和开玩笑其实与80后所处的互联网文化非常接近。

第三个现象是“草根”与“后小资”舆论强势，彰显文化力。“草根”其实是互联网时代超越原有阶层划分的社群。他们是一些以网络显示其自身存在的人。他们的"群体意识"在日常生活中并不存在，却在网络上受到强化和获得认同。他们是一些社会地位和经济地位相对不高，刚刚走入社会的年轻人，以网络为中心形成的社会力量。

其中，一个不得不说的重要现象就是2005年湖南卫视打造的超级女声选秀活动。同时，还有一个值得注意的就是，2005年的超级女声在大红大紫之时，也为超级明星的时代画上了一个句号。之后每年举办的超女、快男等其他选秀活动，无论从影响力还是明星发展来看，都远不如当时。随着互联网下载业务的增强，唱片业逐渐淡出市场，80后的这一批明星几乎成为最后一批的超级明星。凤凰传奇组合的作品虽然被认为是低俗的音乐，但是却给中国移动带来几千万的下载量，正是因为他们受到人数占优的低阶层人的欢迎，因此其影响力不可小觑。旭日阳刚的《春天里》虽然不是原创，但是其受欢迎程度比原唱汪峰还高。

山寨文化的兴起有它的道理，"山寨"像但不完全是，它是从手机开始延伸到文化领域，是草根文化的集大成。其中代表人物就是芙蓉姐姐、罗玉凤等。对于他们在网络上自我炒作、丑态频出的做法，一方面我们很多人会觉得低俗、不得体，但另一方面，我们又觉得非常好。我们知道，东亚人平时是非常喜欢去KTV唱歌的，这是他们的一个主要娱乐活动，这在西方看来是一种匪夷所思的现象。同时这也说明东亚人在生活中比较压抑，选择KTV唱歌来释放自我情绪，将自己的快乐建立在别人痛苦之上，这与芙蓉姐姐、凤姐把自己的快乐建立在大众痛苦之上有异曲同工之处。

最后一个现象就是今年显现出来的国学热，这是全国化进程中的典型表现。比如穿汉服、读经、祭祀等等，都是对传统文化的具体性恢复，是现代化进程中传统空洞化的反弹。在民族精神越来越抽象的时候，传统文化变得越来越具体。

国人心中的"中国梦"

在文化上，中国要在30年内创造一个"中国梦"，即个体奋斗之梦、面向未来之梦、告别悲情之梦，虽然我们在社会上看到很多无法理解的怪象，但是有一点毋庸置疑，就是国人的梦想还在。虽然大多数人在微博里谩骂、批判，但这是因为他们内心觉得中国还有希望改善。现在，我们看到人民对于幸福感的要求在不断提高，他们除了要求更公平的社会之外，还要求更多的社会保障和更多的福利，要求更多的精神满足和社会关爱。我们现在处于从工业化向后工业转变的时代，这促成了人民观念的转变，比如从大规模工业化到环保、低碳经济和可持续发展；社会公益和慈善、志愿者、企业社会责任等。这种情况之下的大趋势就是，企业更加注重灵活性和创造性，重建企业、公众与个人之间的联系，平衡利润与道德之间的关系。

比如最近红十字会发生了这么大的事情，其实这就是社会信任体系重建过程中出现的一个问题。我们现在的情况其实非常像19世纪末20世纪初美国大规模崛起的那个时代，一方面经济上保持大繁荣大发展，另一方面社会问题不断频现。在飞速发展、充满活力的同时，我们国家各种问题纷纷暴露，充满混乱，三聚氰胺、瘦肉精、染色馒头等食品安全引人担忧，负面消息很多。那么，中国究竟该怎么办？我觉得中国只能在现在的环境中往前走，根本性否定现在的道路而转向另外的道路是不可能实现的。中国现实决定了我们只能在当前的条件下获得发展，而且需要一个缓冲期，不可能在一天之内变好，有可能在20~30年之内得到改善。

我们现在还面临的问题就是，全球化、全国化的不均衡。全国化不均衡是指内地和沿海不均衡、东部和西部不均衡、个人贫富差距之间的不均衡。这里面需要注意的就是，要重视底层的参与和分享，超越贫困文化。第二点是“草根”或“后小资”与精英之间出现的对立。第三个要注意跨越怨恨文化和悲情文化的阴影。中国现在面临的文化难题，从高端来看，是中华文化的普遍性价值还没有被充分认知。天人合一，和而不同。从低端来看，大众文化的竞争力还远远没有和经济成长相适应。合法性不足，没有“说法”，吸引力不足，没有“魅力”等等。

这种形势下，我们应如何去做？首先要多向整合文化资源，包括政府与民间、媒体和专业人士之间、公众和精英之间、空间展开和时间延续之间的整合。另外，在对策上也要加强，高端上要建构文化战略、加强文明和文化对话、弘扬文化精神，低端上要发现文化生长点、保护文化遗产、尊重多样的大众文化等等。在当下世界局势中，中华文化对于世界和平与发展有着不可估量的作用，尤其是中华文化传统中有关“善”、“仁政”等理念将发挥巨大的影响，对于全球治理可以起到一种“善治”（good governance）作用。世界曾等待中国融入世界，而今天中国也有耐心等待世界认识中国。

现在国际上有一个争论，是按照西方模式发展，还是引用中国模式的案例，我觉得这个还无法形成定论。但至少无疑的一点就是，中国的崛起将对世界的价值观形成根本的改变，这个改变会超出我们的意料。我认为，今天我们大家都是站在一个历史的临界点上，年轻人在中国的发展中有很多机会，如何在这样一种大变革大发展中找准定位，寻找空间和可能性，这是需要年轻人认真思考的问题。

“三”看媒体

时　间：2011年7月22日

地　点：上海交通大学闵行校区新图图书信息大楼8楼

主讲人：陆地

陆地

北京大学新闻与传播学院教授、博士生导师、视听传播研究中心主任。中国首位新闻传播学博士后（复旦大学，2001年），先后任《蚌埠日报》、《中国青年报》、北京电视台等新闻媒体记者、主任编辑和清华大学新闻与传播学院教授。2004年被中国广播电视学会评为第二届全国“十佳”广播电视理论工作者；论文先后获得中国电视金鹰奖一等奖、中国广播电视学会“南方杯”一等奖、中国电视星光奖二等奖等。

主持人：我们今天非常荣幸地邀请到了陆地教授。陆教授是北京大学新闻与传播学院教授、博士生导师、视听传播研究中心主任，他是我们中国首位新闻传播学的博士后。据我的了解，他的导师是我们中国的首位新闻传播学的博士。你看，首位的博士和首位的博士后，这个很了不起。陆教授有着丰富的业界经验，他先后任《蚌埠日报》、《中国青年报》、北京电视台等新闻媒体记者、主任编辑。在2004年被中国广播电视学会评为第二届全国“十佳”广播电视理论工作者；论文先后获得中国电视金鹰奖一等奖、中国广播电视学会“南方杯”一等奖、中国电视星光奖二等奖等。让我们再次以热烈的掌声欢迎陆地教授！

陆地：我今天要给大家讲的内容是“‘三’看媒体”，用“三”来总结媒体的热点以及媒体面临的挑战。挑战不是说谁对谁有挑战，不是一方对一方，其实相互之间都是挑战。

大家看到我的主标题里有个“三”，“三”在这里是研究的一个窗口、一个方法；“看”是观察、分析；“媒体”是看的对象，也就是观察的标本。所以我把它简单化了一点。我是研究广播电视的，最近几年对新媒体也比较感兴趣，所以今天讲的主要内容是广播电视媒体（特别是电视媒体）兼新媒体。

我们小学、幼儿园的时候就认识“三”这个字，但是有谁认真地思考过这个“三”？这个“三”与我们今天的媒体都有什么关系？“三”看媒体态势，是从“三”的角度来看媒体态势，这个态势肯定是一种变化的态势。我们俗话说“以不变应万变”，事实上“以不变应万变”是比较消极的，“不变”其实也是一种“变”，就相当于“零不等于没有”，例如打篮球的零号也是一个号。今天主要是给大家分析一下广电媒体态势，咱们中国人大部分都是重“态”不重“势”。“态”是一个状态，是一种现状；“势”是一种趋势，是一种趋向，是未来可能成为“态”的一种可能性，所以“态”和“势”是不一样的。

“三”的多重含义

在我们中国的文化当中，数字“三”有很多含义。在算术中，“三”是一个确定性的数。作为文字，它可是奥妙无穷、变化莫测。我认为，通过“三”来分析我国的广播电视媒体、新媒体是恰到好处的。“三”同时具备“变”和“不变”两种特性。一直是变化的、没有稳定性的事情可以说是不存在的，也无法进行研究。只有把静态和动态相结合来看问题，才能看得比较准确。

我们生活中，有很多的“三”。喝酒有“酒过三巡”，“事不过三”，烧香要烧“三炷”，吃饭要“三阳开泰”等等。所以，“三”跟我们的生活是密切相关的。孔子说，“三人行，必有我师。”这个“三”就带有了某种不确定性，不是说“三人行”就一定是三个人，咱们在座的两百多人中值得互相学习的东西很多，这里就更是“必有我师”了。可惜这次教学，我不一定有时间跟大家密切地互动、交流，否则我应该能从你们身上吸取很多能量、思想。“三步之内，必有芳草”，这是劝人要想开一点，不要为了暂时的失利而消极。而“三个臭皮匠顶过一个诸葛亮”，这是说群众的智慧是无穷的。“三个和尚没水吃”，这是反映一种机制的设置问题，或者说是人性导致一种不好的状态出现。“再三交代”，指的是一种重复。“逢人只说三分话”，这是一种防范，是说害人之心不可有、防人之心不可无。现在的家庭也是以“三”为基础的，父母加上自己就构成一个基本的家庭单位。这个“三”和我们如影随形。大家可以看到，生活中的“三”是非常多的，所以“三”奥妙无穷。观察一个东西不一定是一种方法，要打开视野，从其他的学科当中吸取灵感。

人文社会科学中也有很多的“三”。老子是道家的鼻祖，老子的《道德经》

中有“道生一,一生二,二生三,三生万物。万物负阴而抱阳,冲气以为和。”其中,“道生一,一生二,二生三”,到“三”就不往下继续描述了。“三生万物”,说明“三”是变化的起点,是一种母体。“万物负阴而抱阳,冲气以为和”,只有“阴”和“阳”还不行,“阴”和“阳”如果分开,那么肯定是不平衡的,所以需要“负阴而抱阳”,“阴”和“阳”需要平衡,怎么来平衡,这里面就需要“和”。“和”是咱们中国文化价值观里的核心概念、理念,“阴”和“阳”不是随便就能抱到一块儿的,必须有“和”在里面。《三国演义》的名字里就有“三”,其中又有“桃园三结义”等等,有人统计《三国演义》中267处有“三”。哲学中有三大定律:对立统一,否定之否定,质量互变。宗教中也有“三”:“三位一体”,这是基督教;我们经常说“三生有幸”,大家知道是哪“三生”吗?前生、今生和来生。戏剧中有“三一律”,逻辑中有“三段论”,政治中有“三民主义”、“三个代表”等等。

其实不仅仅是生活中和人文社会科学中,自然科学中的“三”更多。开普勒行星运动三大定律,它是牛顿三大运动定律的研究基础,这两种三大定律之间是可以互相印证的。此外,还有热力学三大定律,这也是三大定律,其中的熵增原理不但适用于自然科学,也适用于社会科学。那么“三”为什么这么奥妙、这么玄妙、这么为人所青睐呢?

“三”这个现象不单是我注意到,我只不过是用“三”来分析今天的媒体。其实,黑格尔早年早就看到了“三”的奥秘,所以他逻辑中的“三段论”,一切的一切都是由三元决定的,全体的数都是由起点、中点和终点。“三”具有统一的、和谐的美学特征,这是中西美学共有的特点。有限的完整性和整体性,“三”就构成了有限性。你看我们用“三”组成的字也很多。三个“金”组成“鑫”,三个“火”组成“焱”,三个“水”组成“淼”,三个“土”组成“垚”,还有三个“羊”组成“羴”,等等。另外,“三”还有一种运动的美感,“三”可以被任意地组合,比如把一条直线分成三段,怎么分都具有一种动感、一种美感。所以,“三”之所以吸引人,是有它内在和外在的原因的。

中国电视媒体发展中的“三”

中国电视媒体到底存不存在很多的“三”,我向大家介绍一下,广电媒体中的"三"可能比其他行业更多。我今天跟大家说的这个"三"大部分都是热点，都是我们电视媒体和新媒体当中的技术热点或者经营热点。

1. 三种电视

首先，电视有三种：在数字技术的催化下，电视媒体已经一分为三。第一是传统的电视媒体。这是大家最熟悉的。第二是户外电视媒体。比方说车载电视、楼宇电视、商业的大屏幕等等。这里的"户"特指家庭；"户外"指的是在家庭住宅、办公室或其他人们居所以外的地方。户外电视媒体是最近几年才出现的。第三是随身电视媒体。如今，电视可以拿在手上、装在口袋里，这在十年前是不可想象的，手机电视、网络电视已经成了大家耳熟能详的名词。所以电视分成了三个，大家仔细想想，就信息、娱乐、新闻传播这个范畴来讲，电视只有这三种分类，是找不出第四种的。"三"，不要看它小，它具有穷尽的功能。

2. 三维电视（3D）

去年，给三维电视带来推动力的有两大因素：一个是《阿凡达》电影，另一个是上海的世博会。很多人都看过电影《阿凡达》，是一部三维电影，就是这部电影使得三维电视在电视领域变成了一个热点。此外，上海2010年世博会也给三维电视带来了巨大的推动力，世博会大部分场馆的播放技术都采用三维电视或者四维电视技术。我2010年6月27号去了上海世博会，本来只是为看热闹，但是在看了三个馆之后，我的脑袋里蹦出了一个名词——无"机"时代。天花板上、地板上、墙壁上、水帘上、幕布上，甚至空气当中都能看到图像，但是我一个电视机都没有看到。我当时就想，电视已经从有"机"时代进入到了无"机"时代，没有电视机能看到电视的时代已经到来了。这其中有几个技术是少不了的：首先数字技术当然是少不了的，还有超短焦背投技术，影像无缝拼接技术，以及空气立体成像技术。这几种技术的进步，使得我们电视进入了无"机"时代。从技术特征上、设备特征上来看，人类的进步有三大趋势，一个是从大到小，一个是从固定到移动，还有一个是从有"机"到无"机"。最好能完全摆脱对技术设备的羁绊。凡是受到限制的、拖着尾巴的都是属于低级形态的东西。电视媒体进入了无"机"时代，这也是一个技术的趋势，虽然现在还没有成为浩荡的潮流，但我想最后人类可以摆脱掉这些东西的束缚。

3. 三代手机（3G）

手机第一代是大哥大，第二代是蜂窝式，第三代是3G手机，比如像苹果的iphone、三星的很多手机等等。3G手机不但能够能进行语音通信，而且还能够进行图像传播。二代可以传播一些文字和数据，现在的三代手机可以看电影、看电视、上网，所以第三代手机具有了很多多媒体的功能。大家现在一般都在使用，这里我就不多讲了。

4. 三屏聚合

"三屏"指的是电视屏、电脑屏和手机屏。如果从"屏"上来说，也可以把电影屏算到其中去。现在的巨幕电影可以达到1 600英尺的高度，如果不是无"机"电视出现的话，靠等离子、液晶技术的成本非常高，而且效果还不一定好，但是无机电视可以做到这一点。从巨幕电影、宽屏幕的电影到投影，到电视机，到电脑，再到手机，整个视觉媒体经历了从巨屏幕、大屏幕、中屏幕，向小屏幕、微屏幕的一个变化过程，这实际上是向两级发展的：手机电视无限变小，巨幕电影电视无限变大。人类的需求总是多样化的。

什么叫"三屏聚合"？就是在任何一屏上可以实现其他两屏的功能。我去北京的乐视网看过，他们的工作人员向我演示，比如我现在在办公室用电脑看一部电视剧，下班的时候想要接着看，一按遥控器，所看的电视剧就跑到手机上了，可以在地铁里继续看手机电视；到家以后，还想用大屏幕看怎么办呢，可以继续按遥控器按钮，又把手机里的电视剧跳切到家庭电视机上。这样，就可以实现三屏的聚合、三屏的跳接。这在理论上和技术上已经完全做到了，只是要在实践中做到还需要很多的前提和条件。比方说，不同的运营主体，对于不同版权的节目，这之间还无法实现无条件的跳切，因为它的版权属于不同的主体。实现的前提，就是运营的主体必须同时运营电视媒体、电脑媒体和手机媒体，这个就能做到了。当前，三屏聚合也是一个技术的热点。

5. 三网融合

"三网"指的是电信网、互联网和有线电视网。这是个老话题、新问题。我1997年、1998年写博士论文的时候就研究过三网融合的问题，然而它到今天还是一个问题，所以说它是一个老话题；说它是一个新问题，是因为它到现在都没有解决。三网融合是一个趋势，现在国际上很多国家，像美国、英国、法国、日本，或者已经实现三网融合，或者将要解决这个问题。既然别人都能够实现的事，为什么在中国还没有实现呢？这里面有很多的条件还没有具备。根据我的研究，国外三网融合的实现有"三"个条件：

第一，是管理机构上必须要统一。像美国的FCC（美国联邦通讯委员会）就是同时管理电视、电信和互联网的。无线的和有线的，只要是电子类的、信号的处理，都归FCC管理，所以美国的机构是统一的。英国的OFFCOM是2003年前后成立的，它也把原来没有统一管理的电视、电信、互联网、无线电，统统划到一个单位管理。

第二，是产业法规的统一。中国那么大的地方，三个行业原来又分属不同的部门，如果没有法规、没有游戏规则，这个市场一定是混乱的。所以，必须要有产业法规。对于企业发展来说，法规既是依据，又是保险。现在的产业经济是市场经济，市场经济是法制经济，所以没有"法"是不行的。我们现在的电信行业只有一个电信管理条例，电视管理条例是1993年9月份颁布的，大概是52条，一万零几个字。洞中方一日，世上已千年。在这个电子时代、新媒体时代，十几年过去了，原来的那个粗糙的、简陋的法律怎么能够适应今天的形势呢？所以它必须变，不变就完不成这项使命。

第三，是产业要素的自由流动组合。美国的企业也有竞争，但是跟我们中国不一样，美国的两个企业哪怕是打得头破血流，只要是合作起来有利可图、能实现更大盈利的话，它们立刻破涕为笑、化干戈为玉帛。然而，在中国就不行，明知道三网融合可能是对企业有利的，是对用户有利的，是对行业发展有利的，也是对国家有利的，但是因为行业利益的区隔以及管理体制的切割，大家各为其主、各自为战，最后还是合不到一起去。我们国家信息产业的要素还是不能自由流动，是按照行政规划画地为牢，是一种蜂窝状的。所有的媒体都像是一棵树、像一口井，是不能移动的，这就给企业的发展和产业要素的自由流动带来了障碍。

假设三个必要条件被解决了，我们的产业发展就会更快。

电视媒体经营中的“三”

1. 三类电视媒体

刚才我说有三类电视媒体，下面讲的这三类电视媒体和刚才讲的三类是不同的，之前讲的是技术上的，下面讲的是经营上的。

第一类是纯电视业务的专业性电视媒体。也就是百分之百从事电视领域的媒体。

第二类是以电视业务为主的大型电视媒体。像中央电视台、湖南电视台、上海文广等等，它的业务触须已经伸入到了相关的很多其他领域。我2000年去山东淄博电视台采访时，他们已经把电视台的触须延伸到墓地、火葬场了，当然还是以电视业务为主；但是，假如火葬场的生意超过了电视业务，这个性质就发生了变化，那就是火葬场在办电视台，不是电视台在办火葬场了。

第三类是涉足电视业务的电视媒体。在国外，像火葬场办电视台，墓地经营者办电视台，房地厂商办电视台，这都是完全有可能的。比如法国的电视台都是自来水公司、煤气公司办的，美国的通用电器公司也拥有CBS（哥伦比亚广播公司）。所以，不同的行业是有可能进入我们的电视媒体或者整个媒介产业的。只是由于我国现在的政策还不够开放，在这一点上还有很多限制。你们以后如果当媒介领袖或者国家领袖的时候，需要学会借鉴国际惯例，凡是外国没有现成的东西可以借鉴的，或者说外国实践了以后证明效果不好的，那我们才要找中国特色的东西，因为不能重蹈覆辙。但是，不能什么都跟国外不一样。在国内，新华社现在已经办电视了，成立了中国新华新闻电视网；《人民日报》投资的大业传媒可以做电影、电视剧了；国际广播电视台、北京广播电视台也可以做手机电视、网络电视了，等等。所以国内其他的媒体也可以涉足电视业，但是还是以其主业为主。

2. 三种经营模式

电视媒体的经营模式主要有以下三种：

第一，独台模式。就是一台一个单位，没有直营、直属、联盟、合作的单位。这是就台与台之间的关系而言划定的电视媒体，对电台、报纸同样适用。

第二，网台模式。就是志同道合的电视台，或者频道、报纸、杂志之间，进行跨市场联营的一种模式。同类的电视台、报纸等互联成网，结为联盟，可以是紧密的也可以是宽松的，这个是网台模式。中国的电视台往往一家一灶，资源非常浪费。市场上需要竞争，但是也需要合作。对企业经营而言，竞争和合作同等重要。我们国家几千个电视台，上下不成系，左右不成统。中央电视台可以兼并、指挥任何地市电视台吗？它是没有权力的。上海台和江苏台是平行的，它们的相互合作是非常困难的，如果没有地方政府的同意，就连离上海很近的昆山，也是无法与上海合作的。我们当前这种电视的管理模式和经营理念，还是一种一家一户的、小农经济式的方式。

第三，跨业模式。就是渗透其他产业或者被其他行业渗透的一种模式。举例来说，中石油、中石化不是很有钱吗？喝洋酒、买吊灯，动则挥金几百万，它们拿点钱来办电视不是挺好吗？可以拍一些高质量的纪录片，咱们中国几千年的文化、历史，需要大量的有识之士去记录、传承、发扬光大。为什么不行？中石油、中石化、中国银行系统、汽车行业等，都有充足的资金，完全有实力进入电视领域，参加电视节目的制作，甚至直接控制电视台。大庆石化公司、东风汽车公司自己就办有电视台，它们的这个模式可以扩大，进行跨地区、跨行业的渗透。

这三种模式、特别是后两种模式，我认为将是未来电视模式该走、应走的道路。如果不走，我也没有办法，但是从设计上来说，我觉得就这两种道路可以选择。

三个世界理论

1974年，毛泽东接见赞比亚总统卡翁达时说过，这个世界你别看搞得那么乱，其实用三分法就可以划分：第一世界，就是美苏争霸，这两个国家都志在全球，就像一狼一虎，想要称霸全球；第三世界，是几乎吃不饱穿不暖的或者刚刚进入温饱的国家；这二者之间就是那些比上不足比下有余、日子过得小康的发达国家，这就是第二世界。这样一划分，这个世界立马就变得清晰了。通过这种划分，我们可以判断谁是我们的朋友，谁是我们的敌人，谁有可能成为我的朋友，等等。虽然按照英国的一个政治家的说法，“没有永远的敌人，没有永远的朋友，只有永远的利益。”但是，在特定的时间里面，无论是朋友还是敌人是固定的。

这里，我用三个世界理论来划分中国的媒体市场，这是非常适用的。关于中国的电视媒体市场，让你们用一个词、或者一个方法来概括是很难的。很多专家的说法各不相同，有的说这是一超多强，有的说是两极分化，有的说是流氓群殴（因为很多行为都是不正当竞争），等等。我觉得这些表述都足以能够准确地概括今天的媒体市场形式。但是，只是表达了一个现象，而没有反映本质。用这三个世界理论，恰好可以划分出来。

我用了三个世界划分中最主要的三个指标，这三个指标也适用于媒体市场的划分。第一，经济实力。如果没有经济实力的判断是没法划分的，仅凭精神上的强大无法划分这个世界。世界是一个客观的对象，所以不能用精神上的强大，还是必须按照实体上的强大来判断。第二，品牌价值。美国为什么强大？不说传统的三大汽车公司、八大电影制片厂，微软、思科、甲骨文、YouTuBe、Facebook、MySpace等信息产业企业，这些全球网民如雷贯耳的互联网企业无一不出自于美国。正是美国的品牌多，所以它实力强大，美国由于创新能力强、具有良好的创新环境才有了这些品牌。很多人说学美国，怎么学，越是先进的东西越是不可克隆的。很多人看湖南电视台办得好，想去取经，是取不来的，即使规章制度全部都拿来，你也干不成湖南，因为湖南那个环境你是带不走的，湖南的经营环境（比如省委省政府对电视台的态度、湖南的经营环境宽松等等）是不同的，所以同样的制度、不同的环境是没有用的。第三，人才。即便有了同样的环境，但还有一个不一样的——人才。人才是没法克隆的，咱们中国的人才，有一部分是留在国内了，还有一部分精英流到美国去了。从幼儿园到高中、大学，他们需要消费的时候是在中国，然而创造财富价值的时候却跑到美国去了，等到在美国退休了又回来了，就像吃甘蔗一样，中间最甜的部分都留在美国。照这种态势竞争下去，我们什么时候能赶上美国？

传统电视媒体的三个煎熬

传统电视媒体有三个煎熬，三个纠结：

第一，要收视率还是要社会责任？收视率像一条鞭子，社会责任像一条无形的鞭子。任何一个台长都要面临这个问题，没有收视率就没有广告，没有广告的话生存和发展就成问题；但如果一切都为了收视率，电视节目就有可能搞成三俗，缺乏社会责任和历史使命，这对于一个知识分子、一个负责任的人来说是不愿意看到的，所以他面临这种煎熬。

第二，模仿还是创新？中国的电视缺乏创新，缺乏优秀节目的推出。大家想想是不是。电视剧一两年有时候才能出来两三部不错的，娱乐节目一年也有可能会出来一两个突出的，比如去年的《非诚勿扰》、《中国达人秀》。但是今年谁出来了，谁横空出世了？今年好像还没有太重量级的娱乐节目，深圳电视台的《年代秀》算是一个吧。你知道每期节目花多少钱制作的吗？就一些俊男靓女在舞台上跳跳舞、唱唱歌，这样一台节目的花费一般都在100万到300万之间，有的还要更多一些。都是华丽的灯光背景、舞台设置，一台节目的成本都赶上一台小型晚会的价格了。然而，这么多钱创造出了什么精神产品吗？它的价值和灵魂呢？基本上都是让观众一笑了之，成为过眼烟云，是多大的浪费啊！此外，中国这么大一个国家，现在我们的娱乐电视节目有几个不是克隆的？从90年代开始克隆外国，到现在都差不多20年了。从《星光大道》开始，到《非常6+1》、《中国达人秀》、《非诚勿扰》，包括《年代秀》等等，这些节目全部都是克隆外国的节目。虽然模仿是学习的第一步，但是不能永远地模仿下去。大家崇拜黑格尔和康德，是崇拜他们本人吗？不是这样的，他本人长得也就跟普通人差不多，人们崇拜的是他们独特的思想。中国这么大的一个国家，永远模仿有失文化的尊严，有伤民族的主体性、文化的主体性，民族在这种环境下就无法自信、自强。这是个很简单的道理。如果从小时候开始就看NBA，看美国的球员是多么厉害、美国的球队多么厉害的，然后再看我们自己的球队，越看越自卑，随后就会从崇拜NBA球星、球队开始崇拜美国人，然后逐渐上升到认为美国就是厉害，甚至最后变成美国人是不可战胜的、美国是不可战胜的。不能说NBA强大就要播它，那咱们中国的乒乓球也确实足够强大，美国的电视台会整天播放我们的乒乓球吗？肯定不会。为什么电视媒体喜欢模仿呢？因为模仿代价比较低、风险比较小、见效比较快，而创新的成本高、风险大、周期长、失败率高。根据美国的调查，公司的创新百分之九十五是失败的，只有百分之五是成功的。为了避免成为那百分之九十五，很多公司就不敢创新。但是，中国这么大的国家，这么古老的一个文明古国，文化的创新是我们的使命，是媒体人无法回避、责无旁贷的。

第三，要做独媒体还是多媒体？现在这也是一个纠结。很多电视台看网站那么火爆，心里痒痒的，也想办一个视频网站，但是发现还没有一个网站是盈利的，所以又有点担心钱砸下去后收不回来，担心不多的钱又被分散使用了，担心赔了夫人又折兵。这也是有可能的。所以，很多的传统媒体就在要不要办网站以及要投入多大资源来办网站的问题上纠结，主要是由于看不清楚。

"三"变应万变

1. 三个观念转变

面对这些问题，不能一直煎熬下去，应该怎么来应对呢？仍然以"三"为单位，首先，要有三个观念的转变。当然除了这三个需要转变的观念以外还有其他的，但是只要这三个观念转变了，其他的东西就做了百分之七八十了。现在的目标是，你拥有了这个"三"，事情的成功率就达到了百分之七八十，这就够了。有哪三个观念需要转变呢？

第一，从电视媒体的角度来说，是一屏变三屏。不要再说电视就是电视台的搞电视，搞手机电视的、搞网络电视的不都是搞电视的吗？你看人家土豆网、优酷网买电视、电影，人家也投资制作电影，不能说它们就不是搞电影、电视的了。所以，观念要转变，要放弃垄断心态、独生子心态，做好与其他视频媒体和平共处、资源共享、项目合作、品牌竞争的心理准备和人才储备。

第二，观众转变为用户。原来的电视媒体、广播媒体都叫观众、听众，比如上海市今晚有百分之五看了上海卫视，至于这百分之五是谁，根本不知道，是按照三百个样本推断的，根本不知道是谁。无法跟自己的客户进行交流，就无法改进服务。在这方面，我们的新媒体是值得借鉴的，要有"用户"的概念，要由观众转向用户，用户是一个确定的、特指的服务对象。所以我们要淡化宣传意识和观众、受众意识，强化危机意识、竞争意识、用户意识和服务意识。

第三，垄断转为共享。就是说，电视媒体资源要和社会资源有互通、循环和共享。刚才讲的"一屏转三屏"，是说我们要放弃"只有电视台才搞电视媒体"的这种观念，也就是说我们的兄弟姐妹变得多了；而"垄断转为共享"这个转变，是电视媒体应该把所有中国的能人、资源都向电视台汇聚。比如上海电视台如果想办成全国性的电视台，上海的东方卫视要把它变成总部在上海的全国性卫视、电视媒体，那么全国的主持人都应该可以吸纳，不一定非要本地的人才，只要是适合的且愿意过来的都可以来，关门办台效果甚微。本地有才能的人当然要重用，但是本地的人才毕竟是有限的。谁早开放，谁就能吸纳更多人才。

2. 三个体系建设

咱们中国的电视机构以及其他所有的媒体机构，其实都是文化机构，都是文化产品的传播者、生产者。按照我的理解，按照中国的国情，其实就是提供三种产品：第一，提供政治文化产品服务，即承担为执政党和政府提供宣传产品的任务。为党和政府服务，这是生存的必要条件，因为我们的电视台都是党和政府办的。第二，提供公共文化产品服务，即承担为社会大众提供科技文化产品的任务。也就是说，我们的媒体机构承担着为社会大众，为弱势群体、少数群体提供公共文化产品的义务。不能只为政治服务，也不能只为商业服务，更需要为普遍意义上的大众、弱势群体服务。第三，提供商业文化产品服务，即承担为广告客户提供商业文化产品的任务。

大家想一想，我们的产品是不是只有这三种。有的国家只有两种，没有为党和政府服务的。美国政府那就是没有自己的电视台，当然美国政府资助的有个广播公司——美国之音，但是严格地说并不是像我们的电视台那样完全由国家出资，而且美国之音是不在美国播出的，它是面对全球，这和中国政府资助是完全不同的。这三个产品服务体系需要有机联系、缺一不可、协调发展，这样才能繁荣发展。

3. 三大战场争斗

未来的媒体将在三个战场上立体作战。第一，平台战。一定要守住自己原来的平台，并且拓展新的平台，比如传统媒体想向新媒体进军，电视媒体想向网络媒体、平面媒体进军，这都是属于平台战。第二，内容战。包括内容的生产、购买与销售，没有内容要平台那是一种浪费，平台越大，内容越贫乏，浪费就越大。第三，服务战。节目服务、网络服务、衍生产品服务、技术服务、人才服务和其他各种个性化的服务。服务跟不上，我们的市场即使得到了也有可能丢失。所以，这也是三位一体，缺一不可的。

4. 对新媒体的三个借鉴

此外，传统电视媒体还要借鉴一下新媒体火爆的三个元素。新媒体之所以火爆跟传统媒体相比有三个特性：

第一，形式上的平等性。这是传统媒体做不到的。传统媒体是上对下，单向传播，定时传播，主体是单一的，所以这个叫“以媒体为中心”。网络媒体权利转移，从媒体转向用户、网民、受众，所以它是平等的。

第二，内容上的多元性。我们的传统媒体都是订餐制的、是经过层层过滤的，不是受众想看什么就能看什么，而是媒体想要受众看什么才能看什么，想让受众什么时候看才能什么时候看。所以，这个东西既是不平等的，又是单调的、乏味的。互联网给我们提供了空前的一种多元化的、平等的选择，所以它的魅力对年轻人更大。

第三，主体上的参与性。传统的媒体哪有一般观众、听众参与的空间和机会呢？网络媒体、新媒体却具有这个特性。现在，很多传统媒体已经开始借鉴了，开始强调我们媒体的服务特性，广播电视节目也逐渐丰富多彩起来，会有一些现场观众互动以及场外手机互动、网络互动等等。但是这只是借鉴，仍然不能跟新媒体相提并论。

5. 参照网络营销的三原则

在营销上，传统媒体可以借鉴网络媒体的三原则：第一，Interesting（趣味性）；第二，Interacting（互动性）；第三，Individuality（自主性）。这也是网络营销成功的三原则。那些自己都不感兴趣的东西就不要去售卖它，连生产都不要生产，大部分人都不感兴趣的就更不需要生产。互动（Interacting）包括产品的互动，营销的互动。个性化（Individuality），因为未来的社会是个性化的社会，利用热力学第二定律熵增原理，就是从有序到无序，凡是那种独裁的国家都是有序的，每一个群体的角色都是划定的。而民主社会讲究的是以个性化为基础，看上去无序，实际上是达到整体的有序，无序只是它的表象。为了使个人的价值更能够得到呈现，我觉得媒体的传播不仅仅是要实现媒体的价值，同时也应该有利于个体价值的实现，不要以为媒体就是为了显现媒体，比如互联网就是能够让人的个性和价值得到充分的展现。

6. 看网络电视的三种心态

我们再想想，平时看传统电视（或者说家庭电视）和网络电视时，心态有什么不同？大家有没有思考过这个问题？为什么很多人选择看网络电视？

首先，看网络电视有一种猎物心态。传统电视通常都是塞东西给我们，而我们看网络电视是可以自主找到想要的东西，那是不一样的。就像老虎吃鸡，如果直接把鸡弄死了、切碎了端给它吃，这与它在奔跑中猎食到鸡的感受是不一样的，见猎心喜，只有通过自己的猎食才能有那种劳动的喜悦。

第二，认同心态。认同包括两个方面：一个是认同别人，另一个是被别人认同。大家在家里看电视、电影的时候，不知道有多少人也在看，但是在网络上看电视、电影的时候，一般就知道有多少人正在和我共享。比如点击《乡村爱情》，有一百五十万个人正和你一起看，感觉自己是属于这一百五十万中的一员。这就是一种认同，说明我的选择也被别人认同了。

第三，自主心态。主动性和自主性还有一点程度上的差别，关键是感觉到这个媒体是“我”的媒体，就好像网络里的信息如同自己家里的东西一样，可以随便地找、随便地用。但是在传统电视里就没有这种喜悦，也就没有这种自主心态。

7. 推动三个平台转变

首先，传统媒体应该由单一的播出平台向制作平台转变。从播出机构（传送带的角色）向制作平台（生产车间的角色）转变，也就是说，不能只播电视剧、电影，可能还要制作电视剧、电影。第二，由制作平台向投资平台转变。对于好的电视节目，电视台、媒体就可以成为一个投资商，没有钱不要紧，可以利用银行贷款。并不是所有的企业家都是有钱人，银行就是你的金主，关键看项目好不好。第三，由投资平台向创新平台转变。创新这个东西，同样也是平台。1876年费城举办了一个国际的博览会，在博览会上美国展出了世界最大功率的电动机和发动机，英国展出的是最新的蒸汽机，德国展示的是加工枪炮的精密机床，而我们中国展示的是纯银打制的27套挖耳勺和小脚绣花鞋。通过中国展示的东西就看出来，晚清当时一点创新的迹象都没有，而落后的国家就要挨打。按照社会自然的规则，优胜劣汰、适者生存、强者生存，落后必然会被淘汰。如果做不到这三个转变，那我们的传统媒体恐怕就危在旦夕了。

8. 尝试三个功能的开发

很多人说电视已进入夕阳时期，网络电视和手机电视的出现将终结传统电视。我不这么看。我认为电视除了信息、新闻、娱乐的传播功能以外，还有三个主要的功能要开发：第一，管理功能，也就是把电视作为管理的工具和手段。第二，装饰功能。这是我从世博会上得到的启示，既然天花板、地板、墙壁都可以用图像来装饰，那么为什么不能让它进入家庭、进入生活呢？假如在座的各位将来要去装饰新房，就可以选择无“机”电视技术，让我们的房间有蓝天白云、飞鸟盘旋，地板可以是草原、沙滩、海浪，卷起千堆雪也是可以的，墙壁也可以按照各自的兴趣爱好选择春夏秋冬，一年四季。我们的新房完全可以用无“机”电视来装饰它，这不就是我们电视新的功能吗？第三，体验功能。电视可以做音乐、做体育、做各种体验活动。例如，我们的电视可以变成模拟体育工具，比方说电视高尔夫球、电视保龄球，电视也可以当古筝弹、当钢琴来弹，等等。

会展学，一门大有可为的新兴交叉学科

时　间：2011年7月27日

地　点：上海交通大学闵行校区新图图书信息大楼8楼

主讲人：张敏

张敏

上海大学影视学院副院长、教授，广告系总支书记，教育部高等学校中文学科教学指导委员会委员。长期从事美学文艺学、比较文学与文化、传播学与广告方面的教学科研工作，在权威或核心期刊发表论文近80篇，出版专著多部，参加或主持国家社科项目1项，省、市社科项目多项，曾获省级政府优秀教学成果一等奖（2002），全国性学会优秀论文一等奖（2001），省级政府高校教学名师一等奖（2003）等。

主持人：今天我们邀请到上海大学影视学院副院长张敏教授，他在美学文艺学、比较文学与文化、传播学与广告等方面都颇有造诣，近年来他又将研究扩展到会展学，也取得了显著的成就，下面我们热烈欢迎张敏教授为我们做精彩演讲。

张敏：世博后，上海大虹桥国家会展中心项目正在启动。这是一个事关"十二五"开局的国家重大项目，直接影响到大虹桥开发、上海转型创新二次腾飞和国际会展中心城市的建设，预计占地1 600亩，投资230亿，室内展览面积50万平方米，规模将创世界之最。可行性研究受国家商务部和上海市政府委托，由上海大学牵头主持，上海高校国家重大课题联合研究团队作为第三方共同承担，有交大、华东师范大学、上海社科院、上海工技大、上海图书馆等单位参加。课题历时半年完成任务，并得到业内外的广泛好评。目前非涉密内容已有5篇文章在期刊发表，中国贸易报会展周刊连续10周报道相关成果。我们的体会，问题不在于眼前的对象是不是值得研究，而是我们自身准备不足，积累不够，学术研究跟不上实践发展。这里确有一个学术转型和新学科建设的问题。

上海是中国的最大城市、会展业最繁荣的城市和至今唯一的世博城市，其"十二五"规划确定2015年将建成国际会展中心城市，目前已启动国家会展中心和上海迪斯尼等动辄几百亿巨资投入的大会展项目。这就对以展、会、节、事、演等大型活动或城市事件为主要对象的会展研究提出了迫切的要求。

近年来北京奥运会、上海世博会、广交会、大运会接踵而至。全国各地大兴土木，争上会展场馆，争办国际展会，人力物力财力投入巨大，影响波及社会各界。广州已提出申办2020年世博会。重庆、天津、武汉、成都、沈阳、西安也在跃跃欲试。当然，其中可能会混杂有非理性因素，甚至有劳民伤财的现象发生。其实，会展活动古已有之。周秦之际会盟即达200多次，要者如春秋四大会盟：葵丘、践土、黄池、徐州，形成了许多至今为人津津乐道的故事。古今不同，在于为一家，还是为众人；只关心政治，还是兼顾经济社会文化和环境历史。问题在于，我们已经走过了摸着石头过河的阶段，需要科学认识和学术支撑，需要在会展研究领域做专门投入。

放眼望去，发达国家在其成长过程中，事实上也都借用了会展工具。比如美国，作为世界上后来崛起的大国，为了沟通国内外公众，赢得理解、信任和支持，曾经做出过巨大的努力。其中，仅世博会即主办过13次，占世界总量近30%，成为主办次数最多的国家，此外还办了4届奥运会，以及世界性大会、赛事等大型国际活动，甚至把联合国办在了纽约，天天开会，解决问题。这中间酸甜苦辣经验丰富，值得和平崛起的发展中国家参考借鉴。

一个会展定义

现代会展是全球化条件下的市场沟通服务。它以其创新激励机制和资源优化配置，沟通和促进供需发展，从经济、社会和文化生活各方面，推动着人类文明的进步。城市是人类社会与生活资源在特定地域的规模化聚集。就供需聚集而言，现代会展与城市进步异质同构；就资源配置和创新激励而言，又引领城市走向文明。

会展教育是改革开放的产物，近年来得到了快速发展，规模与质量正在逐步接近国际水平。然而，由于其生长环境即社会主义市场经济自身也还处于成长完善过程中，作为新生事物，会展教育在现行学科体系中尚未找到自己的恰当位置，直接影响了教学质量、学术水平、办学效益的提高和学科建设的进展。

在现行学科目录中，会展教育被划归公共管理学科。然而实践证明，无论会展教育，还是公共管理，对此罕表认同，正在酝酿突破。事实上，会展院校另外拥有自己的定位，如管理学定位、经济学定位、艺术学定位、传播学定位，以至博物馆学定位、旅游学定位等等。或许，多元共生更有助于会展教育的超常规发展和学术繁荣。

不过，随着会展教育日趋成熟，相关学科开始根据会展活动的性质、特点、功能、地位和前景，反思会展教育的学科定位问题。这一点正在成为学界同仁的自发行动。问题在于，学科规划与管理机构有必要及时关注并相应地解决上述问题，为会展教育的可持续发展提供体制性动力。

现行学科目录按文、史、哲、经、法、理、工、农、医、军、教育、管理来区分，将所有学科划分为12个门类，学理上有待完善。比如，已经获得解决的艺术学，至今未获解决的商学，即出现了结构性缺失，造成了重生产轻交往、重功利轻文化、重理性轻感情的习惯性缺陷。学科规划有必要正视市场经济建设，与时俱进，满足新一轮繁荣的实际需要，关注中国现实，预见中国需求，解决中国问题。

当代中国，业已形成前现代、现代、后现代多阶段错杂并行的局面。我们几十年要走别人几百年的路，必须头脑清醒学科先行，保证方向无误和必要的效率，以便应对全球化竞争，支撑中国崛起。同时，政府主导做大事的格局，也要求学科建设为之提供第一流的学术支撑，确保科学发展。

解决问题的关键，在于确切把握会展活动的深层内涵。考察相关探讨，目前学界正在突破经验式外延罗列的局限，走向科学化内涵概括。沿着这一方向，立足于对会展活动自身的考察。本文提出：会展是一种以现场聚集为形式、以主题化时空为特点、以表达展示为手段、以新奇特为看点、以供需交往为目的的营销沟通服务。其功能是通过特定时空提供面对面交流的机会，克服信息不对称障碍，促进供需双方的合作交往与发展资源的更优化配置，进而满足市场主体的发展需求。其外延包括会议、展览、节庆、赛事、演出以及其它相关活动，在国外又被称作大型活动或城市事件，常常作为推动国家发展和城市转型的工具杠杆。

其中，现场聚集是一个关键性因素。它使得参与各方由不在场的第三者，转变为在场的合作者；使得参与者之间形成了一种相互依赖、共同发展的伙伴关系。不是自我中心你死我活非此即彼，而是我与你优势互补相生相长不可分离。真正有价值的合作，有赖于这种互为顾客、互为上帝的供需合作关系。令人惊奇的是,在这里特定人群、具体时空、现场聚集、表达沟通、机会信息、决策共识,乃至资源交换和需求满足,竟然都是汉语中“会”字这一词根的本有之义。

会展活动的主要作用有两点,一是营销沟通,一是创新激励。所谓营销,即满足需求的资源交换。在这里,须将匮乏时代产能中心的硬推销观念,转换为富裕时代顾客中心的软营销理念。营销的前提、途径、手段与归宿是沟通,即需求与资源信息的社会化交流。正是在这个意义上,舒尔茨讲“营销即沟通”。会展活动由此成为激励创新发展、引领资源配置的一种现代服务业基本形式和创意产业的重要类型。

会展活动需要提供特定的展示对象,以新奇特为看点,这才能使之成为注意力的焦点。创新推广和竞争激励作用,使得会展活动内在地具有了创新激励的功能。值得关注的是,创新研发与营销沟通恰恰位于产业价值创造的“微笑曲线”两端,成为利润最丰厚、最具竞争力的两大环节。根据郎咸平教授的说法,一部苹果手机,如果说售价400美元,除了成本,制造环节(或曰代工)的利润不足3%,然而创新研发和营销沟通环节的利润高达60%。会展活动恰恰分布于这两个环节,其价值在于生产性服务,体现了服务业渗透和创造价值的能力。举一反三,社会、文化乃至政治、军事领域,情况也是这样。正是出于这种考虑,国内目前出现了科技立国和品牌立国的主张。

会展活动取决于相关三方。其中,组展方通过精心策划的主题化时空提供会展服务,把表达供给的参展方和表达需求的观展方聚集在会展现场,通过特色化展示表达实现沟通交往,促成大范围、高效率、选择性合作,实现创新竞争和市场激励,以及资源信息与市场需求的高密度、低成本、面对面的优化配置。会展业借助营销沟通引导商品流、服务流、资金流、人才流、技术流、品牌流,促进各行各业的发展,同时构成了场馆、搭建、广告、咨询、物流、金融、保险、交通、通讯、餐饮、旅游、休闲、娱乐等会展产业链,引领服务业以至全社会向前发展。

会展活动的正外部性,集中表现为它以其专业化服务,使市场主体在方便快捷低成本的资源配置活动中,变得更专业更敏感更不可替代,同时更主动更积极更富于创造力;其次,它以其流通影响力,提供标准制订、价格形成、渠道开辟、品牌培育、技术创新、经营咨询、资本运作、供需协调的平台,提升各行各业的水准，激活城市创新，参与全球化竞争；第三，它为产业链延伸，诸如策划、设计、物流、搭建、金融、保险、广告、公关，乃至交通、通讯、酒店、餐饮、娱乐、商购、旅游、休闲，提供长期稳定而可持续的需求，促进经济结构调整、增长方式转型、城市条件改善和现代社会繁荣。

现代人的生活质量和现代国家的发达水平，在很大程度上取决于发展资源能否在全球化竞争条件下做到更优化配置。目前公认的有效方式，是市场体制。因为它有利于形成激励和信息两大机制，解决妨碍资源配置的主体积极性和决策正确性两大问题。激励机制指的是充分激发市场主体交换和利用资源的主动性积极性创造性，通过市场竞争得以实现，促成资源利用效率最大化。信息机制指及时提供资源供需的精准化信息，通过营销沟通和创新激励得以实现，以便市场主体在综合相关变数的基础上，做出效益更优化的合作选择，达到资源配置效率最大化。

要言之，会展活动通过客户与资源在特定时空节点上的高密度聚集，激励市场主体积极参与，保证资源信息的充分供给，实现发展资源的更优化配置，进而促进供给需求协调发展和市场经济效率提高。会展业为市场主体和资源信息的有效聚集提供全方位服务，致力于解决生产分工的单一性和社会需求的多样性、产能相对过剩和需求相对不足的矛盾，在经济发展、社会进步与文化繁荣中发挥有限资源更优配置的引领作用。

讨论至此我们意识到，本文开头各高校对会展教育自行其是的不同定位，体现的只是部分真理。如果一定要从各自角度做终极界定，或将陷于“盲人摸象”的困境。会展的本性，似可理解为以创意集聚为特点的营销沟通。营销沟通是市场经济的产物、联系供需的纽带和健康发展的条件。会展研究属于一门古老而年轻的新兴交叉学科——会展学。当今时代，全球创意产业和现代服务业的众多领域，对这一学科提出了迫切需求。

一个世博案例

美国在其崛起的关键性时刻，召开了1904年圣路易斯世博会，虽屡遭挫折，却愈挫愈奋，作为一幕大国崛起的盛典，通过大规模内外沟通，维护了国家利益，启动了现代生活，对内增强了凝聚力包容力，对外提高了亲和力感召力，全方位满足了美国崛起的历史需求。

这一案例有四大特点。一是目的明确。美国1904年世博会规模空前，基本意图有二：一是肯定领土主权合法性，维护国家利益。二是创造生活梦想，迎接新世纪到来。而前所未有的规模，传达的是对展会主题的重视和展示成功的期待。

圣路易斯世博会又名路易斯安那购地博览会（The Louisiana Purchase Exposition），意在纪念美国购入法国前殖民地路易斯安那地区100周年，强调领土主权的合法性。1803年，美国从拿破仑手中以1 500万美元的价格购买了路易斯安那，面积超过210万平方公里，使得美国领土一夜之间翻了几乎一倍，为大国崛起奠定了物质基础，史称“路易斯安那购地”事件。对美国来说，这是值得隆重纪念、昭告内外的重大事件。为此，美国不惜以当年购地的同样价格，在路易斯安那地区的开拓中心圣路易斯市，举办一场规模空前的世博会，担当重任。

据记载，为了向国内外昭示领土主权的合法性，这一时期美国特意安排了一系列大规模博览会，圣路易斯不过是其中的第四场。前三场包括1876年费城世博会，庆祝美国独立宣言发布一百周年，强调摆脱殖民统治实现国家独立的合法性；1893年芝加哥世博会，纪念哥伦布发现新大陆400周年，肯定美洲开拓的合法性；1901年泛美博览会，纪念美西战争（1898）胜利，庆祝前西属殖民地菲律宾、波多黎各和关岛等归属美国，修复与南美国家的关系。不过后者即泛美博览会未经世博史认可。

以实物展品展示生活梦想，迎接新世纪的到来。世博会上人们注意力的焦点，集中于展品。圣路易斯世博会预示所谓现代生活新纪元，其标志着航空时代、电子时代、汽车时代和快餐时代的到来。那届世博会公开预言，人类历史继航海时代之后，正在进入航空时代。因为就在开幕前几个月，1903年12月莱特兄弟发明了飞机，从此打破了地平线的沉寂，美国至今仍为世界航空第一强国。其次，爱迪生亲临世博会现场，代表人类迎接电子时代的到来。他在电气馆指导城际无线通讯，让人们领略了远程无线通讯的奇妙。美国的计算机、手机、雷达、电脑等产业至今雄踞世界霸主地位。第三，建成了单体面积最大的运输馆，代表全人类迎接汽车时代的到来。现场展出的各式汽车，高达140辆之多，使美国百年间始终拥有世界最大汽车王国的地位。第四，本届世博会上第一次向全球公众介绍了一举风靡世界的两样新鲜事物：蛋筒冰激凌和热狗，标志着快餐时代的到来，其影响一直渗透了当今世界的日常生活，成为麦当劳、肯德基的主打商品。

当然，现代生活启蒙不止于此。本届世博会设有八个主题馆：生产馆、综合工业馆、教育和社会馆、电气馆、机械馆、运输馆、矿物冶金馆，以及文理学科馆。展示内容涉及现代教育体制、现代医疗体制、现代社区体制、现代商业体制、现代制造系统、现代冶炼系统、现代电气系统、现代运输系统等等，底蕴充实，雍容大气。陈列的展品既不是缩微尺寸的模型，也不是照片或视频，而是火车、汽车、蒸汽机、挖掘机等实物展品，或者农场、矿山、学校、医院的等比例抽样展示。比如矿山采矿、油田采油、大学教学、医院治疗、出版物印刷、家居工艺、百货商店的现场仿真，以及街区改造、公共卫生、慈善组织、现代监狱等等，甚至包括当时与世博联办的第四届奥运会。这对于那些充满生活梦想与激情的中产阶层，对于时刻向往进入中产阶层的美国观众来说，拥有新奇独特、眼见为实的魅力，极大地鼓励了他们向前跨步迈入新世纪的门槛，预言了现代美国的蓬勃生命力和未来的好时光。

二是规模空前。圣路易斯是20世纪初美国的第4大城市，后来成为密苏里州的首府。它地处密西西比河与密苏里河的交汇处，河运和铁路四通八达，是当地制造业、运输业、商业、教育和文化的中心，市区人口50万人。圣路易斯曾申办1893年世博会未果，对承办本届世博会有着热切期盼和宏伟的计划。世博展示方案，曾经国会反复讨论并经专门表决予以通过。

圣路易斯世博会会期自1904年4月30日至12月1日共计7个月，园区总面积5.15平方公里（1 272英亩），在世博史上仅次于创纪录的上海世博会（5.28平方公里，1 304英亩），成为20世纪初世博会走向大型化的起点。园区设在圣路易斯森林公园（Forest Park），园区公路总长72公里，铁路总长21公里，展馆星罗棋布于其间，总计约1 500幢大小建筑。观众人次1 969万，相当于当时美国人口总数（7 600万，1900年）的26%和世界人口总数（16.5亿，1900年）的1.2%；日均近10万，达举办城市常住人口比重近20%；就人口比例而言，甚至超过了106年后参展规模创纪录的上海世博会。据数据考察，无论占地面积、展馆数量、展出时间还是观众人数，堪称史无前例。

圣路易斯世博会为了体现其隆重庄严，特意建起了一座庆典宫，金碧辉煌，成为当年世博会上集聚所有目光的焦点。庆典宫的巨大穹顶超过了圣彼得大教堂，上面贴满了金箔；穹顶下是3 500座席的礼堂，空间超过了当时世界上的任何一个剧场。舞台上的管风琴尺寸亦居全球之冠，在洛杉矶订做完工运送圣路易斯时，竟然动用了12节火车车厢。开幕式出席人数达19万，而当时圣路易斯人口总数亦不过50万。世博会期间，每天至少有10万人，或乘船或坐马车或搭货车，络绎不绝地从各地赶来一睹盛况，甚至采访记者累计也创纪录地达到了5万。

第三是遭遇抵制。圣路易斯世博会原定开幕日期是1903年。由于遭遇政治抵制不得不推迟一年，延期到1904年。这主要由于欧洲列强不配合所致。欧洲各国先于美国而崛起，先入为主的特权为之赢得了巨大的利益。他们不愿意看到新生力量加入大国的游戏，导致美国招展过程中出现了利用种种借口拖延展期、推脱参展甚至拒绝出席的现象，是谓政治抵制。当然，抵制一般仅限于非正式场合，发生在水面之下；大多没有发展到破坏国家关系的地步。

然而抵制造成了严重后果，导致世博会无法如期举行。这对于精心策划、倾力投入的主办方而言，是一个沉重的打击。但是，大国的崛起不可遏制。美国政府放下身段，把动员参展作为外交要务，许愿承诺，力邀各国首脑出席。世博会组委会主席大卫・弗兰西斯，亲赴世界各国逐一游说，邀请参展。其间一波三折，结局差强人意，最终62个国家参展。慈禧太后的画像，为此受到老罗斯福总统亲自接待，并被迎入国家博物馆。美国总统事后专门派女儿，远赴重洋看望慈禧；并退还庚子赔款约1 250万美元，用于建造清华大学、协和医院等教育医疗设施，以感谢中国的支持参与，并表达赔偿之情。

也有国家把抵制行动进行到底。西班牙就是拒不参展的国家中态度最坚决的一个。鉴于1898年美西战争的失败，他极不情愿回首往事，认可美国的胜利。公开抵制的国家还有俄罗斯，抗议美国在日俄冲突中站在日本一边。

参展立场坚定不移，并与主办方密切配合的是日本。由于对外开放和明治维新受惠于美国，日本与美国曾长期保持良好关系。其实世博期间，日俄战争正在进行。尽管必须全力应对，然而急于崛起的心理，使日本不惜同时做两件事，而且都要做好。日本政府早在1903年即派团入驻，着手筹备。俄罗斯宣布退出后，日本当即挺身而出，出面接管了原本分配给俄罗斯的园区场地。这导致日本馆的占地总量接近28000平方米，成为世博现场堪与欧洲列强比肩的唯一亚洲国家。日本的表现，得到了美国的赞赏。日俄战争中有最残忍战将之称的伏见宫亲王，到访世博园时曾以获胜武士的身份，受到美国骑兵部队异乎寻常的列队欢迎。

第四，与中国的关联。这是清廷首次委派皇室要员溥伦贝子代表中国正式参展，同时试水宪政考察。当时恰值戊戌风云和辛亥革命之间的相对平静期，慈禧渡过难关后愿意考虑新政，于是接受盛宣怀等一干重臣的建议，亲自拍板决定参展，并于1902年底任命溥伦贝子为清廷参展团正监督，负责“一切赴会事宜”。在此基础上，才有了1905年五大臣受命出洋行宪政考察之事，并最终促成了1906年清政府自上而下“预备立宪”的政治姿态。

其实早在1902年，美国即派专使来京邀请参展。驻华公使康格利用特殊关系，[①] 极力敦请慈禧太后赴会。尽管慈禧以年老体衰、不便远行为由推辞，但允诺届时将派亲王参与，以敦睦诚。年底清廷正式决定赴美参展，政府上下包括地方热烈响应，拨巨款支持。各地商人纷纷合股集资，购物赴美。粤、沪、浙等地，还出现了专为参展而筹建的公司。

溥伦一行1904年3月赴美，在华盛顿曾受到总统接见，在美逗留共4月之久。由于慈禧有意了解西方宪政，[②] 溥伦除了出席世博会有关活动，还游历了

① 1900年庚子事变后，美国驻华公使康格及其夫人率先打破了外交僵局。康格夫人邀请各王府的福晋和格格们到公使馆做客。礼尚往来，福晋和格格们回请康格夫人到府上做客。康格夫人于是成了各王府的朋友和常客。率福晋和格格们活动的是慈禧的养女荣寿公主。由于她们在慈禧面前不断地为康格夫人美言，慈禧太后曾多次接见康格夫人，并与之建立了私人情谊。这些女性的交往活动在清政府与西方国家恢复正常外交关系的过程中发挥了重要作用。

② 美国国会图书馆亚洲部学术研究主任、华裔学者居密博士在整理亚洲部藏书时，接触到大批中国当年参展圣路易斯世博会的资料。她的研究发现，溥伦除了参加世博会相关活动，还在许多城市进行了考察和会见。“许多证据都表明溥伦在进行宪政考察和其他政治活动”。

华盛顿、纽约、芝加哥等城市，会见了地方官员及华人在美成功人士。在面向华侨的演讲中，溥伦表达了自己急图自强、振兴国脉以改变积弱局面的意愿，承诺回国后将“披肝沥胆，向西太后进立宪改革之言”。在接受《纽约时报》记者采访时，溥伦提出要向西方学习，振兴中华；中国民众特别是女子，缺乏西式教育。为此必须打破禁忌，解除束缚，发挥人们的聪明才智。《纽约时报》曾发专文，评价溥伦为清皇室中“最民主的成员”。

应当说，中国参展的契机和溥伦美国之行坚定了慈禧进一步了解西方的愿望，促成了预备立宪的政治姿态。溥伦回国后屡受重用，曾任资政院总裁、农工商大臣，是宣统年间皇族内阁的重要成员之一。

清廷为参展下了血本，调拨府银75万两用于参展。这在当时是一笔数额巨大的款项。在“中国村”搭建过程中，设计师根据实物展示原则，向黄开甲提出建造清皇宫的局部模型。黄不敢擅做主张，赶紧向北京溥伦发电请示。溥伦感到非常为难，不敢僭越。不过他灵机一动，决定把自己府邸的客厅和卧室复制送展。

世博会开幕后，中国的古典建筑风格引起了轰动。建筑由牌楼、门楼、八角亭、水池和一座五开间厅堂组成，被誉为“本届博览会上最漂亮的东方建筑典范”。贝子府的客厅和卧室尤其引人注目，其中铺设着华美的地毯，摆放着精致的紫檀椅、桌几和精美的瓷器，墙壁上挂着中国画；卧室里有硬木花罩床，花罩镶金，雕刻精美；床上铺锦被，两侧挂着刺绣帘。这是西方公众第一次参观中国人的居室，自然倍感惊奇。

世博会上中国商品大受欢迎，瓷器、茶叶、丝绸、地毯等几乎销售一空。中国茶瓷赛会公司的红茶、绿茶获得了世博会金奖。美国白克兰公司全部收购了其零售之外的四万余磅中国茶叶，并当场签订合同，作为其在美总代理。中国启新洋灰（水泥）公司参展的马牌洋灰，也获得了金奖。世博会中国参展商总共拿到大小奖项100多个，开拓了中美贸易。文化方面，京剧、乐器、五声音阶、天人合一，江南民歌茉莉花，在世博会上得到了推广。

当然问题也有，比如缺乏经验，不理解遵守规则的重要性，不按规定组织展品，反而自作主张根据产地或收藏家排列，给参观者带来不便。不提供奖牌获得者姓名，影响奖牌制作和表彰组织等。

其文化意义体现为三点。一是促进认识进步。有助于人类走出殖民同化和文化沙文主义，即立足于生物进化论和文化一元论，把文明发展看作单一的线性进化的过程，在文化优越感的基础上坚持自我中心，以邻为壑，对外民族异文化充满傲慢与偏见，奉行我为刀俎、人为鱼肉的思维模式；走入非殖民化和文化相对主义，即立足于文化人类学，肯定人非单纯的经济动物，需要文化来满足其需求，文化的价值高下并不取决于经济发达的程度，必须坚持从对象视角来看待对象的文化。其长处在于解构殖民同化和文化沙文主义，把文明发展按照历史真相还原为多线并行、多元进化的过程；其不足在于把文化剥离出来孤立看待，肯定不同文化由于价值观不同，相互隔绝不可改变，只应画地为牢抱残守阙，自行其是自生自灭；接下来走向后殖民时代与文化多元主义，承认不同文化虽然有质的不同，但彼此之间可以沟通理解形成共识，借鉴合作共生共荣。即使核心价值观，也有可能找到人类共识。比如自由、平等、博爱、民主、和谐、公正，在当代世界已经成为不同文化共享的基本价值。只是共优先关系和配置结构，不同文化有不同的选择。

文化多元主义以多元中心、主体间关系和交往理性为思想基础，把文明发展看作多元多维的非线性进化过程，肯定其越来越有赖于平等互惠的沟通交往，强调自主创新、合作共生、和平竞争。21世纪的多极世界，不仅将出现像中国这样的大国崛起，而且将接受像国际奥委会、国际展览局这样的非政府跨国组织和政府间国际组织的崛起。时至今日，北京共识已经越出了国际政治领域，成为对全球文化多元主义的内涵揭示和趋势概括。

二是坚持韬光养晦。素以行事高调个性张扬为特色的美国人，圣路易斯世博会上的中产阶级公众，仍然追求诚恳、谦卑、友善、包容的人性化特征。这提示我们，作为大国崛起的基本战略，韬光养晦有必要长期坚持。这是东方传统，是中华民族历来倡导的一种人生美德和伦理智慧。中国人讲究满招损、谦受益，追求谦谦君子的人格理想。将之运用于国家战略，指的是独立自主，谦和谨慎，不自满不称霸不搞对抗，低调而又有所作为，坚持和平发展，以民生需要和经济建设为中心。韬光养晦符合国情世情，人文底蕴丰厚，内涵深刻。它既不是“隐藏野心，收起爪子”，也不是“卧薪尝胆，东山再起”，更不是软弱可欺，任人宰割[①]。其思想基础不是阶级斗争理论，而是和而不同哲学；其现实依据，是中国将长期属于发展中国家这一客观定位。

所谓大国，既要有经济乃至军事实力做基础，又须成为特定价值观的当然代表与核心力量，从而对内增强包容力凝聚力，对外提高亲和力感召力，在自己周围团结起认同、支持乃至追随其理想信念、文化审美、社会组织、经济结构与生活方式的国内外公众和一大批友好国家。在这个意义上，近代的英国、法国，现代的前苏联、美国，才有资格被称为大国。

大国崛起是一个历史过程。北京共识凝聚了13亿中国人民改革开放30年的经验智慧，为大国崛起打下了基础。接下来需要在进一步改革开放的过程中，扎扎实实地解决国内外现实问题，使之得以在核心价值观和中国特色市场经济等各方面不断地走向成熟完善；需要在经济增长、社会发展和文化创新的过程中，不断地升华精神文明境界，推进政治民主，提升民生质量，协调劳资关系，解决环境污染和能源短缺，实现民族和睦国际亲善，使国内外公众发自内心地喜爱中国，乐于生活在其中，把为之奋斗当作自己的事业，进而为可持续发展带来更多的生机与活力。

就长期趋势而言，大国崛起与经济实力的关系其实并不完全成正比。相反，它更多地基于人与人之间广泛而深刻的联系，尤其是普通公众之间的理解、信任、合作与友谊。世博会对大国崛起的贡献，即在于它不仅仅是展示国家实力，而且是为改革开放扩大社会基础，推动科技创新、生活创意和公众沟通，团结国内外公众和友好国家。亲和友善所焕发的力量，比物质力量更为强大而久远。既然根本目的是解决人与人的关系，那么从人性需要出发，低调谦和、诚恳友善作为我们的文化本色就不容抛弃。

三是推广世博文化。世博文化的精髓是美美与共。暗合费孝通先生为21世纪人类学提出的基本原则。其思想内涵是文化多元主义，用于处理不同文化间的关系。

---

① 正是在邓小平任职军委主席期间，中国打响了对越自卫反击战。

费孝通享誉海内外，是中国现代人类学的创始人，伟大的社会学家。1990年日本社会学家教授为费老庆祝80寿辰，在东京举办了“东亚社会研究国际研讨会”。会上，费老发表的学术演讲“人的研究在中国——个人的经历”，为人类学归纳出“各美其美，美人之美，美美与共，天下大同”的十六字“箴言”，绝妙地概括了世博会文化追求兼收并蓄逐步成长的三个境界。

“各美其美”是指不同文化都有自己的价值标准和理想追求，各有一套自己认为是美的事物，有权利自我表现并争取别人来欣赏。这些事物在不同文化看来不一定美，甚至会觉得丑。因此不同文化在刚刚开始接触的时候，常常会要求异文化做出改变以迁就自己，自觉不自觉地强加于人，体现出自我中心的文化沙文主义倾向。“各美其美”意味着超越文化对立，宽容异文化存在，从狭隘偏激中解放自己，开阔眼界胸怀，争取文明与进步。

只有当不同文化间的平等往来日益频繁之后，人们才开始发现异文化觉得美的事物，自己也可以觉得美，进而对美的事物心甘情愿无怨无悔认同追随。这就达到了“美人之美”的境界，就是说欣赏和借鉴其它民族认为美好的事物。这是超越了文化局限之后人类所进入的崭新境界，是特定文化面对异文化的成熟心态，是从根本上争取异文化理解与认同的前提。这一境界升华，对文化发展而言，具有里程碑意义。

“美美与共”是先前境界的继承发展，不仅要求容忍不同文化，要求做到由衷赞赏、真诚追求；而且要在百花齐放百家争鸣的过程中，互相学习，沟通合作，和平竞争，自主创新，创造更加美好的生活。美的事物不应以博物馆收藏或保留地封存为归宿，保持平行永不相交；而应成为文化的营养、创新的资源和发展的激励。只有达到了这一境界，各民族文化才能够获得更宽广的视野、更多样的机遇和更强劲的动力，赢得前所未有的成就。

“美美与共”是普天之下不同文化和平共处的理想境界。这既不是取消差异，也不是无原则分立，而是各民族文化各行其道、取长补短、自主创新、各得其所，是在自主创新、文化交流与和平竞争的过程中，多元文化的蓬勃发展与繁荣共生。

我们的结论是，大国崛起是一个客观的人文历史过程。它需要赢得国内外公众和广大友好国家的理解、认同、支持和追随。对中国道路和中华文明充满信心的中国人，寄希望于真诚持久丰富多彩的交往沟通活动。上海世博会将成为大国崛起漫长道路上的又一里程碑。

一个调研报告

改革开放以来，中国会展业进入了全面发展的黄金时代，包括各级各类展览、会议、节庆、赛事、演出，以至主题公园、世界杯、奥运会、世博会，日趋繁荣。相对而言，科技会展、文化会展、教育会展和商业会展相比，后者占据日常主导地位。半年来，我们在国内外数据和案例的基础上，探讨了全球竞争大格局中，我国会展业发展的客观真实的地位，第一次基本摸清了我们的家底。

据UFI统计，按会展业基础设施即场馆展览面积排序，2010年世界会展十强为：美国第一，660.3万平方米；德国第二，325.8万；中国第三，296.1万；意大利第四，231.9万；法国第五，210.3万；西班牙第六，160.9万；俄罗斯第七，98.3万；荷兰第八，88.6万；英国第九，66.7万；加拿大第十，65.5万。但是最具竞争力的全球展馆50强，德国独占11席，展览面积239.68万，占比29.3%，馆均面积21.79万；美国占6席，展览面积100.58万，占比12.3%，馆均面积16.76万；中国占5席，总面积79.33万，占比9.70%，馆均面积15.87万。德国最具竞争力的展馆拥有量是中国的2.2倍，展览面积是中国的3.02倍，馆均面积是中国的1.37倍；美国拥有量是中国的1.2倍，展览面积是中国的1.27倍，馆均面积是中国的1.56倍。

中国虽已成为世界第二大经济体，制造业产出和国际贸易第一大国，然而进入全球展馆50强即最具竞争力的展馆面积[①]仅为世界的9.7%，德国的33.1%，意大利的78.9%。

据世界商展百强统计，2010世界商展百强主要集中于西欧六国和中、美、俄三国，总展出面积1 826.3万平方米，单展平均面积18.26万平方米。百强商展花落九国，西欧国家占到百强总数的78%，总面积的83.5%，规模达1 525.1万

① 如无特别说明，均指室内展览面积。调研显示，全球商展的规模化趋势加剧了会展业对特大场馆的紧迫需求，室内展览面积在10万平方米以上的特大场馆，成为世界上最具竞争力的场馆。

平方米。

按拥有展会数量、展出面积和总面积占比排序，德国位居世界商展第一强国，入选展会58个，展出面积1 145.1万平方米，总面积占比62.7%，是其余八国总和的1.7倍，中国的6倍，拥有绝对优势，堪称会展强国。中国位居第二，入选展会14个，展出面积186.1万，占比10.2%。意大利第三，展会8个，展出面积168.4万，占比9.2%。法国第四，展会7个，展出面积146.3万，占比8%。美国第五，展会7个，展出面积100.1万，占比5.5%。以下为西班牙第六，展会3个，展出面积38.2万，占比2.1%；瑞士第七，展会1个，面积16万，占比0.88%；俄罗斯第八，展会1个，面积15万，占比0.8%；英国第九，展会1个，面积11.05万，占比0.6%。

按展均面积排序，意大利居首，21.05万平方米；法国第二，20.9万；德国第三，19.74万。以上三国位于百强平均线之上。以下为瑞士第四，16万；俄罗斯第五，15万；美国第六，14.3万；中国第七，13.29万；西班牙第八，12.73万；英国第九，11.05万。

中国商展入围世界百强，2008年为4席，2009年6席，2010年猛增至14席。入围面积排位也由第六、第五迅速攀升到第二位。这中间，国际金融危机成为此起彼伏的一个转折点。

据AUMA国内外组展商24强，中国没有企业入选。其中，德国位居第一，营业额16.37亿欧元，占比29.7%；英国第二，营业额16.05亿，占比29.1%；法国第三，营业额10.61亿，占比19.2%；意大利第四，营业额4.12亿，占比7.5%。以上四国，其组展商营业额在24强中占比高达85%。其余四国依次为荷兰、西班牙、瑞士、美国，营业额分别为2.60、2.33、1.91、1.26亿，各自占比4.7%、4.2%、3.5%、2.3%，均在5%以下。

总之，在世界会展业领先九国中，中国展会总量排名第二，有竞争力的展会排名第七；场馆总量排名第三，最具竞争力场馆排名第五；组展企业规模效益排名24强之后，目前在展会举办、展馆分布、组展企业方面存在多而散、小而弱等问题。换句话说，如同当年金门战役的形势，我们不缺会展业舢板，缺的是军舰，时至今日，缺的是航母。为此，亟须针对性地加强国际会展中心城市建设，把世界级会展场馆提上日程。

此外，在基本掌握全球会展业概况、各国会展管理模式，以及会展强国德国经验的前提下，明确了大型会展活动是B2B营销沟通与规模化创新驱动的最有效手段，国际贸易强国和世界会展强国客观上具有内在联系，网上会展、电子商务与实体展会表现出优势互补功能融合的技术前景，以及大虹桥国家会展中心与上海及长三角产业良性互动，与周边社区、生态环境、文化心理相互影响，进而提出了立足大会展集群、实现产业链协同、建设园区综合体等创新理念。

研究认为，随着中国成为世界第二大经济体、制造业产出和国际贸易第一大国，会展实力已经影响到综合国力的竞争。国际会展业发展目前呈现三大趋势：与世界市场开拓如影随形，有赖政府调控下的市场经济，参与国际竞争需要大型特大型场馆、展商和展会。在经济全球化过程中，中国有必要发挥大会展的品牌营销、创新激励、资源配置、供需沟通的作用，优化贸易内涵，完善贸易结构，促进贸易公平，培育战略性新兴产业，建设国际贸易中心城市，推动创新型发展和创新驱动。

上海建设国家会展中心拥有独一无二的条件和前所未有的机遇。这是由于上海是中国的市场中心，长三角世界城市群的龙头城市，国内规模最大实力最强的城市，正在建设国际航运、金融、贸易和经济四个中心；其会展业发展在全国会展中心城市中基础最好，展出面积最大，市场化、国际化、规模化程度和展馆效益最高，队伍最大，素质最好，会展教学与科研最发达，基础设施和组织管理经受了历史上最大的上海世博会的考验。目前上海建设国家会展中心，面临前所未有的机遇：国际会展业正在从欧美向新兴市场经济体转移，中国新一轮发展提供了长期持续的需求和百年难逢的后世博机遇。上海有对特大场馆的潜在市场需求，有建设和经营特大场馆的能力。

我们为什么要行善?

时　间: 2011年7月23日

地　点: 上海交通大学闵行校区新图图书信息大楼8楼

主讲人: 葛岩

葛岩

上海交通大学人文艺术研究院教授,兼任深圳大学传播与文化发展研究中心研究员。西北大学中国语言文学系文学学士,中国艺术研究院研究生部文学硕士,美国匹兹堡大学艺术及建筑历史系硕士、博士,信息科学及电讯工程系硕士。研究领域涉及艺术、考古、媒体经济、媒体制度和商业传播效果测量等多个领域。目前的主要研究兴趣在于利用实验心理学方法分析、测量和解释信息传播的过程与效果,在行为科学的范式中观察和理解传播行为。

主持人：今天，我们请到了学术界大名鼎鼎的葛岩老师，葛老师这几年在传播学研究、认知角色方面研究卓有成效。他是我们新闻传播学第一个在《中国社会科学》发表论文的学者，引起了学术界广泛的关注。下面我们用热烈的掌声欢迎葛岩教授。

葛岩：同学们好！今天我演讲的题目是《我们为什么要行善？》。这个主题跟大家这几天听的新闻传播学的很多课题或许有一定距离，但是我个人认为，此课题是很重要的，因为人的善意和合作是社会的一个最基本的人性的特点，而且同时对我们理解新闻制度有着强烈的启示。

我先大概地讲一下，我所说的行善是什么意思。我并不是特指比尔·盖茨或者陈光标，当然他们也可以包括到里头，我指的是我们一般人的善意的行为。此处"行善"，首先包括了合作行为。我们生活中都会和别人合作。那么，合作行为据研究它的基本特点是你帮助别人，与此同时，你也偶尔会期待着别人的帮助。所以，在合作形成的时候，需要遵守一定的契约，不欺骗、不作恶，如果不断地骗别人，那这个合作就很难存在了；另外一种行善就是利他行为，利他行为应该是行善比较极端或者最高的体现，它体现为帮助别人但并不期待回报，平常我们讲"无私奉献"、"大爱无疆"，这都是属于利他行为的体现。那么，假如我们这么定义行善的话，在座的同学行过善吗？（行过！）谁愿意回答，你为什么要行善？（心里面好受一些。）心里面好受一些？还有什么原因？（价值观。）价值观？但是我告诉你，周围其实很多是骗子，我举一个例子：你下班了，从地下通道走过，前提是周围也没有别的人，也没有你暗恋的女友或者男友在旁边给你作秀，咱们讲，假如你加班到很晚，那儿有一个乞丐，这个第一个念头飞入你大脑的是：哎呀，很多乞丐是骗子，他们还是职业的骗子。这时候，你会给他留下一块钱或者五块钱吗？这样的行为，第一，对你自己没有好处的，这不像你在帮助一个同事，也许你会得到回报。第二，在你听说过很多人是骗子的情况下，你做了这样的事，是不是在扬恶惩善？你等于赞助了一个不应该赞助的人或事，学术上称之为"非理性行为"，平常其实可以说这个人"你很蠢"。那么，考虑到这些之后，你还会做吗？

我有一次给一群德国到中国访问的MBA学生上课，我也提了同样的问题，由于他们学了大量的经济理论，一问他们为什么要行善？他们就说：老师是不是想让我们说是为了相互利用？我说：对，但是你干嘛要这么说？这个不好听，应该说是为了"互惠"。然后我就举了同样的例子，他们的回答是：那就不应该做。我说：但是，会不会有一天，也许你走过这个乞丐的时候，一阵冷风吹来，你打了个寒颤，你转身又放了5块钱，即便你知道他可能是一个骗子，有没有这么一种情况发生，哪怕只是很小的概率。所有人都举手说：会。我说那你为什么这么说呢？就像刚才一些同学刚开始讲的，这些学生说：就想让心里好受些。

我举这个例子想说明，人其实行善的原因我们自己也说不太清楚，有时候很复杂。它是感性的还是理性的？实际上，它是理性和感性的复杂综合体。那么，我今天要介绍的，我们现在学术研究最前沿的内容，它对行善是怎么看的，利用什么手段来理解这个问题，同时它也有对我们新闻传播学传播过程中的合作的构建，它起到什么样的作用，扮演什么样的角色。

我刚回国的时候是在深圳工作，有一天中午休息的时候，我就在深圳大学的文山湖周围遛弯，湖周围都是荔枝林。在闲逛中，看到了一个养蜂人，正值开花季节，他们那儿放了好多蜂箱在林子里。之前我对养蜂人没有过接触，只在文学青年的时候有过做养蜂人的憧憬。因为我有一个朋友写过一首诗，我记得特别深刻，他在诗中写道，"做个养蜂人，跟着花期走"，小时候觉得这简直是太浪漫了。因此，我就去和那个养蜂人攀谈，他是一个汕头的小伙子。聊了一会儿，我就问了他一个问题：你就不怕蜂蛰你吗？他说：不怕，蜂蜇了我以后，它马上就会死。心中就顿生好奇：蜂蜇了你以后就死，那它为什么还要蛰你呢？一般的对动物行为规则的理解，对进化论的理解，假如你做一个行为，它必然的结果是死的话，这个行为应该在进化中被淘汰掉。因为凡是做这行为的都死了，你的基因就不可能再向后传递了，那么有这种行为倾向的人，都要被优胜劣汰，那蜜蜂何苦呢？当然我不会跟他提这样的问题，只是自己不断思考。通过接下去的交流，他跟我介绍了蜜蜂是怎么样维持其社会秩序的，蜂的社会结构，是一个完美和谐社会，大家分工合作是井然有序。很多同学应该知道蚂蚁的社会，记得我们小时候，会一帮人把蚂蚁洞挖开，看所有的蚂蚁如何运作，其实蜜蜂跟蚂蚁比较像。一个社会里会有一个女王，女王的功能是生孩子，不断地生孩子。然后呢，下来一层是由上百个雄蜂，我们可以把雄蜂视为蜂王的男妾，它所有存在的意义是和女王交配，当然想要和蜂王交配，必须是highly selected。女王从小就只吃蜂王浆，于是飞行速度非常快，个头也非常大，上百个雄蜂，就展开追逐的游戏，女王就不停地飞，然后，只有飞得最快的雄蜂才能获得交配权。不过交配以后，雄蜂就死了，你要理解问世间情为何物，这个绝对是情的体现。但是不管怎么样，这些雄蜂是无所事事的，什么都不用干，虽然交配一次就死了，但也是一个"做鬼也风流的"生活方式。下来就是，成千的工蜂，有一部分可能是兵峰，保护蜂巢，工蜂吃着一般的蜂蜜，是永远不能染指蜂王浆的，它们就是干活而活。养蜂人还跟我讲，它们在蜂巢里的"住宿"问题，这些蜂从幼虫变成蜂以后，它们的生命周期冬夏不一样，平均在三四周。它们开始最有生产能力，住在蜂巢里面，那些生产能力开始退化的，开始朝边上挪，为什么呢？因为有生产能力的出去采蜜回来，如果有大黄蜂或者其它昆虫来袭击它们巢穴的时候，住在外面的蜂，也就是那些生产周期已经下降或者衰落，或已没有能力的蜂就出去战斗，给它致命的一蛰，然后就死了。

这个社会结构让我非常吃惊，因为它这种彼此的分工和合作到了天衣无缝的地步。而我相信几千年来，任何统治者都会想到，我要统治这么一个社会就太好了，因为工蜂真正明白"王侯将相宁有种乎"。但是人跟它们是不一样的，它的整个进化是符合群体进化的原则，在基因水平上，每一个社会成员被规定了特定的角色，然后按照这个角色工作。也就像我小时候上幼儿园的时候被教育，我那个时候还不知道螺丝钉是什么，就被教育，长大以后做一个永不生锈的螺丝钉。蜜蜂社会可以达到这样的境界，但是人是不行的，原因就是：我们首先存在的一个水平是个体的进化。

那么，现在我们讨论合作问题，它基本的解释框架还是来自进化论。假如你不承认造物说，也不承认有上帝的话，那就只能从作为个体生命和环境的关系来解释人的行为，包括合作行为的来源。在70年代的时候，有一个叫Willson的学者写了本《社会生物学》，后来英国的学者写了《自私与基因》，完全从生物的角度证明基因一定是自私的，因为它的目标很简单，就是要成功地复制自己。如果你的基因水平、基因的活动方式不符合这个规律的话，你没有足够的生存资源，你就被淘汰掉了。那么久而久之，经过了千百万年的进化之后，我们的个体水平在基因水平上就形成了这样一种生物。显然从基因水平上根本无法解释人为什么要利他，因为我们的基因都是自私的。也可以理解我们为什么观察所有的动物、原始人群，战斗、争夺成了我们容易注意到的一个最常见的行为特征。然而，人和其他的动物相比，有一个很大的区别，那就是，我们大脑的脑容量和体重的容量相比的话，我们的相对重量比其他动物重很多。从生物学而言，我们看到的现实是，我们跑不如鹿快，爬树不如猴，厮打不如那些猛兽，但是我们好像在地球上是生物链的顶端，因为我们有大脑，我们大脑的能力是非常强的。不过这个大脑的容量变这么大，大概是在1 000万年到700万年前的事，它带来的直接问题是，女性的骨盆不允许生出一个有着成熟的大脑神经系统的婴儿了。看看这小动物，小动物出来扭两下就会走路了，人则不行。我前不久有了小孩，然后我发现，最初他睁开眼睛的时候，他连看都看不见，他的视神经还没有发育成熟，他大量的发育是在出生以后完成的。于是这个就给我们的生存和基因的复制带来了挑战，就是我们必须对这个小孩特别的好。因此，女性有本能的倾向，异性对她的吸引，对方应该是非常的强壮，这种强壮在最原始的时候意味着，第一个他生殖能力强，第二个他可能占有很多生活资源，然后，这个雄性在整个怀孕抚育时间可能给他们母子提供足够的食品等等，否则她没有办法生存下去。母性甚至加上雄性人类，要对这个孩子特别在乎，因为孩子的抚养期太长。那么进化的解释就很简单，如果你不在了，你的基因就不可能复制成功，所以感谢我们的祖先，是最在乎小孩的，因此才有了现在的我们。所以从这意义上讲，伟大的母爱确实是利他的，有时候对孩子的付出非常大，血亲之间的付出是几乎不讲回报的，那么在这意义上，血亲上的利他就得到了解释。如果我们再把同样的道理放大看，那么在原始群落里面，人们是血亲团体，甚至你上数一两百年，每一个村里头，大家说来说去全是亲戚。那么这样的生活方式，带来的是什么呢？就是，你身上有我的基因，我身上有你的基因，那真是大家都是兄弟姐妹。在这种环境里头，有一种献身行为，比如说鹿，它“dance for dead”，就是它一碰到天敌以后，会有第一头发现天敌的鹿跳出去，挑逗天敌，把天敌引开，其他鹿就开始跑，最后这个鹿当然就被吃掉了，那么这是不是一个反进化的行为？当然不是，实际上它们是血亲群体的话，他的基因被复制的概率，就算这个个体死掉了，也不会影响基因传递。人也同样，我们可以肯定，血亲的环境下，这种利他行为是符合进化要求的。那么，我们符合进化的要求，我们称作“adopted behavior”，就是适应行为，对环境的适应。这个东西就解释了血亲团体是社会大系统里的子系统，它解释了子系统里的利他行为的机制和动力从何而来。事实上，类似的行为在动物里也可以发现，动物包括很残暴的动物，对他们的崽儿也是一往情深的——这是解释利他行为的一个脉络。

但是社会不是仅仅靠血亲构成的，在新石器晚期的时候，我们出现一种社会组合，叫state，翻译成国家，它是以血亲为基础，但超越了血亲。在国家里，人还要合作，也是善意行为的一类，这时就无法用血亲来解释了。那么下一个解释，就是进入互惠，说难听了，就是相互利用。其实简单的互惠，在动物，甚至在残暴的动物那儿，也是会出现的，更不用说人类。

我很爱看发现频道里动物的生活，只要是社会化的动物的片子我都喜欢看。我发现，狼在追逐比方犀牛时，狼会包超、追赶等等，这是一种合作。几乎所有狼都从这个活动中受益了，否则单从狼这个短小而精干之躯是无法和犀牛战斗的。通过合作之后，大家捕获了猎物，最基本的合作从这儿体现了必须性。那么我好奇的就是，狼把这些东西都搞到了之后，据说它分配的时候也有麻烦，分配的时候要抢的，最后还是头狼会多要点，但是还是会分给其他一些伙伴。那么也就是说,从动物界的时候,由于互惠,它已经开始产生了某种契约,对吧?假定我每次和你合作,你到时候分的时候不给我分,会发生什么事情?我想,可能这个合作,我不知道动物的情况,在人类社会甚至是猴的社会里,这个合作就崩溃了。

当然,谈到合作,就必须谈到契约的保障。只有契约的保障,我才能够继续和你合作,而我遵守了契约,从某种定义,也就算行善了。这个互惠还分为直接互惠和间接互惠,比如说,我们知道一个小的尺度的社会里有,今天我判断我是不是要和你合作,按照孔老夫子的话叫:观其言而听其行。但是到了大的制度的社会里,这就很难说了。那么就有人做了实验,人有这种倾向,张三帮助了李四,有时候不是想在李四那儿获得合作,他是给王五、刘六去看的。这样子呢,王五和刘六就开始知道,张三是一个可以合作的人,虽然他从李四这没有获利,但是由于王五和刘六相信他是可以合作的人,增加他日后得到获利的机会的概率,这个非常重要。比较智慧地意识到这个问题的,是18世纪英国哲学家,叫休谟,他有一个"农夫困境"。有两个农夫,A农夫在阳面种麦子,B农夫在阴面种麦子,那么,阳面的麦子先熟,A农夫希望B农夫帮他收麦,然后说:你帮我,等你阴面的熟了的时候,我就可以帮你。假如你是B农夫,你怎么能够保证A农夫帮你呢?你帮他收完了,现在你的麦子熟了,他说:不好意思,game is over。那你不是就被坑了吗?休谟提到这个问题,第一个条件是什么呢?首先你要调查一下,A农夫搬家不搬家,因为他今年说帮的,明年就走了,你就歇菜了。那从这一层来推出来,诚信是在重复交易中来的,如果是一次就结束了,那么你被这个骗子骗机会就大。大家想一想,在生活中,到旅游点去买东西是不是最容易被骗的?因为他知道,你就来一次,你旅游不能老来,所以被骗的概率就非常的大;第二个,你要知道方圆多少里有多少人在阴面种麦子,因为在阴面种麦子的人很多的话,他今天骗了你,然后不帮你了,明年他可以再找一个人复制他的成功,那么因此呢,要选择的范围要少。选择的范围随着社会尺度的变大,人会越来越多,你怎么样选择小的范围呢?人类就开始想出主意来了:我必须要记账,要一个信息传播得快,而且信息是access point。

记得以前南方农村的村庄前,都有一条小河,大姑娘小媳妇会去那边洗衣服,然后就会在那八卦;北方农村的村庄里,有一个巨大的老槐树,中午的时候就端着面条蹲在树下，一边呼噜呼噜吃着面条，一边讨论爷爷当初是怎么怎么样的或者谁是怎么怎么样的，这个叫“彼此的监视系统（neutral monitoring system）”，社会再大了怎么办？就发展出了一种社会介质，我们叫它媒体。人为了维护彼此的合作和监视的制度，这几乎是基于人的本性的，人类可能在世界上，是不是唯一的但一定是罪恶的，而且特别爱八卦的。为什么说bad news is good news，因为人就好这一口。但是这个在某种程度上而言是维系社会必需的。关于合作问题的研究是非常多的，有人做了一个电子模拟，做了1 000个agent，我们把这1 000个agent看作电子小人，每一个人都有2套跟其他人打交道的策略——合作或者背叛。第一次出现的时候，出现哪个策略是随机的，但是后面有一个数据库，我现在合作了被他坑了，我的合作就是丢分了，下一次继续积累，每一个数据都积累下来，数据越来越庞大，那么他下一个决策的时候他要参考哪一个决策的概率大。1 000个agent，电子小人，每一个人都要跟周围博弈多少次呢？博弈1 000的1 000次方那么大。红线是背叛，绿线是合作，在前头很长时间里头，背叛都给他带来利益，很不幸这可能也是我们社会的现实，但是经过了不知道多少轮之后，突然开始发现，合作策略成为大家的主流，而且合作的人开始盈利。这个研究，最后把所有人的记录都查阅了一遍，看看什么策略是能够推使对方合作的？善意的时候是投桃报李，恶意的时候就是以牙还牙，这个使大家倾向于合作策略是最好的方法，这还有细分到宽容性的“以牙还牙”，我们就不做细说了。总之，合作的这种解释的思路极大地扩展了我们简单的血缘说，因为合作使人类社会的系统走出了仅仅限于血缘这种狭小的范围。

但是有人觉得，比如我们参考蚂蚁社会，它是没有个体的，它的这种合作方式，可能是由于蚂蚁作为一个群体和另外一个群体进行的，人类有没有这样的可能？有些人讲是有的，因为很多合作的关系无法用简单的互惠来解释、个体间的关系来解释，大家认为和群体间关系有关。大家看一下群体的推论，群体是怎么采取策略的？咱们想象这么一种情景，假如我们是黑帮，我岁数大，假设是老大，你是老二，咱们去抢银行。我们都是读研究生的，高智商犯罪，把电脑监视系统都破坏了，他们得到的证据不多，但是我们忘记了外面还有一台电脑，有监视器是两个线路。在这背景下，我们把玻璃打碎跑进去，银行被抢了，然后无产阶级专政巨大力量很快把罪犯归案，但是在法制化的社会下是讲证据的，没有马上就被判，还是“坦白从宽，抗拒从严”。你关一号子里，我关另外一号子里。警察来跟你讲你坦白吧，如果你坦白了你只判2年而对方判10年，并且跟我讲了同样的话。但是他没有说的是，他现在的证据最多给你我都判3年，如果你奋勇当先地去坦白了，然后人家拿到证据，给我判了8年；而你是污点证人，就只给你判了2年。这时候作为个体的话，你的选择是背叛，因为背叛你可以避免最差的结果被判10年。最好的情况是，我是老大我挺着，然后你判2年我判10年，但是我平常装老大，到时候也掉链子，我也坦白了，那你判8年我判8年，但至少你避免了最差情况的10年，所以说背叛是理性选择。同样的算法，挺着的你可能拿到最差结果，但是如果算法变一下，我们是群体，我们都挺着，判3年，加起来是6年，从群体的算法，最好的就是两个人都挺着。所以说，假如我们这个冲突是发生在群体之间的话，大家最好都有“道德”，当然并不是抢银行，这只是举例子。那么这道德是怎么来的？应该是有一个控制系统，我们首先知道法律还有社会群众舆论这些是外在系统；当然我们还有内在的系统，内在的系统就是道德控制，这个道德是很powerful的，它使尽了各种手段，有引诱，然后“善有善报、恶有恶报”，引诱加威胁。那么，岁数到我这个时候，“善有善报恶有恶报”其实是神话，但是你会相信它。假如你现在很惨，它告诉你“天将降大任于斯人也”，你将来有大任。从最初级的上帝给你去天堂的许诺，地狱的恶犬咆哮，都在起着作用。

最后，我讲一下这个研究的特别有趣的研究内容，现在很多合作和善行的研究都引用了很多新的手段，更接近我们的人性。首先，我们讲到合作和道德，已经讲到这里必须要有一个公平的标准来维持，如果你觉得不公平那你下次就不会参与。这里是讲一种猴，对它进行测试，训练它一下，给它一个代币，你要吃的就要用代币去管理员那里换，换完就能拿到吃的。两只猴子来了，给你1个代币就都给一个黄瓜，下次给香蕉，当你刻意地设计一个场面，两个猴一起来，交了同样的代币，一只给黄瓜一只给香蕉，那么那只拿黄瓜的猴子很可能会把黄瓜扔回来。我们可以认为“好死不如赖活着”，有黄瓜吃总比没什么吃好，但是猴愿意付出代价，来惩罚不公平。那么同样的idea也被发展到人这里来，在实验室里以游戏作为实验内容。“最后空碟”这个游戏是这么做的：你到实验室，这个管理员就告诉你，你今天有机会拿走一百块钱，但是有条件，那边坐着一个游戏伙伴，两人分钱。你想拿走钱就必须提出分钱方法，只要你的伙伴说yes，你们就可以把钱拿走了。方法完全由你来定，你全拿，还是对分，只要对方说yes，你看看会怎么做。如果大家都学过些经济学，那么经济学讲，自利的理性人，人的行为是利益最大化。作为一个自利的理性人，那我会给他1块钱给自己留99，他应该做出什么样的举措呢？最好是yes，他就赢钱了，但事实上不是这样的。当你说到超过7比3的比例，别人说no的可能性非常大；当说到8比2的时候，就很少有人说yes；要到1比9的话，几乎都是no。这个说明什么？人在面对不公平的时候呢，不是经济学所说的理性的，而且他愿意付出代价，就好比古语所说“宁可玉碎不能瓦全”。

还有一个常常去测量彼此合作和利他的游戏，叫trust game，这个游戏是怎么做的呢？你来了实验室，我祝贺你，说：你有带走钱的机遇，游戏的规则是怎么样呢？你坐在桌前，旁边还有一个人，你不认识他。我现在给你100块钱，我是管理员，你可以自由地决定把多少钱分给另外一个人，另外一个房间的人就想象成银行家或者管理基金的，你把钱给他，他收到的钱可以triple，你给他50块钱就可以变成150块钱，然后他再决定其中拿出多少还给你，你再决定抽出多少给他，只要他收到你的钱，马上就变成三倍。这时候你的困境是什么呢？比如，你给了对方50块钱，game is over，对方走了。当然啦，他也可能变成150，一下子又还给你100块钱或者七八十块钱，这时候呢，你一激动，给了100块钱给他，game is over，他就拿着170块钱走了。这里头就牵扯到信任，这个测试人性的很多方面。我们这个测试，你负责给多少钱，当然我弄了2组，一组打了催产素，一组打了安慰剂。黑色的表示给钱的多少，黑色打了催产素，只要你血液里催产素提高，你对别人的信任度就增加。在两年前做的一个实验，是一个很高级的杂志上发布的，讨论人的行为和基因的关系，那么大概200对双胞胎，100对是同卵双胞胎、100对是异卵双胞胎，为什么呢？就是同卵双胞胎是identical的，异卵双胞胎是有差别的，做一系列实验来看，每对双胞胎的A和B，合作还是不合作的相关性，很显然，同卵双胞胎选择合作的一致性、相关性非常高，异卵双胞胎则没有显著的相关性。我个人认为这是非常雄辩地证明了我们实际上基因的因素是存在的。还有一种相对极端的说法，我们和周围好不好，和周围一起吃饭、活动，和大脑里的化学分泌有关，按照他们的测量是，4%的人怎么样和他合作都弄不好，然后别人说这个有道理呢，就在监狱里测，这个比例就达到了20%，在重犯罪人员内，可达到40%。也就是说我们的生理因素会很大地影响我们的社会行为。

最后10分钟我们就简单地介绍一下，我们现在不单研究合作和善意。大家肯定也知道，从20世纪80年代，用大脑神经成像来研究我们的行为，也开始在传播学，特别是出现了神经营销学这个领域。也许大家都听说过百事可乐和可口可乐的大战，美国有一帮可口可乐的粉丝，在争论自己喜欢的可乐有多么好，对方有多么不好。当时有人做测试，把可乐带着标签给你尝、没有品牌让你尝，然后偷换了牌子再给你尝。其结果发现，那些拥戴可口可乐的人，不见得能够品尝出可口可乐。在2003年，学界用神经学的方法告诉你，他们发现，只要品牌出现、可口可乐品牌出现的时候，你的主管认知能力的记忆部分就非常显著，然后就引发你的味觉的反应。如果没有品牌的时候，你就直接进入味觉活动，味觉脑区引发的反应是认知看到可口可乐品牌的五倍。这就雄辩地说明了，可口可乐好是因为它的品牌效应，解释了多少年都争辩不清的问题。这个是讲营销的，整个社会的研究通过20多年的积累，大家就弄清楚了，我们每个脑区对应的基本的社会认知、情感反应、决策，我们有了大概的脉络。

谈到我们行善的问题，因为我们最近得到一个支持在做公平判断，把传播的东西放进去，在放出信息的时候是否公平。在这方面来说，公平判断涉及三个脑区的运动，一个叫脑导疼痛的反应区，如果你不公平要启动，dlpen这个被认为追求理性，考虑利益所在的，acc这个区则不管怎么感受你总要完成这个决策。如果你和孟子一样，知道鱼和熊掌不能兼得，对于我，熊掌更好，我选熊掌，这个时候呢acc就不活跃，没有冲突了。但是碰到比较喜欢吃海鲜的人，熊掌更贵，但鱼我更爱吃，你的冲突更加强烈，那你的acc那儿会很活跃。通过这个，我们可以不断地给他一定的信息，在特定的框架里，去大脑活动，然后去理解人在理解判断是怎么形成的。有趣的是，我们现在在做一个实验，我给你一个价格，说这个是政府把价格提了、国企把价格提了或者私企把价格提高了，最后一个什么都不告诉你，让你判断价格的公正，同时再给你很多选择。我们用人脑和电脑比较，分配方式是5比5分还是3比7分，是男人给你提议、女人给你提议、或者计算机自动产生，他发现人的反感程度，脑导变化的反感程度变化都是不一样的，这一些东西都给我们的研究提供人为什么行善、人为什么寻求公平提供新的思路。最后讲一个大家都知道的例子，然后用新的方法给大家解释，在座的谁看过《轨道车困境》？他讲的是根据道德判断，就是说有一辆车失控，司机没有闸了，疯狂地往前开，前面有5个人在作业，只要车过去，这5个人都完了。司机试了一下，发现方向盘还工作，岔道上有一个人在工作，司机的道德选择是，拐到一个人工作的道上吗？绝大多数人说yes，理由很简单，死一个人比死五个人好。如果我们换一个情景，如果看到观光有轨车，几个人站在轨道上看风景，后面的车失灵了就冲了上来，旁边的人都傻了。这时候你旁边站着个人，又高又胖，假如你把他推到，那他就用血肉之躯把车子挡住了，其他五个人就能活下来。测试结果是，你会做这个选择么？绝大多数人说no，但是后面的逻辑是一样的啊，5比1，前一种就是功利主义道德观，这是很重要的道德观，我为了社会福利的最大化，我可以做。你想一下道义革命的道德观，就是我可以杀很多人，为了给更多人带来幸福；第二个呢，大家就拒绝，好像最极端的情景是，你是一个移植器官的医生，你有5个病人，这个缺了这个，那个缺了这个，然后，这时候突然来了个很阳光很健壮的小伙，来检查身体。你说我这里有五个病人，你就在这儿眯一会吧，然后他就get the chance，你可以使用麻药，把他的器官摘下来给其他病人。这是死了我一个幸福千万人，但是被测试的人都说 this is crazy，这是不应该的。这个争论还是说来说去的，到了2004年还是2005年，做了一个测试，就是问了类似很多问题，他的大脑是怎么活动的，然后发现，如果不需要你自己参与的道德判断，比如说那个司机应不应该拐弯和非道德判断，它的活动脑区是相近的，而且主要在working memory的区域。你提取你的工作记忆，提取你的工作记忆的脑区，被证明你要提取相对信息去做相对理性的判断；要你把这个胖人的人推倒和类似的问题，要你自己参与，陷入道德困境的时候，你的情绪的脑区活动更强烈，虽然每个人的性格特点不太一样，但是整个研究是很清楚的。我举这个例子是去证明我们有了很多新的研究——人为什么会做道德选择，作为行善是道德选择之一。